Schriftenreihe
„Studien zur Politischen Soziologie"

herausgegeben von

Prof. Dr. Andrew Arato,
The New School for Social Research, New York

Prof. Dr. Hauke Bunkhorst, Universität Flensburg

Dr. Regina Kreide,
Goethe-Universität Frankfurt am Main

Band 1

Hans Graßl

Ökonomisierung der Bildungsproduktion

Zu einer Theorie des konservativen Bildungsstaats

Die Deutsche Nationalbibliothek verzeichnet diese Publikation in der Deutschen Nationalbibliografie; detaillierte bibliografische Daten sind im Internet über http://www.d-nb.de abrufbar.

ISBN 978-3-8329-3851-2

1. Auflage 2008
© Nomos Verlagsgesellschaft, Baden-Baden 2008. Printed in Germany. Alle Rechte, auch die des Nachdrucks von Auszügen, der fotomechanischen Wiedergabe und der Übersetzung, vorbehalten. Gedruckt auf alterungsbeständigem Papier.

Vorwort

Mit diesem Band, der aus einer soziologischen Habilitation an der Helmut-Schmidt-Universität in Hamburg entstanden ist, eröffnet der Nomos Verlag eine neue Reihe zur politischen Soziologie, die von Andrew Arato, Regina Kreide und Hauke Brunkhorst herausgegeben wird. Die neue Reihe wird bevorzugt interdisziplinäre Beiträge zur laufenden Forschung publizieren, in denen sich soziologische mit politischen und juristischen Fragestellungen und Themen verbinden. Auch die politische Aktualität ist ein Gesichtspunkt, der in einer Reihe zur politischen Soziologie nicht fehlen darf. Wir beginnen mit einer Monographie zum konservativen Bildungsstaat. Ein Sammelband zur *Folter*, der aus einer Konferenz an der Hull Law School entstanden ist, wird unmittelbar folgen und mit einem Band zu *Republicanism and Sovereingnty* knüpfen wir an eine international geführte Debatte an.

„Lasst alle Hoffnung fahren, die ihr eintretet!" Diese niederschmetternde Botschaft erwartet heute nicht mehr den Sünder am Tor zum Inferno, sondern die Erstklässlerin, wenn sie gespannter Erwartung, zögerlich, leicht schaudernd und dann doch wieder frohen Muts zum ersten Mal eine deutsche Schule betritt. Auf welcher Entwicklungsstufe der zweihundertjährigen Reform der Reform des erst preußischen, dann deutschen Bildungssystems sie auch eintreten mag, 1870, 1924, 1952, 1980 oder 2008, sie bleibt, gehopst wie gesprungen, in ihrer sozialen Herkunftsklasse sitzen, und wenn sich daran heute etwas geändert hat, dann nur, dass sie jetzt jederzeit tief abstürzen kann und erst, wenn sie im Exklusionsbereich der Gesellschaft angekommen ist, tiefer nicht mehr fallen kann. Das scheint unverrückbar das Wesen des konservativen deutschen Bildungsstaats zu sein. Ein ontologisches Phänomen, das die Soziologen als Pfadabhängigkeit beschreiben. Hervorgegangen aus einer halbständischen Dreiklassengesellschaft mit Dreiklassenwahlrecht und Dreiklassenschule, ist das Credo des deutschen Bildungsstaats: Drei Glieder sollst Du haben und einen halben Tag.

Dieses konservative und elitäre Bildungssystem war trotz des faulen Kompromisses zwischen marktabhängiger Klassen- und geburtsabhängiger Ständegesellschaft, zwischen funktionaler Differenzierung und sozialer Segmentierung lange Zeit erstaunlich leistungsfähig. Es konnte mit den egalitären Systemen, dem Marktegalitarismus der Amerikaner und dem Staatsegalitarismus der Franzosen und Skandinavier nicht nur mithalten, sondern wurde durch die deutsche Universität sogar eine zeitlang zum globalen Führungssystem. Aber, so die These des vorliegenden Buches, der konservative Bildungsstaat, der heute (allem schönreden zum Trotz) weit zurückgefallen ist, basiert, anders als die Bildungssysteme Amerikas und Skandinaviens, auf der *Reproduktion und Verfestigung der tradierten, scharfen sozialen Differenzen von Ober-, Mittel- und Unterschicht*. Dadurch wurde expansive Bildungspolitik, das Ausschöpfen von Begabungsreserven in erster Linie zu einer fast exklusiven Angelegenheit der *bürgerlichen Oberschichten*, die sich mit der Rede vom

„Bildungsbürgertum" eine ebenso langlebige wie demokratieresistente Übergangssemantik schaffen und sich die unteren Schichten vom Leib halten konnten. Graßl spricht treffend von „sozialer Schließung durch Bildungsbegrenzung". Die oberschichtzentrierte Bildungsexpansion kam nur während des großen Wachstumsschubs in der Epoche nach dem Zweiten Weltkrieg und unter Bedingungen der Vollbeschäftigung für relativ kurze Zeit *allen* zugute, aber nicht allen gleichermaßen, denn der konservative Bildungsstaat sorgte dafür, dass die Klassenstruktur der Gesellschaft stabil blieb und die Differenzen zusammen mit den Einkommen wuchsen.

Seit Mitte der 1970er Jahre unter Globalisierungsdruck geraten, musste der deutsche Sozialstaat, der vom konservativen Bildungsstaat abhängig blieb, an der strukturell gewordenen Arbeitslosigkeit scheitern, und die Folge war eine erneute Segregation der Unterschichten. Das Gymnasium wurde zur „heimlichen Hauptschule" und die Universität zur großen Selektionsmaschine, die immer mehr akademische Abschlüsse anbietet, aber die Alleinherrschaft über die Selektion verloren hat, da sie sich dieses Geschäft mit einer wachsenden Vielzahl post- und außerakademischer Zertifikate und berufsbegleitender Evaluationen teilen muss. Während sich die wenigen glücklichen Gewinner der neuen, akademisch gebildeten Oberschicht vom staatlichen System unabhängig machen und den lastenden Panzer nationaler Solidaritäten abschütteln, wird die Hauptschule zur bloßen Resteverwaltung für einen immer größer werdenden *Exklusionsbereich*. Zwar wuchs die Zahl der Hochschüler seit den 1960er Jahren von 5% auf 30% der Bevölkerung, aber fast das gesamte Wachstum bestand in der Erschließung der Begabungsreserven von Ober- und Mittelschichtfamilien. Seit Beginn der 1980er Jahre sinkt bei konstant knapper werdenden Bildungsinvestitionen der ohnehin geringe Unterschichtanteil dramatisch (von 23% im Jahr 1982 auf 13% im Jahr 2006), und auch in den Mittelschichten werden zunehmend weniger Hochschüler produziert (Anteil der oberen Mittelschichten sinkt von 26% auf 24%, der unteren von 34% auf 25%), nur in der Oberschicht ist der Anteil noch einmal kräftig (von 17% auf 38%) gewachsen.

Die Frage, die Graßl sich in dem Kapitel zu Krise und Strukturwandel des Hochschulsystems schließlich stellt, ist die, ob die jüngsten Entwicklungen (Bologna) am Ende zu einer *Aufhebung des konservativen Bildungsstaats* führen könnten? – Einiges scheint dafür zu sprechen. Die Bildungssemantik wird zum ersten Mal effektiv durch eine einseitige und nahezu vollständige Technisierung beseitigt. Ökonomisierung und Privatisierung von Bildungsaufgaben und Bildungskapital, Kommodifizierung und Kolonialisierung der sozialisatorischen Lebenswelt durch marktanaloge Mechanismen, Aufhebung der wirtschaftlichen Gewaltenteilung zwischen den Medien Geld, Macht und Diskurs im *educational system* bringen das Gerüst des konservativen Bildungsstaats zum Wanken.

Aber auch in dieser zwar hoch ambivalenten und (sozialpsychologisch) kostenreichen, aber doch progressiven Entwicklung *reproduzieren sich offenbar ein weiteres Mal die Strukturen des konservativen Bildungsstaats* – nur diesmal ohne Bildungssemantik und Bildungsideologie, und nicht mehr als starres Klassensystem. Die Reformen, die sich verbal am Marktegalitarismus orientieren, unterscheiden sich jedenfalls vom US-amerikanischen (und britischen) Vorbild dadurch, dass sie die innere Vermarktung der Hochschulen durch unternehmensspezifische Evaluations- und Akkreditierungssysteme und -bürokratien mit der äußeren Unterwerfung unter die programmatische Zielbestimmung durch den Staat verkoppeln. Die staatlich dominierte Zielvereinbarung lässt alle Macht da, wo sie herkommt, beim Staat. Die Universitäten können jetzt, *wenn sie können* (und das können nur wenige), strategisches Kapital bilden und Unternehmenspolitik machen, wie Harvard weltweit investieren und reinvestieren. Aber kein neuer Studiengang, kein neuer Forschungsschwerpunkt ohne die Zustimmung des Ministers. Am Ende wälzt der Staat einen gut Teil des finanziellen Risikos auf die Universitäten ab, behält aber das Ruder in der Hand. Im Endeffekt bedeutet das *nicht weniger, sondern*, wie Graßl zeigt, *mehr Staat*. Deshalb ähnelt das System der Zielvereinbarungen und *private-public-partnerships* eher der ähnlich komplexen Vertragswelt der ehemaligen sowjetischen Planwirtschaft als dem amerikanischen Unternehmensmodell. Unter rechtsstaatlichen und demokratischen Bedingungen *muss* das freilich kein Nachteil sein, *könnte* aber zu einer erneuten Reproduktion des konservativen Bildungsstaats mit seiner demokratiefeindlichen Struktur führen.

Freilich bleiben die alten Schichtungsstrukturen, die der deutsche Bildungsstaat so sorgsam bewahrt hatte, nicht mehr stabil. Es zeichnet sich am Ende doch eine neue, weit dynamischere Klassenbildung ab, die jede Bewegung des Weltmarkts unmittelbar nachzuvollziehen scheint. Der Bologna-Prozess jedenfalls verstärkt die Bildung eines riesigen Prekariats, das – von einer winzigen Oberschicht abgesehen – nur noch durch möglichst viele und hohe akademische und postakademische Abschlüsse eine Chance auf gute Jobs behält, aber *keinerlei Garantien mehr kennt*. Das *life-long learning* wäre damit zur Existenzform eines lebenslangen Prekariats geworden. Zumindest negativ wäre damit der demokratische Egalitarismus auch in Deutschland wirklich geworden. Ob solchem Inferno gebildeter Negativität noch ein reinigendes Fegefeuer und der Aufstieg zu milderen Temperaturen folgen werden, bleibt abzuwarten.

Flensburg, im Juni 2008   Hauke Brunkhorst

Danksagung

Die diesem Buch zugrunde liegende Studie wurde im Oktober 2007 von der Fakultät für Geistes- und Sozialwissenschaften der Helmut-Schmidt-Universität/Universität der Bundeswehr Hamburg als Habilitationsschrift angenommen. Bedanken möchte ich mich bei Prof. Dr. Christiane Bender, die die Arbeit betreut und konstruktiv gefördert hat. Prof. Dr. Jens-Rainer Ahrens, Prof. Dr. Hauke Brunkhorst, Prof. Dr. Bernd Wegner und Prof. Dr. Klaus Plake danke ich für ihre Gutachtertätigkeit. Herzlich bedanke ich mich bei meinen Kollegen und Freunden Dr. Markus Schaal, Marianne Schröder, Norbert Hamann, PD Dr. Julia von Blumenthal, Dr. Paraskevi Grekopoulou, Dr. Sandra Dahlke, Christoph Kennerknecht, Chrisoula Grekopoulou, PD Dr. Mark May, PD Dr. Maja Apelt-Nicklas, Anja Schaal, Martina Elsner, Dr. Martin Nassua, Anne Tessier, Petra Mayer, Heinrich von Gyldenfeldt, Oliver Quast, Tanja Matthes, Jochen Rimek, Urs Krämer, Susanne Kremkau, Britta Reinke, Birgit Schuhmacher und den Studierenden in meinen Seminaren, mit denen ich kontrovers diskutieren konnte und die mir dadurch wertvolle Ideen eingegeben haben. Ihnen allen und meinem Vater, der die Fertigstellung der Arbeit nicht mehr miterleben konnte, widme ich dieses Buch.

Hamburg, im Juli 2008 Hans Graßl

Inhaltsverzeichnis

Vorwort 5

Inhaltsverzeichnis 9

1. Einleitung 13

2. Die Strukturen des konservativen Bildungsstaats 19
2.1. Sozialstaat, Bildungssystem und Dienstleistungsgesellschaft 20
    2.1.1. Wohlfahrtskapitalismus und Bildungsstaat 23
    2.1.2. Bildungsleistungen in der Dienstleistungswirtschaft 27
    2.1.3. Die „Kostenkrankheit" von Bildungsdienstleistungen 31
    2.1.4. Die Substituierbarkeit von Dienstleistungen 33
    2.1.5. „Selbstbedienung" im Bildungssystem 34
2.2. Drei Welten der Bildungsstaatlichkeit 36
    2.2.1. Der liberale Bildungsstaat 37
    2.2.2. Der sozialdemokratische Bildungsstaat 44
    2.2.3. Der konservative Bildungsstaat 48
2.3. Makrostrukturelle Arbeitsteilung im Bildungssystem 58
    2.3.1. Der Staat im bildungsökonomischen Feld 61
    2.3.2. Der Dritte Sektor im bildungsökonomischen Feld 69
    2.3.3. Die privaten Haushalte im bildungsökonomischen Feld 78
    2.3.4. Profitorientierte Akteure im bildungsökonomischen Feld 80
2.4. Strukturwandel der gesellschaftlichen Arbeitsteilung im Bildungssystem 85

3. Stabilität und Krise des konservativen Bildungsstaats 91

3.1. Kulturelle und sozioökonomische Hintergründe der Bildungsexpansion 92
    3.1.1. Familiäre Arbeitsteilung und der konservative Bildungsstaat 92
    3.1.2. Ökonomisierung und Bildungsexpansion 93

3.2. Individualisierung und Rationalisierung 97
    3.2.1. Ökonomisierung und Arbeitsmarktindividualisierung 98
    3.2.2. Die Transformation klassischer Bildungsvorstellungen 100
    3.2.4. Rationalisierung der Bildungsproduktion 101
    3.2.4. Vom Bildungskonsum zur Bildungsinvestition 104
3.3. Bildung als sozialer Schließungsmechanismus 109
    3.3.1. Kollektivistische und individualistische Schließungsmechanismen 111
    3.3.2. Bildungsexpansion und soziale Schließung 113
    3.3.3. Sozialstrukturelle Transformation des dreigliedrigen Schulsystems 116
3.4. Sozioökonomischer Wandel und konservativer Bildungsstaat 119

4. Die Transformation des konservativen Bildungsstaats 123

4.1. Normative Konflikte im Bildungssystem 123
    4.1.1. Milton Friedman und der Neoliberalismus 125
    4.1.2. Das neoliberale Bildungsreformprojekt in Deutschland 128
    4.1.3. Exkurs: Das private Fahrschulwesen in Deutschland 129
    4.1.4. Kapitalisierung der Bildungsproduktion 132
4.2. Ökonomisierung der sozialen Koordination im Bildungssystem 135
    4.2.1. Hierarchie und Bürokratie 137
    4.2.2. Verhandlung und Vertrag 139
    4.2.3. Demokratie 141
    4.2.4. Markt und Wettbewerb 143
4.3. Analyse der Privatisierungsstrategien im deutschen Bildungssystem 147
    4.3.1. Privatisierung der Leistungserstellung und der Mittelaufbringung 148
    4.3.2. Formen der Privatisierung und soziale Ungleichheit 150
    4.3.3. Exkurs: Stiftungen als Träger von Bildungseinrichtungen 154
    4.3.4. Privatisierung der Finanzierung der Leistungserstellung 155
    4.3.5. Privatisierung der Finanzierung des Lebensunterhalts 158
    4.3.6. Demographische Reserven im Bildungssystems 162
4.4. Zusammenfassung 165

5. Das Hochschulsystem des konservativen Bildungsstaats 169

5.1. Zur Genese der modernen staatlichen Universität in Deutschland 172
5.2. Der Einfluss der ökonomischen Umwelt auf das Hochschulsystem 176
    5.2.1. Das „Centrum für Hochschulentwicklung" (CHE) 178
    5.2.2. Die Universitäten der wissensbasierten Dienstleistungsgesellschaft 181
    5.2.3. Amerika als Vorbild für das deutsche Hochschulsystem 183

5.3. Ökonomische Rationalisierung durch das New Public Management	185
5.3.1. Ökonomisierung der universitären Bildungseinrichtungen	188
5.3.2. Von der „Kunst, eine Universität zu steuern"	191
5.3.3. „Bürokratisch-oligarchisches" Modell und „Markt-Modell"	193
5.3.4. Das „Management-Modell" der Universität	199
5.4. Modularisierung und Standardisierung der Studiengänge in Europa	203
5.4.1. Die Bologna-Erklärung und der Wandel des Hochschulsystems	204
5.4.2. Vom zwei- zum dreistufigen Modell der Studienorganisation	206
5.4.3. Chancen und Risiken der Standardisierung und Modularisierung	207
5.5. Privatisierung der Finanzierung der Hochschulbildung	210
6. Synthese und Konklusion	213
Literaturverzeichnis	221

1. Einleitung

Die Begriffe Ökonomisierung und Privatisierung stehen als Chiffren sozialen Wandels in einer engen und schillernden Beziehung zu zentralen Konzepten und Prozessen, mit denen sich die Soziologie seit ihren Anfängen im 19. Jahrhundert beschäftigt: dem Prozess der Individualisierung, dem Prozess der Rationalisierung und dem Prozess der Kapitalisierung der Handlungskoordination.[1] Die Begriffe Individualisierung, Rationalisierung und Kapitalisierung implizieren ein emanzipatorisches Potenzial gegenüber tradierten und verfestigten Lebensverhältnissen. Die Begriffe Ökonomisierung und Privatisierung tragen ebenfalls ein attraktives utopisches Potenzial in sich. Die Befürworter von Ökonomisierung und Privatisierung entwerfen eine neue Gesellschaft, die von den Individuen nach eigenen Wünschen autonom, effizient und transparent gestalten werden kann. In deren Perspektive ist die Ökonomisierung der Bildung eine schlüssige Strategie, den gesellschaftlichen Herausforderungen gerecht zu werden, die durch die Individualisierung und Rationalisierung der Lebensverhältnisse, die zunehmende Entkollektivierung der sozialen Sicherungssysteme und die Kapitalisierung vieler Lebensbezüge entstanden sind.

Ziel der Arbeit ist es, aus soziologischer Perspektive Licht in die verhärteten normativen Kontroversen über die vielfach umstrittene Sonderrolle der Bildungsproduktion im Dienstleistungssektor moderner Arbeitsgesellschaften zu bringen. Die populären Parolen „Bildung ist keine Ware!" oder „von wahrer Bildung zur Ware Bildung" machen es schwer, über die institutionelle Ausgestaltung und die Finanzierung des Bildungssektors zu reflektieren. Die Parolen signalisieren: Rührt die Bildung nicht an! Sie sind Teil einer Strategie, die, um einen Gedanken Max Webers aufzunehmen, „Schranken des Marktes" durch „sakrale Tabuierung" von Bildung und Bildungsproduktion errichtet. Auf diese Weise soll der wachsende Ökonomisierungs- und Privatisierungsdruck von diesem bislang bedeutenden Teilbereich des öffentlichen Sektors genommen werden (vgl. Weber, 1976: 384). Hinter „Bildung"

---

[1] Kein anderer Klassiker hat die Ökonomisierung aller Lebensbereiche durch das Kapitalverhältnis so durchdringend beschrieben wie Karl Marx. Er popularisierte im deutschsprachigen Raum den Begriff Kapitalismus, mit dem er die aus den feudalen Fesseln sich befreiende Marktgesellschaft bezeichnet (vgl. Marx, 1955). Emil Durkheim hat sich in seinem zentralen Werk „Über soziale Arbeitsteilung" vornehmlich mit dem über Arbeitsteilung vermittelten Prozess der Individualisierung befasst (vgl. Durkheim, 1992). Aber auch seine berühmte Schrift über den Selbstmord rekonstruiert die Erosion von Gemeinschaftsbildungen zugunsten der Herausbildung atomisierter Individuen (vgl. Durkheim, 1973). Rationalisierung bezeichnet den zentralen Begriff, den Max Weber seinen mannigfaltigen Studien über die entscheidenden Strukturmerkmale der abendländischen Geschichte zugrundelegt. Religion, Staat, Wirtschaft, Wissenschaft, Recht werden als Rationalisierungsprozesse aufgearbeitet. Der Begriff meint vor allem Entzauberung, aber darüber hinaus Sachangemessenheit, Zweck-Mittel-Reflexion, Intellektualisierung (vgl. Weber, 1973a).

standen in der Vergangenheit und stehen auch heute durchaus handfeste Interessen, die unsichtbar bleiben, wenn nur die aus normativen Bildungsbegriffen abgeleitete Logik der überkommenen Ordnung des öffentlichen Bildungssystems wahrgenommen wird. Die Parole „Bildung ist keine Ware" ist demnach als Anker einer soziologischen Reflexion unfruchtbar. Sie ist Ausdruck eines „ewigen" Kampfes zwischen Dogma und Häresie und gefährdet gerade deshalb rationale Diskurse über den Wandel von Erziehung, Bildung und Wissenschaft als zentrale Institutionen moderner Gesellschaften.[2]

Dennoch ist der modische Diskurs, der in Bildung, verbunden mit der unreflektierten Übertragung des ökonomischen Sprachspiels, lediglich ein austauschbares Konsum- oder Investitionsgut unter anderen sieht, nicht vorschnell zu akzeptieren. Wie zu zeigen sein wird, verbirgt sich hinter diesem Diskurs nicht nur ein unschuldiger Versuch, mit Hilfe eines neuen Begriffssystems einen innovativen analytischen Blick auf die Welt der Bildungsproduktion und deren Finanzierung zu gewinnen. Damit verbunden ist immer auch ein Prozess funktionaler Entdifferenzierung, der die historisch und funktional ausdifferenzierte Logik, die Sprache und die Rationalitätskriterien von Erziehungs-, Bildungs- und Wissenschaftsinstitutionen obsolet werden lässt und der Logik des Marktes und des Wettbewerbs unterwirft. Es geht dabei vor allem darum, Legitimität für eine sozioökonomische Strategie zu schaffen und Machtansprüche durchzusetzen, um die wirtschaftlich interessanten „Dienstleistungen" Erziehung, Bildung und Wissenschaft für den profitorientierten Betrieb am Markt zu reklamieren. Verschoben wird damit der gesellschaftliche Ort der Bildungsproduktion. In den Mittelpunkt der Analyse des Wandels des Bildungssystems rückt damit eine sich global ausbreitende Praxis, ökonomisches Denken und Handeln (Kostenminimierung, Effizienz, Wettbewerb, Management) in möglichst vielen gesellschaftlichen Lebensbereichen und Subsystemen und damit auch im Erziehungs-, Schul- und Hochschulsystem gegen alternative Sinnsysteme durchzusetzen.

Die hohe Arbeitslosigkeit und die wachsenden sozialen und politischen Integrationsprobleme immer größerer Teile der Wohnbevölkerung in Deutschland verweisen auf die sozioökonomische, sozialpolitische und soziokulturelle Bedeutung von Bildung und Erziehung. Bildung und Erziehung sind sowohl für die Sozialisation und Ausbildung zukünftiger Arbeitskräfte wie auch für das Funktionieren demokratischer Gemeinwesen mitverantwortlich. In ganz erheblichem Maße hängt von ihnen ab, ob die Individuen Chancen erlangen, ihren Platz in der Gesellschaft zu finden (vgl. Gottschall, 2004: 126). Zu den wichtigsten Funktionen des Bildungssystems in modernen Leistungsgesellschaften gehört die Aufgabe, die Individuen in und auf die Positionssysteme zu platzieren und ihnen damit einen sozialen Status zuzuweisen. Der Zugang zu verschiedenen sozialen Positionen mit ihren Privilegien und Benachtteiligungen, die Zugehörigkeit zu verschiedenen Klassen, Schichten und Milieus und die soziale Mobilität zwischen diesen Strukturen sozialer Ungleichheit

---

2   Die Parole „Bildung ist keine Ware", in Wahlkämpfen, Podiumsdiskussionen und auf Plakaten zu bildungspolitischen Kontroversen oft zu hören und zu sehen, verschleiert mit ihrem dogmatischen „ist" ihren eigentlich normativen Charakter als Forderung und Gebot.

sind eng an das Bildungsniveau der Individuen gekoppelt. Bildung ist deshalb eine zentrale Ressource für Lebenschancen in modernen Gesellschaften. Und sie hat in der sich entwickelnden Wissensgesellschaft, die das überkommene industriegesellschaftliche Positionssystem radikal transformiert, noch an Bedeutung gewonnen (vgl. Geißler, 2002: 333). Das weitgehende Fehlen der sozioökonomischen und sozialpolitischen Perspektive in den bildungspolitischen Diskursen, die ein Bewusstsein dafür schaffen könnten, dass jede Marktwirtschaft zu ihrem Funktionieren marktfreie Bereiche aufrechterhalten muss, stellt eine gravierende Ursache für die Verbissenheit und die Unüberbrückbarkeit der Auffassungen im Konflikt um eine zeitgemäße Reform des deutschen Bildungssystems dar.

Wie alle Teilsysteme und Organisationen moderner Gesellschaften sind auch das Bildungssystem und die Bildungseinrichtungen eingebettet in die sozialstrukturellen, soziokulturellen und sozioökonomischen Rahmenbedingungen des nationalen Wohlfahrts- und Produktionssystems.[3] Ökonomisierungs- und Privatisierungsprozesse im Bildungssystem sind deshalb, eingebettet in die jeweils spezifischen nationalen bzw. föderal-regionalen rechtlichen, sozialen und politischen Strukturen analysierbar. Sie verlaufen entlang bestimmter Entwicklungspfade, die auf Grund etablierter Interessen- und Akteurskonstellationen und eingespielter Strukturbedingungen ein hohes Beharrungsvermögen aufweisen.[4]

Im Unterschied zu den skandinavischen und angelsächsischen Ländern spielen die Themen Bildung und Erziehung in der Wohlfahrtsstaatsforschung und den sozialpolitischen Debatten in Deutschland bisher kaum eine Rolle. Problematisch und politisch folgenreich ist dieser blinde Fleck der Reflexion vor allem deswegen, weil es für dieses Desiderat in anderen ausdifferenzierten Wissenschaftsfeldern kein funktionales Äquivalent gibt. Die Bildungswissenschaften und die Bildungsökonomie haben ebenfalls keinen theoretischen und begrifflichen Analyserahmen entwickelt, der ihre Gegenstandsbereiche Bildung und Erziehung in einen weiteren wohlfahrtsstaatlichen Rahmen einbettet. Die Bildungspolitik wird in Deutschland bis heute nicht zur Sozialpolitik gezählt, obwohl das Bildungssystem die Verteilung der Lebenschancen und damit die Integration in die Arbeitswelt auf vielfältige Weise mitbestimmt. Der enorme Veränderungsdruck, der in den letzten Jahren auf das öffentliche Bildungssystem in Deutschland ausgeübt wird und damit einen hierzulande zwei Jahrzehnte währenden bildungspolitischen Dornröschenschlaf beendet

---

3   Die gesellschaftliche „embeddedness" von (wirtschaftlich) handelnden Organisationen wurde systematisch von Mark Granovetter (1985; 1992) thematisiert.
4   Bildungspolitische Innovationen, wie zum Beispiel die Etablierung privater Bildungskonten und das bewusste Bildungssparen, erzeugen oder verstärken einen Wandel des überkommenen Bildungsbegriffs. Die Anbieter von Finanzdienstleistungen im neu entstehenden kapitalisierten Bildungsmarkt, wie etwa die *Knowledge One Fonds AG* mit Sitz in Hamburg und die *CareerConcept AG* in München, entwickeln ihre Businesspläne in der Hoffnung, dass dem Bildungssparen schon bald eine ähnlich große Bedeutung zukommen könnte wie der privaten Altersvorsorge. Entwicklungen wie diese stellen tiefgreifende Eingriffe in die institutionelle Struktur des überkommenen öffentlichen Bildungssystems dar, denen darüber hinaus eine mentalitätsverändernde Kraft zukommt.

hat, rückt die Bedeutung von Bildung und Erziehung als zentrale Gestaltungsfelder des modernen Wohlfahrtsstaats in das öffentliche Bewusstsein (vgl. Opielka, 2005).

Die wachsende Ökonomisierung und Privatisierung der Bildungsproduktion und Bildungsfinanzierung, so die zentrale These der vorliegenden Arbeit, untergraben auf lange Sicht die Grundlagen der historisch gewachsenen spezifischen Strukturen des deutschen Bildungsstaats, die sich vor dem Hintergrund eines genuinen nationalen Produktionssystems und einer spezifischen, von anderen Varianten des Wohlfahrtsstaats abgrenzbaren sozialpolitischen Konstellation entwickelt hat. Vor unseren Augen vollzieht sich eine sozioökonomische und soziokulturelle Transformation der öffentlichen Finanzierung und Bereitstellung von Bildungsleistungen mit weitreichenden Auswirkungen. Ich werde die tradierte Figuration öffentlicher Finanzierung und Bereitstellung von Erziehungs- und Bildungsleistungen in Anlehnung an Jutta Allmendinger und Stefan Leibfried (2003: 189) in dem Begriff des konservativen Bildungsstaats bündeln. Obwohl die Konturen des Übergangs zu einer neuen Form von Bildungsstaatlichkeit noch sehr undeutlich sind, werde ich einige zentrale Probleme der Anpassung des Bildungssystems an eine sich tiefgreifend und grundlegend wandelnde Systemumwelt und die damit verbundenen normativen Konflikte und Krisen diskursanalytisch reflektieren.[5] Eine besondere Rolle spielt dabei die neue Selbstverständlichkeit, mit der ökonomisches Denken nun auch im Schul- und Hochschulsystem durchgesetzt wird.

Die Analyse der Privatisierungs- und Ökonomisierungsprozesse im Bildungssystem richtet sich primär auf die Interaktionsbeziehungen der unmittelbar beteiligten korporativen, kollektiven und individuellen Akteure und ihrer Teilsysteme. Weitere bildungspolitisch relevante Systemebenen müssen jedoch in das Analyseraster einbezogen werden, um den Ursachen für den zeitgenössischen Begriffs- und Strategiewandel im Bereich der Bildungspolitik auf die Spur zu kommen. Aus forschungsökonomischen Gründen konzentriere ich mich auf die Identifizierung ausgewählter thematischer Kerne der bildungspolitischen Debatten über die Ökonomisierung und Privatisierung des Schul- und des Hochschulwesens. In Hinblick auf das Schulsystem werde ich die strukturelle Verknüpfung des Bildungsstaats mit dem Sozialstaat und in Hinblick auf das Hochschulsystem dessen strukturelle Verknüpfung mit dem Beschäftigungssystem der sich entwickelnden wissensbasierten Dienstleistungsgesellschaft in den Blick meiner Analyse rücken. Um den Ursachen für den Wandel der Strukturen des Handelns und der institutionellen Formen im Bildungssystem auf die Spur zu kommen, die sich unter den Vorzeichen eines soziokulturellen „Ökonomismus" vollziehen, greife ich auf die in der sozialpolitischen

---

5   In den letzten Jahren hat sich ein facettenreiches und auf verschiedenen Wissenschaftsgebieten ausdifferenziertes Arsenal diskursanalytischer Ansätze und Verfahren entwickelt. Sozialwissenschaftliche Ansätze der Diskursanalyse, wie ich sie für die vorliegende Analyse fruchtbar machen will, beziehen den Diskursbegriff auf strukturelle Zusammenhänge des Sprachgebrauchs und begreifen Diskurse als Praktiken und Prozesse der gesellschaftlichen Wissensproduktion (vgl. Keller, 2004; Keller et al. (Hrsg.), 2001; 2003).

Forschung bewährten Instrumentarien und Konzepte des Machtressourcenansatzes zurück (vgl. Korpi, 1983; Esping-Andersen, 1990).

In einem weiteren Analyseschritt (Kapitel 2.2 und 2.3) geht es darum, ein soziologisch gehaltvolles Konzept von Ökonomisierung und Privatisierung im Bildungssystem zu entwickeln. Aus der sozialpolitischen Forschung übernehme ich das Konzept der vier Sektoren bzw. Sphären der Wohlfahrtsproduktion, das von Evers und Olk entwickelt wurde (vgl. Evers/Olk, 1996: 22f.; Graßl, 2000). Dabei handelt es sich um die zentralen gesellschaftlichen Akteurebenen, die sich anhand ihrer je eigenen Organisations- und Handlungslogiken unterscheiden lassen. Die Analyse der sich wandelnden Rolle der Sphären der Wohlfahrtsproduktion im arbeitsteiligen Feld der Bildungsproduktion liefert für die Analyse der Ökonomisierungs- und Privatisierungsphänomene im Bildungssystem wichtige Hinweise. Explizit und auf ihre Interdependenz hin untersucht werden im Einzelnen der Staatssektor (Staat), der Marktsektor (Wirtschaft/Unternehmen), der intermediäre Bereich (Dritter Sektor/Non Profit-Sektor) und die privaten Haushalte (Sektor der Haushaltsproduktion), die zusammen das bildungsökonomische Feld moderner Gesellschaften konstituieren.[6] Weitere wichtige Hinweise für eine soziologische Entschlüsselung von Ökonomisierungs- und Privatisierungstrends im Bildungssystem liefert die Unterscheidung der für moderne Gesellschaften konstitutiven sozialen Koordinationsmechanismen: Bürokratie/Hierarchie, Demokratie, Markt/Wettbewerb und Aushandlung/Vertrag (vgl. Dahl/Lindblom, 1953: 171-365; Kirchgässner, 1997). Privatisierungs- und Ökonomisierungsprozess im Bildungssystems berühren, so meine These, im Kern Fragen nach der künftigen Bedeutung und der Gewichtung der vier Mechanismen der sozialen Koordination und der gesellschaftlichen Arbeitsteilung zwischen den vier Sphären der Bildungs- und Wohlfahrtsproduktion.

In einem weiteren Analyseschritt (3. Kapitel) beschäftige ich mich mit den Fragen, welche sozioökonomischen, sozialstrukturellen und ideellen Veränderungen zu einer zunehmenden Ökonomisierung der Lebensverhältnisse geführt haben und warum im Zuge dieser Veränderungen auch der Privatisierungs- und Ökonomisierungsdruck im Bildungswesen zunimmt. Die Ökonomisierung des Bildungssystems gilt gemeinhin als Kehrseite eines allgemeinen Wertewandels hin zu „materiellen" Orientierungen in der Bevölkerung. In diesem Zusammenhang wird oftmals kulturkritisch unterstellt, in früheren Zeiten hätte die intrinsische Motivation in Hinblick auf die Erwartung an Bildung eine größere Bedeutung besessen. Spielen berufliche Karriere, Geld und Macht und damit die Umpolung der Bildungsideale und -ziele auf utilitaristische Instrumentalität tatsächlich eine immer stärkere Rolle oder ist die zunehmende Ökonomisierung des Bildungssystems zumindest teilweise auch eine nicht intendierte Folge von sozialstrukturellen Entwicklungen, die in aller Regel als Emanzipation von überkommener Unfreiheit, zu mehr Individualität, Selbstbestimmung, Chancen durch Wettbewerb und damit allgemein als modern und positiv eingeschätzt werden? Welche gesellschaftlichen Trends lassen sich identifizieren,

---

6   Den Begriff des bildungsökonomischen Feldes verwende ich in Anlehnung an Pierre Bourdieus Begriff des ökonomischen Feldes (vgl. Bourdieu; 1998).

die relativ unabhängig von den spezifischen Ideen und Interessen bildungspolitisch interessierter Individuen und Gruppen Druck auf die überkommenen Deutungsmuster und damit auf die Organisation der Leistungserstellung und die Formen der Finanzierung von Bildungsprozessen ausüben? Zu diesen Fragen werde ich die zentralen sozioökonomischen und soziokulturellen Trends im gesellschaftlichen Umfeld des Bildungssystems analysieren, die der Ökonomisierung der sozialen Handlungskoordination und der Verschiebung der Produktion vom öffentlichen Sektor auf den For Profit-Sektor (Unternehmenssektor) und den Non Profit-Sektor im sozialen Feld der Bildung Vorschub leisten: die forciert fortschreitenden Megatrends der Individualisierung (als Arbeitsmarktindividualisierung) und die Vermarktlichung, Rationalisierung und Kapitalisierung der sozialen Handlungskoordination, die das Potenzial in sich tragen, die überkommenen Strukturen des konservativen Bildungsstaats zu transformieren. Wie in anderen Bereichen öffentlicher Dienstleistungsproduktion müssen auch im Bildungswesen verschiedene Formen, Prozesse und Verfahren der Privatisierung und Ökonomisierung analytisch differenziert werden. Nicht jede Privatisierung öffentlicher Aufgaben führt zu deren Ökonomisierung und nicht jede Ökonomisierung dieser Aufgaben führt automatisch zu deren Privatisierung.

In einem weiteren Analyseschritt (4. Kapitel) beschäftige ich mich mit konkreten Prozessen der Transformation des konservativen Bildungsstaats. Ich gehe der Frage nach, ob das deutsche Schulsystem sich aus dem Strukturrahmen des konservativen Bildungsstaats herauszulösen beginnt. Im 5. Kapitel werden die tiefgreifenden Veränderungen in den Hochschulen und deren veränderte gesellschaftliche Rolle vor dem Hintergrund eines neuen gesellschaftlichen Arrangements zwischen Universität und Gesellschaft ausgelotet. Überprüft werden soll hier die These, ob sich das deutsche Hochschulsystem aus dem tradierten strukturellen Rahmen des konservativen Bildungsstaats herauslöst, der ein qualitativ hochwertiges praxisorientiertes Berufsbildungssystem neben dem wissenschaftlich grundierten Hochschulsystem entwickelt hat. Vor dem Hintergrund des sozioökonomischen und kulturellen Wandels wird auch das überkommene bildungsständische und hierarchische Verhältnis von Beruf und Profession grundsätzlich in Frage gestellt und durch ein neues Arrangement des hochschulischen Feldes ersetzt.

2. Die Strukturen des konservativen Bildungsstaats

Bis in die neunziger Jahre des letzten Jahrhunderts galt Bildung in Deutschland, wie Gesundheit und Sicherheit, als wichtige und nahezu selbstverständliche Facette der gesellschaftlichen Wohlfahrtsproduktion und damit als zentraler Aspekt staatlicher „Daseinsvorsorge" (Forsthoff), die den Bürgern ein gutes Leben ermöglichen sollte. Der Staat war darauf verpflichtet, seinen Bürgern den Genuss schulischer und akademischer Bildung zu ermöglichen. Vor dem Hintergrund wirtschaftlicher Schwierigkeiten und sozialstruktureller Veränderungen lässt sich in den letzten Jahren in Deutschland eine Tendenz in Richtung einer stärkeren Ökonomisierung und Privatisierung nicht nur der sozialen Sicherungssysteme, sondern auch der Bildung und des Bildungswesens beobachten. Der selbstverständliche Konsens über die Aufgaben des Staates wird zunehmend in Frage gestellt.

Vor allem die Debatten über die Ergebnisse der verschiedenen international vergleichenden Schülerleistungsstudien, vor allem aber die Resultate der PISA-Studie, trugen zu einem gesellschaftlichen Bedeutungswandel von Bildung und einem Stimmungswandel in Hinblick auf das deutsche Bildungssystem bei (vgl. beispielsweise Artelt et al. (Hrsg.), 2001; Baumert et al., 2001; Stanat et al., 2002; Gottschall, 2003b; Hopf, 2003; Krais, 2003; Prenzel et al. (Hrsg.), 2004; Schultz, 2005). Im Vordergrund stand die Kritik an der angeblich mangelhaften Leistungsfähigkeit des Schulsystems und die fehlende internationale Konkurrenzfähigkeit der deutschen „Massenuniversitäten". Beklagt wurde und wird vor allem der aus dem schlechten Abschneiden der Schülerinnen und Schüler und den mangelnden Leistungen der Hochschulen in der Produktion von akademischem Nachwuchs für die Wirtschaft unweigerlich resultierende zukünftige Wettbewerbsnachteil für den Standort Deutschland. Die dominierenden bildungspolitischen Ziele und gesellschaftspolitischen Akzente der Bildungsreform der 1960er und 1970er Jahre, die eine gerechtere Verteilung der Bildungschancen und eine Aktivierung aller Begabungsreserven der Gesellschaft unter den Vorzeichen der Demokratisierung der Gesellschaft und der individuellen Freiheit durch Bildung anstrebten, stehen nun nicht mehr im Mittelpunkt der bildungspolitischen Debatten (vgl. Picht, 1965; Dahrendorf, 1965b). Die Suche nach einem neuen Verhältnis von Bildung und Ökonomie hat die Fragen nach der Interdependenz von Bildung und Sozialstruktur abgelöst.

Die Rede von *der* Ökonomisierung der Bildung reflektiert die weit verbreitete Vorstellung, dass materielle Orientierungen und konkurrenzorientiertes Verhalten von den politischen und kulturellen Eliten Europas eingefordert und zunehmend auch in der Bevölkerung akzeptiert werden. Bildung werde auf ein Mittel zum ökonomischen Zweck reduziert und damit ihres Eigenwertes beraubt. Ebenso postuliert die These von der Ökonomisierung der Bildung, dass Markt und Wettbewerb heute verstärkt in Bereiche vordringen, die ihnen früher durch normative Schranken verschlossen waren. In diesen Bereichen spiele das generalisierte Tauschmittel Geld in der sozialen Interaktion zwischen Menschen eine immer wichtigere Rolle (vgl. Kirchgässner, 1997: 133).

Der wachsende Ökonomisierungs- und Privatisierungsdruck im Feld der Bildung, so die zentrale These der vorliegenden Arbeit, untergräbt auf lange Sicht die Grundlagen der historisch gewachsenen spezifischen Strukturen des deutschen Bildungsstaats. Die Grundstrukturen der deutschen Variante des Bildungsstaats haben sich vor dem Hintergrund eines genuinen nationalen Produktionssystems und einer spezifischen, von anderen Varianten des Wohlfahrtsstaats abgrenzbaren sozialpolitischen Konstellation entwickelt. Diese spezifische Konstellation und die Grundzüge des deutschen Bildungsstaats gilt es im nächsten Analyseschritt zu explizieren. In den weiteren Schritten geht es darum, einen soziologisch gehaltvollen Begriff von Ökonomisierung und von Privatisierung der in Kapitel 2.1 explizierten Strukturen zu entwickeln.

Privatisierungs- und Ökonomisierungsprozesse im Bildungssystem verändern die Interaktionsbeziehungen der unmittelbar beteiligten korporativen und individuellen Akteure. Ich werde zeigen, dass es eine enge Verknüpfung zwischen dem spezifischen Profil von Dienstleistungsökonomien, pfadabhängigen Strategien der Sozial- und Bildungspolitik und der Genese der Struktur des jeweiligen Bildungsstaats gibt. Im Kapitel 2.2 greife ich eine zentrale strukturelle Unterscheidung des Wohlfahrtsstaatsdiskurses auf und diskutiere dessen Relevanz für die Privatisierungsproblematik im deutschen Bildungssystem. Die modernen Wohlfahrts- und Bildungsstaaten unterscheiden sich vor allem hinsichtlich der sozioökonomischen Rolle, die sie jeweils den vier Sphären der Wohlfahrtsproduktion: dem Staat, dem Markt/den Unternehmen, dem Non Profit-Sektor und den privaten Haushalten/den Familien zuweisen. Vor dem Hintergrund dieser wichtigen Unterscheidung können die Begriffe Ökonomisierung und Privatisierung weiter geschärft werden.

In Kapitel 2.3 werde ich mich mit der von der Ökonomisierungskritik postulierten These, dass der soziale Koordinationsmechanismus Markt im Bildungssystem an Bedeutung gewonnen hat, beschäftigen. Dieser Mechanismus sozialer Koordination lässt sich von drei alternativen anderen Koordinationsmechanismen idealtypisch unterscheiden. Erst in Verbindung mit der Frage nach der zukünftigen Rolle der demokratischen, der bürokratisch/hierarchischen und der vertraglichen sozialen Koordination im Bildungswesen, so meine These, erlangen Diskurse über Ökonomisierung im Bildungssystem eine sachgerechte Präzisierung. Ökonomisierung wird dann als Verschiebung in der Bedeutung der Mechanismen sozialer Koordination im Bildungssystem gedeutet und verstanden.

2.1. Sozialstaat, Bildungssystem und Dienstleistungsgesellschaft

In der Sozialpolitikforschung und in den sozialpolitischen Debatten in Deutschland war Bildung noch vor wenigen Jahren im Unterschied zu den politischen Kontroversen in vielen anderen europäischen und den angelsächsischen Wohlfahrtsstaaten eher ein Randthema. Umgekehrt gilt aber auch, dass das Thema Sozialpolitik im ausdifferenzierten Analyserahmen der deutschen Bildungsforschung kaum thematisiert wird. Allmendinger und Leibfried (2002) fassen die internationalen Unterschiede im sozial- und bildungspolitischen Diskurs zusammen: „In den angelsächsischen Ländern wurde unter *social policy* immer schon gleichermaßen *education* und *social security* verstanden. Wie bei T. H. Marshall – dem international bekannten, englischen Klassiker der Sozialpolitikforschung – und in der Epoche des englischen Beveridge Plans in der frühen Nachkriegszeit zu sehen war, stand diese integrierende Sichtweise Pate für die angelsächsische Reform des Wohlfahrtsstaats nach dem Zweiten Weltkrieg, die dort zugleich massiv Bildungsreform war. In manchen dieser Länder, etwa in den USA, hatte sich zudem schon im 19. Jahrhundert das Bildungswesen weit stärker und gewissermaßen als eine Art ‚Sozialstaatsersatz' entwickelt (...)" (Allmendinger/Leibfried, 2002: 288). Manfred G. Schmidt (1999; 2003) hat im Rahmen einer international vergleichenden Analyse die Sozialpolitikausgaben mit den Bildungs- und Forschungsausgaben verglichen. Deutschland identifiziert Schmidt als ein Land, das mehr Wert auf die Sozialpolitik im Sinne der Umverteilung zugunsten des Renten-, Gesundheits- oder Arbeitslosenversicherungssystems legt und im Vergleich dazu weniger öffentliche Ressourcen in Bildung investiert. In Deutschland dominieren die auf die Vergangenheit der Gesellschaft bezogenen Aktivitäten des Staates die auf die Zukunft gerichteten Bildungs- und Forschungsaufgaben (vgl. Allmendinger/Leibfried, 2002: 289f.).

Obwohl die Institutionen des Bildungswesens die Verteilung der Lebenschancen in modernen Leistungsgesellschaften entscheidend mitbestimmen, gilt die Bildungspolitik in Deutschland - im Unterschied zu anderen Wohlfahrtsstaaten - nicht als Gegenstand der Sozialpolitik (vgl. Kaufmann, 2003: 296). Genese und Struktur des deutschen Bildungssystems werden deshalb in der Regel auch nicht mit dem innovativen analytischen Instrumentarium untersucht, das die internationale Sozialpolitikforschung in den letzten Jahren als Antwort auf die Herausforderungen durch die Globalisierung und den sozialstrukturellen Wandel der modernen Gesellschaften entwickelt hat. Soziale Sicherung und Bildung sind in Deutschland traditionell institutionell getrennte Systeme. Entscheidungen über Fragen der Bildungsstaatlichkeit und Sozialstaatlichkeit werden sowohl organisatorisch wie konzeptionell in sehr stark voneinander getrennten, ja abgeschotteten Sphären der Politik beraten und herbeigeführt (vgl. Gottschall, 2004: 126). Als Anker dieser problematischen Ausdifferenzierung erweist sich die föderale Arbeitsteilung, die Bildungspolitik in die Zuständigkeit der Länder verweist und sie so konzeptionell von Sozialpolitik, die weitgehend der Bund verantwortet und gestaltet, abtrennt.

Warum hat sich diese strenge Aufgabenteilung bis heute erhalten? Vordergründig erfüllt, so Karin Gottschall, die öffentliche Gewährleistung von Bildung aus einer biographietheoretisch orientierten Perspektive tatsächlich „eine spezifische, von Sozialpolitik unterscheidbare Funktion: Während Sozialpolitik, verstanden als Minderung von Lohnarbeitsrisiken (Dekommodifizierung), auf Statuserhalt im Erwachsenenlebenslauf ausgerichtet ist, dient Bildung der Statuserzeugung in der Jugendphase (Heidenheimer 1981) und ist von daher sozialinvestiv" (Gottschall, 2004: 126). Bildung ist also nach Gottschall für die soziale Strukturierung der Gesellschaft

21

entscheidend. Weit wichtiger für die Begründung und Tradierung der Sonderstellung des deutschen Bildungssystems im weiteren Wohlfahrtsarrangement sind jedoch die spezifischen institutionellen Strukturen und die organisierten Interessengruppen der „Bildungspolitik". Diese kommen mit der Sozialpolitik, wenn überhaupt, nur rivalisierend in Berührung, vor allem dann, wenn es um die Finanzierung der Bildung geht. Gleiches gilt für die Sozialpolitik in Bezug auf die Bildungspolitik. Und das, obwohl in der modernen Leistungsgesellschaft fehlende Qualifikationen ein zentrales Arbeitslosigkeits- und Armutsrisiko darstellen (vgl. Allmendinger, 1999: 45).

Auch hierzulande gibt es neuerdings Bestrebungen, Bildung unter einem weiteren, d.h. sozialpolitischen Horizont zu diskutieren und damit als integralen Bestandteil des Sozialsystems neu zu entdecken (vgl. Allmendinger, 1999: 35ff.). Die vorliegende Arbeit hat das Ziel, dieses Projekt einer engeren Verschränkung von Bildungs- und Sozialpolitikforschung und Bildungs- und Sozialpolitik argumentativ und konzeptionell voranzutreiben, um den aktuellen Ökonomisierungs- und Privatisierungstendenzen im Bildungssystem auf den Grund zu gehen.

Aufgrund der aufgezeigten Defizite ist daher zu fragen: Wie könnte nun eine Brücke zwischen Bildung und sozialer Sicherung gebaut, die Interdependenz von Bildungs- und Sozialpolitik sichtbar und damit politisch gestaltbar gemacht werden? Karin Gottschall weist darauf hin, dass es funktionale Bezüge zwischen Bildung und Sozialpolitik gibt, die konstitutiv für die Entstehung und Entwicklung des westlichen Wohlfahrtskapitalismus sind. Als Felder des modernen Wohlfahrtsstaates konnten sich Bildung und Erziehung, wenn auch in Deutschland nicht als solche wahrgenommen, vor allem deshalb etablieren, „weil sie sowohl auf die Sozialisation und Ausbildung zukünftiger Arbeitskräfte wie auch auf die Herstellung von Chancengleichheit und Demokratisierung ausgerichtet waren" (Gottschall, 2004: 126). Die Bildungs- und die Sozialpolitik entscheiden im Zusammenhang der Gestaltung ihrer Bereiche mit ihren institutionalisierten Anreizsystemen und Integrations- bzw. Schließungsmechanismen nicht unwesentlich über die im Ökonomisierungs- und Privatisierungsdiskurs zentralen Fragen: Welche Akteure beteiligen sich mit welchen Anteilen und mit welchen Intentionen und Zielen an Investitionen im Bildungssektor? Welche Bevölkerungsgruppen profitieren von diesen Investitionen?

Das öffentliche Bildungssystem ist in Deutschland eines der bedeutenden Zuteilungssysteme sozialer Sicherheit und sozialer Chancen, das nicht transferorientiert ausgestaltet ist, wie beispielsweise das Rentensystem oder der Familienleistungsausgleich. Es ist weitgehend steuerfinanziert und es beruht auf der Bereitstellung öffentlicher Bildungsdienstleistungen. Der moderne Arbeitsmarkt der Dienstleistungsgesellschaft wird dadurch um einen wichtigen (Beschäftigungs-)Sektor jenseits des kapitalistischen Marktes bzw. privatwirtschaftlichen Unternehmenssektors erweitert. Das Bildungssystem umfasst damit einen wesentlichen Teil des tertiären Sektors der modernen Industrie- und Dienstleistungswirtschaft, die durch die institutionelle und materiale Ausgestaltung des Bildungs- und Wohlfahrtsstaats wesentlich mitgeprägt wird.

2.1.1. Wohlfahrtskapitalismus und Bildungsstaat

Der dänische Sozialwissenschaftler Gösta Esping-Andersen (1990) analysiert in seiner für die international vergleichende Sozialpolitikforschung in den letzten Jahren diskursbestimmenden Studie „The Three Worlds of Welfare Capitalism" die Rolle der sozialpolitischen und sozioökonomischen Staatstätigkeit in den modernen Gesellschaften. Die Wohlfahrtsstaaten haben als historische Individuen (Max Weber) ihre jeweils eigene Geschichte, Organisation und Funktionsweise ausgebildet. Ausgehend von den normativen Konflikten um die moderne Ordnung wohlfahrtsstaatlicher Institutionen, die sich historisch aus dem Gegensatz und der Konkurrenz verschiedener politischer Ökonomien und der diese Ideen machtvoll vertretenden Interessengruppen entwickelt haben, identifiziert Esping-Andersen bestimmte idealtypische Muster sozialstaatlicher Ordnungen, deren analytisches Potenzial sowohl für die Reform der sozialstaatlichen Ordnung moderner Dienstleistungsgesellschaften wie auch der Bildungssysteme unverzichtbar ist. Er zeigt, wie die sozialen Folgeprobleme der Industrialisierung auf sehr unterschiedliche Art und Weise von den jeweiligen Nationalstaaten gelöst wurden. Die Sozialpolitik und damit die Wohlfahrtsproduktion eines jeden Landes ist durch das unterschiedliche Zusammenspiel öffentlicher und privater Sicherungsformen gekennzeichnet. Die wesentlichen institutionellen Sphären der Wohlfahrtsproduktion sind der Staat, der Markt, die Familien und privaten Haushalte und die intermediären Organisationen des „Dritten Sektors" (vgl. Esping-Andersen, 1990: 109). Um seine empirischen Befunde zu strukturieren, unterscheidet Esping-Andersen drei idealtypische Wohlfahrtsmodelle, die jeweils spezifischen Entwicklungspfaden folgen und die entweder dem Staat, dem Markt oder der Familie eine primäre Rolle in der Wohlfahrtsproduktion zuweisen.[7] Die nationalstaatlichen sozialpolitischen Institutionen sind entlang der jeweils asymmetrischen Interaktionsordnung zwischen diesen Sphären organisiert.

Ins Zentrum seiner Typenbildung stellt Esping-Andersen die Frage nach der Gewährung sozialer Rechte (vgl. Esping-Andersen, 1998: 36). Ein Konzept der sozialen Bürgerrechte hat T. H. Marshall in seinem einschlägigen Werk: „Bürgerrechte und soziale Klassen. Zur Soziologie des Wohlfahrtsstaats" entwickelt und dabei insbesondere gezeigt, dass soziale Rechte nicht unabhängig von den politischen und zivilen Rechten der Bürger betrachtet werden können (vgl. Marshall, 1992). Esping-Andersen knüpft in seiner Analyse der „drei Welten des Wohlfahrtskapitalismus" an diese Konzeption an. Er definiert die Gewährung sozialer Rechte aber vor allem als staatliche Regulationen, die gegen die Marktkräfte gerichtet sind und deutet diese als „De-Kommodifizierung des Status der Individuen gegenüber dem Markt" (Esping-Andersen, 1998: 36). „Mit Hilfe der Sozialpolitik und ihren Instrumenten Recht,

---

[7] Idealtypen sind diese Muster wohlfahrtsstaatlicher Arrangements gemäß der Definition Max Webers, indem sie die „Idee der *historisch* gegebenen (...) Organisation der Gesellschaft" erfassen und „durch Steigerung eines oder einiger Gesichtspunkte" zu einem „einheitlichen Gedankenbild" zur Analyse der soziokulturellen Wirklichkeit beitragen (vgl. Weber, 1973b: 234f.).

De-kommodifizierung

Geld und Dienstleistungen können sich die Erwerbstätigen zumindest partiell aus der Warenform ihrer Arbeitskraft befreien. Das heißt: sich entkommodifizieren" (Ostner, 1995: 6). De-Kommodifizierung bezeichnet also den durch wohlfahrtsstaatliche Intervention angestrebten Grad an Sicherheit des Lebensstandards und der privaten Haushaltsführung bei Ausfall von eigenem Erwerbseinkommen.[8] Gösta Esping-Andersen (1990) identifiziert drei verschiedene Wohlfahrtsregimes, die sich in dreierlei Hinsicht unterscheiden: Einmal in der Qualität der sozialen Rechte, die sie den Bürgern gewähren, zweitens in der Art und Weise, in der Staat, Markt und die privaten Haushalte miteinander verbunden sind und drittens darin, welche Konsequenzen die jeweiligen institutionellen Regelungen auf die Strukturen sozialer Ungleichheit bzw. auf die „Form sozialer Stratifizierung" haben (vgl. Esping-Andersen, 1998: 36).

Die drei idealtypischen Wohlfahrtsmodelle, die zunächst in ihren Grundzügen skizziert werden und auf die in der weiteren Untersuchung immer wieder zurückzukommen sein wird, bilden die Grundlage für die Analyse der deutschen Variante des Bildungsstaats. In einer ersten Gruppe finden sich die „liberalen" Wohlfahrtsstaaten, in denen bedarfsgeprüfte Sozialfürsorge, niedrige universelle Transferleistungen und minimale Sozialversicherungsprogramme vorherrschen. Die ideologischen Grundlagen dieses Modells der Sozialpolitik reichen bis auf Adam Smith (1776) zurück, der in seinem Werk „Wealth of Nations" die Grundlagen für die bis heute vor allem in den angelsächsischen Gesellschaften wirkungsmächtige Konzeption der liberalen politischen Ökonomie entwickelt hat. Der Mensch wird von Smith nicht nur als Produkt gesellschaftlicher oder politischer Verhältnisse, sondern als Individuum mit eigenem Willen und Bewusstsein gedacht. Privateigentum und freie Konkurrenz auf dem Markt garantieren dem freien Individuum nicht nur die bestmögliche Versorgung mit Gütern und Dienstleistungen. Die Konkurrenz unter ihnen führt dazu, dass die Freiheit des Einzelnen nicht zur Grundlage für die Unfreiheit anderer Individuen werden kann. Jedes Individuum verfolgt als freier Teilnehmer am Markt die eigenen Interessen, trifft die eigenen Entscheidungen und versucht, seine Lage zu verbessern. Die individuelle Entscheidungsfreiheit wird nur durch die (Preis-/Mengen-)Strukturen eingeschränkt, die sich aus Angebot und Nachfrage auf dem Markt ergeben. Durch das segensreiche Wirken einer „unsichtbaren Hand", so eine populäre Denkfigur von Adam Smith, schafft das selbstinteressierte Handeln der Einzelnen die beste aller möglichen ökonomischen und sozialen Welten. Die Rolle des Staates

---

[8] Im Prozess der Industrialisierung wurde ein immer größerer Teil der Bevölkerung vom Arbeitseinkommen auf dem Arbeitsmarkt und damit von der Kommodifizierung ihrer Arbeitskraft abhängig. Das englische Wort „commodity" kann mit dem Wort Ware ins Deutsche übersetzt werden. „Als auf dem Markt angebotene Waren sind die Arbeiter in ihrem Wohlergehen vollkommen von ihrem Marktpreis abhängig. Die Frage sozialer Rechte stellt sich daher als eine De-Kommodifizierung, d.h. der Bereitstellung alternativer, nicht-marktförmiger Mittel der Wohlfahrtsproduktion. De-Kommodifizierung kann sich entweder auf die erbrachten Dienste oder den Status einer Person beziehen, aber in jedem Fall steht sie für das Maß, in dem Verteilungsfragen vom Marktmechanismus entkoppelt sind" (Esping-Andersen, 1998: S. 36).

in dieser Konzeption bleibt vor allem in Hinblick auf die Wirtschaft marginal, lediglich als Rechtsstaat sichert er gegen illegitime Übergriffe auf Person, Leben und Eigentum der Individuen. Esping-Andersen reflektiert die Institutionalisierung dieser klassischen liberalen Position in der Sozialpolitik am Beispiel der angelsächsischen Länder.

Die zweite Gruppe umfasst den „sozialdemokratischen" Regime-Typ, der durch das Prinzip des Universalismus und die Ausdehnung der sozialen Rechte auf die Mittelschichten gekennzeichnet ist. Sozialpolitisches Ziel ist hier nicht eine Sicherung von Mindestbedarf, sondern die Gleichheit auf höchstem Niveau (vgl. Esping-Andersen, 1990 und 1998: 43ff.; Timonen, 2003).

Einer dritten Gruppe ordnet Esping-Andersen „korporatistische" oder konservative Wohlfahrtsstaaten zu. Zentral ist hier der historisch ungebrochene Einfluss der katholischen Kirche und ihres sozialpolitischen Leitbilds der Subsidiarität.[9] Der Staat greift nach dieser ordnungspolitischen Lehre nur dann ein, wenn die Selbsthilfefähigkeit der Familie erschöpft ist. Vorrangig ist in diesem Typus der Erhalt der Statusunterschiede zwischen verschiedenen Gruppen. Das nach Angestellten, Arbeitern, Beamten und zahlreichen weiteren Gruppierungen gegliederte Alterssicherungssystem in Deutschland galt und gilt als ein Beispiel für diese Wohlfahrtskonzeption.

Die von Esping-Andersen entwickelte Typologie eignet sich ebenso, die sozialen Verhältnisse und Strukturen moderner Gesellschaften mit dem Ziel zu untersuchen, Anhaltspunkte für die Analyse der strukturellen Traditionen der verschiedenen nationalen Bildungssysteme zu gewinnen. Je nach Wohlfahrtsstaatstyp reguliert der Staat auch mit Hilfe des Bildungssystems das Verhältnis von Staat, Markt und Familie. Esping-Andersen orientiert sich an den Methoden und Konzepten der klassischen politischen Ökonomie.[10] Von funktionalistischen Erklärungen für die Qualität und die Quantität der Staatstätigkeit unterscheidet sich die in der Tradition der politischen Ökonomie stehende Klassenmobilisierungsthese vor allem dadurch, dass sie die Bedeutung sozialer Klassen als Motoren des Wandels und die Relevanz der

---

9   Subsidiarität bezeichnet ein ordnungspolitisches Konzept, das die Initiative und das Selbstbestimmungsrecht der Individuen und von kleineren Gemeinschaften (z. B. Familien und Gemeinden) gegen die Ordnungsansprüche übergeordneter Instanzen verteidigen will. Das Subsidiaritätsprinzip fordert, dass der Staat mit seinen öffentlichen Leistungen nur dann unterstützend eingreifen soll, wenn die untergeordneten bzw. schwächeren kollektiven Akteure nicht in der Lage sind, die notwendigen Leistungen zu erbringen. Das Prinzip der Subsidiarität spielt im multipolaren Machtgefüge Europas, vor allem in der Bildungs- und Sozialpolitik eine immer wichtigere Rolle, obwohl sein Entstehungszusammenhang in den katholisch geprägten Gesellschaften mehr und mehr in den Hintergrund tritt (vgl. Schubert/Klein, 2006).
10 Esping-Andersen verspricht sich von der Rückbesinnung auf die bewährten Konzepte Klasse, Staat, Markt und Demokratie, mit denen die politische Ökonomie traditionell das Verhältnis von Staatsbürgerschaft und sozialer Ungleichheit, Effizienz und Gleichheit, Kapitalismus und Sozialismus untersuchte, einerseits die Irrwege einseitig systemischer (oder strukturalistischer und funktionalistischer) und auf der anderen Seite einseitig institutionalistischer (oder akteurszentrierter) modischer zeitgenössischer Analysekonzepte zu überwinden (vgl. Esping-Andersen, 1998: 25f.).

Machtbalance zwischen Klassen für institutionell verfestigte Verteilungsstrukturen hervorhebt.

Die auf Statuserhalt gerichteten institutionellen Muster des deutschen Sozialstaats haben auch im konservativen Bildungsstaat ihre Spuren hinterlassen. Der konservative Bildungsstaat erweist sich aus dieser analytischen Perspektive, so meine These, trotz der Bildungsexpansion der 1960er und 1970er Jahre nach wie vor als Produkt einer spezifischen historischen Machtkonstellation, der es bis heute gelingt, die (quasiständische) Kanalisierung der Bildungschancen in Deutschland zu tradieren. Dem widerspricht auf den ersten Blick die in der öffentlichen Wahrnehmung bis heute verbreitete Vorstellung, die enormen Anstrengungen, die im Zuge der Bildungsexpansion zum Ausbau des höheren Schulwesens führten, hätten Kindern und Jungendlichen aus allen sozioökonomischen Milieus gleiche Bildungschancen ermöglicht. Kann die These von der weiter wirksamen, auf den Statuserhalt verschiedener sozioökonomischer Milieus gerichteten institutionellen Struktur des deutschen Bildungsstaats, vor dem Mythos der Bildungsexpansion bestehen? Michael Vester untermauert mit folgenden empirischen Beobachtungen die These, dass entgegen der populären Vorstellung von der Demokratisierung des Bildungssystems im Zuge der Bildungsexpansion in Wirklichkeit keine Entkopplung des Bildungssystems von der sozioökonomischen Struktur der Gesellschaft stattgefunden hat: „Die Vorstellung, die Bildungsexpansion hätte allen gleiche Bildungschancen ermöglicht, beruht auf einer Art optischer Täuschung. Tatsächlich ist die Expansion der höheren Bildungseinrichtungen darauf zurückzuführen, dass vor allem die Söhne und Töchter der oberen Bildungs- und Besitzmilieus (nicht zuletzt aufgrund ökonomischer Notwendigkeit) ihre Beteiligung an der Gymnasial- und Hochschulbildung mehr als verdoppelt haben. Angehörige der mittleren und unteren Sozialmilieus sind in der höheren Bildung stark unterproportional repräsentiert" (Vester, 2004: 13). Die auf Statuserhalt gerichteten institutionellen Strukturen des konservativen Bildungsstaats bleiben dabei unsichtbar. Sie wirken aber, so Vester, indirekt durch ein komplexes System von ‚Sortierungen', welche die Individuen aus mittleren und unteren sozioökonomischen Milieus an den höheren Bildungseinrichtungen vorbei kanalisierenden (vgl. Vester, 2007: 45). Diese Sortierungen, „lenken die Bildungsstrategien dieser Milieus auf ‚bescheidenere' Berufsziele. Von denjenigen Söhnen und Töchtern, die sich dennoch ehrgeizig auf den Weg zum Abitur und zum Hochschulexamen gemacht haben, werden viele von diesem Weg nach und nach abgedrängt" (Vester, 2004: 13).[11] Stabilisiert wird diese selektierende Struktur des Bildungsstaats nicht mehr nur durch die historische Machtkonstellation, die für ihr Zustandekommen verantwortlich ist, sondern durch eine zerklüftete Landschaft von Berufs- und Interessen-

---

11 Michael Vester weist explizit darauf hin, dass seine Diagnose für Deutschland nicht neu, sondern nur aus der öffentlichen Wahrnehmung verdrängt worden sei. Er verweist auf Pierre Bourdieu und Jean-Claude Passeron (1971), die in ihrer Pionierarbeit auf die Illusion der Chancengleichheit im französischen Bildungssystem und auf Walter Müller (1998), der für Deutschland die erwarteten und unerwarteten Folgen der Bildungsexpansion beschrieben hat (vgl. Vester, 2004: 13).

verbänden im und um das konservative Bildungssystem herum, die ihrerseits ständische Strukturelemente aufweisen und zum Beispiel bis heute das dreigliedrige (bzw. viergliedrige) hierarchisierte Halbtagsschulsystem von innen her gegen die Zumutungen einer sich verändernden Gesellschaft und Wirtschaft absichern.[12] Stabilisierend wirken damit die kulturellen Deutungsmuster, die sich in eingelebten Verbandsstrukturen und Alltagsmythen strukturell verfestigt haben.

Für die Analyse der in dieser Arbeit im Zentrum stehenden Tendenz der Ökonomisierung und Privatisierung wird daher zu fragen sein, auf welche Weise die institutionellen Muster der deutschen Dienstleistungsgesellschaft und des konservativen Wohlfahrtsstaats auch in den Strukturen des Bildungsstaats ihre Spuren hinterlassen haben. Die verschiedenen Ökonomisierungs- und Privatisierungsprozesse im deutschen Bildungssystem erwecken, so meine These, die hinter den tradierten Strukturen sich verbergenden, bisher stillgelegten, sozialen Konflikte zwischen den Gewinnern und den Verlierern des konservativen Bildungsstaats zu neuem Leben. Daher werde ich im Folgenden das Verhältnis und die Einbettung des nun sozialpolitisch bestimmten gesellschaftlichen Feldes der Bildung in das nationale Produktionssystem untersuchen. Meine zentrale Frage wird lauten: Welche Rolle kommt der Bildung und der Bildungsproduktion in der auch in Deutschland sich immer stärker konturierenden modernen wissensbasierten Dienstleistungsgesellschaft zu? Und auf welche Weise fordert die moderne wissensbasierte Dienstleistungsgesellschaft ihrerseits die Ordnungen des konservativen Wohlfahrtsstaats und damit auch die des konservativen Bildungsstaats heraus? Antworten können in modernen Gesellschaften gefunden werden, die alternative Entwicklungspfade in die Dienstleistungswirtschaft und den Ausbau ihres Bildungssystems eingeschlagen haben.

2.1.2. Bildungsleistungen in der Dienstleistungswirtschaft

Alle modernen Gesellschaften durchlaufen Prozesse der Transformation ihrer Ökonomien, die vom technologischen Fortschritt mitgeprägt werden. Dieser Transformationsprozess wird von unterschiedlichen Theorien analysiert, die vor dem Hintergrund neuer Ökonomien neue Gesellschaftsformationen prognostizieren, wie beispielsweise die Genese von Wissens-, Informations- und Dienstleistungsgesellschaften. Der Strukturwandel der „alten" Industrieökonomien, vor allem in Europa, Ostasien und Nordamerika, der zum Wachstum des (mit technologischem und theoretischem Wissen unterfütterten) modernen Dienstleistungssektors und zu immer mehr (produktions- und konsumorientierten) Dienstleistungstätigkeiten führt, gleichzeitig aber auch große länderspezifische Unterschiede aufweist, verleiht der Auseinander-

---

12 Ein aktuelles Beispiel ist der berufsständische Widerstand des Philologenverbandes gegen zentrale Strukturreformvorschläge in der LehrerInnenausbildung in NRW. Vorgeschlagen wurde unter anderem eine weitere Professionalisierung der Grundschullehrerausbildung und eine Angleichung der Entlohnung an die Gehälter, die an „höheren" Schultypen gezahlt wird (vgl. Schulz, 2007b: 4).

setzung mit Konzepten der Dienstleistungsgesellschaft Priorität vor alternativen Theorieangeboten. Im Rahmen meiner Arbeit ist der Zusammenhang zwischen Bildungs- und Dienstleistungsökonomie von großer Bedeutung. Im Folgenden setze ich mich daher mit Theorien der Dienstleistungsgesellschaft auseinander, die Veränderungen im Bildungssektor innerhalb des Strukturwandels hin zur wissensbasierten Dienstleistungsgesellschaft deuten.

Soziologische wie auch ökonomische Theorien der Bildungsexpansion, die sich im Laufe der letzten beiden Jahrhunderte vollzog, führen diese auf die sich verändernden strukturellen und funktionalen Bedingungen der Industrie- und Dienstleistungsgesellschaft und auf die historisch einmalige Veränderung der individuellen Bildungsnachfrage zurück. Bildung gilt diesen Theorien entweder als Konsumentscheidung *oder* als Investitionsentscheidung der Individuen (vgl. Müller et al., 1997: 180). In den folgenden Analyseschritten werde ich mich vor allem mit der konsumtheoretischen Perspektive beschäftigen, weil diese, wie noch zu zeigen sein wird, den älteren Dienstleistungstheorien zugrunde liegt. Viele, scheinbar „nichtökonomische" zeitgenössische Bildungstheorien lassen sich zudem als Konsumtheorie ökonomisch reformulieren. Müller et al. fassen die Grundzüge dieser Vorstellung von Bildung zusammen: „Die *Konsum*these subsumiert Bildung unter die Verbrauchsgüter, die zur Befriedigung individueller (Bildungs-) Bedürfnisse nachgefragt werden. Mit Bildung ist ein Genuss verbunden. Er kann unmittelbar eintreten – etwa durch intrinsische Befriedigung beim Erwerb von Wissen oder die Anregungen beim Hören einer Vorlesung. Er kann sich auch erst mittelbar einstellen – beispielsweise in einer durch Bildung reflektierten Lebensführung oder durch eine erhöhte Fähigkeit zum Konsum von „Kulturgütern" aller Art" (Müller et al., 1997: 180). Konsumtheoretische Argumentationen, die den Ursachen für den langfristigen qualitativen und quantitativen Strukturentwicklungen des Bildungssystems nachspüren, greifen implizit oder explizit auf die Drei-Sektoren-Hypothese der volkswirtschaftlichen Entwicklung zurück.

Die Drei-Sektoren-Hypothese unterscheidet die Land- und Forstwirtschaft von der Produktion von materiellen Gütern in Industrie und Handwerk und der Produktion von immateriellen Gütern. Die Hypothese postuliert ein allgemeines historisches Entwicklungsmuster, nach dem sich der Schwerpunkt der wirtschaftlichen Aktivitäten einer Gesellschaft im Entwicklungsverlauf von der Agrar- über die Industrie- hin zur Dienstleistungswirtschaft verlagert. Die Wirtschaft und deren strukturelle Veränderung prägt nach der Drei-Sektoren-Theorie auch die Veränderungsprozesse in der Gesellschaft. Gesellschaften transformieren sich dann von Agrargesellschaften zu Industrie- und schließlich zu Dienstleistungsgesellschaften. Die prominentesten Vertreter der Drei-Sektoren-Hypothese sind Allan Fisher (1939), Colin Clark (1940) und Jean Fourastié (1954), die in den 1930er und 1940er Jahren ihre Arbeiten über den sektoralen Wandel publiziert haben. Sie argumentieren mit unterschiedlicher Gewichtung entweder mit angebots- oder mit nachfrageseitigen Begründungen, die den Strukturwandel erklären. Angebotsseitig bewirkt das Produktivitätswachstum als Folge des technischen Fortschritts den postulierten Strukturwandel hin zur Dienstleistungswirtschaft. Nachfrageseitig wirkt als zweite langfristige Grundtendenz die Sättigung der Nachfrage nach spezifischen Produkten bei gleichzeitig steigenden Einkommen stimulierend auf den Strukturwandel der Volkswirtschaft (vgl. Ambrosius, 2001: 56, 65).

In seinem Buch „Die große Hoffnung des zwanzigsten Jahrhunderts" entwickelt der französische Wirtschaftswissenschaftler Jean Fourastié (1954), ausgehend von den beschriebenen wirtschaftlichen Transformationsprozessen, ein Szenario gesellschaftlichen Wandels, das eine nachhaltige Lösung für die akuten sozialen und ökonomischen Krisen der modernen Industriegesellschaften durch den Wandel der Industriewirtschaft und Industriegesellschaft in eine humanere Dienstleistungswirtschaft und Dienstleistungsgesellschaft, die von einem „unstillbaren Hunger nach Tertiärem" geprägt sei, verspricht. Vor diesem sozialphilosophischen Hintergrund finden sich in Fourastiés Werk auch Hinweise auf mögliche Lösungen für die fiskalischen und infrastrukturellen Probleme, die im Übergang zur wissensbasierten Dienstleistungsgesellschaft in Hinblick auf die Ausweitung des Angebots und der Nachfrage nach Bildungsdienstleistungen entstehen.

Den historischen Entwicklungsprozess moderner Volkswirtschaften beschreibt Fourastié als sozioökonomischen Wandel von einem primären (Landwirtschaft und Gewinnung von Naturprodukten) Stadium über ein sekundäres (industrielle Verarbeitung) bis hin zu einem tertiären Stadium (Dienstleistungen) von Wirtschaft und Gesellschaft. Der sozioökonomische Wandel wird vom wissenschaftlich-technischen Fortschritt vorangetrieben, der zu Produktivitätsfortschritten im primären und sekundären Sektor führt. Die Frage nach der Finanzierung und Bereitstellung von Bildung ist in Fourastiés Welt unproblematisch. Die durch den allgemeinen und durch die Wissenschaft forcierten technologischen Fortschritt herbeigeführten Produktivitätssteigerungen tragen zur Einkommenssteigerung bei, die es immer mehr Konsumenten möglich macht, die Nachfrage nach höherwertigeren, d.h. arbeitsintensiveren wirtschaftlichen Gütern und damit auch nach personenorientierten Erziehungs- und Bildungsdienstleistungen, zu befriedigen.[13] Eine ökonomisch oder technologisch oder sozial bedingte Restriktion des Bildungsangebots und des Bildungssystems ist in diesem Modell nicht denkbar. Dadurch, dass das ökonomische Feld der personenorientierten Dienstleistungen technisch kaum rationalisiert werden

---

13   Ambrosius fasst diese Grundgedanken Fourastiés zusammen: „Der Anstieg der Produktivität bei der Herstellung eines Gutes bewirkt einerseits einen im Verhältnis zur Ausbringungsmenge verminderten Bedarf an Arbeitskräften und führt andererseits zu einer im Verhältnis zu anderen Gütern relativen Preissenkung. Daraus folgt, dass der Verbrauch des betreffenden Gutes zeitweilig, aber nicht unendlich steigt, wie schon der Statistiker Ernst Engel im späten 19. Jahrhundert bemerkt hatte; irgendwann wird Sättigung eintreten. Der technische Fortschritt führt immer mehr Güter in diesen Sättigungsbereich, was aber solange nicht eine Begrenzung des Wachstums zur Folge hat, wie die Nachfrage auf andere, neuartige Güter verlagert werden kann. Dieser Mechanismus wird auf die drei Sektoren in dem Sinne übertragen, dass er zunächst die Agrarprodukte der Landwirtschaft erfasst und dann die Fertigwaren der Industrie. Im Hinblick auf die Dienstleistungen glaubte Fourastié dagegen den Menschen die Hoffnung machen zu können, dass diese nur sehr begrenzt produktivitätssteigerndem technischen Fortschritt zugänglich seien und dass außerdem ein ‚unstillbarer Hunger nach Tertiärem' bestehe" (Ambrosius, 2001: 65).

kann, können hier die in der Landwirtschaft oder Industrie im Modernisierungsprozess freigesetzten Arbeitskräfte dauerhaft neue Dienstleistungsaufgaben übernehmen und so auch die wachsende Nachfrage nach Erziehungs- und Bildungsdienstleistungen befriedigen. Begleitet wird dieser Trend durch Sättigungstendenzen (Ernst Engel) in der gesellschaftlichen Nachfrage zum Beispiel nach Gütern wie Nahrungsmitteln und industriell gefertigten technischen Hilfsmitteln. Das Nachfrageinteresse verschiebt sich im Zuge der Rationalisierung der Güterproduktion historisch auf die technisierungsresistenten Dienstleistungen (vgl. Fourastié, 1954).

Die Bildungsexpansion der letzten beiden Jahrhunderte kann vor dem Hintergrund der Drei-Sektoren-Theorie als Ausdruck des „unstillbaren Hungers" nach dem immateriellen Gut Bildung gedeutet werden. Befriedigt werden kann der Hunger nach Bildung einerseits durch den stetigen technischen Fortschritt, der materielle Ressourcen und Arbeit im Agrar- und Industriesektor freisetzt und andererseits dadurch, dass mit steigendem Realeinkommen und zunehmender Sättigung der materiellen Bedürfnisse eine Verschiebung sowohl der Konsumnachfrage wie auch des Angebots nach und von Bildung möglich wird. Die Vorstellung der Bildungstheorie von Bildung als Selbstzweck lässt sich in der Vorstellungswelt der Dienstleistungsgesellschaftstheorie wiederfinden, die vor allem die Verschiebung in der Struktur des Konsums und damit die Nachfrage nach Bildung in den Blick nimmt. Die Dienstleistungstheorie als Konsumtheorie der Bildung reflektiert die im weiteren Sinne ökonomische Kehrseite des unstillbaren Hungers nach Bildung. Der „unstillbare Hunger nach Tertiärem" schafft ökonomisches Wachstum und damit neue Arbeitsplätze im Dienstleistungssektor. Mit der Verschiebung des Konsums hin auch zu Bildungsleistungen vollzieht sich ein Strukturwandel auf dem Arbeitsmarkt und damit eine Expansion der Dienstleistungsökonomie. Die Bedeutung der Bildung für den primären und den sekundären Sektor bleibt in der Dienstleistungstheorie dennoch unterbelichtet. Bildung ist zwar Teil der bewegenden Kraft: des technischen Fortschritts, die den Strukturwandel vorantreibt, aber quantitativ spielen die produktionsorientierten Dienstleistungen durch die Abnahme der Beschäftigung im primären und sekundären Sektor eine immer geringere Rolle. Die Vorstellung von Bildung als Investition in das Humankapital, wie sie in den Debatten um die Ökonomisierung und Privatisierung der Bildung am Ende des 20. Jahrhunderts dominant geworden ist, spielt in der Theorie von Fourastié keine Rolle.

Mit der optimistischen Sicht des französischen Wissenschaftlers haben sich vor allem William Baumol (1967) und Jonathan Gershuny (1981) kritisch auseinandergesetzt. Die beiden Dienstleistungstheoretiker sehen die Zukunft der Dienstleistungsökonomie und -gesellschaft nicht so optimistisch, wie Fourastié. Baumol und Gershuny können Fourastiés These von einer tertiären Zivilisation, die Vollbeschäftigung sichert, deren Arbeit menschlicher, deren Reichtum gerechter verteilt, deren Herrschaftsverhältnisse demokratischer und deren Lebensweise menschlicher sein werden und die damit die krisenhaften Begleiterscheinungen des Industriezeitalters überwindet, nicht folgen. Fourastié hat die Vorstellung, dass in Zukunft der „Hunger nach Tertiärem" und damit auch nach Bildung enorm zunehmen und dass gleichzeitig die Beschäftigung in diesem Sektor der Wirtschaft wachsen wird. Baumol und

Gershuny kritisieren die Kernthese Fourastiés, derzufolge Dienstleistungen weitgehend gegenüber Produktivitätssteigerungen resistent seien und damit die Grundlage für ein breites Wachstum in der Dienstleistungsbeschäftigung und auch im Bildungssektor geschaffen sei. Sie verwerfen damit auch die optimistischen Hoffnungen, die Fourastié aus seinen Annahmen ableitet (vgl. Häußermann/Siebel, 1995: 44ff.).

2.1.3. Die „Kostenkrankheit" von Bildungsdienstleistungen

Mit seinem Theorem der „Kostenkrankheit" von Dienstleistungen hat der amerikanische Ökonom William Baumol (1967) eine zentrale These gegen die optimistischen Prognosen Fourastiès formuliert, die gegen einen zwangsläufigen Transformationsprozess hin zur Dienstleistungsgesellschaft spricht: Gerade die Rationalisierungsresistenz vieler Dienstleistungen sowie die sukzessive Anpassung der Löhne im (öffentlichen) Dienstleistungssektor an die der technisch progressiven Sektoren werde dazu führen, dass der tertiäre Sektor einen immer größeren Teil der gesellschaftlichen Wertschöpfung (die in den technologisch fortgeschrittenen Wirtschaftszweigen entsteht) aufzehrt.[14] Die Schwelle hin zur wirtschaftlichen Stagnation sei in vielen urbanen Zentren schon überschritten und Ursache unter anderem für die Finanzkrise der amerikanischen Städte. Viele hochgeschätzte Dienstleistungen, insbesondere im Bereich der Kultur, Bildung und der städtischen Infrastruktur, seien daher nicht mehr finanzierbar und in Zukunft nur noch für eine reiche zahlungswillige Konsumentenelite zugänglich (vgl. Schmid/Dathe, 2001: 214).

Der sozioökonomische Entwicklungspfad in die Dienstleistungsgesellschaft, wie er Fourastié vorschwebt, führt nach Baumol direkt in eine Wachstumskrise moderner Gesellschaften. Latent wird dabei vorausgesetzt, dass es sich bei Bildung um ein Konsumgut unter anderen handelt. Folgt man der Argumentation Baumols, so bremst auch der Ausbau der öffentlichen Bereitstellung von Bildungsdienstleistungen das Wirtschaftswachstum. Das öffentliche Bildungssystem gilt deshalb unter

---

14 William Baumol unterscheidet ökonomische Tätigkeiten, wie schon Fourastié, nach ihrem Potenzial zur Produktivitätssteigerung. Zwei Gruppen von Wirtschaftsaktivitäten oder Tätigkeiten können unterschieden werden. Auf der einen Seite „technologically progressiv activities in which innovations, capital accumulation, and economies of large scale all make for a cumulative rise in output per man hour" und "activities which, by their nature, permit only sporadic increases in productivity" (Baumol, 1967: 415f.). Der erste Typ technisch fortschrittlicher Aktivitäten ist im so genannten progressiven Teilbereich der Wirtschaft zu finden. Hier werden unter Verwendung moderner Technologien und wissenschaftlicher Betriebsführung Güter und Dienste erzeugt. Durch die Rationalisierung der Technologien und Prozesse wird die in diesem Bereich eingesetzte Arbeit immer produktiver. Die Aktivitäten des zweiten Typs sind kennzeichnend für den nicht progressiven Bereich der Wirtschaft. Aktivitäten bzw. Arbeit in diesem Bereich dienen nicht der Erstellung eines Endprodukts unter Zuhilfenahme von Technologien, sondern sind gleichzeitig das Endprodukt des Produktionsprozesses.

Öffentliches Bildungssystem als Beispiel für Phänomen der Kostenkrankheit

Ökonomen als prominentes Beispiel für das „Phänomen der Kostenkrankheit". Auch in Deutschland wir konstatiert, dass aus ständig steigenden realen Durchschnittsausgaben für das öffentliche Bildungssystem keine signifikanten Verbesserungen der Bildungsqualität und des quantitativen Angebots von Bildung mehr folgten (vgl. Weiß, 2002: 1; Weiß, 2001a: 69). Als Erklärung wird auch hier das Modell der Kostenkrankheit bemüht, denn mehr als 85 Prozent der laufenden Bildungsausgaben der Bundesrepublik Deutschland im schulischen Bereich wurden 2001 für Personal ausgegeben (Sachverständigenrat/Statistisches Bundesamt (Hrsg.), 2004: 432).[15] Die Personalintensivität im Bildungswesen erweist sich als kritische sozioökonomische Größe, die bei allen Überlegungen zur Stabilisierung oder Expansion des öffentlichen Bildungssystems eine zentrale Rolle spielt (vgl. Gundlach/Wößmann, 2000).

Baumol entwickelt und stützt seine These von der „Kostenkrankheit" technisch nicht rationalisierbarer Dienstleistungen vor dem Hintergrund sozioökonomischer und politischer Annahmen, auf die in der weiteren Argumentation noch näher einzugehen sein wird. Er geht davon aus, dass bei einem Vergleich der Entwicklung des progressiven und des nicht progressiven Bereichs der Wirtschaft alle Kosten neben der Arbeit, die in diesen Bereichen geleistet wird, vernachlässigt werden können. Lohnerhöhungen sowohl im progressiven wie auch im nicht progressiven Bereich orientieren sich an den Produktivitätszuwächsen im progressiven Sektor. Kommt es im progressiven Sektor entsprechend der dort zu erwartenden Produktivitätsfortschritte zu Lohnsteigerungen, wird dies über kurz oder lang auch im nicht progressiven Bereich zu Lohnanpassungen nach oben führen, jedoch ohne von einer entsprechenden Produktivitätssteigerung unterfüttert zu sein. Wenn die Produktivität im progressiven Sektor im Vergleich zum nicht progressiven Sektor wächst, kommt in Letzterem eine Kostenspirale in Gang, die makroökonomisch betrachtet fatale Folgen heraufbeschwört. Wenn Dienstleistungen dieses Typs weiterhin als öffentliche Leistungen angeboten und konsumiert werden sollten und dadurch immer mehr (im Vergleich zu ihrer bescheidenen Produktivität) überbezahlte Arbeit im nicht progressiven Sektor gebunden würde, muss dies unweigerlich zu einer Stagnation des Wirtschaftswachstums führen. Daher erteilt Baumol einer Politik der Staatsintervention zugunsten des Dienstleistungssektors eine Absage, da mittel- und langfristig ein Ende des Wachstums und damit letztlich auch der Zusammenbruch des Staatshaushaltes unvermeidlich sei (vgl. Baumol, 1967: 426).

---

15 Wie personalintensiv das Bildungswesen in Europa ist, machen folgende Zahlen deutlich: Insgesamt sind in der Europäischen Union etwa 11 Millionen Menschen im Bildungssektor tätig. In der EU-Landwirtschaft sind zum Vergleich nur mehr etwa 6 Millionen Menschen beschäftigt. Die Lehrerinnen und Lehrer bilden mit 5 Millionen eine der größten Berufsgruppen in der Europäischen Union (vgl. Deiss, 2004).

2.1.4. Die Substituierbarkeit von Dienstleistungen

Erziehungs- und Bildungsdienstleistungen sind dem Typ von Aktivitäten zuzurechnen, die ihrer Natur nach nur sporadische Produktivitätszuwächse zulassen. Trotz zahlreicher Versuche, die neuen informationellen Kommunikationstechniken in Schulen und Hochschulen einzusetzen, um damit auch die Produktivität von (an das Personal gebundenen) Bildungsleistungen zu erhöhen (Gerätesozialisation), haben sich erzieherische und bildungsbezogene Dienstleistungen bisher nicht als technologisch revolutionierbare fortschrittliche Aktivitäten erwiesen, bei denen Innovationen, Kapitalakkumulation und Skaleneffekte zu einem kumulativen Anstieg der Produktionsergebnisse pro Arbeitsstunde führen. Den Erziehungs- und Bildungsbereich charakterisieren nicht nur „Technologie-Vagheit" (Weiß), d.h. das weitgehende Fehlen von Potenzialen für substanzielle Produktivitätssteigerungen durch technischen Fortschritt, sondern – und das ist weit wichtiger – der starke Einfluss so genannter „externer Mitproduzenten". Im Schul- wie auch im Hochschulbereich zählt die Mitwirkung der Schülerinnen, Schüler und Studierenden zu den wichtigsten Ressourcen der Leistungserstellung. Die „externen Mitproduzenten" sind die Klienten der Bildungseinrichtungen selbst, deren Koproduktion den Bildungserfolg wesentlich mitbestimmt. Schülerinnen, Schüler und Studierende sind keine Konsumenten, sondern im Sinne der Dienstleistungstheorie „Prosumenten" oder „Koduzenten" von Dienstleistungen.[16] Ökonomisierung und Privatisierung im Bildungssystem erscheinen als (zur Technisierung alternative) Rationalisierungsstrategien, die zu Produktivitätssteigerungen im Bildungsprozess führen sollen. An den beiden strukturellen Rahmenbedingungen, die die Möglichkeiten einer weiteren Rationalisierung von Schule und Universität in Hinblick auf ihren Output einschränken, können, folgt man der Argumentation von Manfred Weiß, jedoch auch die aktuell modischen und populären Ökonomisierungsinstrumente Wettbewerb und Dezentralisierung nicht viel ändern (vgl. Weiß, 2001a: 76).[17]

---

16   Vgl. zu Begriff und Konzept der Koproduktion und der Rolle des „Prosumenten" Albach (1989: 17).

17   Es gibt altbewährte Mittel und Wege, die Qualität bzw. die Leistung von Bildungseinrichtungen trotz ihrer technologischen Rationalisierungsresistenz zu erhöhen. Erfolgreiche Strategien zur Steigerung von Qualität und quantitativem Output im Bildungssystem sind sensibel für die Besonderheiten personaler Dienstleistungsproduktion. Sie setzen allerdings den Einsatz der latent wirksamen Rationalisierungsinstrumente Selektion und Wettbewerb voraus. Der Bildungsökonom Manfred Weiß (2001) hat auf die Dynamik hingewiesen, die der Wettbewerb und die damit eng verknüpften Selektionsmechanismen im Bildungsmarkt und in den Schulen selbst auslösen. Im Schul- wie auch im Hochschulbereich zählt die Mitwirkung der Klienten zu den wichtigsten Ressourcen der Leistungserstellung. „Durch unzählige empirische Untersuchungen ist die Wichtigkeit von Intelligenz und Sozialstatusmerkmalen der Schüler für die schulischen Leistungen belegt. Sie sind die mit Abstand wichtigsten Prädiktoren des individuellen Lernerfolgs und werden darüber hinaus als aggregierte Merkmale der Zusammensetzung der Schülerschaft einer Schule und Klasse leistungswirksam. Die Selektion >mitproduzierender Klienten< wird damit zu einer erfolgsbestimmenden Organisationsaufgabe von Schulen. Sie werden deshalb bemüht sein, sich durch Einsatz von Selektionsin-

2.1.5. „Selbstbedienung" im Bildungssystem

Der britische Sozialwissenschaftler Jonathan Gershuny (1981) stellt Fourastiés optimistische Prognosen zur tertiären Zivilisation mit zwei weiteren empirisch untermauerten Argumenten grundsätzlich in Frage (vgl. Gershuny, 1981: 68-135). Er zeigt, dass die Expansion des Dienstleistungssektors durch die Entstehung einer Selbstbedienungswirtschaft (self-service economy) blockiert wird (vgl. Gershuny, 1981: 110). Gershuny argumentiert, dass entgegen der optimistischen Prognosen, die konsumorientierten Dienstleistungen historisch rückläufig sind. Diese von den produktions- bzw. unternehmensorientierten Dienstleistungen zu unterscheidende Form von Dienstleistungen werde zunehmend durch unbezahlte Eigenarbeit in den privaten Haushalten unter Zuhilfenahme zugekaufter, industriell gefertigter, kapital- und technikintensiver Massengebrauchsgüter ersetzt. Beispiele für diesen säkularen Prozess sind die Substitution der öffentlichen Verkehrsmittel durch den Gebrauch von privat genutzten Automobilen und die millionenfache intensive Nutzung von Haushalts- und Küchentechnik. Wie lässt sich dieser Befund mit den gängigen Dienstleistungstheorien in Einklang bringen, die von einem kontinuierlichen Wachstum der Dienstleistungsbeschäftigung in modernen Gesellschaften und damit auch der Expansion des Bildungsangebots ausgehen? Das Wachstum des Dienstleistungssektors ist nach Ansicht Gershunys vor allem den produktionsorientierten Dienstleistungen zuzuschreiben, die durch die immer komplexeren Produktionsprozesse und aufgrund der (arbeitsteiligen) Ausgliederung von Forschung, Entwicklung und Management aus den Industriebetrieben (damit auch „outsourcing" aus dem sekundären Sektor) in den tertiären Sektor entstehen oder sichtbar werden.[18]

strumenten (Aufnahmeprüfungen, Schulprofil) eine wirkungsvolle externe Mitproduktion zu sichern. Ebenso ist es unter Effizienzaspekten rational, >kostenintensive< Schüler (z.B. mit besonderem Förderbedarf) und Schüler, die die >Leitungsbilanz< verschlechtern, fern zu halten" (Weiß, 2001a: 77). Vor diesem Hintergrund hat das dreigliedrige Schulsystem mit seiner quasi-natürlichen Leistungshierarchie von Haupt-, Real- und Gymnasialschulen in Deutschland seine besondere und durch die Verschärfung des Wettbewerbs bei knappen Mitteln immer problematischer werdende Dynamik entfalten können.

18 Ein wichtiger Einwand Gershunys zielt auf die implizite Annahme in Fourastiés Theorie, dass sich mit der Veränderung der Konsumstruktur auch die Beschäftigungsstruktur zugunsten der Dienstleistungsproduktion verschieben werde. Richtig sei, dass die Beschäftigung im Dienstleistungssektor zunehme. Es komme jedoch (in England) zu keinem äquivalenten Wachstum des Konsums von Dienstleistungen in den privaten Haushalten. Gershuny beobachtet zwar das Wachstum von Dienstleistungstätigkeiten in unternehmensnahen Bereichen wie Forschung, Entwicklung, Marketing und Management. Er kann im Zeitraum von 1940 bis 1980 jedoch keine Nachfragezunahme nach Dienstleistungen in den privaten Haushalten feststellen. Im Gegenteil, die Nachfrage nahm in diesem Zeitraum sogar ab, während gleichzeitig die Ausgaben für Industriegüter zunahmen. Nimmt man die Gesamtheit aller Konsumausgaben der privaten Haushalte und des Staats in den Blick, so konnte er für die konsumorientierten Dienstleistungen im untersuchten Zeitraum keine Ausgabensteigerung feststellen (vgl. Gershuny, 1981: 68-135).

Die Rückverlagerung bzw. Verschiebung der Dienstleistungsproduktion in die privaten Haushalte und die Substitution von Dienstleistungen durch industriell gefertigte Güter stellen, so die zentrale These Gershunys, die optimistischen Prognosen zur Zukunft der Dienstleistungsgesellschaft, vor allem in Hinblick auf ihre Beschäftigungswirksamkeit, in Frage. Damit wird die zentrale These der Drei-Sektoren-Theorie erschüttert, die eine sich wechselseitig bedingende Zunahme von Dienstleistungsbeschäftigung und Dienstleistungskonsum in und von den privaten Haushalten postulieren. Diese Überlegungen Geshunys sind für die Analyse der gegenwärtigen Ökonomisierungs- und Privatisierungsprozesse im deutschen Bildungswesen erhellend.

Gershuny zeigt sehr deutlich, dass die privaten Haushalte nicht, wie Fourastié prophezeit hat, professionelle kommerzielle Dienstleistungen in Anspruch nehmen, sondern in Eigenarbeit unter Zuhilfenahme einer Vielzahl moderner Haushaltsgeräte produktiv tätig werden. Wir leben seiner Meinung nach nicht in einer von konsum- und haushaltsorientierten Dienstleistungsaktivitäten geprägten Dienstleistungsökonomie, sondern in einer Selbstbedienungsgesellschaft (self-service economy). Diese Überlegungen sind für eine tiefergehende Analyse der Ökonomisierungs- und Privatisierungsprozesse im deutschen Bildungs- und Erziehungswesen nützlich. Deutschland wird von Häußermann und Siebel (1995) in einem internationalen Vergleich von Dienstleistungsgesellschaften als genuine Selbstbedienungsgesellschaft identifiziert, deren spezifische Struktur von alternativen Konzeptionen, wie sie sich beispielsweise in den USA oder Schweden entwickelt haben, unterschieden werden kann. In Deutschland hat sich im Bildungs- und Erziehungswesen eine besondere Arbeitsteilung zwischen den privaten Haushalten, dem Staat und privaten Leistungsanbietern herausgebildet, die sich in das Deutungsschema von Gershuny einordnen lässt und Hinweise dafür liefert, wieso Deutschland, wie im Kapitel 2.3 zu zeigen sein wird, bisher einen relativ geringen Anteil seines Inlandprodukts für Bildung ausgibt und trotzdem eine der erfolgreichsten und produktivsten Industrienationen bleiben konnte.

Auch die sozioökonomische Kritik, die Baumol und Gershuny an den optimistischen Prognosen der klassischen Dienstleistungstheorie üben, bleibt nicht unbestritten. In der empirischen Welt, so zeigen Häußermann und Siebel (1995), haben sich entgegen der pessimistischen Prognosen Baumols und Gershunys, neben der Selbstbedienungsgesellschaft, historisch zwei sehr erfolgreiche alternative Wege in die Dienstleistungsgesellschaft entwickelt, die bestimmte Modellannahmen der Theorie von der Kostenkrankheit technisch nicht rationalisierbarer Dienstleistungen und der Selbstbedienungsgesellschaft wenn nicht außer Kraft gesetzt, so doch auf jeweils eigentümliche Weise entschärft haben (vgl. Schettkat, 1999: 107-122). Häußermann und Siebel explizieren diese alternativen Wege an den Realtypen USA und Schweden. In den USA hat sich eine „Dienstbotengesellschaft" formiert, die einen Massenmarkt kommerzialisierter „billiger" Dienstleistungen entwickelt hat, die von einem Heer niedrig bezahlter Arbeitskräften produziert werden, deren Löhne nicht an die Löhne der produktiveren Branchen der Wirtschaft angepasst werden. Damit konnte des Problem der „Kostenkrankheit" von Dienstleistungen, wie es von Baumol thematisiert wurde, umgangen werden. In Schweden hat sich dagegen eine „Gesellschaft des öffentlichen Dienstes" herausgebildet, die der „Kostenkrankheit" technisch nicht rationalisierbarer Dienstleistungen mit einer Strategie begegnet, die darauf abzielt, die gesellschaftliche Wertschätzung von bestimmten Dienstleistungen so hochzuhalten, dass sie die Abschöpfung von Wertschöpfungsreserven aus der hochproduktiven Industrie über das Steuersystem immer von Neuem legitimieren, um damit die Dienstleistungserstellung im öffentlichen Dienst bei relativ hoher sozioökonomischer Sicherheit der dort Beschäftigten zu finanzieren. Die Strategie zielt darauf ab, die Produktivitätsfortschritte in den vom technischen Fortschritt begünstigten Sektoren der Wohlfahrtsproduktion mit „Wertschätzungsfortschritten" im personenorientierten Dienstleistungssektor zu kompensieren, um damit erstens einer Verdrängung dieser Dienstleistungen in die privaten Haushalte vorzubeugen und gleichzeitig durch deren Professionalisierung einen Beitrag zum gesellschaftlichen Fortschritt und zur Verbesserung der Lebensbedingungen zu leisten. Im folgenden Kapitel 2.2 werde ich die aus diesen sehr verschiedenen sozioökonomischen und politischen Weichenstellungen für die Dienstleistungswirtschaft und -gesellschaft hervorgegangenen Welten der Bildungsstaatlichkeit skizzieren.

2.2. Drei Welten der Bildungsstaatlichkeit

Bei den Alternativen zu der dienstleistungsarmen Selbstbedienungsgesellschaft, wie sie sich in Deutschland entwickeln konnte, spielt die Frage nach der ökonomischen, gesellschaftlichen und individuellen Wertschätzung von Erziehungs- und Bildungsdienstleistungen und deren Konjunkturen im Verhältnis zu anderen wirtschaftlichen Gütern eine zentrale Rolle. Fragen dieser Art werden in den ökonomiezentrierten, in aller Regel mechanistischen Modellen der Klassiker der Dienstleistungsdebatte (Fourastié, Baumol, Gershuny), die bei allen Unterschieden eher eine konsumorientierte und weniger eine investitionsorientierte Sichtweise auf Bildung und Erziehung teilen, in der Regel ausgeklammert. Für die Ausbildung von verschiedenen Wegen in den Wohlfahrtsstaat (Esping-Andersen, 1990), in die Dienstleistungsgesellschaft (Häußermann/Siebel, 1995) und damit auch in den Bildungsstaat waren, wie ich gezeigt habe, vor allem die nationalen wohlfahrtstaatlichen Institutionen mit der ihnen eigenen Arbeitsteilung zwischen Staat, Wirtschaft und den Familien/privaten Haushalten und deren soziokulturelle und sozioökonomische Genese von zentraler Bedeutung.

Im Folgenden werde ich die These vertreten, dass sich entsprechend der historischen Herausbildung von drei unterscheidbaren Modellen der Dienstleistungsgesellschaft und der Wohlfahrtsstaatlichkeit analog drei Welten der Bildungsstaatlichkeit identifizieren lassen, die in die jeweiligen nationalen Strukturen der Dienstleistungsgesellschaft und deren Entwicklungstradition pfadabhängig eingebettet sind. Um diese These zu untermauern, werde ich mich am Analyserahmen und dem Typologisierungsvorschlag von Häußermann und Siebel (1995) orientieren, die die in der sozialpolitischen Forschung und der sozialwissenschaftlichen Literatur zur Dienstleistungsgesellschaft gut dokumentierten empirischen Fälle USA und Schweden mit dem deutschen Fall kontrastieren.

2.2.1. Der liberale Bildungsstaat

Wie bereits hervorgehoben, sind die angelsächsischen Länder von der politischen Ökonomie des Liberalismus tief geprägt. Seit den 1970er Jahren haben sich die Kontroversen um die Zukunft des Wohlfahrtsstaats weltweit verschärft. Die von der Renaissance (neo-)wirtschaftsliberalen Denkens begleitete Effizienz- und Akzeptanzkrise staatlicher Institutionen hat die Weichen für einen ‚steuerungsstrategischen Paradigmenwechsel' gestellt, der auch im Bildungssektor jener Länder facettenreiche Ökonomisierungs- und Privatisierungsprozesse in Gang gesetzt hat, die bisher, wie die USA, die öffentliche Bereitstellung von Bildung als Sozialstaatersatz begriffen hatten (vgl. Allmendinger, 1999; Weiß, 2001a). Der Paradigmenwandel wurde vor allem als „Dezentralisierung" des Bildungswesens diskutiert und hat Formen der Steuerung und Kontrolle hervorgebracht, die in der Folge weltweit den bildungspolitischen Diskurs bestimmt haben. Das wichtigste Element dieses neuen Steuerungsregimes bildet die Einführung von so genannten „Quasi-Märkten" im Schul- und Hochschulbereich. Manfred Weiß fasst die wichtigsten Eckpunkte dieser Strategie zusammen: Quasi-Märkte sind ein System sozialer Koordination, das marktwirtschaftliche und staatlich-bürokratische Steuerungselemente kombiniert (vgl. Weiß, 2001a: 70). Quasi-Märkte im Schulbereich setzen voraus, dass Bildungsnachfrager zwischen verschiedenen Bildungsangebot wählen können (Schulwahlfreiheit) und die Anbieter über genügend Autonomie verfügen, um auf verändertes Nachfrageverhalten reagieren zu können (vgl. Lund, 2004). Wettbewerb kann nur wirksam werden, wenn darüber hinaus ein effektives Informations- und Evaluationssystem vorhanden ist sowie die Finanzierung der Schulen so geregelt wird, das am Bildungsmarkt Erfolg ‚belohnt' und ‚Misserfolg' bestraft wird (vgl. Weiß, 2001a: 71). Von Quasi-Märkten werden vor allem folgende Wirkungen erwartet: „eine Steigerung der Produktionseffizienz im gesamten Schulwesen aufgrund des induzierten Kosten- und Qualitätswettbewerbs und der Dezentralisierung von Ressourcenverantwortung" und „eine Verbesserung der allokativen Effizienz aufgrund einer größeren Kompatibilität von Bildungsangebot und Präferenzen der Bildungsnachfrager, denen dadurch Wohlfahrtsgewinne entstehen" (Weiß, 2001a: 73).[19] Auch im staatli-

---

19 Manfred Weiß (2001) und Glennerster (1991) unterzieht die von der ökonomischen Theorie den Quasi-Märkten im Schulsystem zugeschriebenen Wirkungserwartungen - vor dem Hintergrund der empirischen Forschungslage - einer kritischen Reflexion. Die neuere Forschung zeige, so Weiß, dass eine verbesserte Produktionseffizienz im Bildungssystem im Wesentlichen durch eine günstigere Kostensituation als Ergebnis dezentraler Ressourcenverantwortung erwartet werden kann. Aber nicht, wie von der Theorie vorhergesagt, vom Kostenwettbewerb mit anderen Einrichtungen. Gerade im Bildungssektor assoziieren die Bil-

chen Hochschulsektor hat sich die Implementierung von Quasi-Märkten als wichtige und nur selten kritisch hinterfragte Reformstrategie durchgesetzt.

Ein seit den 1980er Jahren auch in der deutschen Bildungsforschung vieldiskutierter Fall liberaler Schulpolitik ist Neuseeland. Neuseeland hat, wie die meisten angelsächsischen Länder, in den letzten zwei Jahrzehnten einen drastischen Abbau staatlicher Einrichtungen und eine Deregulierungsreform im Bildungswesen durchgeführt, die einherging mit dem Aufbau bzw. Ausbau von marktvermittelten Regelmechanismen. In Neuseeland vollzog sich die wohl am konsequentesten betriebene Umsetzung einer radikal nach Prinzipien der ökonomischen Marktlogik und den Prinzipien konsequenter Flexibilisierung gestalteten Bildungsverwaltungsreform. In der Form, wie die Dezentralisierung der Bildungspolitik in Neuseeland durchgeführt wurde, ist ein System entstanden, das am konsequentesten Marktprinzipien und -elemente in das Bildungssystem eingeführt hat. Das Fallbeispiel Neuseeland übt auf die Reformdiskurse vor allem deshalb einen so großen Reiz aus, weil damit gezeigt werden kann, dass sich die institutionellen Strukturen in einem Land radikal ändern, mithin tradierte Entwicklungspfade verlassen werden können, wenn sich vor dem Hintergrund einer wirtschaftlichen und sozialen Krise zunächst kleine, aber entschlossen agierende Gruppen mit festen normativen Überzeugungen oder sozioökonomischen Interessen gegen die vorherrschende und von breiten Teilen der Bevölkerung auch akzeptierte Form der politischen Ökonomie eines tradierten Bildungssystems formieren (vgl. Peters, 2007).

Um den liberalen Bildungsstaat näher zu konturieren, orientiere ich mich am US-amerikanischen Fall, weil dieser, wie ich gezeigt habe, in der vergleichenden Forschung zur Dienstleistungsgesellschaft und zum Wohlfahrtsstaat eine prominente Rolle einnimmt. Zudem lassen sich an diesem Fallbeispiel auch die Eckpunkte der normativen Kämpfe um die soziale Gestalt des Bildungssystems deutlich machen (vgl. Belfield, 2002). Soziokultureller Hintergrund des amerikanischen Bildungssystems ist die Vielfalt: Die Vielfalt der bundesstaatlichen Traditionen, der religiösen, ethnischen und sozioökonomisch ungleichen (Einwanderer-)Gruppen, die Vielfalt der diese Gruppen wiederum übergreifenden Kulturen der puritanisch-religiösen und der säkularisierten religiösen Kulturen mit ihrem Streben nach Erfolg und Glück (vgl. Heideking/Mauch, 2007; Herbst, 2001; Sauter, 2000). Tief verwurzelt ist auch die Konkurrenz zwischen republikanischer und demokratischer Politik und die Auseinandersetzungen um die von diesen Parteien vertretenen ordnungspolitischen Konzeptionen. Die republikanische Seite ist auch in der Bildungspolitik neoliberalen Konzepten verpflichtet und propagiert die Eigenverantwortung der Eltern, die Stärkung der lokalen Gemeinschaften und der lokalen boards of education. Die Republikaner treten für Steuersenkungen ein, um die privaten Haushalte und Unternehmen zu entlasten und für diese größere Handlungsfreiheit gegenüber den aus ihrer Sicht freiheitsbeschränkenden Ansprüchen des Staates durchzusetzen. Die demokratische Seite tritt dagegen - seit den großen sozialen Reformprojekten des „New Deal" und

dungsnachfrager in vielen Fällen hohe Kosten für einen Kindergarten-, Schul- oder Studienplatz mit hoher Bildungsqualität (vgl. Weiß, 2001a: 82).

der „Great Society" im mittleren Drittel des 20. Jahrhunderts (vgl. Ritter, 1991: 141-146) - traditionell gegen die wirtschaftsliberale Hauptströmung in der amerikanischen Politik mit immer neuen ordnungspolitischen Vorstößen an, mit denen sie auf eine Stärkung der Verantwortung und die Steuerung gesellschaftlicher Probleme durch die Bundesregierung bzw. des Staates abzielen (vgl. Döbert/Döbrich/von Kopp/Mitter, 2000: 24f.).

2.2.1.1. Die sozialpolitische Bedeutung der Bildung in den USA

Jutta Allmendinger hat die Rolle der Bildung und die Verschränkung von Bildungs- und Sozialpolitik in den USA untersucht und zwei wichtige Unterschiede zur Entwicklung in Deutschland identifiziert. „Die Bedeutung der öffentlichen Bildung war besonders für die unteren Einkommensklassen in den USA außerordentlich hoch und muss als zentrale Komponente des amerikanischen Wohlfahrtsstaats gelten. (...) Zum zweiten sieht man eine historische Entwicklungsverkehrung von Bildungs- und Sozialpolitik: Die *postprimary educational opportunities* wurden in den USA eine Generation vor der europäischen Entwicklung verbreitet, die Sozialversicherungen entwickelten sich in den USA eine Generation nach den europäischen,..." (Allmendinger, 1999: 35). Das Bildungssystem der Vereinigten Staaten ist aufgrund der föderalistischen Staatsform weitgehend eine Angelegenheit der Bundesstaaten und der Schulbezirke. Auch grundlegende schulpolitische Entscheidungen werden auf diesen beiden Ebenen gefällt. Die Dauer der Schulpflicht variiert beispielsweise von Bundesstaat zu Bundesstaat. Innerhalb der einzelnen Bundesstaaten sind selbst die Schulstufen von Schulbezirk zu Schulbezirk unterschiedlich gegliedert. Amerikanische Kinder werden gewöhnlich mit fünf Jahren in den so genannten Kindergarten eingeschult. Es handelt sich dabei allerdings nicht um eigenständige Einrichtungen wie in Deutschland, sondern um ein Angebot der Grundschulen (Elementary Schools oder Grade Schools), das der Pflichtschule als Förderprogramm vorgeschaltet ist. Die Elementary Schools umfassen je nach Schulbezirk die Klassenstufen vom Kindergarten bis zur vierten, fünften oder sechsten Klasse. In Schulbezirken, in denen keine Middle Schools und Junior High Schools vorhanden sind, reichen sie auch bis zur achten Klasse (vgl. USArundbrief, 2007: 3).

Finanziert werden die öffentlichen Schulen in erster Linie aus den Steuern (School Tax), die im Schulbezirk erhoben werden, was vor dem Hintergrund der extremen sozialen Ungleichheit und der starken räumlichen Segregation der sozioökonomisch definierten Gruppen in den USA zu enormen Unterschieden in der Qualität, der Ausstattung, der Motivation und Qualifikation der Lehrkräfte führt. Zuschüsse der Bundesstaaten kompensieren diese Ungleichheit nur unzureichend. Ökonomisierungs- und Privatisierungsprozesse im öffentlichen amerikanischen Schulsystem zeigen sich vor allem in der Strategie vieler Schulen, Fundraising zu betreiben und in eigener Initiative über die staatliche Mittelausstattung hinaus private Mittel vor allem aus der Wirtschaft oder von den Eltern einzuwerben. Auch diese Möglichkeiten sind je nach sozialräumlicher und sozialstruktureller Verankerung der Bildungseinrichtungen sehr unterschiedlich erfolgreich.

2.2.1.2. Soziale Integration durch die amerikanische Schule

Ein wichtiger Unterschied zum deutschen System liegt darin, dass das amerikanische Schulsystem keine horizontal differenzierten Schultypen kennt. Unterschiedlich begabte Kinder werden nicht auf unterschiedliche Schulformen aufgeteilt, sondern besuchen die für ihr Alter vorgesehene Schulstufe gemeinsam. Die Kinder und Jugendlichen werden dabei relativ individuell, ihren Begabungen entsprechend, gefördert. Kinder mit speziellem Betreuungsbedarf (special needs children, z. B. Kinder mit geistiger Behinderung) werden nicht in Sonderschulen abgeschoben, sondern besuchen allgemeine Schulen und werden dort in Kleingruppen (3-6 Kinder) mit eigenen/eigener Klassenlehrer/in und Lehrassistent/in gefördert. Die amerikanische Schule ist eine Ganztagsschule und beginnt zwischen 7:30 und 8:30 Uhr und endet zwischen 15 und 16 Uhr. Alten agrarischen Traditionen ist noch immer die Struktur des Schuljahres (180 Schultage) geschuldet, das meist neun Monate von ca. Anfang September bis Mitte Juni dauert. Daran schließen die sich über neun Wochen erstreckenden Sommerferien an, in denen zahlreiche Kommunen und Verbände, aber auch die Schulen selbst Ferienlager oder eine so genannte „Summer School" anbieten, um die Eltern zu entlasten (vgl. USArundbrief.com). Die Klassenverbände werden jedes Jahr vollständig aufgelöst und neu zusammengesetzt. Auch die Klassenlehrer sind auf einzelne Jahrgangsstufen spezialisiert und wechseln jedes Jahr. Während die Neubildung der Klassenverbände in der Grundschulzeit vor allem darauf abzielt, Gruppenstrukturen mit günstigem Lernklima zu schaffen und beispielsweise dem Aufbrechung von Cliquen dient, geht es in späteren Altersstufen, an der Middle School und der High School, vor allem darum, Gruppen aus gleich begabten Kindern zu bilden. Es findet dann eine horizontale Differenzierung nach Begabung innerhalb eines einheitlichen Schultyps statt. Wie lässt sich vor diesem egalitären und begabungsorientierten Schulsystem die Persistenz der sozialen Ungleichheit und die enorme Ungleichheit der Chancen in den Vereinigten Staaten verstehen?

Die Bedeutung der öffentlichen Bildung ist, wie Allmendinger betont, in den USA besonders für die unteren Einkommensklassen außerordentlich hoch und deshalb als zentrale Komponente des amerikanischen Wohlfahrtsstaats zu identifizieren (vgl. Allmendinger, 1999: 35). Für die mittleren und höheren Einkommensklassen galt und gilt diese Einschätzung nicht mehr uneingeschränkt, denn das öffentliche Bildungssystem wird in den Vereinigten Staaten immer mehr durch ein privates Elitebildungssystem ergänzt bzw. hierarchisch überformt. Das öffentliche System erscheint damit immer mehr als residual. Neben dem öffentlichen amerikanischen Bildungssystem mit seinen staatlichen Einrichtungen (Kindergärten, Schulen, Colleges und Universitäten) besteht ein umfangreiches privates Parallelsystem, das sich einerseits aus kommerziellen Erziehungs- und Bildungseinrichtungen, aber auch aus vielen Einrichtungen, die dem Non Profit-Sektor zugerechnet werden können, zusammensetzt. Vor dem Kindergarten besuchen die meisten Kinder ein privates Betreuungs- oder Förderprogramm (Day Care, Nursery School, Preschool). Die allgemeine Schulpflicht kann anders als in Deutschland in den USA unter bestimmten Umständen durch eine Unterrichtspflicht ersetzt werden. Das hat in den letzten Jahren dazu geführt, dass die Zahl der Kinder und Jugendlichen, die im so genannten Unschooling (vom Kind geleitetes Lernen) oder im Homeschooling bzw. in Private Education zuhause unterrichtet werden, immer mehr zunimmt. Das amerikanische Bildungssystem macht es den Eltern leicht, durch den Einsatz privater Mittel das Lernumfeld und die Lernchancen ihrer Kinder zu stimulieren: Schon die Auswahl des Wohnorts entscheidet über die Zugehörigkeit zu einem armen oder reichen Schulbezirk und damit über die finanzielle Ausstattung und die Qualität der öffentlichen Schule. Die Möglichkeit, den höheren sozioökonomischen Status durch den zusätzlichen Einsatz privater Mittel in Chancen für die eigenen Kinder umzumünzen, wird durch die Wahlmöglichkeit aus einer großen Zahl privater Bildungseinrichtungen und Bildungsangeboten erleichtert.

2.2.1.3. Das Hochschulsystem des liberalen Bildungsstaats in den USA

Am Beispiel des amerikanischen Hochschulsystems macht Michael Hartmann (2005) das Problem der privaten Ressourcenübertragung, das sich teilweise vom Leistungsprinzip unabhängig macht, deutlich. Er untersucht die Frage, ob das amerikanische Hochschulsystem sozial gerechter ist als das deutsche. Zunächst stellt er fest, dass der Anteil der Studienanfänger wie auch der Hochschulabsolventen in den Vereinigten Staaten erheblich höher liege als in Deutschland. Das gelte für alle Schichten der Gesellschaft, auch für die sozial schwächeren. Überraschend dabei sei, dass die an allen Hochschulen üblichen Studiengebühren keinen negativen Einfluss auf den Hochschulzugang zu haben scheinen. Das sei sogar bei den Eliteuniversitäten mit Gebühren von über 30.000 Dollar der Fall (vgl. Hartmann, 2005: 57). „Da letztere über die Zulassung unabhängig von der Zahlungsfähigkeit der Bewerber entscheiden und großzügige Stipendien gerade an die finanziell schlechter gestellten Studierenden vergeben, sieht es so aus, als sei der Hochschulzugang sozial tatsächlich offener als in Deutschland" (Hartmann, 2005: 57). Ein völlig anderes Bild vom Ausmaß der Ungleichheit der Bildungschancen in den USA werde jedoch deutlich, wenn der Analyserahmen um die spezifische hierarchische Struktur des teilweise privatisierten amerikanischen Bildungssystems erweitert werde. „Die Vereinigten Staaten beherbergen, wie es ein sachkundiger Beobachter einmal formulierte, unter ihren mehr als 4000 Hochschulen nicht nur die 50 der besten, sondern auch 500 der schlechtesten der Welt" (Hartmann, 2005: 57). Verknüpft man diesen strukturellen Aspekt mit den sozialstrukturellen Merkmalen der Studierenden in den USA, kommt man zu einem ernüchternden Ergebnis. „Die untere Hälfte der Bevölkerung schickt ihre Kinder zu fast 90 Prozent auf Hochschulen, die sich bestenfalls auf dem Niveau von Berufsakademien bewegen. Nahezu jeder zweite geht sogar nur auf eines der Zwei-Jahres-Colleges, die eher einer gymnasialen Oberstufe ähneln. Auf die teuren

Privatuniversitäten schaffen es dagegen gerade einmal drei Prozent der Studienanfänger aus den armen Schichten. Vom Nachwuchs aus reichen Familien geht jeder fünfte dorthin" (Hartmann, 2005: 57). Die soziale Zusammensetzung der Studierenden in den jeweiligen Hochschultypen reflektiert diesen Zusammenhang. „An den rund 150 Hochschulen, die den deutschen Universitäten in etwa vergleichbar sind, stammen weniger als 10 Prozent aus der unteren Hälfte der Bevölkerung, 74 Prozent aber aus dem oberen Viertel. Die Rekrutierung ist also sozial schon erheblich selektiver als an den deutschen Universitäten. Die privaten Eliteuniversitäten sind aber noch exklusiver. 80 Prozent der Studierenden kommen aus dem oberen Fünftel der Gesellschaft. Allein aus den obersten zwei Prozent mit Familienjahreseinkommen von mehr als 200 000 Dollar stammt jeder fünfte Studierende, fast doppelt so viele wie aus der gesamten unteren Bevölkerungshälfte" (Hartmann, 2005: 57). Welche Gründe gibt es für diese extreme Ungleichheit der Bildungschancen? „Ein entscheidender Grund dafür sind die sehr hohen Studienkosten. Sie verschlingen bei den Studierenden aus dem ärmsten Fünftel der Gesellschaft, selbst wenn man alle Stipendien berücksichtigt, immer noch über die Hälfte des Familieneinkommens. Die reale Verdoppelung der aus Studiengebühren resultierenden Belastungen binnen nur zwei Jahrzehnten hat die Lage enorm verschärft. Dazu kommt die Umorientierung bei der Stipendienvergabe und die Ersetzung von Stipendien durch Darlehen. Weil Stipendien immer weniger nach Bedürftigkeit und immer mehr rein nach Leistung (intellektueller, musischer, sportlicher) vergeben werden, erhalten Studierende aus begüterten Elternhäusern an den privaten Hochschulen inzwischen genauso viel Unterstützung wie die aus armen"(Hartmann, 2005: 57).

Das wirtschaftsliberale Wohlfahrtsregime gewährt nur bescheidene soziale Rechte. Die Wohlfahrtsproduktion des Staates beschränkt sich vorwiegend auf bedarfsgeprüfte Sozialfürsorge, niedrige universelle Transferleistungen, bescheidene Sozialversicherungsprogramme und indirekte Förderung privater Sicherungsformen. Es lastet somit ein starker struktureller Zwang auf den Individuen, sich kontinuierlich und am besten mit möglichst hohem Ausbildungsniveau am Arbeitsmarkt zu positionieren. Der Druck, der dadurch auf die Individuen ausgeübt wird, hat dazu geführt, dass viele Aufgaben, die bisher informell in den privaten Haushalten, vor allem von nicht in den Arbeitsmarkt integrierten Frauen geleistet wurden, ökonomisiert wurden. Ganztägige Betreuung von Kindern und Jugendlichen in öffentlichen und in immer mehr privaten Einrichtungen und damit ein stetig wachsender Arbeitsmarkt in diesem Wirtschaftssegment bilden das strukturelle Rückrad dieser Entwicklung. Die sozialpolitische Zurückhaltung des wirtschaftsliberalen Staates führt allerdings zu einer wachsenden Polarisierung der Sozialstruktur. Wirtschaftsliberal geprägte Gesellschaften (liberale residuale Wohlfahrtsstaaten), wie die USA, haben durch eine hohe Lohnspreizung außerordentlich lange individuelle Erwerbsarbeitszeiten und durch das Fehlen öffentlicher sozialer Dienstleistungsangebote einen gewaltigen privaten (Dienstleistungs-)Arbeitsmarkt „geschaffen" und so die von Baumol identifizierte „Kostenkrankheit" sozialer (technisch nicht rationalisierbarer) Dienstleistungen entschärft. Denn der Staat greift in sozioökonomischen Fragen kaum in den Markt und die Familie ein. In den USA und in weiteren, von wirtschaftsliberalen Ordnungsvorstellungen geprägten Gesellschaften sind die Familien und die Individuen weitgehend selbst für ihre soziale Sicherung zuständig.[20] Eine niedrigere Steuerlast als in sozialdemokratisch oder konservativen Wohlfahrtsstaaten und ein funktionierender Arbeitsmarkt, der die Kommodifizierung fast aller Frauen und Männer im erwerbsfähigen Alter (d.h. der strukturelle Zwang, sich in den Arbeitsmarkt zu integrieren) garantiert, sind die Grundlage für diese soziale Ordnung. Ein Heer meist niedrig entlohnter Dienstboten und die Beschäftigten der Serviceindustrie versorgen die fast vollständig in Erwerbsorganisationen inkludierte Bevölkerung. Die Individuen sehen sich durch die residualen staatlichen Fürsorgeprogramme, die nur bestimmte Risiken abfedern, gezwungen, die materiellen Ressourcen selbst zu erwirtschaften, um sich die Unterstützungsleistungen zu kaufen, die ihnen zur sozialen Absicherung ihrer Lebenslagen (etwa durch Versicherungen oder durch personelle Hilfen) dienen. Zu einem wichtigen Ausgabeposten für die privaten Haushalte haben sich in den Vereinigten Staaten von Amerika die immer weiter steigenden Kosten für die Ausbildung von Kindern entwickelt (vgl. Bender/Graßl/Schaal, 2007: 176ff.).

Das Beispiel des amerikanischen Bildungsstaats, der vielen, auch kritischen Beobachtern des amerikanischen Wohlfahrtsstaats als Sozialstaatsersatz galt und bis heute gilt, sensibilisiert dafür, die realen Wohlfahrts- und Bildungsstaaten nicht mit idealtypischen Konstruktionen entlang der jeweils dominierenden Form der politischen Ökonomie zu verwechseln (vgl. Allmendinger, 1999). Auch die institutionellen Arrangements in den USA sind als Ergebnis einer wechselvollen und konfliktreichen Geschichte zu betrachten. Die USA haben vor allem in ökonomischen und sozialen Krisen immer wieder Elemente konkurrierender (nichtliberaler) politischer Ökonomien in die bestehenden sozial- und bildungspolitischen Arrangements implementiert. Verglichen mit den sozialpolitischen Institutionen in Deutschland mögen die Vereinigten Staaten von Amerika ein residualer Wohlfahrtsstaat sein. Diese Klassifizierung verkennt aber die enormen sozialpolitischen Anstrengungen und Reformen des „New Deal" in den 1930er Jahren und das Projekt der „Great Society" in den 1960er Jahren, die bemerkenswerte soziale Sicherungssysteme zwar nicht für alle, so doch für breite Schichten der amerikanischen Bevölkerung hervorbrachten (vgl. Hughes, 1991). Allerdings hat die wirtschaftsliberale Trendwende in der amerikanischen Innenpolitik seit Ronald Reagan die Bedeutung des amerikanischen Bildungsstaats als sozialpolitisches Korrektiv erheblich reduziert.

Der liberale Bildungsstaat hat die Finanzierung des Bildungssystems entfesselt, indem er der Bildungskonkurrenz der Individuen keine strukturellen Grenzen mehr setzt. Im entfesselten liberalen Bildungsregime können neben den öffentlichen Mit-

---

20 Als Legitimationsbasis liegen diesem wirtschaftsliberalen Wohlfahrtsarrangement neben dem Bezug auf die Klassiker des liberalen Weltbilds die traditionellen Normen einer liberalen individualistischen Arbeitsethik zugrunde, deren Grundzüge schon Max Weber in seiner berühmten Schrift „Die protestantische Ethik und der ‚Geist' des Kapitalismus" skizziert hat (vgl. Weber, 2000; Esping-Andersen, G., 1998: 43f.; Esping-Andersen, G., 1999: 74ff.; Kaufmann, F.-X., 2003: 82ff.).

teln immer größere „private" finanzielle Ressourcen, die von den Familien und den Individuen „freiwillig" bezahlt werden, für die gesellschaftliche Bildungsproduktion mobilisiert werden. Diese Entwicklung begünstigt und stimuliert das (partielle) qualitative und quantitative Wachstum der „Bildungsindustrie" in Amerika. Die gesellschaftlichen Kosten für die Bildungsproduktion sind - ähnliche Tendenzen bestehen auch im amerikanischen Gesundheitssystem - durch die Strukturen des Bildungsstaats nicht mehr reguliert. Der amerikanische Wirtschaftswissenschaftler Robert H. Frank (2007) macht nicht zuletzt den verzweifelten Wettbewerb um gute Wohnviertel und damit gute und teure Schulen für die enorme Verschuldung der amerikanischen Mittelschicht verantwortlich, die sich unübersehbar in der Hypothekenkrise im Sommer 2007 gezeigt hat. Die Individuen entscheiden scheinbar autonom, wie viel sie für die Erziehung und Bildung ihrer Kinder ausgeben wollen. Wie zu zeigen sein wird, liegen auch in diesem Fall Fluch und Segen des liberalen Systems nahe beieinander. Die soziale Schere, die durch den intensivierten privaten Finanzierungswettlauf im Bildungssektor entsteht, öffnet sich immer weiter (vgl. Hartmann, 2005: 57).

2.2.2. Der sozialdemokratische Bildungsstaat

In einigen über lange Zeiträume von sozialdemokratischen Parteien und politischen Programmen geprägten skandinavischen Ländern hat sich ein weiterer Typ von Dienstleistungsgesellschaft und damit auch eine spezifische Form von Bildungsstaat entwickelt. Schweden wird in der Wohlfahrtsstaatsforschung als typisches Beispiel für das sozialdemokratische Wohlfahrtsregime thematisiert. In Gesellschaften dieses Typs spielt der Staat, d.h. der öffentliche Dienst, eine Schlüsselrolle bei der Produktion von konsum- und personenorientierten Dienstleistungen. Auch in diesem Fall werden viele Aufgaben, die bisher informell in den privaten Haushalten, vor allem von nicht in den Arbeitsmarkt integrierten Frauen, geleistet wurden, ökonomisiert. Ein umfangreiches Angebot an öffentlichen Dienstleistungseinrichtungen unterstützt die Integration der Frauen in den schwedischen Arbeitsmarkt. Frauen sind in viel höherem Maße in den formellen Arbeitsmarkt integriert als in Deutschland (vgl. Bender/Graßl, 2004: 121f.). Die Expansion der Frauenerwerbstätigkeit ist nicht nur unter dem Blickwinkel der Verringerung der geschlechtsspezifischen Ungleichheit ein wesentlicher Bestandteil des schwedischen „Volksheim" Projekts. Die Expansion der Frauenerwerbstätigkeit zielt vor allem auch darauf, durch die Entprivatisierung und Professionalisierung der Kindererziehung die Chancengleichheit im Sozialisationsprozess unabhängig vom sozialen Hintergrund der Schülerinnen und Schüler zu vergrößern (vgl. Häußermann/Siebel, 1995: 77). Der Staat als Dienstleistungsproduzent ist damit der wichtigste Arbeitgeber für Frauen geworden. Dieser Arbeitsmarkttyp zeichnet sich durch eine hohe geschlechtsspezifische berufliche Segregation und Segmentation (auch im Bildungssystem) aus. Die Expansion des Arbeitsmarktes zulasten der privaten Haushalte wird über eine sehr hohe individuelle Steuer- und Abgabenquote finanziert, was den Spielraum für individuelle private

Lösungen schmälert (vgl. Esping-Andersen, 1998: 44f.; Esping-Andersen, 1999: S. 78ff.; Kaufmann, 2003: S. 161ff.).

Schweden verfügt – entsprechend dem nordischen, sozialdemokratischen Modell des Wohlfahrtsstaats – über ein weitgehend staatliches und zentral kontrolliertes Bildungssystem. Franz-Xaver Kaufmann skizziert die wichtigsten Eckpunkte des sozialdemokratischen Bildungsstaats in Schweden: „Die Aufwendungen für Bildungszwecke erreichen ca. 7% des Volkseinkommens und werden zu etwa gleichen Teilen vom Zentralstaat und von den Kommunen getragen. Es wird geschätzt, dass rund 40% der Bevölkerung in irgendeiner Weise gleichzeitig am Bildungssystem partizipieren. Schweden gehört mit den übrigen skandinavischen Staaten und Canada zu den Ländern mit den höchsten Bildungsanstrengungen der Welt" (Kaufmann, 2003: 201).

2.2.2.1. Die sozialpolitische Bedeutung der Bildung in Schweden

Soziale Integration ist nicht nur das Leitmotiv des schwedischen Wohlfahrtsstaats, sondern auch der Bildungspolitik.[21] Das zeigt sich im Vergleich zur deutschen Situation deutlich. Zwar wurde in allen PISA-Teilnehmerstaaten ein mehr oder weniger enger Zusammenhang zwischen sozialer Herkunft und erworbenen Kompetenzen festgestellt, aber in keinem Teilnehmerland war dieser Zusammenhang enger als in Deutschland (vgl. Stanat u.a., 2002: 13). Neben Staaten wie Japan, Korea, Island, Finnland und Kanada gelingt es vor allem Schweden, bei insgesamt hohem Leistungsniveau seiner Schülerinnen und Schüler, eine geringe Kopplung zwischen sozialer Herkunft und Leistung zu erzielen. Dieser Befund ist vor dem Hintergrund bemerkenswert, dass Schweden in Bezug auf die Zuwanderungsproblematik mit ähnlichen Herausforderungen konfrontiert wird wie Deutschland. Auch in Hinblick auf die Situation von Kindern von zugewanderten Eltern zeigt sich, dass deren Chancen auf gute Schulleistungen in Schweden deutlich günstiger sind als in Deutschland (vgl. Stanat u.a., 2002: 13f.).

Das schwedische egalitäre Bildungssystem ist Spiegelbild der wohlfahrtsstaatlichen Idee des „Volksheims" und stellt bereits im Vorschulalter eine umfassende pädagogische Betreuung sicher. Es ist in der Bevölkerung anerkannt als Instrument sowohl der gerechten Verteilung von Chancen der Bildungsbeteiligung wie des sozialen Aufstiegs. Zu den sozialdemokratischen Reformen nach dem Zweiten Weltkrieg gehörte des Projekt einer grundlegenden Bildungsreform mit dem Ziel, eine neunjährigen Einheitsschule vom 7. bis zum 16. Lebensjahr für alle Kinder und Jugendlichen verbindlich einzuführen. Gegen den heftigen Widerstand seitens der Universitäten und Gymnasien wurde ab 1950 in einem nicht flächendeckenden Modellversuch die Einheitsschule mit mehreren Varianten zunächst für zehn Jahre ein-

---

21 Schweden hat zudem eine Vorreiterrolle übernommen, ein die Bildungspolitik flankierendes modernisiertes Modell von Elternschaft zu entwickeln (vgl. dazu Kolbe, 2002).

geführt (vgl. Kaufmann, 2003: 200). Kaufmann beschreibt den Prozess der Transformation des schwedischen Schulsystems: „Das Schulgesetz von 1962 schrieb sodann die Einheitsschule und die neunjährige Schulpflicht fest, und bis 1969 waren alle kommunalen Schulbezirke reorganisiert. Während ursprünglich daran gedacht war, einen erheblichen Teil der Schüler nach Abschluss der 9. Klasse ins Arbeitsleben zu entlassen, verbreitete sich die Teilnahme an der 1971 reformierten Gymnasialstufe (10. bis 12. Schuljahr) schnell, und ab 1980 wurden je nach Berufsziel gegliederte Weiterbildungsmöglichkeiten für grundsätzlich alle Jugendlichen eingeführt. Seit 1994 gibt es ein in 16 Programme (davon 14 berufsvorbereitend) gegliedertes dreijähriges Schulsystem für die 16 bis 19jährigen, das von 98% der Jugendlichen frequentiert wird. 30 bis 35% eines Jahrgangs besuchen anschließend eine Hochschule" (Kaufmann, 2003: 200). Das Hochschul- und Universitätssystem ist entgegen dem internationalen Trend für alle Studierenden kostenfrei.

Die neunjährige Grundschule (Grundskola) ist die entscheidende Innovation der schwedischen Schulreform von 1962. Die grundlegenden übergreifenden Ziele der Grundschule sind im ersten Kapitel des Schulgesetzes festgeschrieben. Zu den zentralen Zielen gehört, dass alle Kinder und Jugendlichen, unabhängig von Geschlecht, Wohnort, sozialen und finanziellen Verhältnissen, gleichen Zugang zur Ausbildung im öffentlichen Schulsystem haben sollen (vgl. Van der Borght, 2003: 14ff.). Darüber hinaus soll die Ausbildung in jeder Schulform in allen Teilen des Landes gleichwertig sein. Die Schule soll den Schülern Kenntnisse und Fähigkeiten vermitteln und gleichzeitig, in Zusammenarbeit mit den Eltern, deren Entwicklung zu verantwortungsbewussten Menschen und Staatsbürgern fördern. Das letztgenannte Ziel soll vor allem dadurch erreicht werden, dass die Tätigkeit der Schule in Übereinstimmung mit grundlegenden demokratischen Werten gestaltet wird und die an den Schulen Tätigen die Gleichstellung der Geschlechter fördern und aktiv allen Formen beleidigender Behandlung und rassistischen Verhaltes Einhalt gebieten sollen (vgl. Schwedisches Institut (Hrsg.), 2002: 1).

Die meisten Grundschulen sind kommunale Einrichtungen. Bis auf wenige Privatschulen (vor allem Montessori- und Waldorfschulen), die von etwa 1 Prozent der Kinder und Jugendlichen besucht werden und speziellen Sonderschulen für schwer geistig behinderte Kinder, gibt es im Gegensatz zu Deutschland kein alternatives Schulangebot, aus dem die Eltern auswählen könnten. Die schwedische Grundschule (*Grundskola*) ist in eine jeweils dreijährige Unterstufe, Mittelstufe und Oberstufe gegliedert. Der Übergang von einer Stufe zur anderen erfolgt ohne Übergangsprüfung. Zensuren werden erst ab dem 8. Schuljahr erteilt. Schüler und Eltern werden allerdings bis zum 7. Schuljahr mündlich und ab dem 5. Schuljahr auch schriftlich über den Leistungsstand informiert (vgl. Van der Borght, 2003: 20). Gegenüber der Unter- und Mittelstufe mit ihren einheitlichen Curricula ist die Oberstufe der Grundschule durch eine zunehmende Differenzierung gekennzeichnet. Nach der Grundschule wechseln die meisten Schülerinnen und Schüler ins Gymnasium (*Gymasieskola*), das ein breites Spektrum weiterführender Bildungsgänge anbietet.

Das schwedische Schulsystem ist also zweiphasig, wobei über 90 Prozent aller Schülerinnen und Schüler von der Grundskola direkt ins Gymnasium überwechseln.

Nahezu 4/5 aller Schülerinnen und Schüler erreichen die Hochschulreife, die dem deutschen Abitur entspricht. In Deutschland erreichen im Schuljahr 2005/2006 nur ca. 2/5 der Schülerinnen und Schüler einer Jahrgangsstufe das Abitur (13,4%) und die Fachhochschulreife (13,4%) (vgl. Demmer, 2007: 1).

2.2.2.2. Soziale Integration durch die schwedische Schule

Was unterscheidet eine typische schwedische Schule von deutschen Schulen? Heinz Greuling besuchte für das Wissenschaftsmagazin Quarks & Co des WDR Fernsehens das Söda Latins Gymnasium im Zentrum von Stockholm und machte folgende Beobachtungen: „Beim Betreten des Gebäudes fällt sofort auf: Es ist ruhig. Mehr als 930 Schüler und ihre 130 Lehrer gehen hier täglich ein und aus. Und doch ist es erstaunlich still und diszipliniert – auch und gerade in den Pausen. Der Unterricht beginnt um 8.20 Uhr. Die Schüler treffen sich aber oft schon früher. Jeder bringt seine persönlichen Sachen in einem eigenen Spind unter. Wenn der Unterricht beginnt, schließt der Lehrer die Tür des Klassenzimmers von innen ab. Wer zu spät kommt, muss draußen warten. Erst nach zehn Minuten darf er klopfen. So ist es überall an schwedischen Schulen. Bei unserem Besuch sahen wir allerdings niemanden zu spät kommen. Die Erziehung zur Selbständigkeit scheint zu fruchten: Zur Mittagszeit sieht man in der Kantine keine Aufsichtsperson und keinen Lehrer. Die Schüler nehmen sich ihr kostenloses Essen und bedienen sich selbst – es funktioniert. Überall im Schulgebäude kann man sich zurückziehen: zum Lesen, Arbeiten oder Kaffee trinken. Neben der Kantine gibt es noch Cafeterias und mehrere Bibliotheken. Auf den Gängen stehen Klaviere oder Computer mit Internetzugang. Diese Ausstattung lassen sich die Schweden einiges kosten: Sie geben etwa 8,5 Prozent ihres Bruttoinlandprodukts für die Schulen aus – ein Drittel mehr als die Deutschen" (Greuling, 2003). Einen Eindruck von der institutionellen und beruflichen Situation der schwedischen Lehrerinnen und Lehrer vermittelt Greuling am Beispiel einer Lehrerin am Söda Latins Gymnasium: „Eva Allard ist Lehrerin für Naturwissenschaften. In ihrer rund zehnköpfigen Klasse lösen die Schüler ihre Aufgaben weitgehend selbständig. Dazu haben die Schüler drei nebeneinander liegende Räume zur Verfügung: den Klassenraum, die naturwissenschaftliche Bibliothek und den Computerraum. Dort arbeiten sie allein oder in Gruppen. Für Fragen und Probleme hat die Lehrerin immer ein offenes Ohr. Auch nach dem Unterricht; denn wie alle Lehrer Schwedens ist sie von den insgesamt 45 ½ Wochenstunden mindestens 34 Stunden in ihrem eigenen Büro in der Schule präsent. Die schwedischen Lehrer sind 194 Tage des Jahres in der Schule, 16 Tage mehr als die Schüler. Dabei werden Eva Allard und ihre Kollegen schlechter bezahlt als in Deutschland – sie verdienen rund 30 Prozent weniger als deutsche Lehrer" (Greuling, 2003). Schwedische Schulen sind Ganztagsschulen, die Lehrer und Schulleiter sind den ganzen Tag für ihre Schülerinnen und Schüler ansprechbar. Dies ist nur vor dem Hintergrund des schwedischen Arbeitszeitmodells für Lehrerinnen und Lehrer möglich. Sie verbringen insgesamt 35 Vollstunden an der Schule. Davon sind 16 Stunden für den Unterricht vorgesehen. Weitere 10 Arbeitsstunden werden als Vorbereitungszeit auf die Gesamtarbeitszeit angerechnet, die ungefähr der durchschnittlichen schwedischen Arbeitszeit entspricht. Die schwedische Schule hält für alle Lehrerinnen und Lehrer einen Arbeitsplatz im Lehrerzimmer vor (vgl. Rastätter/Gehring, 2003: 36).

Eine zentrale Rolle im schwedischen Bildungsstaat spielen die Kommunen. Sie erarbeiten in Abstimmung mit den Schulen Schulentwicklungspläne, die auch gleichzeitig Rechenschaft über die Verwendung staatlicher Gelder sowie den Stand der Umsetzung allgemeiner Rahmenvorgaben ablegen. Schwedische Schulen haben große Freiräume in curricularen Fragen, denn die nationalen Lehrpläne enthalten nur allgemeine Zielformulierungen. Die einzelnen Schulen entwickeln ihre Lehrpläne selbst und legen diese dann der kommunalen Schulverwaltung vor. In keinem anderen Land Europas gelingt es so gut, wie die PISA gezeigt hat, Kinder aus sozial schwachen Familien zu hohen Schulleistungen und zu hohen Schulabschlüssen zu verhelfen wie in Schweden (vgl. Stanat et al., 2002: 13f.). Wichtige Determinanten dieses Erfolges sind die Ganztagsschule, die hohe zeitliche Präsenz der Lehrerinnen und Lehrer an der Schule und die fehlende Möglichkeit, durch „Sitzenbleiben" oder Überweisung auf eine andere Schulform auszusondern.

Der schwedische Bildungsstaat sozialisiert das Bildungswesen weitgehend und versucht, alle Kinder und Jugendlichen so weit wie möglich mitzunehmen. Auf die gewachsenen Anforderungen durch die Bildungsnachfrage sowohl der Individuen wie auch der Wirtschaft hat Schweden mit einer Ausweitung der staatlichen Ausgaben für das Bildungswesen geantwortet. Im sozialdemokratischen Wohlfahrtsstaat wird der Bildungsstaat nicht zugunsten des Sozialstaats vernachlässigt (vgl. Allmendinger/Leibfried, 2003: 18).

2.2.3. Der konservative Bildungsstaat

Einen dritten Weg in die Dienstleistungsgesellschaft schlugen Ländern ein, die lange Zeit von konservativen und katholischen politischen Ordnungsideen geprägt wurden. Deutschland wird in der sozialpolitischen Literatur als „konservativ-korporatistisches" Wohlfahrtsregime bezeichnet. Über die Charakterisierung der deutschen Sozialpolitik besteht bei unterschiedlichen Autoren weitgehende Einigkeit (vgl. Schmidt, 2005; Boeckh/Huster/Benz, 2004; Pilz, 2004; van Kersbergen, 1995). Konservative Wohlfahrtsstaaten sind durch drei typische Elemente gekennzeichnet:

1. Soziale Sicherheit wird hauptsächlich mit Hilfe von Sozialversicherungen angestrebt, die wiederum eng an Erwerbsarbeit gebunden sind. Der Sozialstaat sichert damit die Risiken ab, die durch die Abhängigkeit der Individuen vom Arbeitsmarkt entstehen. Die öffentlichen Sozialversicherungen des konservativen Wohlfahrtsstaats sind Familienversicherungssysteme, die im Idealfall alle vom Ernährer bzw. der Ernährerin abhängigen Familienangehörigen absichern. Beispiele dafür sind die Krankenversicherung und die Rentenregelungen für Hinterbliebene (vgl. Pfau-Effinger, 2005: 2).

2. Ziel der Sozialpolitik ist es, die bestehende Hierarchie sozialer Ungleichheit auch im Falle von Krankheit, Arbeitslosigkeit, Invalidität und Alter aufrechtzuerhalten. Umverteilung mit Hilfe des Steuerstaats wird weitgehend, bis auf bestimmte Ausnahmen wie beispielsweise Armut, abgelehnt. Im konservativ-korporatistischen Wohlfahrtsregime beruhen soziale Rechte in erster Linie auf der Zugehörigkeit zu Klasse und Status. Das bedeutet, dass der Staat mit seinen Institutionen und steuerlichen Anreizsystemen die bestehenden sozialen Hierarchien, beispielsweise zwischen Freiberuflern, Beamten, Angestellten und Arbeitern oder zwischen Frauen und Männern, aufrechterhält (vgl. Pfau-Effinger, 2005: 2).

3. Der Staat nimmt soziale Aufgaben nur dann wahr, wenn es den Familien nicht mehr gelingt, mit Lebenslagerisiken ihrer Mitglieder fertig zu werden. Der Staat interveniert entsprechend dem Subsidiaritätsprinzip erst, wenn die Familienmitglieder zum Beispiel mit der Pflege von Kindern, Kranken oder Alten überfordert sind (vgl. Pfau-Effinger, 2005: 2).

2.2.3.1. Die sozialpolitische Bedeutung der Bildung in Deutschland

Für die Frage nach der spezifischen Form der deutschen Bildungsstaatlichkeit ist ein zentrales Kennzeichen des „konservativen" Wohlfahrtsstaats, die privilegierte Verantwortlichkeit der Familie für die Aufgabenerfüllung in der Kinder-, Kranken- und Altenbetreuung, von besonderer Relevanz (vgl. Gottschall, 2003b). Die Struktur des Arbeitsmarktes in Deutschland illustriert diesen konservativen Typus auf exemplarische Weise. Die Transferorientierung des deutschen Sozialversicherungsstaates mit seinen hohen Lohnnebenkosten führt dazu, dass den privaten Haushalten finanzieller Spielraum für Eigen- und Familienarbeit zugebilligt wird, die Dienstleistungsproduktion des Staates und der Unternehmen aber minimal bleibt. Das hat fatale Auswirkungen auf den nationalen Arbeitsmarkt, denn der Aufbau personenorientierter Dienstleistungstätigkeiten wird dadurch blockiert (vgl. Bender/Graßl/Schaal, 2007: 185). Die im Jahr 1994 institutionalisierte „fünfte Säule" des deutschen Sozialversicherungssystems, die Pflegeversicherung, ist ein gutes Beispiel für den auf die Familie und damit auf die unbezahlte (Familien-) Arbeit der Frauen rekurrierenden Wohlfahrtsstaat. Auch in die frühkindliche Erziehung wird in Form von Transferzahlungen investiert, die in erster Linie die Familien als private Arbeits- und Wohlfahrtsproduktionssphäre unterstützen sollen.

Die Familie spielt, ideell durch das ordnungspolitisch zentrale Subsidiaritätsprinzip in seiner Bedeutung gegenüber Staat und Markt aufgewertet, eine wichtige Rolle in der Produktion sozialer Dienstleistungen. Um die Produktion von Pflege- und Erziehungsarbeit im privaten Haushalt zu sichern, wird die Erwerbstätigkeit von Frauen nicht gefördert (vgl. Pfau-Effinger, 1998: 181). Wie Opielka zeigt, besteht ein enger Zusammenhang des beschriebenen konservativen Arrangements des deutschen Sozialstaats mit den spezifischen Strukturen des deutschen Bildungssystems: „Damit gelangt der ‚konservative' Charakter des deutschen Sozialstaats nicht nur in Bezug auf seine ständische – und in den sozialen Sicherungssystemen entsprechend

,berufsständische' – Orientierung in den Blick. Wirkungskräftig ist auch die patriarchale Einbettung des Bildungssystems, dessen Elementar- und Primarbereich zumindest im Westen Deutschlands – ähnlich wie in Österreich und der Schweiz – auf die Verfügbarkeit der Mutter als Hausfrau und einem Normalarbeitsverhältnis mit männlichem ‚breadwinner' aufruht" (Opielka, 2005: 135). Die jeweilige sozioökonomische und sozialpolitische Ordnung strukturiert in modernen Wohlfahrtsstaaten, wer welche Aufgaben in der Familie in Form von unbezahlter Hausarbeit oder bei privaten oder öffentlichen Arbeitgebern in Form von Erwerbsarbeit zu erfüllen hat. Das heißt, „die Arbeitsteilung zwischen Mann und Frau ist nur auf dem Hintergrund der gesellschaftlichen Arbeitsteilung, der Allokation verschiedener Arten von Arbeit (Hausarbeit, Familienarbeit, Erwerbsarbeit) auf verschiedene gesellschaftliche Träger zu verstehen und zu erklären" (Garhammer, 1997: 30). Die tradierte Arbeitsteilung in einen männlichen Familienernährer und die Mutter als Hausfrau ist in Deutschland durch die Möglichkeit der gemeinsamen Veranlagung der Ehepartner zur Einkommenssteuer (dem so genannten Ehegattensplitting) mit einem steuerlichen Anreizsystem unterfüttert. Die Nichterwerbstätigkeit oder die Beschäftigung eines Partners in Teilzeit wird steuerlich belohnt. Nichterwerbstätige und geringfügig beschäftigte Partner sind im konservativen Sozialversicherungsstaat durch die Konstruktion der Familienversicherung auch dann kranken- und rentenversichert, wenn sie dafür keine oder nur sehr geringe eigene Beiträge leisten. Dieser sozial-, versicherungs- und steuerpolitische Ordnungsrahmen ist auf den ersten Blick geschlechtsblind, strukturiert aber vor dem Hintergrund tradierter geschlechtsspezifischer Rollenvorstellungen die gesellschaftliche und die familiale Arbeitsteilung von Frauen und Männern nach wie vor erheblich (vgl. Graßl, 2004: 213).

Das um die Wende vom 19. zum 20. Jahrhundert etablierte Halbtagsschulsystem, das keine Mittagsverpflegung für die Kinder in der Schule kennt, ist ein wichtiger Anker des konservativen deutschen Sozialstaats, sichert er doch latent die beschriebene Form der Arbeitsteilung in den Familien ab (vgl. Gottschall/Hagemann, 2002: 15). Gottschall und Hagemann (2002) machen auf das enorme Einsparungspotenzial für den Sozial- und Bildungsstaat aufmerksam, das durch die erziehungs- und bildungspolitisch miterzwungene Struktur der Arbeitsteilung zwischen Staat und Familie entstanden ist: „Darüber hinaus bedeutete die Konzeption eines auf wenige Stunden begrenzten Schulunterrichts, dass hier die Stoffvermittlung im Vordergrund stand und ergänzende Überlegungen in Form von Hausaufgaben außerhalb der Schule erfolgen mussten. Die Halbtagsschule setzt also die nicht-erwerbstätige Hausfrau und Mutter voraus, die mittags für eine warme Mahlzeit sorgt und sich um die Hausaufgaben kümmert; sie impliziert weiter, dass es einen Ehemann und Vater gibt, der einen für die Familie ausreichenden Lohn nach Hause bringt" (Gottschall/Hagemann, 2002: 15).[22] Damit waren auch die Voraussetzungen geschaffen,

---

22 Wie Gottschall und Hagemann auch zeigen, war dieses spezifische Arrangement in seiner Genesephase alles andere als funktional für die Masse der Familienhaushalte. „Tatsächlich aber kam in Kaiserreich und Weimarer Republik nur eine Minderheit von Familien diesem Ideal nahe; es wurde erst mit dem Ausbau des Sozialstaats und dem Wirtschaftswunder der

dass sich der Staat auf den Kernbereich der Wissensvermittlung beschränken konnte, was im Lichte der oben diskutierten Theorie der „Kostenkrankheit" technisch nicht rationalisierbarer Dienstleistungen die öffentlichen Kassen enorm entlastet hat. „Die Erziehungsarbeit für Kinder und Jugendliche wurde von Bildung semantisch und institutionell abgetrennt und blieb in Deutschland in der Verantwortung der privaten Haushalte. Eine umfassende staatliche Verantwortung setzte erst bei der Schulbildung ein und beinhaltete hier über die Organisation als Halbtagsschule einen „reinen", d.h. von Betreuung und Erziehung befreiten Bildungsauftrag. Diese Trennung von Bildung und Erziehung schlug sich nicht nur in unterschiedlichen bundespolitischen Ressortzuständigkeiten für Bildung und Wissenschaft einerseits, Erziehung und Soziales andererseits sowie einem eher geringen Ausbau sozialer und haushaltsbezogener Dienstleistungen nieder" (Gottschall/Hagemann, 2002: 16). Kompatibel mit dem konservativen Sozialstaatsmodell ist auch die Vernachlässigung der wenn überhaupt entgeltlichen Frühförderung und der Grundschule zugunsten der bisher kostenfreien Gymnasialbildung durch den konservativen Bildungsstaat und der im Vergleich mit angelsächsischen Ländern (noch) weitgehend kostenfreien Hochschulbildung (vgl. Kaufmann, 2005: 180). Je erziehungsbedürftiger also die Schülerinnen und Schüler, umso verantwortlicher ist die Familie im deutschen Erziehungs- und Bildungssystem.

Abbildung 1: Verortung von Erziehung und Bildung im deutschen Sozialmodell

Familie	Bildung	Ausbildung	Arbeitsmarkt
	Tertiärbereich	Vollschulische Ausbildungen (z. B. Fachschulen) Duales System	Normalarbeitsverhältnis „Männlicher Familienernährer"
	Sekundarbereich II		
	Sekundarbereich I		
„Hausfrauenehe"	Primarbereich		
	Elementarbereich		

Quelle: Gottschall (2003: 890), vgl. auch Opielka (2005: 135)

fünfziger und sechziger Jahre in der Bundesrepublik zu einem dominierenden Modell. Allerdings gab es in Kaiserreich und Weimarer Republik starke politische Impulse, das Modell ‚Nur-Hausfrau und männlicher Familienernährer' dauerhaft zu etablieren. So kämpfte die Arbeiterbewegung für einen Familienlohn und gegen Frauenerwerbstätigkeit. Der Staat ebenso wie die Kirchen und Wohlfahrtsverbände postulierten, dass Kindererziehung vorrangig Aufgabe der Familie sei" (Gottschall/Hagemann, 2002: 15). Allerdings waren die Kinder gerade in der Landwirtschaft und im Handwerk als mithelfende Familienangehörige wichtige Arbeitskräfte, was die Etablierung der Halbtagsschule begünstigte.

Die deutsche bildungszentrierte Halbtagsschule hat keine Ressourcen, um auf die Bedürfnisse schwieriger und aus unterschiedlichen Gründen lernbehinderter Kinder kompensierend zu reagieren. Schulsozialarbeit und die selbstverständliche Zusammenarbeit von Lehrern, Sozialarbeitern, Ergo-, Logopäden und Psychologen, wie sie in den durch die internationalen Leistungstests bekannt gewordenen Ländern im liberalen und im sozialdemokratischen Bildungsstaat üblich sind, gibt es in deutschen Schulen nur ausnahmsweise (vgl. Kaufmann, 2005: 180). Der Einfluss der Familien auf den Bildungserfolg der SchülerInnen und Studierenden in Schule und Universität des konservativen Bildungsstaats wurde durch die PISA-Studie wieder neu in den Mittelpunkt der Debatten um die Reform des Bildungssystems gerückt. Die zur Verfügung stehenden monetären und zeitlichen Ressourcen, aber vor allem auch der milieu- und schichtspezifisch sehr unterschiedlich ausgeprägte Bildungswille der Familien sind wichtige Determinanten für den Bildungserfolg der Kinder und Jugendlichen (vgl. Zinnecker/Stecher, 2006; Geißler, 2005: 55).[23]

2.2.3.2. Der ständische Hintergrund des konservativen Bildungsstaats

Der konservative Bildungsstaat ist als spezifische nationale Antwort auf die Herausforderungen zu interpretieren, die durch die Transformation der sozioökonomischen Strukturen im Zuge der Entwicklung von der vorindustriellen, weitgehend agrarischen Gesellschaft hin zur modernen Industriegesellschaft in Deutschland zu bewältigen waren. Diese Strukturen haben sich bis heute als erstaunlich stabil erwiesen.[24]

---

23 Rainer Geißler verdichtet die Befunde verschiedener empirischer Studien zu den sozialen Auslesemechanismen im deutschen Bildungssystems zu folgendem Befund: Das deutsche Bildungssystem sei nicht in der Lage, „das Leistungspotenzial der Kinder aus den unteren Schichten wirklich auszuschöpfen. Die Bildungsverläufe werden von einem *leistungsunabhängigen sozialen Filter* beeinflusst, der insbesondere bei den Übergängen in weiterführende Bildungseinrichtungen – am Ende der Grundschulzeit und nach Abschluss des Gymnasiums – in anschaulichen Zahlen dokumentiert ist. Der Filter hat zwei Wurzeln: Die eine reicht in die Familie hinein und die andere in die Schule. *Sowohl die Bildungsentscheidungen in den Familien als auch die Lehrerurteile in der Schule sind bei gleicher Leistung der Kinder von deren Schichtzugehörigkeit abhängig"* (Geißler, 2005: 77).

24 Bernd Zymek (2004) hat den Systembildungsprozess des deutschen Bildungsstaats prägnant beschrieben: „Aus der Perspektive der neueren Forschungen zur Sozialgeschichte des deutschen Bildungssystems im 19. und 20. Jahrhundert zeigt sich der Prozess der Schul- und Hochschulentwicklung als immer politisch umkämpfter, oft regional ungleichzeitiger und widersprüchlicher, aber dennoch langfristig gerichteter Transformationsprozess. Sein beherrschendes Charakteristikum war die sukzessive Ersetzung von partikularen durch universalistische Strukturen. Die traditionellen, in begrenzten lokalen, beruflichen, konfessionellen, geschlechtsspezifischen und sozialstrukturellen Milieus verankerten Erziehungseinrichtungen, die es in großer Zahl in ganz Europa schon im 18. Jahrhundert gab, wurden in einem über hundert Jahre dauernden Prozess zu Institutionen eines Bildungssystems umgestaltet, das Schritt für Schritt nach allgemeingültigen Kriterien und hierarchisch strukturiert wurde. Dazu gehören immer genauere und verbindlichere amtliche Bestimmungen zu den Lehrplänen, der Dauer des Kursus der Schulen, dem Jahrgangsklassensystem, den Aufnahme- und Über-

Das Bewusstsein, dass das deutsche Bildungssystem die bestehenden Hierarchien sozialer Ungleichheit aufrechterhält, ja teilweise noch verstärkt, hat seit einigen Jahren wieder zugenommen (vgl. Müller, 1998; Vester, 2006, 2007). Die dafür verantwortlichen Mechanismen sind tief in der deutschen Gesellschaftsgeschichte verankert.

Bereits im Verlauf des 18. Jahrhunderts hat sich in Preußen, später auch in den anderen deutschen Ländern ein dreigliedriges Schulsystem herausgebildet (vgl. Ehmann, 2003: 43). Dabei handelte es sich um ein ständisches System (vgl. Keiner, 1998). Die Volksschule war auf den Bauernstand, die Realschule auf die Bedürfnisse des wohlhabenden kaufmännischen und gewerblichen Bürgertums und die so genannte höhere Lehranstalt, die auf den Universitätsbesuch und das Studium der gelehrten Berufe vorbereiten sollte, auf das Bildungsbürgertum und Teile des Adels zugeschnitten. Diese Gliederung spiegelte einerseits die vorindustrielle Ständegesellschaft, aber auch die sich langsam verändernden sozioökonomischen Verhältnisse des 18. Jahrhunderts, die sich dann im 19. Jahrhundert auch in anderen ständischen Gliederungen und konservativen Organisationsprinzipien, wie zum Beispiel im Drei-Klassen-Wahlrecht in Preußen, zeigten (vgl. Ehmann, 2003: 43f.). Ein kurzer Blick zurück in die entscheidenden Phasen der Konstitution des deutschen Schulsystems nach dem Ersten Weltkrieg zeigt, wie stark das ständische Moment im Bildungssystem in den sozialpolitischen und berufsständischen Strukturen der Weimarer Republik verwoben blieb.

In der ersten Phase der Weimarer Republik war es der Sozialdemokratie zusammen mit dem katholischen Zentrum im so genannten Weimarer Schulkompromiss (1919/1920) zwar gelungen, die Grundschule als Einheitsschule für alle Kinder (mit Ausnahme der „Hilfsschüler") gegen zahlreiche (ständische) Widerstände durch das Reichsgrundschulgesetz auf der Grundlage des Art. 146 der Weimarer Verfassung zu institutionalisieren. Die Grundschule stellt einen wichtigen Bruch mit dem Schulsystem der wilhelminischen Feudal- und Ständegesellschaft dar. Das (berufs-) ständische Schulsystem des konservativen Bildungsstaats konnte aber nicht nachhaltig überwunden werden. Erst oder – je nach Sichtweise - bereits nach der vierten Klasse sollte eine Trennung der Schülerinnen und Schüler und ihre Aufteilung auf niedere, mittlere und hohe Schulen erfolgen. Bis zu den Weimarer Bildungsreformen bestanden neben den Volksschulen ständisch geprägte Einrichtungen zur Vorbereitung auf den Besuch von mittleren und höheren Schulen, die nun durch das Reichsgrundschulgesetz abgeschafft wurden. Für die Aufnahme in eine Schule sollten nur noch die *Anlagen* und *Neigungen* eines Kindes - hier spiegelte sich der republikanische Ethos - nicht jedoch die wirtschaftliche und gesellschaftliche Stellung oder das Religionsbekenntnis seiner Eltern maßgebend sein. Damit wurde die bis in die An-

gangsbestimmungen zwischen den verschiedenen Schulformen und –typen, den Vorbildungsvoraussetzungen und dem Berufsstatus der Lehrkräfte, den Abgangsprüfungen und den damit verbundenen Berechtigungen im Fach-, Hochschul- und Berufslaufbahnsystem u.s.w. Für diesen langfristigen Strukturwandel und die mit ihm verbundene bildungspolitische Strategie wurde der Begriff der <Systembildung< geprägt" (Zymek, 2004: 123f.).

fangsjahre der Weimarer Republik weitgehend übliche völlige Trennung der Schullaufbahnen nach sozialem Stand und Konfessionszugehörigkeit aufgehoben und alle Kinder wurden in den ersten Schuljahren gemeinsam unterrichtet (vgl. Sekretariat der Ständigen Konferenz der Kultusminister der Länder der Bundesrepublik Deutschland (Hrsg.), 2005: 75).[25]

Die Bildungspolitik der Bundesrepublik Deutschland verfolgte in der Zeit nach dem Zweiten Weltkrieg das Ziel, die bildungspolitischen Strukturen der Weimarer Republik wiederherzustellen. Unter anderem wurde der Bildungsföderalismus und das freie, insbesondere konfessionelle Schulwesen, das einen nur kleinen Teil des Bildungsangebots ausmachte, wiederbelebt. Erst Mitte der 1960er Jahre entwickelte sich unter dem Eindruck sozialwissenschaftlicher Befunde zur Chancengleichheit und wirtschaftswissenschaftlicher Überlegungen zur ökonomischen Entwicklung eine bildungspolitische Debatte, die eine grundlegende Bildungsreform einforderte (vgl. Kaufmann, 2003: 299). Wie zu zeigen sein wird, erfüllte diese Reform nur teilweise die Erwartungen, konnte sie sich doch aus dem durch die sozialen Strukturen und die Ordnung der sozialpolitischen Institutionen abgesicherten Entwicklungspfad nicht lösen. Die Halbtagsschule und die Dreigliedrigkeit des überkommenen konservativen Bildungsarrangements wurden nicht angetastet.

Die langen Linien der Pfadabhängigkeit institutioneller Reformen im konservativen Bildungssystem zeigen sich bereits in der neuartigen ideologischen Fundierung des dreigliedrigen Schulsystems im Rahmen des Weimarer Schulkompromisses, die im nun demokratischen Gemeinwesen die alten Strukturen in neuem Gewande legitimieren sollte und die bis heute die Struktur der westdeutschen und nach der Wiedervereinigung auch der ostdeutschen Bildungssysteme bestimmt. Ehmann hat die entscheidende Phase der (Re-)Formierung des dreigliedrigen Systems untersucht: „Die Sozialdemokraten hatten sich seit dem Gothaer Vereinigungsparteitag 1875 für die ‚gleiche Volkserziehung' eingesetzt. Sie taten dies auch 1920 auf der Reichsschulkonferenz, zu der zum Zweck der Verständigung über das zukünftige Schulwesen alle denkbaren Interessengruppen eingeladen worden waren. Denn mit ständischen Argumenten war das dreigliedrige Schulwesen nicht mehr zu verteidigen. So kamen, wie in den Protokollen der Reichsschulkonferenz nachzulesen ist, die Vertreter des Gymnasiallehrerverbandes auf die Idee, die Dreigliedrigkeit habe eigentlich nichts mit den Ständen des Feudalsystems zu tun, sondern mit der Verteilung der Begabungen im Volk: Es gäbe eher ‚praktisch begabte', eher ‚technisch-kaufmännisch begabte' und ‚intellektuelle' Menschen. Dass diese Dreiteilung mit der dreigliedrigen Ständeschule der vorrevolutionären Zeit übereinstimme, sei rein zufällig" (Ehmann, 2003: 45).

---

25 Die zweite wesentliche Regelung dieses Kompromisses bezog sich neben der „Strukturfrage", d.h. der strukturellen Gliederung des Schulsystems auf die „Konfessionsfrage". In diesem Konflikt einigte sich die Weimarer Koalition, die „Simultanschule", in der der Religionsunterricht nach Konfessionen getrennt erteilt werden sollte, zwar als Regelfall festzuschreiben, jedoch in begründeten Ausnahmen auch Bekenntnisschulen und bekenntnisfreie Schulen zuzulassen (vgl. AG Bildungsforschung/Bildungsplanung, 2004: 22).

2.2.3.3. Soziale Integration im deutschen Schulsystem

War das Ziel der Sozialpolitik seit Bismarck, die bestehende Hierarchie sozialer Ungleichheit auch im Falle von Krankheit, Arbeitslosigkeit, Invalidität und Alter aufrechtzuerhalten (vgl. Schmidt, 2005: 21-44; Tennstedt 1997, Ritter, 1991: 61-86), so wurde diese Maxime auch in Bezug auf den Zugang zu Bildung im Bildungssystem des konservativen Bildungsstaats verwirklicht. Die innovative Formel, es gäbe im Volk eher ‚praktisch begabte', eher ‚technisch-kaufmännisch begabte' und eher ‚intellektuelle' Menschen, transformierte die ständischen Traditionen auf eine für die alten Eliten elegante und vor dem Hintergrund der sozioökonomischen und soziokulturellen Machtungleichheiten politisch nur schwer zu erschütternde Weise. „In dieser Argumentation lässt sich keine auch nur vierjährige gemeinsame Grundschule unterbringen. Doch waren die linken Parteien zu Beginn der Weimarer Republik zu stark, um nicht wenigstens Teile ihrer Forderung nach einer ‚gemeinsamen Volkserziehung', zumindest verbal, durchsetzen zu können. So entstand der schulsystematische Fremdkörper ‚gemeinsame' Grundschule – eine auf Förderung aller Kinder angelegte Schulform in einem auf Segregation und Ausgrenzung hin orientierten Gesamtsystem" (Ehmann, 2003: 45). Die Grundschule blieb vor diesem gesellschaftspolitischen Hintergrund bis in die Gegenwart die Ausnahme von der Regel, repräsentiert sie doch als einziges „Gemeinschaftsschulelement" einen egalitären und demokratischen Sonderfall im ansonsten dreigliedrigen deutschen Schulsystem (vgl. Ehmann, 2003: 43). Die formierten parteipolitischen und bildungspolitischen Lager konnten sich auch im Rahmen der bildungspolitischen Reformprojekte der 1960er Jahre und 1970er Jahre nur auf eine quantitative Ausdehnung höherer Schulformen innerhalb des bestehenden Systems einigen, nicht jedoch darauf, wie in den Bildungsstaaten des „liberalen" und „sozialdemokratischen" Typs üblich, ein gestuftes und integriertes Schulsystem einzuführen und mit der tradierten Dreigliedrigkeit zu brechen.

Das dreigliedrige Schulsystem der Bundesrepublik Deutschland ist ein formal rationales Arrangement, das allen offen steht und alle Individuen den gleichen Regeln unterwirft. Die Kinder treten allerdings auch in der „konservativen" Bildungskultur Deutschlands mit schicht- und klassenspezifisch unterschiedlichem „kulturellen Kapital", „Habitus" (Bourdieu 1983) und „sprachlichen Codes" (Bernstein 1971) in den schulischen und akademischen Wettbewerb ein, der in unterschiedlich hohem Maße Erfolg garantiert. In diesem Wettbewerb sind die Kinder ungebildeter Eltern von Beginn an benachteiligt und auf die unteren Ebenen der schulischen Hierarchie verwiesen (vgl. Murphy, 2004: 116f.). Deshalb, so Murphy, überrascht es nicht, „dass das formal rationale, gleiche und offene Schulsystem nicht zu substantieller Chancengleichheit geführt hat und noch nicht einmal zu substantieller akademischer Chancengleichheit" (Murphy, 2004: 116f.). Auf die formal gleichen Wettbewerbsbedingungen im Bildungssystem werde ich weiter unten noch eingehen.

Die deutsche Schule verstand und versteht sich aus den genannten Gründen in erster Linie weder als Erziehungseinrichtung noch als Erfahrungs- und Lebensraum für Kinder und Jugendliche. Sie ist primär als „Bildungs-" Einrichtung konzipiert, die soziale Indifferenz signalisiert. Manifestiert wird die institutionelle Trennung von Erziehung und Bildung im Halbtagsschulsystem, das die Erziehungsaufgaben mitsamt den schulunterstützenden Aufgaben – damit latent dem Subsidiaritätsprinzip folgend - grundsätzlich den Eltern zuweist. Unabhängig davon, ob diese über die erforderlichen Kompetenzen, die notwendige Zeit und die ökonomischen Ressourcen zur Förderung ihrer Kinder verfügen. „Die deutsche Kombination von Halbtagsschule und dreigliedrigem Schulsystem ist ein Sonderfall in Europa, der zwar die Bildungskosten für die öffentliche Hand senkt, dafür jedoch für die Bildungsdefizite vor allem bei sozial schwächeren Schülern verantwortlich gemacht wird" (Gottschall/Hagemann 2002 zitiert nach Opielka 2005: 140). Die Zuweisung der Verantwortung für die Kindererziehung entlang der Logik des Subsidiaritätsprinzips auf die Familie setzte faktisch einen Prozess der sozialen Schließung mit bildungspolitischen Instrumenten in Gang: In der Regel waren und sind es die Frauen und nicht „die Familie", die im Zuge der normativen und materialen Durchsetzung des Ernährer/Hausfrau-Modells die Aufgabe der Erziehung unentgeltlich im privaten Haushalt übernehmen und damit dem Arbeitsmarkt nicht mehr in dem Umfang zur Verfügung stehen, wie es das so genannte Normalarbeitsverhältnis vorsieht. Mit allen Folgen für die langfristige eigenständige soziale Sicherung der Frauen, die eng an die Erwerbsarbeit gekoppelt bleibt.

Im Kinder- und Jugendbereich sind vor allem bestimmte Instrumente (Subventionen) des Staates zu nennen, die die Leistungsfähigkeit der Familien in diesen Feldern sichern sollen. Der deutsche Sozialstaat arbeitet vor allem mit Finanztransfers an die Familien. Das Kindergeld bzw. der Kinderfreibetrag dienen im Rahmen des so genannten Familienleistungsausgleichs der steuerlichen Freistellung des Existenzminimums für Kinder bei der Einkommenssteuer. Dabei ist die Höhe des Kindergeldes nach der Kinderzahl gestaffelt. Diese Transfers führen jedoch nicht zu qualitativ hochwertigen öffentlichen oder privaten Einrichtungen, deren Expansion einen wichtigen Beitrag sowohl für die Ausdehnung des Erwerbsarbeitsvolumens, zur Lösung bildungspolitischer Probleme als auch zum Abbau der extremen Ungleichheit der Chancen im deutschen Bildungssystem leisten könnten (vgl. Bender/Graßl, 2006: 26). Ostdeutschland bildet dabei eine historische Ausnahme. Der hohe Anteil der nicht erwerbstätigen Bevölkerung in Deutschland und die geringe Erwerbsquote von Frauen sind die Kehrseite dieses „erwerbsarbeitsarmen" Arbeitsmarkttyps. Eine Expansion von Arbeitsplätzen – vergleichbar mit Schweden und den USA – wird daher nicht erreicht. Die in Deutschland noch weit verbreitete konservative Vorstellung, dass vor allem die Frauen aufgrund ihres spezifischen weiblichen Arbeitsvermögens für die Gestaltung des familiären Nahbereichs prädestiniert seien, kollidiert mit deren Wünschen, an den Freiheits- und Individualisierungschancen der Berufswelt teilzuhaben und darüber verstärkt an gesellschaftlichen Prozessen produktiv mitzuwirken (vgl. kritisch dazu Beck-Gernsheim/Ostner, 1978). Zudem wollen die meisten Frauen das Risiko, ausschließlich vom Familienlohn und den Sozialversicherungsleistungen des Ehemanns abhängig zu sein, minimieren (vgl. Leitner/Ostner/Schratzenstaller (Hrsg.), 2004). Deutschland wird deshalb als Modell einer Selbstbedienungsgesellschaft bezeichnet, in der viele soziale Aufgaben wie Kindererziehung und Altenbetreuung in den privaten Haushalten unter Zuhilfenahme von Konsumgütern produziert werden und daher nicht zur Expansion des Arbeitsmarktes beitragen. (Das Kindergeld, ca. 30 Mrd. Euro im Jahr 2005, wird deshalb vor allem in sozioökonomisch schwächeren Familien zumeist in Konsumgüter und nicht in Erziehungsdienstleistungen investiert. Dadurch vollzieht sich die Integration von Frauen in den Arbeitsmarkt doppelt schwierig: Ihnen obliegt weiterhin die Aufgabe der für Familienarbeit und weil das so ist, werden sie auf dem Arbeitsmarkt mit großem Misstrauen behandelt. Diskontinuierliche Beschäftigungsverhältnisse und Teilzeitstellen führen dazu, dass sich gerade die Frauen, die sich auf die gesellschaftliche Aufgabe der sozialen Reproduktion einlassen, in prekären Arbeits- und Lebensverhältnissen wiederfinden (vgl. Esping-Andersen, 1999: 81f. und Kaufmann, 2003: 248ff.)

Das konservative Modell des Wohlfahrtsstaates konturiert auch die Strukturen des deutschen Bildungssystems. Gerade die soziale Selektivität des dreigliedrigen Schulsystems legitimierte das deutsche öffentliche Bildungssystem bisher auch in den höheren Schichten der Gesellschaft. Wie in der Sozialpolitik, zielte die Bildungspolitik darauf ab, die bestehenden Hierarchien sozialer Ungleichheit auf der Basis der Statussicherung auch für den eigenen Nachwuchs durch das umlagefinanzierte öffentliche Bildungssystem aufrechtzuerhalten. Die soziale Selektivität ist sozusagen das funktionale Äquivalent für die in den angelsächsischen Ländern praktizierte soziale Selektion durch die Ökonomisierung der Bildungsproduktion. Der Vorteil des deutschen Systems besteht darin, dass sich der Staat damit die Möglichkeiten erhält, die soziale Mobilität in gewissen Grenzen zu steuern. Die großen Unterschiede in Hinblick auf die Chancengleichheit, die von der Pisa-Studie aufgedeckt wurden, unterstreicht diesen Zusammenhang. Chancengleichheit wird nur innerhalb bestimmter sozioökonomischer Schichten garantiert. Zum Beispiel gibt Bayern den Distinktionssüchtigen und -willigen keine Chance, private Lösungen für ihr Abgrenzungsproblem zu suchen. Die Opportunitätskosten wären einfach zu hoch, wollte man ein privates prestigeträchtiges Gymnasialsystem aufbauen und finanzieren. Die moralischen Angriffe auf die Ungerechtigkeit des öffentlichen Systems, das quer zur Chancengleichheit steht, droht auf dem Umweg der teilweisen Privatisierung des öffentlichen Bildungssystems zum Bumerang zu werden.

Einmal mehr erweist sich das deutsche Bildungssystem als Teil der kulturellen Struktur des auf Statuserhalt hin orientierten sozialen Sicherungssystems. Denn Schulsysteme reflektieren immer auch die sozialen Strukturen in ihren jeweiligen Gesellschaften. Obwohl die Mittelschichten bisher von der in Deutschland einmaligen Halbtagsschule profitiert haben, wird die Teilproduktion von Bildung immer mehr aus den privaten Haushalten ausgelagert. Die bisher vom Arbeitsmarkt freigesetzten Frauen der Mittelschichten können diese Form der Dienstleistungsproduktion immer weniger leisten. Die neuen Herausforderungen, mit denen sich die in globale sozioökonomische Strukturen eingebettete Dienstleistungswirtschaft konfrontiert sieht, üben nun wie zu Zeiten des Übergangs von der Agrar- zur Industriegesellschaft Druck auf die institutionalisierten Strukturen des konservativen Bildungsstaats aus, weil dessen soziokulturelle Ressourcen langsam erodieren. Rütteln die Prozesse der Ökonomisierung und der Privatisierung im Feld der Bildung nun an den Grundfesten dieses Systems? Einige Hinweise deuten in diese Richtung.

2.2.3.4. Perspektiven des konservativen Bildungsstaats

Der deutsche Sozialstaat ist sehr viel stärker als die liberalen und die sozialdemokratischen Wohlfahrtsstaaten auf die vergangenheitsorientierten Rentensysteme hin ausgerichtet als auf zukunftsorientierte Erziehungs-, Bildungs- und Wissenschaftsinvestitionen. Diese asymmetrische Relation wird in Hinblick auf die Herausforderungen der sich entwickelnden Dienstleistungsökonomie immer problematischer, wird aber durch die institutionelle föderale Aufgabenteilung des weitgehend zentralisierten Sozialstaats und des dezentralisierten konservativen Bildungsstaats auf Länder- und Gemeindeebene durch die Föderalismusreform noch weiter zementiert (vgl. Allmendinger/Leibfried, 2003: 189). Allmendinger und Leibfried vergleichen den deutschen Sozialstaat mit Burdians Esel, „der zwischen zwei Heuhaufen steht, und sich bei den anstehenden Sozialreformen weder für die eine, noch die andere Richtung entscheiden kann. Den amerikanischen Weg kann Deutschland nicht einschlagen, weil sehr viele Sicherungstraditionen kurzfristig zerschlagen werden müssten, wenn man die nötigen Mittel in den Bildungs- und Wissenschaftsbereich umleiten wollte. Aber auch die Richtung der skandinavischen Staaten scheint blockiert, weil Deutschland seit den 1980er Jahren eher einen Staatsrückbau betreibt: weniger Steuern, weniger Beiträge, weniger Staat" (Allmendinger/Leibfried, 2003: 189).

Sind die Ökonomisierungs- und Privatisierungstendenzen tatsächlich als Facetten gesellschaftlicher Suchstrategien aus diesem strukturellen Dilemma zu verstehen, wie es die These von Bernd Zymek (2004) nahe legt? Um diese Frage zu beantworten, sind die normativen und die funktionalen Begründungen zu untersuchen, die von den Akteuren der Konflikte um die institutionelle Struktur des Bildungssystems in Anschlag gebracht werden, um die jeweilige Rolle des Staates, des Marktes, des Non Profit-Sektors und der privaten Haushalte und damit die Arbeitsteilung und Finanzierungsbeteiligung zwischen diesen Sphären im Feld der Bildungsproduktion zu bestimmen und zu legitimieren.

2.3. Makrostrukturelle Arbeitsteilung im Bildungssystem

In den Debatten um die Ökonomisierungs- und Privatisierungstendenzen im Bildungssystem und um die politische Ökonomie der Bildung wird immer wieder die Frage aufgeworfen, ob Bildung als ein öffentliches oder als ein privates Gut gelten soll und in welcher gesellschaftlichen Produktionssphäre Bildungsdienstleistungen produziert bzw. von wem diese finanziert werden sollen. In allen Bildungssystemen lassen sich jeweils vier Sphären der Wohlfahrtsproduktion identifizieren, die an der gesellschaftlichen „Produktion" und der Finanzierung von Erziehung und Bildung beteiligt sind: der Staatssektor (Staat), der Marktsektor (Wirtschaft/Unternehmen), der intermediäre Bereich (Dritter Sektor/Non Profit-Sektor) und die privaten Haushalte (Sektor der Haushaltsproduktion) (vgl. Evers/Olk, 1996: 22f.). Jede dieser Sphären hat im historischen Prozess ihrer Ausdifferenzierung eigene Handlungslogiken bzw. Rationalitätskriterien ausgebildet.[26]

Die privaten Haushalte, die Organisationen des Dritten Sektors und die Körperschaften des Staates können mit Max Weber (1976: 199-201) als *wirtschaftende Gemeinschaften* charakterisiert werden. [27] Profitwirtschaftlich orientierte Gemeinschaften bezeichnet Weber als *Wirtschaftsgemeinschaften*. Zur klareren Abgrenzung der Wirtschaftsgemeinschaften von den wirtschaftenden Gemeinschaften werde ich im Folgenden für Erstere synonym den Terminus *Unternehmen* verwenden. Weber schlägt neben den beiden genannten Gemeinschaftsformen noch einen dritten Typ von Gemeinschaft vor, der für die Wirtschaft der Gesellschaft bedeutungsvoll ist. Mit dem Begriff der *wirtschaftsregulierenden Gemeinschaft* erfasst er all die Aktivitäten von Gemeinschaften, die auf eine Determinierung des wirtschaftlichen Handelns der Gemeinschaft abzielen. Als wirtschaftsregulierende Gemeinschaften sind nicht nur die über die Institution Staat politisch verfassten und organisierten Bürger zu identifizieren, die mit Hilfe der Instrumente Recht und Geld Einfluss auf die Wirtschaft der Gesellschaft nehmen, sondern beispielsweise auch Religionsgemeinschaften, Gewerkschaften oder ständische Formationen, die mit ihren Vorstellungen und Handlungsstrategien danach trachten, auf die ökonomischen Strukturen und Prozesse innerhalb und außerhalb ihrer jeweiligen Gemeinschaften Einfluss auszuüben (vgl. Weber, 1976: 199-201).

Für die wirtschaftsregulierenden Gemeinschaften, die Wirtschaftsgemeinschaften und die wirtschaftenden Gemeinschaften haben sich historisch relativ eigenständige Lehren von der Ökonomie, wie beispielsweise die Volkswirtschaftslehre, die Betriebswirtschaftslehre und die Hauswirtschaftslehre, herausgebildet. Sie waren und sind entweder auf das Gewinnziel oder aber auf die optimale Bedarfsdeckung der

---

26 Die vier Sphären des bildungsökonomischen Feldes sind fest im kulturellen Wertesystem moderner Gesellschaften verwurzelte verhaltensregulierende Normensysteme. Leitideen, die von sozialen und kulturellen Bewegungen formuliert werden, profilieren die Sphären gegeneinander, vermitteln jedoch keine konkreten Handlungsorientierungen. Die vier Sphären des bildungsökonomischen Feldes sind keine Institutionen in dem Sinne, dass jeweils ein spezifisches Rationalitätskriterium identifiziert werden könnte, das darüber entscheidet, welches Handeln in bestimmten Handlungskontexten rational oder irrational ist. Sie sind vielmehr jeweils durch einen spezifischen Organisationstyp, wie zum Beispiel das profitorientierte Unternehmen oder den gemeinnützigen Verein, gekennzeichnet, der seinerseits durch typische Zugehörigkeitsformen, wie beispielsweise die Teilhaberschaft als Aktionär eines Unternehmens oder die Vereinsmitgliedschaft in einer Non Profit-Organisation, von anderen Organisationstypen unterschieden werden kann. (vgl. Graßl, 2000: 69f.)

27 Vgl. zur problematischen Differenz von „Gemeinschaft" und „Gesellschaft" im Diskurs der Moderne Micha Brumlik und Hauke Brunkhorst (1993). Im folgenden kommt es mir vor allem auf den Kern der Differenzierung verschiedener wirtschaftlicher Beziehungen in den „Vergemeinschaftungen" moderner individualisierter Gesellschaften an, die Weber mit seiner Typologie vorschlägt.

Gemeinschaften, deren Ökonomie sie reflektieren und optimieren, hin orientiert.[28] Das aktuelle Übergreifen der an den Nutzenkalkülen der arbeitenden Individuen ansetzenden „ökonomischen" Rationalisierungsbewegung auf die Sphäre der öffentlichen Dienstleistungsproduktion, der sich auch das Bildungssystem zurechnen lässt, ist einerseits mit vielen reformatorischen Hoffnungen verknüpft, wird aber andererseits auch mit Skepsis und Ablehnung begleitet, die nicht selten latent die Angst vor dem gesellschaftlichen Verschwinden von Schulen und Universitäten als Gemeinschaften kommuniziert.[29] Denn mit dieser verengten Form der Ökonomisierung ändern sich die Spielregeln des wirtschaftlichen Handelns in den wirtschaftenden Gemeinschaften und deren Organisationen grundlegend.

Die Analyse der vier Sphären der Wohlfahrtsproduktion, die das „Bildungssystem" konstituieren, wird dazu beitragen, die spezifischen Leistungen und die Interdependenz dieser Sphären zu explizieren und den Wandel der Struktur und der Relationen dieser Bereiche zueinander im Zuge des politischen, wirtschaftlichen und sozialstrukturellen Wandels zu beschreiben.[30] Die hier vorgeschlagene Differenzie-

---

28 Die Ökonomisierung wirtschaftender Gemeinschaften, im Sinne der Schaffung von Anreizstrukturen zu effizienterem Ressourceneinsatz für bestimmte Zwecke, lässt sich, so meine These, in die allgemeinere Tradition der modernen technokratischen Rationalisierungsbewegungen einordnen, die alle Organisationen moderner Gesellschaften durch den Einsatz wissenschaftlicher Reflexion und wissenschaftlichen Wissens tiefgreifend transformiert. Im Fokus dieser modernen Bewegung standen und stehen grundsätzlich alle Organisationen moderner Gesellschaften. Also nicht nur Unternehmen, sondern die wirtschaftenden Gemeinschaften des Non Profit-Sektors, die öffentlichen Einrichtungen und auch die privaten Haushalte, die sich im Zuge der Durchsetzung des „american way of life" zu technologisch hochgerüsteten Kleinbetrieben entwickelt haben (vgl. Rammert, 1993). Nur die Mittel und Instrumente der Rationalisierung haben sich historisch gewandelt bzw. sind bestimmten sozialtechnologischen Konjunkturen und sozioökonomischen Moden unterworfen. Orientierten sich Rationalisierungsstrategien bisher an überlegenen neuen Techniken, Technologien und raffinierten bürokratischen Lösungen, so werden nun Optimierungspotenziale durch Ökonomisierung, Privatisierung und betriebswirtschaftliches Management ausgeschöpft.

29 Max Weber sensibilisierte für die dunkle Seite der Dynamik des Rationalisierungsprozesses. Je mehr die moderne Gesellschaft rationalisiert wird, desto mehr werden alle anderen Bezüge zur Welt als scheinbar „irrational" abgespalten und verdrängt. Glaube, Liebe, Hoffnung, Gefühle, Empfindungen, Sehnsüchte werden im Prozess der Rationalisierung an den Rand gedrängt. Fällt nun auch die „zweckfreie" Suche nach der wissenschaftlichen Wahrheit oder nach Bildung um ihrer selbst willen diesem Entzauberungsprozess zum Opfer? Die Entzauberung der Welt - warnte Weber - ziehe Folgeprobleme wie Orientierungslosigkeit und die Abhängigkeit und die Unterwerfung der Menschen unter die Logik der Technik und der Organisation nach sich. Weber sprach in diesem Zusammenhang von einem „stahlharten Gehäuse", das sich wie ein Mantel um den Menschen lege (vgl. Weber, 1973c: 379). Die strukturelle Macht der Märkte und der Wettbewerbsdruck, dem jeder Mensch in der wirtschaftsliberal entgrenzten Welt ausgesetzt wird, sind Teil der „äußeren Güter dieser Welt", die „zunehmend und schließlich unentrinnbare Macht über den Menschen, wie niemals zuvor in der Geschichte" gewinnen (vgl. Weber, 1973c: 379).

30 Die Interaktion der vier Sphären des bildungsökonomischen Feldes untersucht Christoph Ehmann (2003) in seinem Buch „Bildungsfinanzierung und soziale Gerechtigkeit. Vom Kindergarten bis zur Weiterbildung". Er geht der Frage nach, wer sich mit welchen Anteilen und mit welchem Ziel an Investitionen in Bildung beteiligt. Vor allem die Rolle der finanziellen

rung des bildungsökonomischen Feldes und des Bildungswesens in vier (Produktions-) Sphären mit je eigenen Rationalitätskriterien und Organisationsformen soll die aus dem strukturfunktionalistischen Theoriefundus der Soziologie stammende und in der sozialwissenschaftlichen Bildungsforschung und in der bildungspolitischen Öffentlichkeit verbreitete funktionalistische Vorstellung, die das bildungsökonomische Feld von anderen ökonomischen Feldern abgrenzt, nicht ersetzen. Sie liefert jedoch wichtige Hinweise und Befunde für ein tieferes Verständnis der Privatisierungs- und Ökonomisierungsprozesse im Bildungssystem, die im strukturfunktionalistischen Konzept im Dunkeln bleiben. Die Organisationen der vier Sphären der Wohlfahrtsproduktion (private Haushalte, Dritter Sektor, Staat, Unternehmen), die das bildungsökonomische Feld konstituieren, sind jeweils Schnittpunkte unterschiedlicher funktional bestimmter Teilsysteme moderner Gesellschaften (vgl. Schimank, 2001). So werden beispielsweise Aufgaben, die dem Pflege-, Betreuungs- und Erziehungssystem zuzurechnen sind als auch Aufgaben im Rahmen des Bildungssystems in öffentlichen Einrichtungen, aber auch in nicht unerheblichem Ausmaß weiterhin in den privaten Haushalten, in Einrichtungen des Dritten Sektors und in profitorientierten Unternehmen geleistet. Die Strukturen und das Verhältnis dieser Sphären der Bildungsproduktion werden entlang sozialpolitischer und kultureller Rahmungen konturiert. Im Feld der Hochschulbildung überlappen sich Bildungs-, Wissenschafts- und Wirtschaftssystem. Alle drei Systeme sind darüber hinaus in das übergeordnete soziale und wirtschaftliche System der modernen Dienstleistungsgesellschaft eingebunden.

2.3.1. Der Staat im bildungsökonomischen Feld

Die Entscheidung, was und unter welchen Bedingungen von welchem gesellschaftlichen Akteur produziert oder finanziert wird, hängt davon ab, was als legitime Staatsangelegenheit, was als legitime Marktangelegenheit, als Aufgabe des Dritten Sektors und was als Privatangelegenheit gelten soll (vgl. Eppler, 2005; Ambrosius, 2003; Scholz, 2002; Olsen, 1982). Private (legale wie auch illegale) Unternehmen in *freien* Marktwirtschaften ist es beispielsweise im Grunde gleichgültig, was sie produzieren oder womit sie handeln, wie die normativ umstrittenen Beispiele Organ-, Drogen- und der Menschenhandel eindrücklich zeigen. Ihre Entscheidungen treffen Unternehmen auf legalen wie auf illegalen Märkten typischerweise ausschließlich nach dem Kriterium der Profitchancen. Sozialistische, konservative wie auch neoliberale politische Ökonomen haben einen nicht unwesentlichen intellektuellen Aufwand betrieben, um die genuinen „Kernbereiche" staatlichen Handelns abstrakt-theoretisch zu identifizieren und gegen die Markt- bzw. Unternehmenssphäre abzu-

---

und kulturellen Transaktionen und Interaktionen von Eltern, Schülern, Studierenden, öffentlichen, intermediären wie auch privaten Schulen, Universitäten, Unternehmen und Weiterbildungseinrichtungen werden von Ehmann analysiert.

grenzen (vgl. Berger, 1999; Beckert, 2000; Beckert, 1997). Jeder neue Anlauf in diese Richtung hat aber bis heute nur Max Webers These bestätigt, dass die Frage danach was „innerhalb einer Gesellschaft unternehmungsmäßig, also privatwirtschaftlich und was nicht privatwirtschaftlich, sondern – in diesem weitesten Sinne des Wortes sozialistisch, das heißt: planvoll organisiert, an Bedarf gedeckt wird" geschichtlich gewechselt hat (Weber, 1995: 85).

In den freien modernen Gesellschaften wird in der Regel politisch-demokratisch darüber entschieden, welche Handlungsfelder den individuellen Entscheidungen ihrer Mitglieder überlassen und in welchen Handlungsfeldern der Wohlfahrtsproduktion auf kollektive Lösungen zurückgegriffen werden soll (vgl. Pechar, 2006b: 43). Eine prominente Rolle spielt dabei in marktwirtschaftlich verfassten liberalen Gesellschaften die politökonomische Idee, staatliches Eingreifen sei immer dann legitim, wenn Marktversagen vorliege. „Über Art und Umfang dieses Marktversagens gibt es freilich massive Auffassungsunterschiede, die sich in ebenso unterschiedlichen Einschätzungen der wünschenswerten bzw. legitimen Rolle des Staates im Bildungswesen niederschlägt" (Pechar, 2006b: 43). Um den jeweiligen Argumenten Nachdruck zu verleihen, werden neben dem Konzept Marktversagen verschiedene funktionale und normative Begründungen oder Mischungen aus beiden für die Zuordnung von Gütern und deren Produktion auf die vier Sphären der Wohlfahrtsproduktion ins Feld geführt. Trube und Wohlfahrt (2000: 27) unterscheiden zum Beispiel drei Gruppen von wirtschaftlichen Gütern: Öffentliche Güter, meritorische Güter und private Güter, die jeweils eigene charakteristische Merkmale und Eigenschaften aufweisen.[31]

---

31 Das Konzept des meritorischen Guts (vs. demeritorische Güter) wurde von dem deutsch-US-amerikanischen Finanzwissenschaftler Richard A. Musgrave entwickelt. Der Staat müsse „verdienstvolle" Güter, zu denen er Bildung zählt, anbieten, weil die Konsumenten aus eigenem Antrieb zu wenig Nachfrage nach ihnen entfalten würden (vgl. Musgrave, 1959: 42ff.; Buchanan/Musgrave, 2000).

Abbildung 2: Bildung und die Eigenschaft von Gütern

	Öffentliche Güter	Meritorische Güter	Private Güter
Merkmale	Güter / Dienstleistungen, die aufgrund von Marktversagen und politischen Entscheidungen durch die öffentliche Hand kostenfrei angeboten werden (Finanzierung über Steuern), da sie von allgemeinem Wert sind und ihr Gebrauch nicht privatisierbar/individualisierbar ist bzw. sein soll sowie die Nutzung dieser Güter durch Einzelne die Inanspruchnahme durch andere nicht ausschließt.	Teilgruppe der öffentlichen Güter, die von der öffentlichen Hand aufgrund von Erwägungen des Allgemeinwohls bereitgestellt (verordnet) werden, weil bei freiem Angebot über den Markt die Nachfrage der Adressaten nicht (ausreichend) gegeben wäre, da diese den Nutzen des mit Konsumzwang versehenen Gutes nicht (voll) erkennen (können).	Güter / Dienstleistungen, die über Kauf / Verkauf frei am Markt zu haben sind, wobei der Kauf die Nutzung durch andere Kunden grundsätzlich ausschließt.
Beispiele	Soziale Existenzsicherung, innere und äußere Sicherheit	Beschulung/Schulpflicht, Sicherheitsverwahrung	Computer, Bücher, Kulturveranstaltungen, Autos

Quelle: Trube/Wohlfahrt (2000: 27)

Trube und Wohlfahrt (2000: 27) ordnen weite Teile der Bildungsproduktion, soweit diese ihrer Meinung nach einem Konsumzwang (z. B. Schulpflicht) unterliegen, der Teilgruppe der öffentlichen Güter zu, die von der öffentlichen Hand aufgrund von Erwägungen des Allgemeinwohls bereitgestellt (verordnet) werden müssen, weil bei freiem Angebot über den Markt die Nachfrage der Adressaten nicht (ausreichend) gegeben sei, da diese (z. B. Kinder oder deren Eltern) den Nutzen des mit Konsumzwang versehenen Gutes nicht (voll) erkennen. An den Kategorisierungen von Trube und Wohlfahrt wird deutlich, dass sich mit der Verlagerung der Argumentation auf des Konzept Konsumzwang plausible Antworten auf die oben gestellte Frage finden lassen, aber damit auch neue Entscheidungsprobleme entstehen. Wer stellt beispielsweise fest, bei welchen Gütern Konsumzwang vorherrscht und wo genau die Grenzen zu den privaten Gütern gezogen werden können?

Auch wenn meritorische Güter, wie Bildung, durch den Rückgang der öffentlichen Leistungserstellung und Mittelaufbringung nicht mehr ausreichend zur Verfügung stehen, verschwinden damit nicht automatisch auch die strukturellen Zwänge, durch die die arbeitsmarktabhängigen Individuen in modernen Leistungsgesellschaften zum Konsum des nun privaten Gutes Bildung gezwungen werden. Entwickelt und radikalisiert sich durch den Rückzug des Staates aus dem Bildungssystem eine privatisierte Zwangskonsumstruktur, der niemand entrinnen kann und die in Zukunft ähnlich wie ein privatisiertes Gesundheitssystem immer größere Anteile der Volkswirtschaft für sich beansprucht und den Individuen die Wahl zwischen verschiedenen Gütern und Diensten immer mehr nimmt, die ihnen von Marktapologeten gerade als Prämie verstärkter Privatisierung und Ökonomisierung des Bildungssystems in Aussicht gestellt wird?

Wenn auf der anderen Seite die Grenzen zwischen öffentlichen, meritorischen und privaten Gütern zu restriktiv sind, so Gebhart Kirchgässner (1997: 129), werden in allen modernen Gesellschaften Güter und Dienstleistungen auf illegalen Märkten unternehmensmäßig produziert, die entweder gar nicht oder nicht im privatwirtschaftlichen Sektor produziert werden sollen. Prominente Beispiele für den ersten Fall sind die weltweit expandierenden illegalen Zwangskonsummärkte für Drogen, Organe und Blut. Der konservative Sozialstaat hat in Deutschland, weil er Pflegeleistungen als primäre Aufgabe der privaten Haushalte/Familien definiert, einen gewaltigen, aber doch illegalen Markt für Pflegeleistungen nicht verhindern können. Strategien, die auf die Austrocknung dieser illegalen Märkte abzielen, arbeiten immer auch mit der Verlagerung der in einer modernen Gesellschaft normativ problematischen Güter- und Dienstleistungsproduktion in die Obhut von staatlichen und Non Profit-Organisationen. Das Subsidiaritätsprinzip gilt als ideelle Grundlage für den besonderen Stellenwert, den in Deutschland Non Profit-Organisationen im Feld der sozialen Dienstleistungen einnehmen (vgl. Anheier et al. (Hrsg.), 1997; Zimmer/Priller 2001). Die Sozialisierung der Alkoholdistribution in den skandinavischen Staaten oder die Bekämpfung des Blutmarktes durch gemeinnützige Organisationen des Dritten Sektors, wie das Rote Kreuz, sind Beispiele für Strategien, marktwirtschaftliche Lösungen in bestimmten Feldern der Wohlfahrtsproduktion zurückzudrängen.

Staatliche Wirtschafts-, Sozial- und Bildungspolitik ruht in Deutschland traditionell auf verschiedenen öffentlichen Trägern. Im föderalen politischen System der Bundesrepublik Deutschland sind die Länder für die Bildungspolitik verantwortlich und die Bildungsausgaben werden größtenteils aus den Haushalten der Länder finanziert. Aber auch die Städte, Gemeinden und Kreise entwickelten und beherrschten lange Zeit zentrale Bereiche der Wirtschaft und des Bildungswesens, von denen man annahm, dass deren Wachstum die Entwicklung neuer Märkte vorantrieb.[32] Von lokalen Gebietskörperschaften wurden vor allem große Teile der Elektrizitätswirtschaft, die Versorgungs- und Entsorgungsunternehmen, das regionale Kreditwesen (Sparkassen) und im Zuge der Industrialisierung auch technisch-ökonomisch

---

32 Die neuen Infrastrukturen wurden gezielt zur Gestaltung kommunaler Wohlfahrts- und Entwicklungspolitik eingesetzt („Munizipalsozialismus"). Staatliche Wirtschafts- und Bildungspolitik sah in dem weiten Feld kommunaler Dienstleistungen und materieller Infrastrukturen die ideale Chance, mit Hilfe öffentlicher Investitionen immer neue materielle und gesellschaftliche Ressourcen und Produktivitätsreserven zu mobilisieren (vgl. van Laak, 2001; 1999). Diese Vorstellungen mobilisierten auch die Anstrengungen zu einem immer flächendeckenderen Ausbau des Schul- und Hochschulsystems (vgl. Zymek, 2004: 123f.)

orientierte Mittelschulen, Realgymnasien, Technische Hochschulen und Handelshochschulen betreiben, die sozusagen die Software zur Beherrschung der neuen materiellen Infrastrukturen bereitstellen sollten. Die Voraussetzung für die Expansion der Aktivitäten der verschiedenen Gebietskörperschaften lag im Ausbau des Steuerstaats und in einem funktionierenden interregionalen Finanzausgleich, wie er bis heute für die deutsche Finanzwirtschaft charakteristisch ist (vgl. Abelshauser, 2001: 120f.).

Darin spiegeln sich neue Vorstellungen von der Bedeutung und von neuen Formen von Infrastrukturen für den modernen Staat und die moderne Wirtschaft. „Der gewandelte Begriff Infrastruktur ist von zentraler Bedeutung, weil er viel mehr umfasst als nur die technische Ausstattung. Infrastruktur kann man die Gesamtheit der gemeinsamen Arrangements in Staat, Wirtschaft und Gesellschaft nennen, in denen sich alltägliche Handlungen vollziehen. So stützt sich nach dieser weitgehenden Definition z. B. ein Verlag seit Gutenbergs Zeiten auf die Infrastruktur des Lesenkönnens, ein Autohersteller neben der Straßeninfrastruktur auf die des Fahrenkönnens. Hinter diesem Können stecken bekanntlich umfangreiche gesellschaftliche Verabredungen und Normierungen" (Klumpp, 1996: 109). Die verschiedenen Gebietskörperschaften gewährleisten seit dem 19. Jahrhundert eine immer flächendeckendere und in der Zeit nach dem Zweiten Weltkrieg für alle Interessengruppen zugängliche Grundversorgung mit stabilen, kalkulierbaren und preisgünstigen ‚Basiseinrichtungen' und betätigen sich dabei auch als Unternehmer (vgl. van Laak, 2001: 369).

Der Staatsrechtler Ernst Forsthoff hat in der Nachkriegszeit das in der Bundesrepublik Deutschland vorherrschende Selbstverständnis von den legitimen infrastrukturellen Aufgaben des Staats mit seinem Konzept der „Daseinsvorsorge" auf den Begriff gebracht. Forsthoff gilt als Mitarchitekt einer modifizierten Tradition des starken Staates in Westdeutschland, der allerdings im Vergleich mit der Vorkriegszeit vor allem auch mental weitgehend entmilitarisiert war (vgl. Drobinski, 2006: 6). Auch im Bildungswesen entwickelte sich eine neue Form des starken Staates. Die universelle staatliche Bereitstellung von technischen und sozialen Infrastrukturen, zu denen das Bildungssystem gehört, ist jedoch nicht erst seit dem Zusammenbruch der realsozialistischen Industriegesellschaften Ende der 1980er Jahre in eine tiefe Legitimationskrise geraten. In der von neoliberalen Ideen immer mehr beeinflussten und beeindruckten politischen Öffentlichkeit hat sich seit den 1970er Jahren langsam die Idee durchgesetzt, dass die elementaren Infrastrukturen der modernen Wissensgesellschaften von privaten Leistungsanbietern effizienter zur Verfügung gestellt werden können als von staatlichen Bürokratien (vgl. Klumpp, 1996: 109).

Die im Vergleich zu den meisten Nachbarländern bedeutende Stellung der kommunalen Selbstverwaltung ist ein Ergebnis des Konflikts zwischen Staat und Bürgern im 19. Jahrhundert. Das deutsche Bürgertum konnte sich vor allem nach der fehlgeschlagenen Revolution von 1848, in deren Folge die Vereinigungsfreiheit beschränkt blieb, durch die Gründung kommunaler Non Profit-Organisationen gewisse Handlungsspielräume in einer weiterhin autokratisch geprägten politischen Kultur erkämpfen (vgl. Zimmer/Priller, 2001: 272f.). Ein nach wie vor lebendiger

Ausdruck dieser Facette der gesellschaftlichen Arbeitsteilung in Deutschland sind die Volkshochschulen, obwohl sich die Volkshochschulidee als kommunale Aufgabe erst in der Zeit nach dem Ersten Weltkrieg mit der Gründung der Republik durchsetzen konnte. Im Artikel 148 der Verfassung der Weimarer Republik wurde die Förderung des Bildungswesens, bei expliziter Nennung der Volkshochschulen, erstmalig gesetzlich verankert. Vorläufer der heute von den kommunalen Gebietskörperschaften unterhaltenen Volkshochschulen sind sowohl die Ende des 19. Jahrhunderts sich ausbreitende soziale Bewegung, die sich der Demokratisierung bzw. Ausdehnung der Universitätsbildung über den engen Zirkel des Bildungsbürgertums hinaus verschrieben hatte, als auch das seinerzeit weit verbreitete öffentliche Vortragswesen, das wichtige Impulse durch die Arbeiter- und Handwerkerbildungsvereine bekommen hatte. Einen prägenden Einfluss auf die Idee und die Entwicklung der Volkshochschulen in Deutschland hatten die dänischen Heimvolksschulen, deren Konzept entscheidend von dem dänischen Bischof Nikolai Grundtvig geprägt wurde. Grundtvik, der 1844 die weltweit erste Volkshochschule in Rödding in Schleswig eröffnete, vertrat die Idee, dass die Bürger ihre neu erkämpften demokratischen Mitbestimmungsrechte nur nutzen könnten, wenn sie über eine „zweckmäßige Bildung" verfügten. Er setzte sich deshalb dafür ein, dass auch für Erwachsene Bildungsangebote geschaffen wurden. Der Zugang sollte so frei wie möglich sein, also nicht durch selektive Prüfungen beschränkt oder finanzielle Barrieren behindert werden. Letztere wurden durch eine nur geringe Selbstbeteiligung vermieden (vgl. http://www.vhs.de). Zur Philosophie der Volkshochschulen im Bildungsmarkt gehört es bis heute, die in einnahmeträchtigen Feldern erwirtschafteten Mittel für bildungspolitisch erwünschte, aber wirtschaftlich defizitäre Angebote zu nutzen („Robin-Hood-Prinzip") (vgl. Bastian, 2002: 250).

Tabelle 1: Ausgaben der Volkshochschulen nach Finanzierungsquellen (in Mio. Euro)

Jahr	Insgesamt	Finanzierungsquellen						
		Teilnehmergebühren	Zuschüsse der Gemeindeverbände	Zuschüsse der Länder	Bundesmittel	EU-Mittel	SGB-III-Mittel	Sonstige Einnahmen
		in Mio. Euro						
1995	782,0	270,6	213,0	155,9	9,4	13,1	85,0	35,1
1996	809,9	300,4	222,1	152,4	13,7	15,9	71,0	34,5
1997	821,8	314,6	225,0	148,6	10,3	17,0	64,6	41,7
1998	843,5	320,5	228,0	148,6	11,7	17,9	75,2	41,6
1999	875,7	330,5	228,7	146,4	14,8	18,5	85,4	51,4
2000	913,6	352,6	239,9	144,7	15,2	18,4	90,0	52,9
2001	920,4	361,1	246,1	143,0	15,9	17,7	87,5	49,2
2002	962,3	364,5	257,5	148,0	19,6	18,3	92,9	61,6
2003	961,1	365,6	263,7	144,8	16,9	20,5	86,0	63,5
2004	927,5	361,1	264,0	135,9	18,3	22,1	66,6	59,5

Quelle: Konsortium Bildungsberichterstattung (2006: 283): Daten des Deutschen Instituts für Erwachsenenbildung und der Volkshochschulstatistik

Für die Planung und Durchsetzung der Infrastrukturen beanspruchte der Staat in Deutschland nicht nur Definitionsrechte über gesellschaftspolitische Entwicklungsziele, z. B. über das „Existenzminimum", den „Lebensstandard" oder „gleichwertige Lebensverhältnisse", sondern auch Konzessions- und Hoheitsgewalten. Über Wege-, Durchleitungs- und Eingriffsrechte konnte er auf das private Eigentum zugreifen. Auch was die Nutzerseite anbelangt, war dieser Staat nicht zimperlich: Vorbehalte oder Widerstände der privaten Haushalte, etwa gegen eine Belieferung mit Gas oder Elektrizität, wurden gegebenenfalls mit einem Anschlusszwang gebrochen (vgl. van Laak, 2001: 378f.). Übertragen auf das Bildungssystem bedeutete dies, die Nutzung bzw. den Konsum des Gutes Bildung zum Wohle der Gesellschaft und des Individuums zu verordnen, ja zu erzwingen. Die Schulpflicht kann im Feld des Bildungssystems als eine Form des „Anschlusszwangs" an eine (Schul-)Infrastruktur gedeutet werden.

Die Länderhaushalte leiden seit Jahrzehnten unter einer chronischen Unterfinanzierung. Sie sind für die materiale Staatsverwaltung zuständig und tragen deshalb einen besonders hohen Personalkostenanteil im Verhältnis zum Gesamtstaat. Im Unterschied zum Bund, der einen Teil seiner Aufgaben aus Sozialbeiträgen finanziert, sind die Länder fast ausschließlich vom Steueraufkommen, von Gebühren oder von Krediten abhängig, die in den letzten Jahren den Anteil des Gesamthaushaltes, der für den Schuldendienst aufgewendet werden musste, immer weiter in die Höhe treibt (vgl. Schmidt, 2002: 15ff.). Die Bundesrepublik gibt mit 27 Prozent des Sozialprodukts etwa sechsmal soviel für Sozialleistungen aus wie für die Finanzierung der Bildung. Diese Diskrepanz zwischen Sozialleistungsquote und Bildungsausgabenquote, wird in den OECD-Ländern nur von Griechenland überboten (vgl. Schmidt, 2002: 16). In den Haushalten der Länder konkurriert die Bildung vor allem mit anderen personalintensiven staatlichen Dienstleistungsangeboten um knappe Finanzmittel. „Die Bildungsausgaben in Deutschland stehen somit in direkter und besonders harter Konkurrenz um knappe, überwiegend steuerfinanzierte Haushaltsmittel der Länder. Hinzu kommt die Konkurrenz mit landespolitisch wichtigen bodenständigen Politikfeldern, vor allem mit Polizei und Sicherheit, Landwirtschaft, regionaler Wirtschaftsförderung und sozialpolitischen Aufgaben der Länder und Kommunen" (Schmidt, 2002: 16). Das Bildungssystem ist darüber hinaus eines der personal- und damit kostenintensivsten Felder der öffentlichen Dienstleistungswirtschaft.[33]

Die föderalen Bedingungen mit ihrer spezifischen Struktur der öffentlichen Dienstleistungswirtschaft bremsen die Bildungsfinanzierung in Deutschland. „Besonders kräftig greifen die Bremsen, wenn die Wirtschaft schwächelt und die Steuereinnahmen nur langsam wachsen, stagnieren oder schrumpfen. Der Spielraum für eine deutliche Steigerung der Bildungsausgaben wird allerdings größer in Perioden raschen Wirtschaftswachstums mit hohem Steueraufkommen sowie zunehmendem Länderanteil am Steueraufkommen. Das war von der Mitte der 1960er bis Mitte der 1970er Jahre der Fall. Größer wird dieser Spielraum zudem durch zunehmende direkte finanzielle Beteiligung von dritter Seite – seien es Private oder der Bund" (Schmidt, 2002: 16). Vor diesem institutionellen Hintergrund scheinen (latente) Privatisierungs- und Ökonomisierungsstrategien für viele bildungspolitische Akteure, einerseits im Sinne einer Rückbesinnung auf das Subsidiaritätsprinzip und andererseits im Sinne einer Ökonomisierung des Staates, eine erfolgversprechende Antwort auf die Probleme zu sein, die sich aus den geschilderten sozioökonomischen und politischen Rahmenbedingungen des konservativen Bildungsstaats ergeben.

Die Ökonomisierung des öffentlichen Dienstes bedeute, so Löffler, „eine stärkere normative (ideologische) Ausrichtung staatlichen Handelns an ökonomischen Zielen, Kategorien, Kompetenzen, Modellen, Rationalitäten und Doktrinen. Aus einer systemtheoretischen, aber auch einer institutionalistischen Sicht hat die Ökonomisie-

---

33 Manfred G. Schmidt deutet die für das öffentliche Bildungssystem prekäre Positionierung im föderalen System der Bundesrepublik Deutschland machtressourcentheoretisch aus: „Beim Kampf um knappe Mittel ist das Bildungswesen aber, das muss im selben Atemzug gesagt werden, in einer ungünstigen Position, sofern es nicht von einem Schutzpatron auf Bundesebene politisch Rückendeckung bekommt. Ohne diese Unterstützung kann das Bildungswesen beim Kampf um knappe Finanzmittel nur schwer mithalten, weil seine politischen Machtressourcen gering sind. Der Unterschied zur Alterssicherungspolitik oder zur Gesundheitspolitik zeigt es: Die Marktmacht des Bildungswesens ist geringer, da geht es nur um 4,35 Prozent, bei den Gesundheitsausgaben und der Alterssicherung um jeweils 10 Prozent des Sozialprodukts" (Schmidt, 2002: 16f.).

rung des Staates eine Veränderung der Selbststeuerung wie der Fremdsteuerung bewirkt. Unter dem Aspekt der *Selbststeuerung* von Organisationen verändert Ökonomisierung die Entscheidungslogik der Organisation, die Art und Weise der Umweltbeobachtung von Organisationen und die Mitgliedsrollen in der Organisation. Im Extremfall wird sogar die Existenz der Organisation selbst in Frage gestellt. Aus der Perspektive der *Fremdsteuerung* rückt Ökonomisierung die Ersetzung oder zumindest Ergänzung politischer Steuerung durch Markt und Wettbewerb und damit den Übergang von bürokratisch-hierarchischer Steuerung zu marktlicher Steuerung in den Mittelpunkt" (Löffler, 2003: 24). Löfflers Interpretation des Ökonomisierungsphänomens lenkt die Aufmerksamkeit auf die Beobachtung, dass sich formale Märkte und Wettbewerbsvorstellungen in Bereiche ausdehnen, die bisher durch die Koordinationsmechanismen Demokratie und Bürokratie/Hierarchie geprägt waren (vgl. Kirchgässner, 1997). Den Wandel der Bedeutung verschiedener sozialer Koordinationsmechanismen im bildungsökonomischen Feld werde ich in Kapitel 4 untersuchen.

Die zukünftigen Handlungsspielräume des demokratischen Staates, der auf seine Rolle als wirtschaftsregulierende Gemeinschaft im bildungsökonomischen Feld zurückgestutzt und auch in diesem Bereich nicht mehr als wirtschaftende Gemeinschaft auftreten soll, bleiben durch die beschriebene Transformation nicht unberührt, weil ein wichtiges Instrument des Staates neben Recht und Geld: die Bereitstellung von Diensten und deren Produktion in Eigenregie, aufgegeben wird. Über die Gestaltungsfähigkeit des Staates im bildungsökonomischen Feld kann nach einem möglichen Rückzug aus der Leistungserstellung keine eindeutige Prognose formuliert werden. Denn eine Intensivierung der normativen und finanziellen Regulierung als Kompensation für den Rückzug aus der Produktion ist theoretisch und praktisch möglich. Diese Entwicklung könnte schließlich sogar zu einer schleichenden Sozialisierung des ökonomisierten und privatisierten Bildungssystems mit anderen Mitteln führen.

2.3.2. Der Dritte Sektor im bildungsökonomischen Feld

Die Apologeten einer neuen bildungspolitischen „Zivilgesellschaft" versprechen die Lösung des scheinbar unauflösbaren Gegensatzes zwischen Markt und Staat im Bildungssystem durch die Implementierung intermediärer Organisationen bzw. wirtschaftender Gemeinschaften des Dritten Sektors (z. B. Stiftungsuniversitäten) in das bildungsökonomische Feld.[34] In der Bundesrepublik Deutschland steht das gesamte Schulwesen unter der Aufsicht des Staates beziehungsweise der Bundesländer. Die überwiegende Zahl der Schulen befindet sich immer noch in staatlicher

---

34 Vgl. die Überlegungen von Wolfgang Streeck (1987: 472) zum Begriff der intermediären Organisationen in der politischen Soziologie und deren wichtige Rolle in der pluralistischen Demokratie.

Trägerschaft. Ein ausgeprägtes Privatschulsystem, wie es sich etwa in den Niederlanden, Belgien oder in Großbritannien entwickelt hat, gibt es in Deutschland nicht. Auf der Grundlage von Art. 7 Abs. 4 des Grundgesetzes, der das Recht zur Errichtung von privaten Schulen einräumt, nehmen vor allem die großen Kirchen das Recht wahr, eigene Schulen zu unterhalten, die als so genannte Ersatzschulen weitgehend staatlich finanziert werden. Die konfessionellen Schulen sehen sich einer wachsenden Nachfrage gegenüber, die regelmäßig die Aufnahmekapazität der Schulen übersteigt. Damit ist eine wichtige Facette des Privatisierungstrends im Bildungswesen benannt. Interessanterweise wird dieser Trend in der Regel nicht als Ökonomisierung gedeutet. Vielmehr rücken in den letzten Jahren Organisationen des so genannten Dritten Sektors immer stärker in das Blickfeld der Bildungspolitik und der an Bildung interessierten Öffentlichkeit. Das Interesse weist dabei weit über das konfessionelle Subsystem des bildungsökonomischen Feldes hinaus. Den Kritikern von Privatisierungs- und Ökonomisierungsstrategien im Bildungssystem wird oft mit dem Argument begegnet, die Entstaatlichung der Bildungsproduktion könne dadurch vorangetrieben werden, dass Organisationen des Dritten Sektors bzw. des Non Profit Sektors, wie zum Beispiel Schulen in gemeinnütziger Trägerschaft, Schulvereine (vgl. Hurrelmann, 2001: 45) und neu zu gründende Stiftungsuniversitäten (vgl. Kern, 2003: 1) zumindest Teile der bisher staatlichen Bildungsaufgaben übernehmen könnten. Diese gemeinnützigen Organisationen seien auch im Felde der Bildungsproduktion am ehesten in der Lage, die positiven Aspekte des Marktes und des Staates zu erhalten und die negativen Seiten dieser beiden Welten zu vermeiden (vgl. Birkhölzer et al., 2005: 9).

Die neoliberale Ordnungsidee propagiert die Prinzipien von Markt und Wettbewerb als Allheilmittel zur Bewältigung der anstehenden soziokulturellen und sozioökonomischen Herausforderungen. In den politischen Kontroversen und Kämpfen um die Rolle von Markt und Staat bleiben die gesellschaftlichen Sphären *jenseits* von Staat und Markt blinde Flecken. Sowohl die staatsfixierten wie auch die marktfixierten Diskurse sind, so Evers und Olk, „eindimensionale Konzepte, die die Verwirklichung eines ganzen Bündels zentraler gesellschaftlicher Ziele, wie Gerechtigkeit, Wohlfahrt und soziale Sicherheit, jeweils von einer einzigen gesellschaftlichen Sphäre erwarten und damit die möglichen produktiven Beiträge der übrigen Sektoren der Wohlfahrtsproduktion systematisch vernachlässigen" (vgl. Evers/Olk, 1996: 9). In allen modernen Gesellschaften haben sich Organisationen des so genannten Dritten Sektors auch im Bildungssystem entwickelt, die sowohl die staatlichen Organisationen, die am Markt agierenden kapitalistisch verfassten Unternehmen als auch die privaten Haushalte mit ihren Leistungen mitversorgen (vgl. Weiß, 2001b).

Ein tieferes sozioökonomisches Bewusstsein für die Existenz eines Sektors zwischen Staat und Markt hat sich erst im Laufe des 19. Jahrhunderts entwickelt. „Zuvor wurden freie Wohltätigkeitsorganisationen als Teil des öffentlichen Sektors betrachtet, da sie öffentlichen Interessen dienten. Eine scharfe Unterscheidung zwischen privaten und öffentlichen Aktivitäten wurde wichtig, als sich die Bereiche der privaten wirtschaftlichen Aktivitäten gegen Ende des 18. Jahrhunderts von staatlichen Einflüssen zu befreien suchte. Als Konsequenz aus dieser Entwicklung entstand das Konzept eines autonomen privaten Nonprofit-Sektors. Der Ursprung der konzeptionellen Vorstellung eines Dritten Sektors liegt also historisch in der Phase, in der bürgerliche Gesellschaft und Staat gegeneinander ausdifferenziert wurden" (Salamon, 1996: 83). Der Dritte Sektor weist, das zeigen international vergleichende Studien wie das *Johns Hopkins Comparative Nonprofit Sector Project*, in den verschiedenen modernen Industriegesellschaften sehr unterschiedliche Strukturmerkmale auf, die spezifische pfadabhängige nationale Entwicklungsmuster und Entwicklungsperspektiven erkennen lassen (vgl. Salamon/Anheier, 1999). „Das Erscheinungsbild des Sektors, angefangen bei den Organisations- und Rechtsformen, den Finanzierungsmodalitäten und Managementstrukturen bis zum ‚moralischen Grundkonsens' seiner Organisationen, ist jeweils ein Produkt der nationalstaatlichen Entwicklung" (Zimmer/Priller, 2001: 276). Der Dritte Sektor hat sich in Deutschland in den letzten zwei Jahrhunderten vor dem Hintergrund vor allem von drei politisch handlungsleitenden Ordnungsprinzipien herausgebildet, die eng mit spezifisch nationalstaatlichen Kontextbedingungen, den politisch-gesellschaftlichen Prozessen und Konflikten im 19. Jahrhundert zusammenhängen: das Subsidiaritätsprinzip, das Selbstverwaltungsprinzip und die Gemeinwirtschaftsidee (vgl. Anheier, 1997: 31). Diese normativen Vorstellungen und Ordnungsprinzipien haben in historischer Perspektive die Strukturen der gesellschaftlichen Arbeitsteilung und damit die Interaktionsordnung zwischen den an der Leistungserstellung im Bildungssystem und an der Finanzierung von Bildung beteiligten gesellschaftlichen Sphären entscheidend mitgeprägt.

Die sozialpolitische Ordnungsidee der *Subsidiarität* entwickelte sich als Ergebnis der Spannungen zwischen säkularen und religiösen Strömungen im 19. Jahrhundert (vgl. Sachße, 1994). Die Idee der Subsidiarität verschiedener gesellschaftlicher Arbeits- und Organisationssphären wurde und wird vor allem von der katholischen Kirche vertreten und von nahestehenden christlich demokratischen Parteien durchgesetzt. „Praktisch ‚eingefroren' in dieses Leitbild ist die Befriedung des Staat-Kirche-Konflikts, wie er in aller Heftigkeit gegen Ende des 19. Jahrhunderts in Deutschland ausgetragen und mit der Einräumung von Sonderrechten und Privilegien für die kirchennahen Dritte-Sektor-Organisationen beigelegt wurde" (Zimmer/Priller, 2001: 276f.). Den ideellen Kern bildet die Vorstellung, dass weder der Staat noch der Markt die Sicherung der Lebenslagerisiken der Menschen in den modernen Gesellschaften tragen soll. Darin drückt sich eine zweifache Gegnerschaft aus. Das Subsidiaritätsprinzip richtet sich sowohl gegen die Sozialisierung wie gegen die Kapitalisierung der Lebenswelt der Individuen. Für die sozialen Fragen sollen in erster Linie die Familien verantwortlich sein und wenn diese überfordert sind, freiwillige nicht staatliche, nicht profitorientierte Selbsthilfeorganisationen. Unter Berufung auf das Subsidiaritätsprinzip konnte sich in Deutschland vor allem im Feld der sozialen Dienstleistungen ein spezifischer Typ von Non Profit-Organisation den Vorrang gegenüber der öffentlichen Hand und auch profitorientierten Unternehmen erkämpfen. Diese Organisationen sind in den sechs Wohlfahrtsverbänden zusammengeschlossen. Die beiden von den Großkirchen getragenen Verbände Diakonie (ca. 300.000 Beschäftigte) und Caritas (ca. 400.000 Beschäftigte) mit ihrem breiten Dienstleistungsangebot im sozialen Feld zählen zu den größten Non Profit-Organisationen der Welt (vgl. Anheier, 1997: 30f.).

Das Subsidiaritätsprinzip spielt zwar im bildungspolitischen Diskurs keine explizite Rolle, stärkt jedoch insgesamt den gesellschaftlichen Einfluss und damit die Macht- und die Organisationsressourcen der großen Konfessionen, denen vor diesem Hintergrund ein nicht unerheblicher Gestaltungsraum auch im Bildungswesen zuwuchs. Ähnlich wie im sozialen Dienstleistungssektor leisten kirchlich getragene Schulen und Hochschulen im deutschen Bildungssektor traditionell einen wichtigen Beitrag. Das Privatschulwesen wird in Deutschland von konfessionellen Schulen dominiert. In Trägerschaft von Orden, Diözesen, kirchlichen Stiftungen oder Gemeindeverbänden stehen Gymnasien, Sonderschulen, berufsbildende Schulen, Realschulen, Grund- und Hauptschulen, Gesamtschulen, Abendgymnasien und Kollegs, Schulen des Gesundheitswesens und Internate. Etwa fünf Prozent aller Schülerinnen und Schüler an Realschulen und ca. 7,5 Prozent der Schülerinnen und Schüler an Gymnasien besuchen konfessionelle Privatschulen. Über 50 Prozent der Schulen in freier Trägerschaft sind katholische Schulen. Im Schuljahr 2005/06 besuchten 368.193 Schülerinnen und Schüler 1.164 katholische Schulen. Rund 76.500 Schülerinnen und Schüler gehen auf 257 evangelische Schulen (vgl. Vetter/Lehmann, 2005; Standfest, 2005).

Auf der Suche nach einer Alternative sowohl für den Kapitalismus als auch für den Sozialismus entwickelte sich im 19. Jahrhundert das Prinzip der Gemeinwirtschaft. Diese Idee wurde vor allem von Genossenschaften im Konsum-, Versicherungs-, Bank- und Wohnungswesen verwirklicht. Vorläufer dieser sozialen Bewegung waren die im Zeitalter der Aufklärung aufkommenden patriotischen Gesellschaften, wie die Patriotische Gesellschaft in Hamburg, die sich die Förderung von Handel und Gewerbe sowie die Verbesserung der allgemeinen Wohlfahrt zum Ziel setzten (vgl. Zimmer/Priller, 2001: 272f.). Seit den 1830er Jahren entstanden auf dem Gebiet des Deutschen Bundes Arbeiter- und Handwerkerbildungsvereine, die im Geiste der Aufklärung vielfältige Bildungsangebote in Form von Vorträgen und Unterricht oder die Gründung von Bibliotheken mit geselligen, sozialen, wirtschaftlichen und politischen Zielen und Aktivitäten verbanden. Obwohl sie heute als Keimzelle der Arbeiterbewegung und damit der Selbstorganisation der Arbeiter und Handwerker gelten, verdanken viele Arbeiter- und Handwerkerbildungsvereine ihre Gründung und ihren Erfolg der Initiative des der Aufklärungsphilosophie verpflichteten liberalen Bürgertums.

Das Selbstverwaltungsprinzip entwickelte sich aus dem Konflikt zwischen Staat und Bürgertum im 19. Jahrhundert. Das deutsche Bürgertum konnte sich den freiheitseinschränkenden Folgen der fehlgeschlagenen Revolution von 1848 teilweise durch das Ausweichen in eine Welt intermediärer Organisationen entziehen und über ein reiches Vereinswesen gesellschaftspolitische Ziele und eine basisdemokratische Parallelwelt zum autoritären Staat verwirklichen (vgl. Anheier, 1997: 31).

Diese drei Prinzipien haben die intermediäre Sphäre des Dritten Sektors in Deutschland geprägt. Das Subsidiaritätsprinzip hatte Einfluss auf die politische Ökonomie der Produktion von sozialen Dienstleistungen und strahlte auch auf die institutionelle Ausgestaltung das Bildungssystems aus. Das Prinzip der Gemeinwirtschaft wirkte der Durchkapitalisierung der modernen Gesellschaft strukturell und auch ideell entgegen, ohne den sozialen Koordinationsmechanismus Demokratie zugunsten einer bürokratisch/hierarchischen Steuerung durch den fürsorgenden monarchischen oder sozialistischen Staat aufzugeben. Das Prinzip der Selbstverwaltung verhinderte, dass die kommunalen Körperschaften und die zivilgesellschaftlichen Aktivitäten einem übermächtigen Staat vollständig untergeordnet werden konnten und regulierte damit die Beziehungen zwischen dem Staat, den Kommunen und der Zivilgesellschaft (vgl. Anheier, 1997: 31).

Die Krise des deutschen Bildungssystems hat die Bildungsorganisationen zwischen Staat, Markt und privaten Haushalten wieder in das bildungspolitische Bewusstsein gerückt. Ein prominentes Beispiel ist die in verschiedenen Bundesländern vollzogene bzw. geplante Überführung der bisher staatlichen Hochschulen in den Dritten Sektor. Eine Vorreiterrolle spielte das Land Niedersachsen. Das niedersächsische Kabinett hat im Dezember 2002, wie es das neue Niedersächsische Hochschulgesetz (NHG) vorsieht, die Weichen dafür gestellt, die Universitäten Göttingen, Hildesheim und Lüneburg, die Fachhochschule Osnabrück und die Tierärztliche Hochschule Hannover zum 1. Januar 2003 nicht mehr als Körperschaften des öffentlichen Rechts und damit als Staatsbetriebe zu betreiben, sondern in die Trägerschaft von öffentlich-rechtlichen Stiftungen zu überführen. Die niedersächsischen Bildungsreformer betonten explizit, mit dieser Form der Privatisierung von staatlichen Einrichtungen an die alte Kultur intermediärer Organisationen in Deutschland anzuknüpfen. Der niedersächsische Wissenschaftsminister Thomas Oppermann kommentierte die Entscheidung seiner Regierung mit folgenden Worten: „Mit der heutigen Entscheidung hat das Kabinett den Startschuss für ein in der Geschichte der Bundesrepublik einmaliges Reformprojekt gegeben. Wir entstaatlichen die Stiftungshochschulen, ohne sie zu privatisieren. Die Stiftungshochschulen werden zu einem Element der Bürgergesellschaft und haben damit die Chance, ihre Stärken auch im internationalen Vergleich weiter auszubauen" (Universität Hildesheim, 2002: 1). Mit der Idee der Stiftungsuniversität und damit der Überführung der staatlichen Einrichtung Universität in den Dritten Sektor und deren Umwandlung in eine moderne Non Profit-Organisation, verbinden sich viele bildungs- und wissenschaftspolitische Erwartungen und Hoffnungen (vgl. Ipsen, 2003). Als bewundertes Modell der aktuellen Reformdiskurse im Hochschulbereich gilt die amerikanische Eliteuniversität, ideal verkörpert in der Harvard University, die als Stiftung verfasst ist.

Mit der Überführung der bisherigen Körperschaften des öffentlichen Rechts in die Trägerschaft von öffentlich-rechtlichen Stiftungen werden die Hochschulen rechtlich selbstständige Organisationen. Die Hochschulen unterstehen nur noch der Rechtsaufsicht des Stiftungsrats. Nur der Stiftungsrat, nicht die Stiftung selbst, untersteht der Rechtsaufsicht des Wissenschaftsministeriums. Die rechtliche Selbstständigkeit der Stiftungsuniversität drückt sich vor allem in deren Dienstherrenfähigkeit aus. Die Stiftung wird Dienstherrin der beschäftigten Beamten und Arbeitgeberin für die Angestellten. Die Stiftung entscheidet über Einrichtung und Wegfall von Planstellen für Mitarbeiter. Im Stiftungsrat sollen sieben, davon fünf externe, Persönlichkeiten für eine enge Verzahnung zwischen Hochschule und Gesellschaft sorgen. Sie werden im Einvernehmen mit dem Hochschulsenat vom Ministerium bestellt und übernehmen bislang staatliche Kontrollbefugnisse. Mittelfristig übernimmt der Stiftungsrat zudem die Verantwortung für die Berufung der Professorinnen und Professoren (vgl. Universität Hildesheim, 2002: 1).

Die Universitätsstiftung bewirtschaftet ihre Stiftungsvermögen und ihre Stiftungsmittel, die auch in Zukunft überwiegend aus der jährlichen Finanzhilfe des Landes bestehen sollen, selbst. Die für den Betrieb der Hochschulen benötigten Gebäude und Grundstücke gehen in das Eigentum der Stiftung über und können nun selbstständig bewirtschaftet werden. Das Verhältnis von Hochschule und Staat wird in Zukunft nicht mehr über Erlasse und Verordnungen, sondern über Zielvereinbarungen geregelt. Die Höhe der Finanzmittel wird in einem öffentlich-rechtlichen Vertrag zwischen Stiftung und Land geregelt. Die Stiftungshochschulen können jedoch langfristig ein Stiftungsvermögen aufbauen, um sich von diesen Hilfen unabhängiger zu machen. Das Stiftungsvermögen soll durch Spenden vergrößert werden, die vor allem von ehemaligen Absolventen und institutionellen Spendern aufgebracht werden sollen. Die Stiftungsuniversitäten sollen indirekt von den ökonomischen Anreizen des Stiftungssteuerrechts profitieren, das zu verstärktem Mäzenatentum anstiftet. Um diese Einnahmequelle zu erschließen, wird der Aufbau eines professionellen Fundraising-Managements vom Land unterstützt.

Im Gegensatz zur bisherigen Körperschaft des öffentlichen Rechts (Staatsbetrieb) gilt die Stiftung als Institution der Bürgergesellschaft. Daraus leiten Befürworter die Hoffnung ab, dass sich Studierende, Beschäftigte und Absolventen in Zukunft stärker mit ihrer Hochschule identifizieren als bisher. Mit der Umwandlung der staatlichen Hochschulen in Stiftungen sollen mehr private Mittel für den tertiären Bildungssektor mobilisiert werden als bisher. Tendenziell soll jedoch auch das steuerfinanzierte Umlageverfahren durch ein Kapitaldeckungsverfahren ersetzt werden. Eine durchschnittliche staatliche deutsche Universität mit ca. 20.000 Studierenden verbraucht jährlich ca. 250 Millionen Euro. Eine Umstellung der Finanzierung einer Universität dieser Größe bedürfte der Einrichtung eines Kapitalstocks von rund 5 Milliarden Euro, um nur den laufenden Betrieb zu gewährleisten. Auch hier gilt es, sich die enormen Verwerfungen zu vergegenwärtigen, die eine vollständige Umstellung auf das neue Finanzierungsprinzip bedeuten würde. Zusätzlich zu den laufenden Aufwendungen für den Betrieb der Hochschulen müsste der Kapitalstock für die künftige Generation aufgebracht werden. Hier zeichnet sich ein ähnliches Problem ab wie etwa bei der Umstellung der Rentenversicherung vom Umlageverfahren zum Kapitaldeckungsverfahren. Die Kapitalakkumulation erfordert neben dem laufenden Betrieb, der wie bisher aus allgemeinen Steuermitteln oder Studiengebühren finanziert werden muss, zusätzliche Ressourcen der gesellschaftlichen Akteure, um einen Kapitalstock aufzubauen. Die gesellschaftlichen Produktionsbedingungen von Bildung im Modus der Kapitaldeckung werden durch den Aufbau einer (parasitären) Rentenökonomie jedoch verschleiert. Ein Beispiel mag dies illustrieren. Die Harvard University ist mittlerweile der zweitgrößte Waldbesitzer Neuseelands (vgl. Schmitz,

2004: 1). Neuseeländische Waldarbeiter erwirtschaften damit einen nicht unerheblichen Beitrag zur Reproduktion der wissenschaftlichen und wirtschaftlichen Eliten der Vereinigten Staaten.

Wie weit die steuerfinanzierten deutschen Hochschulen finanzwirtschaftlich von den privaten US-amerikanischen Hochschulen entfernt sind, illustriert Tabelle 2 auf der folgenden Seite, die einen Eindruck von den Finanzierungsquellen und der Größe der Universitätshaushalte der acht so genannten „Ivy League" Hochschulen im Vergleich mit dem gesamten deutschen Hochschulsystem im Jahr 2005 vermittelt.[35]

Die Stiftungsuniversität ist ein Versuch, das Kapitaldeckungsverfahren auf das Bildungssystem zu übertragen, ohne die Bildungseinrichtungen den Bedingungen des For Profit-Sektors zu unterwerfen. Robert Reich zeigt am amerikanischen Beispiel, wie Stiftungskapital zur Machtgrundlage sozioökonomischer Eliten und zur Reproduktion sozialer Ungleichheitsstrukturen umgemünzt werden kann (vgl. Reich, 1996: 312): „Kein Land gratuliert sich mit so großer Hingabe zu seinen mildtätigen Werken wie Amerika; keines hat eine größere Zahl an Wohltätigkeitsbällen, Benefiz-Auktionen und landesweiten Menschenketten für gute Zwecke aufzubieten. Zumeist liegen diesen Aktionen die lautersten Motive zugrunde, und vieles davon ist bewundernswert. Doch bei näherem Hinsehen zeigt sich, dass diese und andere Formen der Wohltätigkeit nur selten den Armen zugute kommen. Besonders verdächtig sind da die dreißig bis fünfzig Prozent der mildtätigen Gaben, die von Amerikanern in den höchsten Einkommensteuerklassen stammen. Studien haben gezeigt, dass solche Schenkungen nicht hauptsächlich an Sozialeinrichtungen für die weniger begüterten Glieder der Gesellschaft gehen, das heißt, für bessere Schulen, kommunale Gesundheitsfürsorge oder Erholungsstätten für bedürftige Familien eingesetzt werden. Vielmehr gehen die Spenden der Reichen Amerikas an Stätten, von denen sich vor allem reiche Leute unterhalten, inspirieren, heilen oder bilden lassen: Kunstmuseen, Opernhäuser, Theater, Symphonieorchester, Ballets, Privatkliniken (deren Patienten, im Gegensatz zu den Armen, fast alle krankenversichert sind) und Eliteuniversitäten" (Reich, 1996: 312f.).

---

35 Der Ivy League - einer US-amerikanischen Liga im Hochschulsport - gehören acht der reichsten, ältesten und renommiertesten Hochschulen (sieben Universitäten und ein College) der Vereinigten Staaten an. Für die Zusammenstellung und die Recherche der Daten über die Ivy League Hochschulen bedanke ich mich bei Oliver Quast.

Tabelle 2: Vergleich der Ivy League Hochschulen mit dem deutschen Hochschulsystem

Ivy League (gegründet)	Einnahmen (Mio.$) (2005)	Ausgaben (Mio.$) (2005)	Vermögen (Mio.$) (2005)	Studiengebühren (Mio.$) (2005)	Spenden (Mio.$) (2005)	Staatszuschuss (Mio.$) (2005)	Studierende (2005)
Brown University (1764)	522,63	523,44	2.462,44	235,49	25,00	134,86	7.744
Columbia University (1754)	2.500,56	2.409,27	5.191,00	475,11	325,07	600,13	24.400
Cornell University (1865)	2.404,33	2.391,24	4.385,16	432,78	288,52	649,17	20.638
Dartmouth Collage (1769)	648,40	662,80	2.714,25	188,29	27,14	141,61	5.704
Harvard University (1636)	2.800,94	2.757,37	28.570,00	128,60	639,00	626,40	19.731
University of Pennsylvania (1751)	4.046,21	3.969,24	4.369,78	552,93	342,80	732,61	21.082
Princeton Univesity (1746)	920,20	920,21	10.800,00	199,04	93,90	210,86	6.677
Yale University (1701)	1.853,60	1.786,94	22.505,76	223,72	112,53	507,22	11.252
Ivy League (8 Hochschulen)	15.696,85	15.420,51	80.998,40	2.435,92	1.853,96	3.602,86	117.228
Alle **399** deutschen Hochschulen (2005)		38.717,50				22.209,36	1.986.106

Quelle: Eigene Berechnungen, Statistisches Bundesamt, Statistische Daten der US-Universitäten (2005), (1 Euro=1,25 US-Dollar)

Aber was veranlasst die Amerikaner in den höchsten Einkommensklassen Eliteuniversitäten so hohe Summen zu spenden? Das Prinzip der Differenzierung des Hochschulsystems bei gleichzeitiger Hierarchisierung der Bildungsinstitutionen bietet einigen Akteuren die Chance prestigeträchtigere Abschlüsse zu erlangen als anderen. Deshalb versuchen die Bildungseinrichtungen ihre Exklusivität zu dokumentieren und damit das Prestige der Absolventen zu steigern. In die Hände spielt dieser Strategie der sozioökonomische Veblen-Effekt. Thorstein Veblen entdeckte vor dem Hintergrund seiner sozialhistorischen Analyse des Geltungskonsums einen der klassischen Wirtschaftstheorie grundlegend widersprechenden Effekt. Dient der Konsum eines Gutes oder einer Dienstleistung demonstrativen, prestigesteigernden und statussichernden Zwecken, so nimmt die Nachfrage nach diesem Konsumgut paradoxerweise mit steigendem Preis zu (vgl. Leibenstein, 1966). Auf das Bildungssystem übertragen bedeutet dies, dass mit der Verteuerung des prestigeträchtigsten Universitätsstudiums die Nachfrage nach einem Studienplatz in dieser Einrichtung sogar noch zunimmt. Der Zufluss zusätzlicher Mittel in Form von Spenden, die den Kapitalstock der Institution erhöhen, ermöglicht es den betroffenen Einrichtungen ihren Vorsprung weiter auszubauen und das hierarchische Gefälle zu anderen Einrichtungen, die den Veblen-Effekt nicht nutzen können, zu vergrößern und damit zu tradieren. Das Angebot knapper prestigeträchtiger Abschlüsse und aggressives Marketing schaffen vor dem Hintergrund der sozioökonomischen Signaltheorie (vgl. Kapitel 3.2.4) Zwangsmärkte, denen sich die Arbeitskräfte der Zukunft, die in scharfem Wettbewerb zueinander stehen, nicht entziehen können. Nur Bildungseinrichtungen, denen es gelingt, prestigeträchtige Abschlüsse zu generieren, erlangen im Bildungsmarkt eine monopol- oder oligopolartige Stellung. Diese Bildungseinrichtungen entgehen dem Problem der Kostenkrankheit personaler Dienstleistungen (Baumol), das einer Rationalisierung von Bildungsleistungen auch im Hochschulsektor im Weg steht. Deshalb gibt es in den USA neben einem exklusiven Segment von privaten Bildungseinrichtungen ein breites öffentliches Bildungssystem. Die Harvard Universität ist vor allem deshalb so anziehend für Studierende, Forschende und Lehrende, weil sie eine Institution ist, die allen beteiligten Gruppen maximales Prestige und darüber hinaus langfristig ökonomischen Erfolg verspricht. Zu beachten ist allerdings, dass prestigeträchtige Eliteeinrichtungen nicht nur auf der Grundlage von Stiftungen sondern auch vom Staat bereitgestellt werden können, wie das Beispiel Frankreich zeigt.

Das Beispiel Harvard zeigt aber auch die Probleme, die aus dem Wandel einer Non Profit-Organisation in eine Art Rentenökonomie entstehen können. Von entscheidender Bedeutung ist die Frage, ob der Ökonomisierungsprozess dazu führt, dass sich die wirtschaftende Gemeinschaft Universität zu einem Wirtschaftsunternehmen wandelt. Wie die Diskussion der Bedeutung des Dritten Sektors für das Bildungswesen im liberalen Bildungsstaat gezeigt hat, muss mit der Entstaatlichung des Bildungssystems das Konzept wirtschaftender Gemeinschaften als Produzenten des meritorischen Gutes Bildung nicht zwangsläufig aufgegeben werden. Die privaten amerikanischen Eliteuniversitäten begreifen sich selbst in erster Linie als wirtschaftende Gemeinschaften, die der Wissenschaft dienen. Sie sind jedoch auch Paradebeispiele für die soziale Organisation erfolgreichen Statuserhalts über die Generationen hinweg und der Elitenbildung. Um die organisatorischen und kulturellen Potenziale des Dritten Sektors für das bildungsökonomische Feld zu nutzen, ist in Deutschland die Förderung und Unterstützung seitens der Bundesländer erforderlich. Die spannende Frage in diesem Zusammenhang ist jedoch, ob tatsächlich durch die Gründung von Stiftungsuniversitäten ein neues Kapitel staatlich-privater Zusammenarbeit und Kooperation im Hochschulbereich aufgeschlagen wird, oder ob nicht nur die Tradition der Indienstnahme und des funktionalen Einbaus der Non Profit-Organisationen in den politisch-administrativen Apparat, wie dies im sozialen Dienstleistungsmarkt zu beobachten ist, fortgesetzt wird (vgl. Zimmer/Priller, 2001: 282f.)

2.3.3. Die privaten Haushalte im bildungsökonomischen Feld

Im Ökonomisierungs- und Privatisierungsdiskurs wird die Idee des Staates als wirtschaftende Gemeinschaft der Bürger, der für die Produktion öffentlicher Güter sorgt, in Frage gestellt. Eine ökonomisch liberalisierte Gesellschaft kennt idealtypisch nur noch eine wirtschaftende Gemeinschaft: den privaten Haushalt, den sie nicht (explizit) ihrem Effizienzdenken unterwirft (vgl. Buchanan, 1985: 18). Die zentrale liberale sozialpolitische und bildungspolitische Forderung verdichtet sich in dem moralischen Appell, mehr Selbstverantwortung zu übernehmen. Nur wer für Bildungsdienstleistung bezahlen muss, bekommt die für ihn richtigen Leistungen und zwar zu Recht. Alle anderen Zuteilungsverfahren (Demokratie, Bürokratie, Verträge) werden im wirtschaftsliberalen Diskurs dagegen zu einer Fehlallokation von knappen Ressourcen führen (vgl. dazu Kapitel 4).

In den letzten Jahren wurde die Bedeutung der privaten Haushalte für die Wohlfahrtsproduktion und damit auch für die Bildungsproduktion neu ins öffentliche Bewusstsein gehoben. Auch in soziologischen Analysen erlangen die bisher eher randständigen Themen um die Sozioökonomie des privaten Haushalts und die für die Reproduktion des Humankapitals relevanten Tätigkeiten in informellen und formellen Strukturen und Netzwerken erhöhte Aufmerksamkeit. Damit bricht die Soziologie mit einer langen Tradition, die in Familie und Haushalt lediglich Reste eines überkommenen traditionellen Sektors zu erkennen glaubte, dem ein moderner rationaler Sektor, der sich zulasten historisch überholter traditioneller Handlungszusammenhänge ausdehnt, gegenübersteht. Diesem modernen Sektor werden aus dieser Perspektive auch die rationalen Organisationen und Institutionen des modernen Bildungssystems zugerechnet. Nicht nur die unbezahlten Formen der Erziehungs- und Bildungsarbeit für die Kinder und die Eigenarbeit, die die Individuen für sich selbst leisten, kommen damit in den Blick, sondern auch die institutionell verankerte Arbeitsteilung zwischen den vier gesellschaftlichen Bildungsproduktionssphären. Es wird immer offensichtlicher, dass die Individuen in den privaten Haushalten auf sich verändernde bildungspolitische Rahmenbedingungen nicht nur passiv reagieren, wie es das populäre Landnahmekonzept durch den modernen Sektor suggeriert, sondern selbst agieren und Handlungsspielräume, die sich im sozialen und wirtschaftlichen Strukturwandel ergeben, aktiv nutzen (müssen). Der konservative Bildungsstaat hat seit jeher (zumindest theoretisch) den Familien, wenngleich bürokratisch hierarchisch überformt, große Handlungsspielräume eröffnet. In den modernen Gesellschaften haben überraschenderweise aber vor allem die neoliberal gefärbten Modernisierungsstrategien zu einer Renaissance der Bedeutung der privaten Haushalte im Bildungswesen geführt. Die Anforderungen an die privaten Haushalte sind im Zuge der Entstaatlichung des Bildungssystems gewachsen (vgl. Graßl, 2000: 78). Wurden die privaten Haushalte noch vor wenigen Jahren als ausschließliche Sphäre der Konsumtion und Freizeitgestaltung untersucht, werden sie nun nicht nur als Finanzierungsquelle, sondern auch als Arbeits- und Produktionssphäre von Bildung wiederentdeckt.

Privatisierungsstrategien im vorschulischen, schulischen und hochschulischen Bereich des Bildungssystems zielen auf eine Neubestimmung der Rolle der privaten Haushalte sowohl bei der Leistungserstellung als auch in der Frage der Mittelaufbringung für Bildung ab. Im Mittelpunkt steht die Frage nach neuen Formen und Strukturen der Arbeitsteilung und der Finanzierungsbeteiligung im Bildungsprozess zwischen Staat, Markt, Drittem Sektor und den privaten Haushalten.

Die privaten Haushalte leisten nicht nur einen immer wichtiger werdenden Beitrag zur Ressourcensicherung durch freiwillige Zahlungen und geldwerte Sachleistungen, auf die Bildungseinrichtungen auf allen Ebenen des Bildungssystems in verstärktem Maße angewiesen sind. Der private Beitrag zur Ausbildungsförderung ist und bleibt ein blinder Fleck der Ökonomisierungsdebatte.[36]

Eine sich immer weiter verbreitende Privatisierungsstrategie im Bereich der Leistungserstellung in Ländern, wie in den USA, in denen keine Schul-, sondern nur eine Unterrichts- oder Bildungspflicht besteht, ist das so genannte *home schooling*. Die Debatten um eine streng gläubige Hamburger Familie, die es ablehnte, ihre Kinder auf eine staatliche Schule zu schicken, und die ihre Kinder unter allen Umständen zu Hause unterrichten wollte, hat das Thema *home schooling* auch in Deutschland in die Schlagzeilen gebracht und auf eine Variante der privaten Erstellung von Bildungsdienstleistungen aufmerksam gemacht, die vor allem in den USA immer weitere Verbreitung findet (vgl. Weiß/Steinert, 2001: 42).

Bisher werden die Kosten für Bildung in Deutschland noch weitgehend im Rahmen eines impliziten Generationen- und Gesellschaftsvertrages in der Form der Umlagefinanzierung organisiert. Die wirtschaftlich aktiven Teile der Bevölkerung finanzieren über Steuern die Produktion von Bildung. Im Prinzip kommen alle Bürgerinnen und Bürger unabhängig von ihrer wirtschaftlichen Macht in den Genuss von öffentlichen Bildungsdienstleistungen, vorausgesetzt sie erfüllen die Leistungs-

---

36 Bis zur Volljährigkeit haben Kinder grundsätzlich Anspruch auf Naturalunterhalt durch ihre Eltern. Dieser wird in den unterschiedlichsten Formen von Betreuungsleistungen, der Kostenübernahme für die Wohnung, freie Verpflegung und Kleidung aber auch für sonstige Aufwendungen rund um den Schulbesuch geleistet. Ziehen minderjährige Kinder wegen einer Ausbildung aus der elterlichen Wohnung aus, sind die Eltern zu Unterhaltszahlungen (Barunterhalt) verpflichtet. Die Höhe der Zahlungen richtet sich nach dem Einkommen der Eltern und dem Alter des Kindes. Richtlinie ist die so genannte Düsseldorfer Tabelle. Die Eltern sind in Deutschland auch über die Volljährigkeit ihrer Kinder hinaus zu bestimmten Leistungen verpflichtet. Wohnen die Kinder noch zu Hause, haben sie den gleichen Anspruch auf Naturalunterhalt wie Minderjährige. Wer bereits ausgezogen ist und sich nicht selbst finanzieren kann (BGB § 1602, Absatz 1) ist berechtigt, von den Eltern monetäre Transfers einzufordern. Regelmäßige Einkommen wie etwa das Lehrlingsgehalt oder ein Nebenjob können abzüglich des berufsbedingten Mehrbedarfs angerechnet werden. Der Unterhaltsanspruch erstreckt sich auf die gesamte Dauer der Lehre oder eines durchschnittlich langen Studiums. Eltern können nicht nur Zeugnisse und Nachweise über den Fortgang der Ausbildung verlangen. Sie dürfen auch bestimmen, in welcher Form sie Unterhalt leisten. Eltern können beispielsweise weiterhin auf einer gemeinsamen Wohnung mit ihren Kindern bestehen und diesen nur Naturalunterhalt gewähren. Vor allem für Kinder aus sozioökonomisch schwächeren Haushalten ist damit die räumliche Mobilität in Ausbildung und Studium eingeschränkt (vgl. Deutscher Bundestag, 2007, 6ff.).

anforderungen, die sie „berechtigen", einen bestimmten Schul- oder Hochschultyp zu besuchen. Diese Form der Finanzierung wird zunehmend von einem kapitalgedeckten Verfahren abgelöst. Anschaulich wird das neue „Prinzip" in der Debatte um die Studiengebühren. Die Gebührenbefürworter versprechen sich kurzfristig zusätzliche Finanzquellen, um den Betrieb der Hochschulen von der öffentlichen Finanzierung unabhängig zu machen. Die Autonomie der Hochschulen scheint dadurch vergrößert werden zu können. Gleichzeitig stehen Banken und private Finanzanbieter bereit, die auf das große Geschäft mit Bildungskrediten hoffen. Langfristig könnten jedoch die Gebühreneinnahmen für die Hochschulen zu einer Haupteinnahmequelle werden, wenn der öffentlich finanzierte Anteil sukzessive zurückgeht und der privat und individuell erhobene Gebührenanteil erhöht wird. Gebühren sind damit ein Einstieg in den Systemwechsel. Vorbild dafür sind auch für diese Maßnahme die großen amerikanischen Privatuniversitäten. Künftig soll die aktuelle Arbeitnehmergeneration nicht mehr die Ausbildung der Kinder finanzieren, sondern jede Generation soll für die eigenen Bildungsaufwendungen aufkommen. Der berechtigte Einwand, die bisherige Bildungs-, vor allem jedoch Hochschulbildungsfinanzierung führe dazu, dass diejenigen Gesellschaftsschichten, die nicht in den Genuss der damit finanzierten Bildung kommen, diese in erheblichem Maße mitzufinanzieren hätten, wird jedoch durch eine gewichtige Nebenfolge einer alternativen klassenspezifischen Finanzierung konterkariert. Der Prozess der sozialen Schließung wird sich vor dem Hintergrund der ökonomischen Signaltheorie der Bildungsexpansion weiter fortsetzen.

2.3.4. Profitorientierte Akteure im bildungsökonomischen Feld

Die überlegene Rolle von Märkten als Mechanismus zur Koordination wirtschaftlicher Aktivitäten in der Güterproduktion wird auch in den sozialdemokratischen und den konservativen Wohlfahrtsstaaten nicht mehr ernsthaft in Frage gestellt. Nachdem sich der Staat in den meisten modernen Gesellschaften aus den güterorientierten Produktionsbereichen als Leistungsorganisation bzw. wirtschaftende Gemeinschaft zurückgezogen hat, wendet er sich nun zunehmend auch von verschiedenen Feldern der Dienstleistungsproduktion ab und definiert sich in diesen Feldern als wirtschaftsregulierende Gemeinschaft neu. Vor allem der Erfolg des Marktliberalismus der 1980er und 1990er Jahre in Großbritannien und den Vereinigten Staaten und der Zusammenbruch der sozialistischen Ökonomien in Ostdeutschland und in Osteuropa bestätigen scheinbar endgültig die prinzipielle Überlegenheit marktwirtschaftlicher Lenkung und damit den Rückzug des Staates aus der Rolle eines Produzenten von Gütern und Dienstleistungen und das Ende seiner Rolle als wirtschaftende Gemeinschaft.

Verschiedene gesellschaftliche Interessengruppen setzen in die Ökonomisierung und Privatisierung von Teilen des Bildungssystems große Hoffnungen. In dem bisher vom Staat und organisierten Interessengruppen abgeschotteten Produktionssektor Bildung werden gewaltige Profitchancen identifiziert, die es zu realisieren gelte.

In der Abwehr dieser Interessen treffen sich in Deutschland (noch) die Interessen der Studierenden und Lehrenden. Beide Gruppen wollen die Vorteile und Chancen erhalten, die ihnen die öffentliche Bereitstellung von Bildungsdienstleistungen bieten. Weitgehende Kostenfreiheit für das Studium für Studierende einerseits und andererseits die im Vergleich zu anderen Ländern (noch) relativ gute Entlohnung der festangestellten Lehrkräfte und Wissenschaftler gelten als Vorzüge des bestehenden Systems. Trotzdem werden zunehmend Sozialisationsaufgaben und Bildungsdienstleistungen, die bisher fast selbstverständlich in den Aufgabenbereich von wirtschaftenden Gemeinschaften - den privaten Haushalten, dem Staat oder weltanschaulich definierten Gemeinschaften - fielen, von Unternehmen (Wirtschaftsgemeinschaften) der kapitalistischen Marktwirtschaft beansprucht und profitorientiert verwertet.

Die Welle der Ökonomisierung und Privatisierung von Bildungsdienstleistungen kann über diese wirtschaftsliberale Deutung hinaus als ein Ergebnis des Endes des nationalstaatlich organisierten Kapitalismus in den 1990er Jahren gedeutet werden: In der Nachkriegszeit waren die nationalen Volkswirtschaften in Europa nur lose an das internationale Umfeld angebunden und die Regierungen der Nationalstaaten waren in der Lage, Kapitalströme, Wechselkurse, die Import- und Exportbedingungen von Gütern und Dienstleistungen zu kontrollieren. Dieser im nationalen Rahmen verankerte Liberalismus („embedded capitalism") bot den Regierungen vielfältige Gestaltungsfreiräume um auch die nationalen Beschäftigungs-, Steuer-, Bildungs- und Sozialleistungssysteme entlang endogener politischer Gestaltungsideen zu formen (vgl. Scharpf, 2000: 3). Im Laufe der letzten zwei Jahrzehnte des 20. Jahrhunderts ist die Abschottung der nationalen Industrie- und Dienstleistungsgesellschaften von der Weltwirtschaft nach und nach erodiert. Die kapitalistische Weltwirtschaft hat allerdings in den Jahrzehnten nach dem Zweiten Weltkrieg eine historische Sonderentwicklung durchlaufen. Die mehr oder weniger von Wirtschaftswundern beglückten westlichen Nationalökonomien schützten in jener – in der Rückschau – zur „Goldenen Nachkriegsperiode" verklärten Epoche ihre Märkte für Industriegüter durch Einfuhrkontingente, Exportsubventionen und andere *politische* Handelshemmnisse. Die öffentlichen Unternehmen waren dem innerstaatlichen und viel mehr noch dem interstaatlichen Wettbewerb entzogen. Die Wechselkurse waren durch internationale Vereinbarungen fixiert und konnten nur durch *politische* Verhandlungen verändert werden. Der grenzüberschreitende Kapitalverkehr wurde strikt kontrolliert, die nationalen Kapitalmärkte und Finanzdienstleistungen waren weitgehend reguliert. Kapitalbesitzer konnten deshalb in der Regel nur zwischen Anlagealternativen im Inland wählen. Die Unternehmen waren allerdings in der Lage, die Kosten, die durch den großzügigen Ausbau der wohlfahrtsstaatlichen Sicherungssysteme und allgemeiner Nettolohnsteigerungen entstanden, auf die Verbraucher abzuwälzen, die nicht auf günstigere ausländische Güter und Dienstleistungen ausweichen konnten. Die nach außen weitgehend abgeschlossene „mixed economy" bildete die Grundlage für die zins- und sozialpolitische Souveränität des Nationalstaats und den in der Reformphase der 1960er und 1970er Jahre expandierenden konservativen Bildungsstaat. Zunächst blieb die Erosion dieses wirtschaftlichen und sozialstaatlichen Arrangements weitgehend unbemerkt. Die Systemkonkurrenz zwischen Ost und West, die Auflösung der Kolonialreiche und der Aufstieg neuer, sich wirtschafts- und sozialpolitisch nach außen weitgehend abschottenden Industriestaaten, vor allem in Asien, lenkte die Phantasie nicht nur der außeruniversitären Öffentlichkeiten auf die nationale Planbarkeit von Gesellschaft, Wirtschaft und Staat. Erst seit Beginn der 1990er Jahre - nach dem Zusammenbruch des konkurrierenden Wirtschaftssystems im Osten – machten sich tiefgreifende Veränderungsprozesse in den europäischen Staaten bemerkbar, deren Wesen mit Begriffen wie „Globalisierung" und „Ökonomisierung der Gesellschaft" thematisiert wurde. Der alte Konflikt um das richtige Verhältnis von Markt und Staat und damit um die zukünftige Rolle des Staats in der sich neu formierenden Dienstleistungsgesellschaften entbrannte plötzlich von Neuem (vgl. Bude, 2002: 394).

Am Ende des 20. Jahrhunderts schlüpfte die Europäische Union immer mehr in die Rolle einer Rahmensetzerin für die zukünftige Gestalt der europäischen Dienstleistungsgesellschaften und Dienstleistungsstaaten. Die Europäische Union hat sich zum Ziel gesetzt (Europäischer Rat von Lissabon im März 2000), „die Union zum wettbewerbsfähigsten und dynamischsten wissensbasierten Wirtschaftsraum in der Welt" zu machen. Bildung gilt in diesem Zusammenhang als wichtigster Produktionsfaktor und zielt ab auf „den Zugewinn an wirtschaftlicher Produktivität, sei es durch die Generierung von wissenschaftlichem Forschungswissen (...) oder eine verstärkte Investition in berufsfeldbezogene Kompetenzen von Wissensaufbereitung, Wissensmanagement und Wissensanwendung" (Reinprecht, 2005: 130). Erste Konturen eines neuen Verhältnisses zwischen Staat und Markt deuten jedoch auf eine Gewichtsverlagerung zulasten des Staates hin: Beobachter des Wandels, wie van Laak, sehen die Bundesrepublik Deutschland bereits im Übergang von einem Leistungs- zu einem Steuerungsstaat bzw. von einer wirtschaftenden Gemeinschaft zu einer wirtschaftsregulierenden Gemeinschaft, die zwar nach wie vor in gewissen Feldern Infrastrukturverantwortung wahrnimmt, jedoch den Aufbau und Betrieb von eigenen Leistungsstrukturen zunehmend an private Betreiber abgibt (vgl. van Laak, 2001: 369).

Die im Ökonomisierungs- und Privatisierungsprozess scheinbar unaufhaltsame Bedeutungszunahme der profitorientierten Sphäre für das sozioökonomische Feld der Bildungsproduktion lässt sich entlang der beiden Dimensionen Leistungserstellung und Finanzierung von Bildung untersuchen. Die marktwirtschaftliche Transformation und Kapitalisierung der Leistungserstellung im Bildungssystem lässt sich idealtypisch als Verlagerung der Bildungsproduktion aus den privaten Haushalten, aus der öffentlichen Sphäre der Wohlfahrtsproduktion und aus dem Non Profit Sektor in die ökonomische bzw. profitorientierte Sphäre der Wohlfahrtsproduktion deuten. Im Juli 2007 ist beispielsweise vom Bildungsministerium Mecklenburg-Vorpommern mit der „Privaten Hanseuniversität GmbH & Co. KGaA" in Rostock die erste über einen privaten Bildungsfonds finanzierte For Profit-Hochschule (Stammkapital: 5 Millionen Euro) in Deutschland genehmigt worden.[37] Die Frage

---

37   Die Finanzierung basiert auf einem in Deutschland einmaligen Finanzierungsmodell. Im Jahr 2005 wurde von dem Bremer Emissionshaus Ventafonds ein Bildungsfonds aufgelegt, mit

nach der Finanzierung der Bildungsproduktion bleibt von dieser Verlagerung der Produktion zunächst unberührt. Der beschriebene Trend wird vor allem unter dem Legitimität erheischenden Motto der Effizienzsteigerung, also dem Versprechen einer rationaleren und damit wünschenswerteren Organisation der Gesellschaft propagiert und durch die Veränderung der politisch-rechtlichen Rahmenbedingungen vorangetrieben. Dem gesellschaftlichen anerkannten Leistungsmythos scheinbar eng verwandt, kann jede Strategie und jede Struktur, die durch mehr Wettbewerb mehr individuelle und gesamtgesellschaftliche Leistungsfähigkeit verspricht, auf hohe Zustimmung hoffen. Im Unterschied zur organisationsinternen Rationalisierung der Bildungsproduktion durch die Implementierung von Quasi-Märkten und unternehmensähnlichen Leitungsstrukturen werden die Organisationen der Bildungsproduktion nun selbst Kapitalverwertungsinteressen unterworfen, die als wichtiger, wenn nicht gar entscheidender Wettbewerbsmotor und damit Effizienzgenerator anerkannt werden. Der soziale Koordinationsmechanismus Markt wird nicht mehr nur als Mittel zur Effizienzsteigerung im öffentlichen Bildungssystem (Quasi-Märkte) genutzt, sondern dient als Grundlage der Ausdifferenzierung und Verschiebung innerhalb der Organisation des sozioökonomischen Feldes der Bildungsproduktion. Erst mit diesem Schritt werden im Feld der Leistungserstellung im Bildungssystem die bisher vorherrschenden sozialen Koordinationsmechanismen Demokratie und Bürokratie zugunsten „privater Quasi-Diktaturen", die sich über institutionalisierte Eigentumsrechte legitimieren, zurückgedrängt. Welche Motive und Interessen für diese Transformation lassen sich identifizieren?

Begründet und erklärt wird die Verschiebung in der Welt der Sphären der Wohlfahrtsproduktion und damit auch der Bildung hin zum Markt sowohl von den Befürwortern wie von den Kritikern mit einer Verschiebung in der Welt der Diskurse. Das *neoliberale Projekt* der Befreiung des Individuums aus den, aus der Sicht seiner Apologeten, freiheitsberaubenden Fängen des Staates erkennt in Bildung ein zentrales Gestaltungsfeld der neu zu errichtenden „ownership society". Dieses Projekt geht weit über die im Verhältnis dazu recht harmlosen Einsichten der Humankapitaltheorie hinaus, die Bildung ja nicht von den Individuen ablöst (vgl. Becker, 1981; 1976; 1964). Eine Gesellschaft von Bildungseigentümern erfordert jedoch eine radikal neue Sicht auf Bildung. Bildung wird dann zur Ware, sei sie nun ein Konsum- oder ein Investitionsgut wie jede andere auch. Da Bildung in erster Linie den Individuen auf den freien Märkten nutzt, bleibt kein Spielraum mehr für Begründungen, die die Bereitstellung von Bildung als öffentliches Gut oder als soziale Infrastruktur rechtfertigen.

Was steckt hinter der Forderung, das Bildungssystem stärker als bisher in das Marktsystem zu integrieren? Ist die damit verknüpfte angestrebte Umwandlung der

---

dem 18,9 Millionen Euro von Investoren gesammelt werden sollen. Mittlerweile ist der Hamburger Betreiber von Bildungseinrichtungen Educationtrend AG in das Geschäft eingestiegen und hat den Fonds aufgekauft. 97 Prozent des Stammkapitals der Hanseuniversität sind nun in der Hand von Educationtrend AG, die unter anderem bereits die „International University" in Bruchsal bei Heidelberg betreibt (vgl. Hochschul-Informations-System, 2007).

staatlichen Schulen und Universitäten in For Profit-Organisationen und damit deren Kapitalisierung nur einer einseitig auf die Interessen der Finanzwirtschaft zugeschnittenen Politik geschuldet, wie dies von vielen Kritikern unterstellt wird? Reicht es aus, beim Versuch einer Erklärung nur auf die Macht des Neoliberalismus oder die Globalisierung des Kapitalismus zu verweisen? Wohl nur vordergründig, denn der beschriebene Transformationsprozess ist zumindest auch eine nicht intendierte Folge von sozialen Entwicklungen, die in weiten Teilen der Bevölkerung trotz weitverbreiteter kapitalismuskritischer Skepsis heute begrüßt wird. Auch in Deutschland werden die Sicherungssysteme, an erster Stelle das Rentensystem, vom Umlagesystem auf Kapitaldeckungsverfahren umgestellt. Dieser Wandel wird von der Hoffnung vorangetrieben, die Sicherung der individuellen Lebenslagerisiken könnte durch mehr Unabhängigkeit von umlagefinanzierten Versorgungssystemen verbessert werden. Als Allgemeinplatz gilt zuweilen, dass die befürchteten demographischen Verwerfungen nur mehr durch kapitalgedeckte Renten- und Aktienfonds vermieden werden können. Die Mittel aber, die den Umlagesystemen entzogen werden, „suchen sich", wie es so schön heißt, neue profitable Anlagefelder. Und die Rentenfondsmanager finden eines dieser neuen Anlagefelder in dem bisher ebenfalls durch Steuern umlagefinanzierten öffentlichen Bildungssektor. Die private Produktion von Bildung als Ware verspricht riesige Gewinne abzuwerfen, die das Publikum für die eigene Kapitalanlage/Lebensversicherung auch erwartet. Nicht der verschleierte Motor hinter dem Trend zur Entstaatlichung der Leistungserstellung im Bildungssystems, sondern die vordergründige Begehrlichkeit der Finanzwirtschaft und der riesigen Pensionsfonds (deren soziale und politische Grundlage die Umstellung der Altersversorgung von umlagefinanzierten zu kapitalgedeckten Sicherungssystemen ist), die nach lukrativen Anlagemöglichkeiten suchen und die damit auch die Privatisierung der Bildungsproduktion vorantreiben, werden als Akteure identifiziert und verbal bekämpft. Für die Kapitalanleger ist das Argument, mit Hilfe der Privatisierung öffentlicher Aufgaben eine höhere gesellschaftliche Rationalität zu erreichen, nur ein Vorwand auf der Suche nach neuen lukrativen Anlagefeldern und damit Kapitalverwertungsfeldern. Diese Form der Ökonomisierung setzt auf Kapitalisierung eines gesellschaftlichen Bereichs, in dem bisher steuer- bzw. umlagefinanzierte staatliche Bürokratien aktiv sind. Der Bildungssektor wird selbst zu einem profitablen Wirtschaftszweig, Bildung damit zur Ware. Hatte der öffentliche Bildungssektor bisher Zulieferfunktion für die Verwertung von Wissen und Bildung, wird der privatisierte Bildungssektor nun, so die Kritiker, selbst Teil des Verwertungssektors und der kapitalistischen Akkumulation.

Als Einstieg in den Ausstieg aus der öffentlichen Leistungserstellung im amerikanischen Schulsystem gelten die so genannten Charter Schools. Charter Schools sind öffentlich finanzierte Schulen in nichtstaatlicher Trägerschaft, die mit einem bestimmten Reformprofil ausgestattet sind und sich vertraglich zur Erbringung vereinbarter Leistungen verpflichten. „Während die einen hoffen, dass diese und ähnliche Reformmodelle im öffentlichen Schulwesen die Einführung neuer, kreativer Lernmethoden erleichtern, die dann in allen Schulen Einzug halten können, kritisieren andere Charterschulen als Einfallstor für das Profitprinzip im öffentlichen Bildungssektor und als Bestandteil des neokonservativen Umbaus von Staat und Gesellschaft, mit dem mittelfristig die gesamte Schulentwicklung – sei es im Interesse von kommerziellen Anbietern, bestimmten Elterngruppen, Religionsgemeinschaften oder in Richtung *Home Schooling* – in die Privatisierung umgelenkt wird" (Lohmann, 2005: 8). Im Ökonomisierungsprozess transformieren sich, so die Kritiker, die öffentlichen Produzenten von Erziehung, Bildung und Wissenschaft, die Kindergärten, Schulen und Universitäten, die bisher als wirtschaftende Gemeinschaften organisiert waren und sich auch als solche verstanden haben, zu Wirtschaftsgemeinschaften (Unternehmen). Doch wie weit kann die Interaktionsordnung in wirtschaftenden Gemeinschaften, insbesondere Schulen und Universitäten, durch Ökonomisierung rationalisiert werden? Unternehmen, so die Kritiker, sind in kapitalistischen Gesellschaften als „private Quasi-Diktaturen" einem nicht demokratisch legitimierten Management unterworfen, die damit, so eine weit verbreitete Befürchtung, nicht demokratischen Formen sozialer Beziehungen im Bildungsbereich zum Durchbruch verhelfen (vgl. Faschingeder 2005, S. 205).

Damit wird die Frage aufgeworfen, ob die Privatisierung der Bildungsproduktion, also deren Unterwerfung unter ein Kapitalverwertungsregime, für alle am Bildungsprozess aktiv und passiv beteiligten Gruppen nur eine Frage effizienterer Leistungserstellung ist oder ob mit der Gründung privater Schulen und Hochschulen nicht auch viel komplexere soziale Folgeprobleme verbunden sind, die darin bestehen, dass sich bestimmte Teilgruppen der Gesellschaft vom allgemeinen Ziel der demokratisch verfassten wirtschaftsregulierenden und gleichzeitig wirtschaftenden Gemeinschaft: alle Begabungsreserven ohne Ansehen von Herkunft und Geschlecht auszuschöpfen und zu entwickeln, stillschweigend verabschieden. Mit der Gründung privatwirtschaftlicher Institutionen im Bildungssektor ist in vielen Fällen auch das Ziel verbunden, für einen exklusiven Ausschnitt von Auszubildenden, Schülern, Studierenden, aber auch Lehrenden und Forschenden im Vergleich mit anderen vor allem staatlichen Einrichtungen besonders günstige Lehr- und Lernbedingungen zu schaffen. Gleichzeitig wird die Zahl der unter diesen Bedingungen Ausgebildeten und Lehrenden bewusst begrenzt und diesem exklusiven Kreis damit die Chance eröffnet, sich als Elite zu profilieren (vgl. Lüthje, 2002: 273). „Durch die Verknappung solcher Ausbildungsmöglichkeiten und durch die private Finanzierung dieser Bildungseinrichtungen wird ihnen in der öffentlichen Diskussion schon vorweg das Merkmal der Exzellenz zugeschrieben. Dies ist ein Aspekt der ‚Privatisierung des Bildungsbereichs" (Lüthje, 2002: 273).

2.4. Strukturwandel der gesellschaftlichen Arbeitsteilung im Bildungssystem

Infolge des Wandels der Vorstellungen hinsichtlich der Form und der Aufgaben des Bildungsstaats werden die Grenzen zwischen den Sphären der gesellschaftlichen Wohlfahrtsproduktion: Staat, Wirtschaft, Dritter Sektor und private Haushalte auch im Bildungssystem der Bundesrepublik Deutschland unschärfer. Unschärfer deswegen, weil sowohl die staatlichen wie die nicht staatlichen Sphären des Bildungssystems durch zunehmende Effizienzorientierung (im betriebswirtschaftlichen Sinne der Mitteloptimierung) und damit Ökonomisierung gekennzeichnet sind.

Die modernen Bildungs- und Ausbildungssysteme sind nicht nur als Ergebnis wie auch immer bestimmter funktionaler Erfordernisse zu deuten, sondern auch das Ergebnis verschiedenster vergangener und gegenwärtiger sozialer Konflikte, die sich um vielschichtige kulturelle Wertorientierungen in spezifischen sozioökonomischen Kontextbedingungen entfalteten und deren Protagonisten im historischen Prozess über ungleich verteilte gesellschaftliche Machtressourcen verfügten und verfügen. Für die Erklärung der unterschiedlichen Entwicklungen der institutionellen Struktur moderner Gemeinwesen hat sich der von Walter Korpi (1980) entwickelte Machtressourcenansatz durchgesetzt.

In den historischen Konflikten um die Institutionalisierung von Bildung kommen unterschiedliche Gruppeninteressen sowie die Stärke und die Strategien der mehr oder weniger machtvoll organisierten Interessen zum Ausdruck, die letztlich in ein vom Staat dominiertes, wenngleich föderal aufgefächertes nationales Bildungssystem mündeten. Diese umfassende Dominanz scheint der Staat und damit die Gebietskörperschaften Bund, Länder und Gemeinden im Zuge der Privatisierung und der Ökonomisierung dieses staatszentrierten „Systems" nun langsam wieder zu verlieren.

Die Regulierung von Interessengegensätzen im Bildungssystem, wie beispielsweise die Gegensätze zwischen Adel und Bürgertum, später zwischen dem staatsnahen Bildungsbürgertum und der sich emanzipierenden Arbeiterschaft, von Kirche und Staat und heute zwischen Wirtschaft und Staat, wurde und wird von organisierten Interessengruppen betrieben. Die Lehre von den Machtressourcen gesellschaftlicher Gruppen erklärt die Staatstätigkeit und damit auch Bildungsstaatlichkeit vorrangig aus der Machtverteilung zwischen gesellschaftlichen Klassen oder Interessenverbänden (vgl. Korpi, 1980, 1983). Macht erwächst diesen Gruppen aus ihrer jeweiligen Markt-, Verbands- oder Staatsmacht. Auch die Strukturen der Interessenvermittlung, beispielsweise die Möglichkeit zu demokratischer Partizipation oder das Streikrecht, entscheiden über die Entfaltung von Machtpotenzialen. In den bildungspolitischen Konflikten treffen unterschiedliche institutionelle Gestaltungsideen aufeinander, mit denen die Interessengruppen ihre Forderungen zu untermauern und durchzusetzen suchen. Theoretiker der skandinavischen Machtressourcenschule, wie Walter Korpi und Gösta Esping-Andersen, erklären Unterschiede in der Staatstätigkeit vorrangig als Ergebnis unterschiedlicher Kräfteverhältnisse zwischen gegensätzlichen politisch-gesellschaftlichen Strömungen, beispielsweise der Arbeiterbewegung, des Katholizismus und des Liberalismus. Mit unterschiedlichen ökonomischen, politischen und ideellen Machtressourcen ist das Entstehen verschiedener Wohlfahrtsstaatstypen und das daraus resultierende Ausmaß an politischer Umverteilung, wie ich anhand der Wohlfahrtsstaatstheorie von Esping-Andersen gezeigt habe, erklärt worden (vgl. Esping-Andersen/Korpi, 1984; Esping-Andersen, 1990). Die Fähigkeit gesellschaftlicher Akteure zur Mobilisierung von politischen Machtressourcen und die jeweilige Machtbalance zwischen politisch organisierten Großgruppen entscheidet letztlich über die Verteilungsergebnisse und –wirkungen in spezifischen institutionellen Arrangements und damit auch im Feld der Bildung (vgl. Kohl, 1993: 77). Müller et al. (1997) erläutern, warum vor allem in der Frage nach der institutionellen Gestaltung der nationalen Bildungssysteme tiefe innergesellschaftliche Konflikte ausgetragen wurden und werden: „Die Überzeugung, dass über Bildungseinrichtungen in hohem Maße die Wertorientierungen nachrückender Generationen und die sozialen und ökonomischen Chancen einzelner Bevölkerungsgruppen beeinflusst werden können, hat in einzelnen Gesellschaften zu äußerst heftigen und teilweise jahrzehntelangen Konflikten über die Ausgestaltung des Bildungs- und Ausbildungssystems geführt. In diesem Entwicklungsprozess sind die nationalen Besonderheiten der Systeme entstanden und unterschiedliche Wege geschaffen worden, um die überall als wichtig empfundene allgemeine sowie berufliche Bildung der Bevölkerung und ihrer Vorbereitung auf das Erwerbsleben zu gewährleisten. Lösungen, die dafür in früherer Zeit etabliert wurden, haben spätere Anpassungen beeinflusst. Bildung und Ausbildung gehören deshalb zu jenem Teil der institutionellen Infrastruktur der europäischen Gesellschaften, der als Folge unterschiedlicher historischer Ausgangsbedingungen und Entwicklungen von Land zu Land stark variiert" (Müller/Steinmann/Schneider, 1997: 185).

Auf unterschiedliche Interessen und Ideen rekurrierende politische Lager und deren Machtressourcen spielen bei der Regulierung und Ausgestaltung des Bildungs- und Ausbildungssystems eine entscheidende Rolle. Hinter den Konflikten um die Gestaltung nationaler institutioneller Ordnungen verbergen sich auch tieferliegende gesellschaftliche Konflikte um Ressourcen (vgl. Korpi, 1980). Auch die Auseinandersetzung um die Gewährleistung öffentlicher Bildungsproduktion und um den mehr oder weniger auch von ökonomischen Zwängen freien Zugang zu Bildung muss als Teil umfassenderer gesellschaftlicher Verteilungskonflikte gedeutet werden. Der Machtressourcenansatz sensibilisiert dafür, dass in der Geschichte der Nationalstaaten sehr unterschiedliche machtpolitische Konstellationen zu den jeweiligen Ausprägungen der spezifischen Bildungssysteme geführt haben. Die etablierten Bildungssysteme sind damit, wie die wohlfahrtsstaatlichen Systeme insgesamt, immer auch das Ergebnis früherer Strukturentscheidungen und damit früherer gesellschaftlicher Prioritäten (vgl. Kohl, 1993: 78). Darüber hinaus entwickeln einmal etablierte institutionelle Arrangements auch im Bildungssektor ein gewisses Beharrungsvermögen, das gegen radikale machtpolitische Strategien und veränderte gesellschaftliche Prioritäten, die auf eine Veränderung der bildungspolitischen Grundkonzeptionen abzielen, schützt. Ich werde diese Problematik der Pfadabhängigkeit institutionellen Wandels im Bildungssystem in Kapitel 3 weiter untersuchen. Unterschiedliche institutionelle Gestaltungsalternativen sind auch im Bildungssystem nicht voluntaristisch wählbar, sondern stellen objektivierte Kompromisse konkreter (historischer) Interessen- und Machtkonstellationen dar. „Gesellschaftliche Machtverhältnisse beschränken so die möglichen Optionen bzw. den zu einem bestimmten historischen Zeitpunkt gegebenen Handlungsspielraum, aber sie determinieren ihn nicht völlig" (Kohl, 1993: 78). Neue Handlungsoptionen eröffnen sich den bildungspolitischen Akteuren - womöglich auch bisher noch nicht handlungsfähigen neuen Akteuren - idealtypisch im Zuge unübersichtlicher machtpolitischer Konstellationen vor allem in sozioökonomischen Übergangsperioden. Die Renaissance der Arbeitsgesellschaft im Zeitalter der Individualisierung, der Strukturwandel von der Industrie- zur Dienstleistungsgesellschaft und die wirtschafts- und sozialpolitischen Herausforderungen durch die Globalisierung und die Europäisierung eröffnen ein Zeitfenster für die Umgestaltung des Bildungssystems. Die Chancen und Risiken dieser Transformation, deren markantester Zug in den Augen vieler Beobachter die Ökonomisierung des Bildungssystems ist, werden von den verschiedenen gesellschaftlichen Akteuren sehr unterschiedlich bewertet. Diese aus theoretischen Überlegungen der Sozial- und Wohlfahrtsstaatsforschung gewonnene Perspektive wird im Folgenden die soziologische Analyse des bildungsökonomischen Feldes in Deutschland anleiten. Legt man den Machtressourcenansatz als Raster der Analyse zugrunde, so ist die spezifische Organisationsform des konservativen Bildungsstaats als das Ergebnis der machtvollen Interaktion verschiedener organisierter Interessengruppen zu interpretieren, die als historische Subjekte bildungspolitische Ziele formuliert und gegen andere Interesse durchgesetzt haben. Dabei haben sich die normativen Ordnungsideen des konservativen Wohlfahrtsstaats gegen liberale Ideen und die Ideen der Arbeiterbewegung, wie im Fall des gegliederten Schulsystems gezeigt, historisch durchgesetzt. Viele andere Konflikte zwischen bildungspolitischen Interessengruppen und ihren Ordnungsideen wurden im Sinne eines institutionellen Nebeneinanders relativ undurchlässiger Subbildungssysteme stillgelegt. Ein Beispiel dafür ist das gesellschaftlich „versäulte" System der Berufsausbildung im Dualen System und im Hochschulsystem.

Der wachsende Ökonomisierungs- und Privatisierungsdruck im Feld der Bildung, so die zentrale These der vorliegenden Arbeit, untergräbt die Grundlagen der historisch gewachsenen spezifischen Strukturen des deutschen Bildungsstaats. Die Grundstrukturen des konservativen Bildungsstaats, wie sie in Abgrenzung zu anderen Varianten des Bildungsstaats identifiziert wurden, haben sich vor dem Hintergrund eines genuinen nationalen Produktionssystems und vor dem Hintergrund einer spezifischen, von anderen Varianten des Wohlfahrtsstaats abgrenzbaren sozialpolitischen Konstellation, entwickelt. Nachdem sich der Staat aus den meisten güterorientierten Produktionsbereichen als „wirtschaftende Gemeinschaft" zurückgezogen hat, wendet er sich nun zunehmend auch von verschiedenen Feldern der Dienstleistungsproduktion ab und definiert sich in diesen Feldern als „wirtschaftsregulierende Gemeinschaft" neu. Der Erfolg des Marktliberalismus der 1980er und 1990er Jahre in Großbritannien und den Vereinigten Staaten und der Zusammenbruch der sozialistischen Ökonomien in Ostdeutschland und in Osteuropa bestätigen scheinbar die Überlegenheit marktwirtschaftlicher Lenkung und damit den Rückzug des Staates aus der Rolle einer wirtschaftenden Gemeinschaft. Wirtschaftende Gemeinschaften unterliegen dem Generalverdacht der liberalen politischen Ökonomie, gesellschaftliche Ressourcen ineffizient zu verwerten. Damit sind die Grundpfeiler des konservativen Bildungsstaats in Frage gestellt.

Die Bereitstellung von Dienstleistungen und Infrastrukturen im sozioökonomischen Feld der Bildung ist in Deutschland bis heute immer noch weitgehend eine Aufgabe des öffentlichen Sektors. Jeder Person soll ein fairer Zugang zu Bildung ermöglicht werden. Das öffentliche Bildungswesen mit seinen vorschulischen, schulischen und hochschulischen Einrichtungen folgt dabei dem Rationalitätskriterium der Versorgung, das beispielsweise aus Absatz I, Artikel 26 der Allgemeinen Erklärung der Menschenrechte (Recht auf Bildung für alle Menschen) abgeleitet werden kann. Doch die scheinbar überlegene Rolle von Märkten als Mechanismus zur Koordination wirtschaftlicher Aktivitäten in der Güterproduktion und zunehmend auch in der produktions- und personenorientierten Dienstleistung stellt diesen Konsens auch im Feld der Bildungsproduktion ernsthaft in Frage.

Diese Herausforderung sensibilisiert dafür, dass Bildung seit jeher nicht nur eine Aufgabe des Staates war. In nicht unerheblichem Umfang waren und sind Organisationen des Non Profit-Sektors an der Bereitstellung von Bildungsgütern und Dienstleistungen beteiligt. Neben den konfessionellen Schulen sind viele Institutionen der Erwachsenenbildung und der Berufsbildung an religiösen bzw. weltanschaulichen Wertrationalitäten orientiert. Das wachsende privatwirtschaftliche Bildungswesen folgt dagegen dem Rationalitätskriterium der Profitmaximierung.

Wie stark die Nachfrage nach privatwirtschaftlichen Bildungsdiensten auch im allgemeinbildenden schulischen Teilsystem gewachsen ist, illustriert der wachsende illegale Teilsektor der For Profit-Sphäre, der Leistungen als Schwarzarbeit durch nicht versteuerte und nicht sozialversicherte Nachhilfestunden bereitstellt. Der private Haushalt ist die Sphäre gesellschaftlicher Wohlfahrtsproduktion in der in Eigenarbeit/Selbststudium unter Zuhilfenahme von informationstechnischen Medien, unter der Anleitung und Mithilfe von Familienmitgliedern und vor allem unter der Nutzung von familiären Ressourcen Bildung entlang der Rationalitätskriterien Fürsorge und Versorgung produziert wird. Pierre Bourdieu hat für die auch im Zeitalter der Bildungsexpansion immer noch zentrale Bedeutung der Familie für die Bildungschancen der Kinder sensibilisiert (vgl. Bourdieu, 1983; Gubitzer, 2005: 30f.).

Die Bedeutung der privaten Haushalte bleibt jedoch ambivalent. Die Privathaushalte treten im sozioökonomischen und soziokulturellen Modernisierungsprozess als Produktionsorte von Bildung nicht nur in sozial schwachen Familien, sondern auch im Zuge sozialstruktureller Veränderungen, die das in Deutschland lange dominierende Ernährer/Hausfrau-Familienmodell erodieren lassen, immer mehr zurück. Andererseits sind die Privathaushalte durch die neuen technischen Möglichkeiten und den wachsenden Zwang zu lebenslangem Lernen vor allem im Erwachsenenalter als gesellschaftliches Lernumfeld und -ort wieder wichtiger geworden.

Der Wandel der Interaktionsordnung zwischen den vier Sphären der Bildungsproduktion, der durch die vielschichtigen Privatisierungs- und Ökonomisierungsprozesse und -strategien in Gang kommt, rückt die gesellschaftliche Organisation der personenbezogenen und sozialen Dienstleistungen auch in den Mittelpunkt der Debatten um die Reform des deutschen Bildungssystems. Ob diese Formen der Arbeit im privaten Haushalt, privatwirtschaftlich verfassten Unternehmen, staatlichen Einrichtungen oder intermediären Non Profit-Organisationen erbracht werden und wer diese Dienstleistungen bezahlen wird, hängt letztlich von politischen und kulturellen Wert- und Zielvorstellungen ab. Die Aufgabe der Soziologie in diesem normativen Konfliktfeld besteht darin, die Entwicklungs- und Rationalitätspotenziale aufzudecken, die für die institutionelle Gestaltung der Arbeitssphären Staat, private Haushalte, privatwirtschaftliche Unternehmen und die Organisationen des Dritten Sektors relevant sind.

3. Stabilität und Krise des konservativen Bildungsstaats

Im Folgenden werde ich aus einer sozialhistorischen und gesellschaftstheoretischen Perspektive die Ursachen und Konsequenzen der aktuellen Konjunktur ökonomischer Konzepte und Begriffe in den bildungspolitischen Debatten und Reformen für den Wandel der Interaktionsordnung zwischen den vier Sphären der Bildungsproduktion untersuchen. Ökonomisierungs- und Privatisierungstrends im deutschen Bildungssystem werden als Facetten, Folgen und Begleiterscheinungen eines umfassenden sozialstrukturellen und sozialstaatlichen Wandels gedeutet (vgl. Zymek, 2004: 121). Durch diese dezidiert soziologische Perspektive auf den Ökonomisierungs- und Privatisierungsprozess können die zentralen Entwicklungsperspektiven und -potenziale für den konservativen Bildungsstaat identifiziert werden.[38] Diese Herangehensweise erlaubt es darüber hinaus, Antworten auf die Frage zu finden, warum es dem konservativen Bildungsstaat bis heute so erfolgreich gelang, seine Strukturprinzipien, auch vor dem Hintergrund der Veränderung seines sozialen und ökonomischen Umfelds, aufrechtzuerhalten.

Ein Modell zur Erklärung der Konstanz institutioneller und habitueller Strukturen von Bildungssystemen und Bildungsstaatlichkeit liefert die Theorie der Pfadabhängigkeit, die, wie Roger Dale (2000) kritisch gegen die Bildungsforschung einwendet, nur selten und unsystematisch zur Erklärung von Bildungssystemen verwendet wird. Unter Pfadabhängigkeit versteht die Soziologie der Institutionen (vgl. Knight/Sened, 1998) ein interdependentes institutionelles Beziehungsgeflecht, das auch dann weiterbesteht und von politisch gestaltenden Akteuren nicht grundlegend verändert werden kann, wenn es sich nicht mehr um den effizientesten Lösungsweg für soziale Probleme handelt.[39] Je mehr also im Zeitablauf in einen bestimmten Entwicklungsstrang eines Bildungssystems investiert wurde, desto unwahrscheinlicher wird ein Pfadwechsel. Dennoch stellt sich im Angesicht des heftigen öffentlichen

---

38 Im Gegensatz zu den normativen, monokausalen und nicht selten personalisierenden Erklärungen der Kulturkritik, auf die ich in Kapitel 4 noch näher eingehen werde, beansprucht die Soziologie als Wissenschaft, „Mechanismen" zu identifizieren und „Theorien mittlerer Reichweite" zu entwickeln, „die mit ihrem Anspruch etwa in der Mitte zwischen den nur für den jeweiligen Einzelfall gültigen Analysen der Historiker und den allgemein gültigen Gesetzen der Naturwissenschaftler stehen: Es sind strukturelle Zusammenhänge, die in verschiedenen gesellschaftlichen und sozialen Rahmenbedingungen ihre spezifische Wirkung entfalten" (Müller-Benedict, 2002: 673).

39 Das Konzept der Pfadabhängigkeit hat nicht zuletzt durch die Verleihung des Nobelpreises für Wirtschaftswissenschaften an Douglass C. North, einem prominenten Vertreter dieses Konzepts, im Jahre 1994 breite Popularität erlangt. North (1992, 1995) hatte das Konzept der Pfadabhängigkeit aus dem Feld der Technologien auf Institutionen übertragen. In der Folge interessierten sich viele Sozialwissenschaftler für das Konzept, das wichtige Anregungen zur Beantwortung von Fragen nach den Möglichkeiten und Grenzen institutionellen Wandels lieferte (vgl. Wetzel, 2005: 6).

Drucks, den die Kritiker auf das tradierte Bildungssystem ausüben, die Frage: Sind die sozioökonomischen und soziokulturellen Transformationsprozesse in Deutschland stark genug, eine Auflösung des konservativen bildungsstaatlichen Konsenses auch gegen den Trend zur Pfadabhängigkeit herbeizuführen? In den folgenden Analyseschritten werde ich mögliche Grenzen einer rein an dem Theorem der Pfadabhängigkeit orientierten Betrachtung der Wandlungsprozesse im deutschen Bildungssystem, insbesondere am Beispiel der schleichenden Ökonomisierung und Privatisierung dieses Systems, ausleuchten.

3.1. Kulturelle und sozioökonomische Hintergründe der Bildungsexpansion

Die zunehmende Ökonomisierung der Lebensverhältnisse in modernen Gesellschaften wird in marktwirtschaftlich orientierten Modernisierungsdiskursen als nicht intendierte Nebenwirkung von allgemein positiv eingestuften soziokulturellen, sozioökonomischen und technisch-wissenschaftlichen Entwicklungen gedeutet (vgl. Kirchgässner, 1997: 129).[40] Die Modernisierung der gesellschaftlichen Sphäre der sozialen Reproduktion wurde in den letzten Jahrzehnten in vielen Industrie- und Dienstleistungsgesellschaften mit dem Ziel vorangetrieben, die geschlechtsspezifischen Ungleichheiten abzubauen. Im Zuge der Umgestaltung der Sphäre der Reproduktion wurden vor allem die Frauen mit ihren Tätigkeiten aus den privaten Haushalten heraus in einen nun um neue Branchen und Tätigkeitsfelder erweiterten Arbeitsmarkt integriert. Die Integration von haushaltsnahen Tätigkeiten in den formalen Arbeitsmarkt und damit die Kommodifizierung bzw. Ökonomisierung der Arbeit der Frauen vollzieht sich in den modernen Industrie- und Dienstleistungsgesellschaften sehr unterschiedlich. Als wichtiger Grund für die verschiedenen Pfade in die (um die professionalisierten personen- und haushaltsorientierten Dienstleistungen erweiterte) Dienstleistungsgesellschaft werden in der Sozialforschung die unterschiedlichen kulturellen und politischen Traditionen in den einzelnen Ländern und Gesellschaften identifiziert (vgl. Pfau-Effinger, 1998).

3.1.1. Familiäre Arbeitsteilung und der konservative Bildungsstaat

Die Integration vor allem der verheirateten Frauen in den Arbeitsmarkt und deren Emanzipation aus der familienzentrierten Struktur des konservativen Wohlfahrtsstaats ist ein von großen Teilen der Frauenbewegung erwünschter Modernisierungsprozess, der, wenn auch nicht explizit intendiert, zur Ausbreitung formaler Märkte in

---

40 Ökonomisierung kann eine nicht intendierte Nebenwirkung von technisch-wissenschaftlichen Entwicklungen sein. Beispielsweise ist ohne die wissenschaftlichen und technologischen Innovationen im Bereich der Transplantationsmedizin die Entstehung eines weltweiten Marktes für Organe mit seinen intentionalen und nicht intentionalen Folgen nicht denkbar.

soziale Bereiche, die bisher durch andere Mechanismen sozialer Koordination geregelt waren beiträgt und damit die allgemeine gesellschaftliche Ökonomisierung vorantreibt (vgl. Esping-Andersen, 1999; Kirchgässner, 1997: 128). Denn die gleichberechtigte Integration der Frauen in den formalen Arbeitsmarkt führt dazu, dass die bisher vorwiegend den privaten Haushalten und den Familien obliegende Erziehungs-, Bildungs-, Pflege- und Versorgungsarbeit für Kinder, Kranke und Alte „ökonomisiert" wird. Die Ökonomisierung von Teilen der Hausarbeit, des Bildungs- und Gesundheitswesens und der Pflegearbeit (care economy) ist damit als nicht intentionale Folge positiv bewerteter Entwicklungen zu deuten, die von Fortschrittsbewegungen, die über gesellschaftliche Machtressourcen verfügen, forciert werden (vgl. Madörin, 2001).

Die Zeit des berufsständisch geprägten Industrie- und konservativen Wohlfahrtsstaats, in der auch ein niedrig qualifizierter männlicher Familienvorstand Frau und Kinder miternähren konnte und die Ehefrau in Form unbezahlter Familienarbeit als Amateurin die verschiedensten „privaten" Funktionen (z. B. als Sozialpädagogin, Sozialarbeiterin, Haushaltshilfe, Putzfrau, Altenpflegerin, Krankenschwester, Erzieherin) erledigte und dafür aus den Fängen der kapitalistischen Marktökonomie „freigesetzt" wurde, gehört auch in den alten Bundesländern zunehmend der Vergangenheit an. Ein großer Dienstleistungssektor, ob nun privat oder öffentlich organisiert, steht in Konkurrenz zur Fähigkeit von privaten Haushalten, „sich gleichsam selbst zu bedienen", d. h. die Haushaltsproduktion in Eigenarbeit zu leisten. Deshalb hängt die Dynamik der Dienstleistungsökonomie in hohem Maße von der Fähigkeit von Haushalten ab, ihren Bedarf an Dienstleistungen zu externalisieren und damit zu ökonomisieren. Der boomende Markt für Betreuung und Nachhilfe sind Beispiele für diesen Ökonomisierungstrend. Nicht nur der Anstieg von Einpersonen- und Einelternhaushalten setzt das überkommene Modell der sozialen und ökonomischen Reproduktion und die darauf ruhenden sozialstaatlichen Institutionen unter Reformdruck. Die Ausbreitung und zunehmende Selbstverständlichkeit der Doppelverdienernorm (wenn auch um den Preis, dass die Frauen in Teilzeit arbeiten) führt zu mehr Instabilität und Fragilität der überkommenen Familienform und zwar tendenziell in allen sozialen Milieus und sozialen Schichten. Frauen konzentrieren ihr Leben einerseits aus ökonomischen Zwängen - die wirtschaftliche Globalisierung und Europäisierung mit liberalen Wohlfahrtsstaaten unterminieren das konservative Familienlohn- und Familienversicherungskonzept - und andererseits aus soziokulturellen Gründen auf die Erwerbsarbeit außerhalb der Familie.

3.1.2. Ökonomisierung und Bildungsexpansion

Diese soziologische Perspektive auf die Ökonomisierungsthematik ist für die Beantwortung der Frage nach den sozialen Ursachen für die zunehmende Ökonomisierung von Bildung aufschlussreich. Zu einer neuen Form von makrostrukturellen Arbeitsteilungen zwischen den Sphären der Wohlfahrtsproduktion, insbesondere zwischen den privaten Haushalten und Staat und Wirtschaft trug auch die Bildungsexpansion der 1960er und 1970er Jahre wesentlich bei. Die Bildungsexpansion - in den 1960er Jahren getragen und forciert von einer breiten Bürgerbewegung, die die Verwirklichung von mehr Chancengleichheit anstrebte - gilt als die wichtigste Reform und Leistung des (west-)deutschen Bildungssystems in der zweiten Hälfte des 20. Jahrhunderts. Es war vor allem der wachsende staatliche und wirtschaftliche Bedarf an schulisch vermittelten Qualifikationen, der die Bildungsexpansion während der „Großen Bildungspolitischen Koalition" in den Jahren 1964-1969 entscheidend mit in Gang setzte (vgl. Massing, 2003: 19). Die diskursbestimmende Veröffentlichung „Bildung ist Bürgerrecht" von Ralf Dahrendorf (1965b) hatte zu einer breiten bildungspolitischen Aktivierung der Öffentlichkeit beigetragen. Denn mit seinem Buch, in dem er einen Modernitätsrückstand der deutschen Gesellschaft feststellte, die Herstellung von Chancengleichheit und eine aktive Bildungspolitik forderte, traf Dahrendorf den Nerv der Zeit. Allein das öffentliche Einklagen gleicher Bildungschancen hätte jedoch, so Massing, kaum ausgereicht, die überkommenen Bildungsinstitutionen und bildungspolitischen Schließungsmechanismen für die Kinder der mittleren und unteren Schichten und vor allem für die Mädchen aufzubrechen und die mit dieser Öffnung notwendigen Investitionen öffentlich zu finanzieren. Erst die argumentative Verknüpfung der Bürgerrechtsthematik mit der durch Georg Picht dramatisch mit seinem Werk „Die deutsche Bildungskatastrophe" (1965) angestoßenen Debatte um die ökonomischen Folgen eines Mangels an ausreichend qualifizierten Beschäftigten hatten die Entstehung einer großen bildungspolitischen Koalition begünstigt, die es letztlich vermochte, gemeinsam mit den Bürgerrechtlern die Machtressourcen zu mobilisieren, die für die erhoffte Expansion der Bildungsbeteiligung und der Bildungsinstitutionen notwendig waren. Die Bildungsexpansion wurde mit dem Anspruch forciert, die bestehende Struktur sozialer Ungleichheit bildungsstaatlich zu transformieren, um bisher aus sozialstrukturellen Gründen brachliegende individuelle Bildungsreserven zu erschließen bzw. auszuschöpfen.

Die gesellschaftspolitischen Debatten und bildungspolitischen Maßnahmen, die durch die genannten Autoren angeregt wurden, machten die tiefgehende strukturelle Veränderung der westdeutschen Gesellschaft in der Nachkriegszeit sichtbar: Mit dem Wirtschaftswunder hatte sich eine breite, liberaler als früher orientierte und im Modernisierungsprozess zunehmend professionell geprägte neue Mittelschicht mit starken Bildungsbedürfnissen und Aufstiegswünschen entwickelt, die in ihrer Parteienidentifikation weniger als die alten Klassen und Schichten kulturell und vor allem politisch festgelegt war und daher eine interessante Zielgruppe für die demokratischen Parteien darstellte (vgl. Massing, 2003: 19). Von mehr Bildung erhoffte sich die Reformbewegung, die von dieser neuen Mittelschicht ausging, Wohlfahrtsgewinne, die zunächst die ökonomischen und dann allmählich auch die vielgestaltigen sozialen Barrieren der - trotz Wirtschaftswunder - immer noch ständisch geprägten Bildungsgesellschaft weiter einebnen sollte (vgl. Dahrendorf, 1965a). Warum gelang es vor diesem Hintergrund nicht, die Strukturen des konservativen Bildungsstaats, wie ich sie in Kapitel 2 skizziert habe, aufzubrechen?

Die rapide Expansion des Besuchs weiterführender Bildungsinstitutionen im Zuge der Bildungsexpansion spielt eine wichtige Rolle bei der Modernisierung und

Durchsetzung des Wohlfahrtsstaates und der Ausweitung von Individualisierungschancen.[41] Max Haller weist darauf hin, dass Bildungssysteme immer auch gesellschaftliche Systeme zur Klassifizierung von Individuen sind. Gerade die erfolgreiche Durchsetzung des meritokratischen Prinzips im Zuge der Bildungsexpansion habe zu einer Intensivierung schichtspezifischer Ausleseprozesse geführt und darüber hinaus zu einer immer weitergehenden öffentlich normierten Klassifikation von Personengruppen und Wissensbeständen. Das Bildungssystem stelle unter dieser Perspektive ein Allokationsprinzip gesellschaftlicher Chancen dar, das inhärent hierarchisch strukturiert sei. Alle drei Aspekte, so Haller, hätten weitreichende Konsequenzen für das Klassen- und Schichtsystem der modernen Gesellschaften. Im Falle wirtschaftlicher Krisen führe dieses System zu einer besonderen Benachteiligung der Ungelernten. Es unterminiere das Selbstbild derer, die im Bildungssystem nicht zu reüssieren in der Lage seien und es führe zu einer generellen Verfestigung der hierarchisch-vertikalen Strukturierung der Gesellschaft (vgl. Haller, 1989: 147). Und vor allem am unteren Rand der Bildungshierarchie könnte die Polarisierungstendenz gegen die Individualisierungstendenz wirken und eine Homogenisierung der individuellen sozialen Lagen zu einer neuen Statusgruppe, einer Underclass, herbeiführen. Die Prognose Hallers scheint sich am Anfang des 21. Jahrhunderts immer mehr zu bestätigen. Zu den Verlierern der Bildungsexpansion, so Bender, „gehörten die unteren Schichten, deren Kinder zu keinen oder nur zu unzureichenden Bildungsabschlüssen gelangten. Der deutsche Arbeitsmarkt demonstrierte erbarmungslos seine Rigiditäten und verweigerte zunehmend deren Integration" (Bender, 2007: 57).[42]

Der Polarisierung der partei- und bildungspolitischen Lager war es geschuldet, dass es in den 1960er und 1970er Jahren nicht gelang, den Entwicklungspfad des konservativen Bildungsstaats mit seinem dreigliedrigen Schulsystem durch ein gestuftes und integrierendes Schulsystem zu ersetzen (vgl. Gottschall, 2003b). Der Elan der Reform erlahmte in der Folgezeit fast vollständig. „Seit der zweiten Hälfte der 70er-Jahre fand in der Bundesrepublik Deutschland staatliche Bildungspolitik, sei es als weiterer Systemausbau oder als Strukturreform der bestehenden Institutionen, nicht mehr statt. Im deutschen Einigungsprozess nach 1990 wurden die Struktu-

---

41 Die Bildungsexpansion spielt in Ulrich Becks Vorstellung vom Fahrstuhl-Effekt eine zentrale Rolle. Trotz weiterhin bestehender ungleicher Verteilungsrelationen auch im Ausbildungssektor, sei das absolute Bildungsniveau der gesamten Bevölkerung gehoben worden. Beck selbst verwendet in diesem Zusammenhang den Begriff Niveauverschiebung. „Selbst bei sich durchhaltenden Ungleichheitsrelationen kann sich nämlich das gesamte Niveau entweder nach oben oder nach unten verschieben, und diese Verschiebung im Niveau kann für die Lebensbedingungen der Menschen aufgrund der damit ausgelösten Entwicklungen und Veränderungen sehr viel bedeutsamer sein, als die sich auf dem neuen Niveau wieder herstellenden Abstände und Relationen" (Beck, 1983: 37). Dies habe wesentlich dazu beigetragen, dass die Individuen in einem historischen Kontinuitätsbruch aus traditionellen (Klassen-, Schicht- und Standes-) Bindungen herausgelöst und auf ihr individuelles Schicksal verwiesen worden seien (vgl. Beck, 1983: 36f.).

42 Vgl. zum Wandel der Arbeitsmarktchancen in der Wissensgesellschaft und der zunehmenden sozialen Polarisierung durch Wissen Kraemer und Bittlingmayer (2001) und Miethe (2004).

ren der westdeutschen Bundesländer auch noch – zumindest formal – in den ostdeutschen Bundesländern eingeführt" (Zymek, 2004: 124). Das Resultat war, dass die Bildungsexpansion in Deutschland nicht zu umfassender Chancen- und Leistungsgerechtigkeit über die vertikalen Ungleichheitsstrukturen hinweg beigetragen hat, wie sie von den Bildungsreformern der 1960er und 1970er Jahre erhofft wurde. Auch die Produkt- und Prozessinnovationen und das enorme Wachstum der Produktivität, die ohne das verbesserte und vermehrte Humankapital kaum möglich gewesen wären, haben die altbekannten Phänomene schichtspezifischer Ungleichheit nicht zum Verschwinden gebracht. Nach den für das deutsche Bildungssystem blamablen, d.h. nicht den sozialharmonischen Erwartungen großer Teile der Bevölkerung entsprechenden, international vergleichenden Schülerleistungsstudien, die mit einem sozialstrukturblinden kriterienorientierten Verfahren der Leistungsmessung arbeiten, zweifeln viele Beobachter an der Effektivität (im Sinne der Zielerfüllung) der Bildungsökonomie des konservativen Bildungsstaats (vgl. Reinprecht, 2005: 129).

Mit anderen Worten: Die Regression der staatlichen Bildungspolitik auf die Verwaltung der bestehenden Verhältnisse und damit die Festschreibung des Ausbaustands der 1970er Jahre des letzten Jahrhunderts hatte paradoxerweise nicht die strukturelle Bewahrung des bestehenden Bildungssystems zur Folge, sondern bewirkte im Gegenteil, von der Bildungspolitik weitgehend unbemerkt, einen dramatischen Funktionswandel der formal unveränderten Institutionen des konservativen Bildungswesens (vgl. Zymek, 2004: 125).

Es besteht ein enger Zusammenhang zwischen der aktuellen Konjunktur ökonomischer Begriffe und Strategien im bildungspolitischen Diskurs mit zwei fundamentalen Facetten des langfristigen Strukturwandels des deutschen Bildungssystems: dem schleichenden Funktionsverlust des Berechtigungswesens und der Expansion der kommerziellen Bildungsangebote im Umfeld des staatlichen Bildungssystems im Laufe der letzten Jahrzehnte. Die Entwicklung sei, so Zymek, dadurch charakterisiert, dass das staatliche und kostenfreie Bildungssystem immer mehr auf einen Kern von Pflichtschulen zurückgestutzt wird und die für Berufskarrieren relevanten Bildungszertifikate zunehmend in privaten und kommerziellen Institutionen erworben werden (müssen) (vgl. Zymek, 2004: 121). Gerade weil keine aktive staatliche Strukturreformpolitik mehr betrieben wurde, so die These Bernd Zymeks, transformierte der demographische, sozial- und berufsstrukturelle Wandel, unter der Oberfläche formaler Stabilität, die bestehenden Strukturen (vgl. Zymek, 2004: 125). Seit die internationalen Schülerleistungsstudien als Initialzündung die Aufmerksamkeit der politischen Öffentlichkeit für das Bildungswesen wieder erhöht haben, wird ein vielleicht nur mit der Bildungsexpansion der 1960er und 1970er Jahre vergleichbarer fundamentaler Wandlungsprozess im Bildungssystem sichtbar, der sich, folgt man der Analyse Bernd Zymeks, schleichend schon seit zwei Jahrzehnten angebahnt hat: „Wenn heute nicht nur Vertreter der Privatwirtschaft, sondern auch Politiker aller Parteien in Deutschland <mehr Markt> im öffentlichen Bildungssystem und den Umbau seiner Institutionen zu Dienstleistungsunternehmen fordern, so ist dies nicht etwa eine ganz neue Politik, die jetzt erst eingeleitet werden muss, sondern die amtliche Anerkennung und begriffliche Beschönigung, dass schon seit über 20 Jahren von Seiten der Politik keine den traditionellen Systemausbau fortsetzenden oder ersetzenden politischen Strategien mehr zur Verfügung steht, dass seit Jahren ein Rückzug des Staates aus der strukturellen Bildungspolitik stattgefunden hat, dass das öffentliche Bildungssystem seine frühere Reichweite ins Beschäftigungssystem verloren hat und dass längst als Ergänzung zu den Institutionen der öffentlichen Bildung ein Markt für kommerzielle Bildungsanbieter entstanden ist, die in die Lücke stoßen, die der schleichende Struktur- und Funktionswandel des öffentlichen Bildungssystems in Deutschland während der letzten Jahrzehnte aufgerissen hat" (Zymek, 2004: 127). Der schleichende Struktur- und Funktionswandel des öffentlichen Bildungssystems führt, wie Zymek postuliert, zu weit reichenden Eingriffen und Veränderungen und verbleibt dennoch – wie noch zu zeigen sein wird – im Rahmen der Weichenstellungen und der Logik des konservativen Bildungsstaats.

Mit dem sukzessiven Rückzug des Staates aus dem Bildungssystem droht, so Zymek, nicht nur die schleichende Abwendung und Abwanderung der sozialen Eliten aus dem öffentlichen Bildungssystem. Die sozialen Eliten, das verdeutlichen die Debatten um die Zukunft des weitgehend staatlichen Eliteschultyps Gymnasium, haben den konservativen Bildungsstaat bisher gestützt. Mit der drohenden Abwendung der Eliten wächst jedoch die Gefahr, dass auch die demokratische Steuerung und der Bildungsstaat zulasten der ökonomischen Steuerung im bildungsökonomischen Feld weiter an Legitimität verliert (vgl. Zymek, 2004: 121). Vor diesem möglichen Szenario werden Übergänge zu alternativen Entwicklungspfaden deutlich: Eine Stärkung der demokratischen Steuerung des Bildungssystems, wie im skandinavischen bzw. sozialdemokratischen Weg in den Bildungsstaat, der auf die steigende sozioökonomische und soziokulturell motivierte Bildungsnachfrage mit einer Ausweitung seiner Aktivitäten aktiv regiert hat und damit auch die sozialen Eliten weiter an das öffentliche Bildungswesen bindet und auch weiterhin das Feld der Bildung demokratischer sozialer Koordination unterwirft. Oder aber eine Stärkung der ökonomischen Steuerung des Bildungssystems wie im liberalen Modell des Bildungsstaats. Dieser Staat macht den sozialen Eliten den Weg frei, auf dem privaten Bildungsmarkt individuell ihre Bildungsnachfrage zu befriedigen und sich damit weitgehend aus dem öffentlichen Bildungswesen zu verabschieden.

3.2. Individualisierung und Rationalisierung

Die Ökonomisierungs- und Privatisierungsprozesse im deutschen Bildungssystem lassen sich, wie ich gezeigt habe, aus soziologischer Perspektive vor dem Hintergrund der Transformation der Industrie- zur Dienstleistungsgesellschaft als nicht intendierte Nebenwirkungen von sozialstrukturellen und wissenschaftlich-technischen Entwicklungen untersuchen, die als solche von großen Teilen der Gesellschaft als positiv eingestuft werden. Als Ursachen sozialstrukturellen Wandels und damit auch des langfristigen Strukturwandels des deutschen Bildungssystems kommen die Prozesse der Individualisierung, die Rationalisierung der wissensbasierten Dienstleistungsgesellschaft und die Kapitalisierung der Interaktionsbeziehungen in modernen Wohlfahrts-, Wissens- und Arbeitsgesellschaften in den Blick. Alle drei Trends führen dazu, dass die alte (bildungsbürgerliche) Vorstellung in Politik, Öffentlichkeit und Bildungsforschung, Bildung habe vor allem einen konsumtiven personenorientierten Charakter, immer mehr zugunsten einer Vorstellung von Bildung im Sinne einer Investition in wirtschaftlich verwertbares Humankapital aufgegeben wird.

3.2.1. Ökonomisierung und Arbeitsmarktindividualisierung

Das stetige Wirtschaftswachstum und der Ausbau des Sozialstaates in der zweiten Hälfte des 20. Jahrhunderts führten in Deutschland dazu, dass Individualisierungsprozesse bei gleichzeitig weiter bestehender sozioökonomischer Ungleichheit zu tiefgreifenden, von der Bildungspolitik nicht explizit intendierten Veränderungen des deutschen Bildungssystems beigetragen haben. Der Begriff der Individualisierung hat in der Soziologie gerade für die Analyse der veränderten Arbeits- und Lebensbedingungen in Deutschland besondere Relevanz, da hier die zunehmende Erwerbsarbeit von Frauen zu einer konfliktreichen Belastung der institutionellen Arrangements der Familie und der Ehe, in der Sozialpolitik als starkes Brotverdiener-Hausfrau-Modell charakterisiert, geführt hat. Dieser Prozess unterwandert das durch normative und fiskalische Blockaden manövrierunfähig gewordene öffentliche Bildungssystem. Die sozialen, ökonomischen und kulturellen Ressourcen der Familien/privaten Haushalte differenzieren sich im Individualisierungsprozess immer mehr aus, was trotz oder gerade wegen der wachsenden Bedeutung von Bildung in der Arbeitsgesellschaft nicht zu weniger sozialer Ungleichheit geführt hat, obwohl im Zuge der Bildungsexpansion die Bildungsbeteiligung (wenn auch in sehr unterschiedlichem Maße) in allen sozialen Schichten zugenommen hat. Deshalb lässt sich die Bildungspolitik der letzten Jahre, deren dezidiertes Ziel es ist, staatlich organisierte Elitebildung voranzutreiben, als konsequente Weiterentwicklung des Entwicklungspfades des konservativen Bildungsstaats deuten. Ziel dieser Politik ist es, in der Tradition korporatistisch-konservativer Sozialstaatspolitik, die auseinanderstrebenden Kräfte in der deutschen Gesellschaft nicht zu nivellieren, sondern in bestimmten Bahnen zu kontrollieren und zu strukturieren.

Erwerbsarbeit setzte sich in der zweiten Hälfte des 20. Jahrhunderts im Zuge des Strukturwandels der Arbeitswelt moderner Dienstleistungsgesellschaften endgültig als allgemeine Form der Existenzsicherung – auch für die Ehefrauen, die in der alten Arbeitswelt noch auf Reproduktionsarbeit im privaten Haus verwiesen waren – und als gesellschaftliche Norm für alle arbeitsfähigen Individuen durch (vgl. Häußermann/Siebel, 1995: 74-80). Die gesellschaftliche Expansion der Erwerbsarbeit bildet die Kehrseite der Freisetzung der Individuen aus lebensweltlichen Zwangsstrukturen und Standardisierungen, oder wie Nick Kratzer in Anlehnung an Ulrich Beck argumentiert: „Im gleichen Maße, in dem die materielle Reproduktion als individuelle (Arbeits-)Marktabhängigkeit institutionell standardisiert wird, wird die lebensweltliche Reproduktion entstandardisiert, eben individualisiert" (Kratzer, 2005: 247). Je unabhängiger die Individuen von überkommenen Beziehungen in ihrem Nahbereich werden, desto stärker werden sie von individuell und gesellschaftlich verfügbaren Ressourcen und Fähigkeiten abhängig. In ihren persönlichen Spielräumen und Entscheidungen werden die Individuen damit vor allem abhängiger von gesellschaftlichen Institutionen, die sozioökonomisch relevante Ressourcen zuteilen: vom Arbeitsmarkt, von den sozialen Sicherungssystemen und vor allem vom Bildungssystem. Die Individuen und mit ihnen auch die privaten Haushalte werden damit immer mehr von Erwerbseinkommen und von den sozialstaatlichen Lohnersatzleistungen abhängig (vgl. Kratzer, 2005: 247). Das „Lohnarbeiterschicksal" wird zum allgemeinen Schicksal (vgl. Kratzer, 2005: 247).

Vor diesem Hintergrund liefern die aktuellen sozialpolitischen Diskurse der so genannten neuen politischen Mitte, die den „Arbeitsbürger" als zu gestaltendes Objekt in den Blick nehmen, einen Bezugspunkt für die Analyse von Ökonomisierungsprozessen im Bildungssystem. Mit diesen Debatten werden Fragen nach einem gerechteren sozialen Sicherungssystem, das die politischen und sozialen Rechte der Staatsbürger sichern soll, zunehmend aus dem öffentlichen Raum verdrängt. Auf der anderen Seite rückt das Bildungssystem in den Mittelpunkt der um den „Arbeitsbürger" zentrierten wirtschaftsliberalen Reformstrategien (vgl. Gottschall, 2003b). Im Zuge dieses Wandels treten an die Stelle des in Deutschland tradierten idealistischen Bildungsverständnisses, das in Bildung ein (aus ökonomischer Sicht konsumorientiertes) Mittel zu individueller Selbstverwirklichung erkannte, individuelle Kosten-Nutzen-Kalküle und die Orientierung an der Verwertbarkeit von Bildung auf dem Arbeitsmarkt. Im aktuellen „neoliberalen" Diskurs geht es im Kern nicht mehr um „Selbstverwirklichung", sondern um „Selbstverantwortung" oder wie Dirk Kurbujuweit (2003) über die seiner Meinung nach wachsende Macht der Ökonomie in allen Lebensbereichen treffender formuliert, um „unser effizientes Leben". Die Stärkung der Bildung des Einzelnen mit dem Ziel, dessen Existenz und Familie über erfolgreiche Arbeitsmarktteilnahme zu sichern, um damit die öffentlichen sozialen Sicherungssysteme zu entlasten, wenn nicht gar überflüssig zu machen, rückt in den Fokus des neuen reformatorischen Interesses der Gesellschaftspolitik. Auch unter der Oberfläche der deutschen Bildungsdiskurse setzt sich zunehmend die Vorstellung durch, dass Investitionen in Humankapital die beste Sozialpolitik seien. *Employability* als zentrales Bildungsziel wird zum finalen sozialpolitischen Ziel erklärt.

Die Indienstnahme der Bildungspolitik als Sozialstaatsersatz sensibilisiert dafür, dass es sich bei Erziehung, Wissenschaft und Bildung immer um relationale Handlungsprozesse handelt, die in weitere soziale Bezüge eingebettet sind. Reitz und Daheim (2006) identifizieren in dem semantisch und konzeptionell heftig umstrittenen gesellschaftlichen Funktionsbereich Bildung ein Arrangement das all jene Deutungsmuster und Deutungsaktivitäten organisiert, „mittels derer sich Individuen ihre soziale Umwelt und die eigene Position darin aneignen. Es prägt ihre geistige bzw. ideologische (Selbst-)Vergesellschaftung. So verstanden ist Bildung nicht einfach ein kostbares (oder nutzloses) Erbe der deutschen Klassik, das in der Moderne verloren zu gehen droht, sondern ein dauerhaftes funktionales Erfordernis individualistischer Gesellschaften" (Reitz/Daheim, 2006: 382). Doch die Vorstellung und die Haltung, dass sich Bildung ‚rechnen' müsse, ist, so Reinprecht, „längst Teil des Selbstkonzepts der individuellen Akteure und Akteurinnen – auch wenn der berufliche Lebenslauf, um dessen zunehmend flexibles Design es ja im Kern geht, nur in sehr beschränktem Maße individuell bestimmbar, sondern weitgehend sozial strukturiert und durch stabile herkunftsabhängige Muster der Statuszuweisung gekennzeichnet ist" (Reinprecht, 2005: 131).

3.2.2. Die Transformation klassischer Bildungsvorstellungen

Ein neues Bildungsverständnis, das sich seit den 1990er Jahren auch in Deutschland zunehmend durchsetzt, verdrängt den klassischen Bildungsbegriff mit alternativen Konzepten und Begriffen wie Qualifikation oder Kompetenz und fördere, so die Kritiker dieses Wandels, damit ein wachsendes technisch-instrumentalistisches Denken über Bildung. Birgit Sandkaulen (2005) macht in ihrer Analyse des klassischen Bildungsbegriffs einige wichtige Beobachtungen. Obwohl das Wort „Bildung" bei vielen Gelegenheiten, vor allem im Zusammenhang einer permanent und von vielen Seiten mit den unterschiedlichsten Intentionen eingeforderten „Bildungs-Reform", Verwendung fände, als verstünde es sich von selbst, handele es sich doch um einen komplexen, tief in der deutschen Kulturtradition verankerten Begriff mit vielen Bedeutungsnuancen. Im gegenwärtigen Kontext der Hochschulreform, so Sandkaulen (2005: 12), komme es scheinbar nur auf einen Aspekt des Begriffs an. Bildung werde in diesem Zusammenhang als „Erziehung" und/oder „Ausbildung", den mit dieser Aufgabe betrauten Bildungsinstitutionen und den mit dem Bildungsprozess verknüpften Fragen wie Curricula, Bildungsfinanzierung, Studienorganisation, semantisch assoziiert. Diese Sichtweise auf Bildung korrespondiere mit dem, was das englische Wort „education" und das französische Wort „éducation" ausdrückt. Damit habe „das Wort einen geradezu *technischen* Klang angenommen, der präzise anzeigt, worum es vor allem geht: Effizienz, um Nutzenmaximierung, um Abprüfbarkeit, um die Chancen auf dem Arbeitsmarkt, um internationale Vergleichbarkeit, um Ökonomie von Zeit und Geld" (Sandkaulen, 2005: 12). Sandkaulen betont zwar, dass es wichtig sei, sich über die Verwendung von Ressourcen, zu der nicht zuletzt die eigene Lebenszeit zähle, Rechenschaft abzulegen. Wenn man jedoch von „Bildung" nur in technischer, letztlich instrumentalistischer Konnotation spreche, werde die Bedeutung des Begriffs nicht nur verkürzt, sondern auch in ganz unangemessener Weise, wie ihre historisch semantische Analyse des Bildungsbegriffs zeigt, auf eine extrinsische Dimension reduziert. Ausgehend von Hegels „Phänomenologie des Geistes", in der der Begriff Bildung breit entfaltet wird, durchleuchtet Sandkaulen (2005: 11) die ungeheure Breite von Assoziationen die in Hegels Verwendung des Begriffs eine Rolle spielen: Sie reichen von Gestaltung, Entwicklung, bildende Tätigkeit, Gründung, Aufbau, Erziehung bis hin zu Wissen. Das in andere Sprachen „nicht ohne weiteres übersetzbare Wort ‚Bildung' – das hat dieses Wort übrigens mit dem Ausdruck ‚Geist' gemeinsam – ist seiner ursprünglichen Verwendung nach ein *emphatisches* Wort. Emphatisch gebraucht, zehrt es von inhaltlichen und durchaus normativen Vorstellungen, die unterstreichen, dass Bildung – mit all den genannten Konnotationen von formgebender Gestaltung und kreativer Tätigkeit, von dynamischer Entwicklung, aber auch von Fundierung und Struktur, von Ausbildung bestimmter Fähigkeiten und Einstellungen bis hin zum Gewinn von Wissen – nicht vorrangig ein Mittel zu einem äußerlichen Zweck, sondern in erster Linie *Zweck in sich selbst* ist" (Sandkaulen, 2005: 12f.). Dieser emphatische Bildungsbegriff wurde in der zweiten Hälfte des 18. Jahrhunderts zum Modewort einer Generation, die das diesem Begriff innewohnende Abwehrpotenzial gegenüber allen Ansprüchen politischer Erziehungsprogramme auf gesellschaftliche Verwertbarkeit entdeckte (vgl. Faschingeder, 2005: 204). Mehr noch, Wilhelm von Humboldt erkannte in der freien Bildung des Menschen ein ungeheures emanzipatorisches Potenzial (natürlich vor allem für die Söhne des Bürgertums gegenüber dem Adel), dessen Entfaltung Vorrang haben sollte vor der Rücksichtnahme auf die gesellschaftlichen und bürgerlichen Verhältnisse. Im idealistischen Verständnis der Generation, der Wilhelm von Humboldt angehörte, „wurde Bildung zum Inbegriff der Selbstverwirklichung des Menschlichen im Menschen, freilich mit deutlich religiösem oder auch pseudoreligiösem Akzent" (Faschingeder, 2005: 204).

Diese soziokulturell und strukturell im konservativen Bildungsstaat mitverankerte und bis an das Ende des 20. Jahrhunderts lebendige Vorstellung und Konzeption von Bildung wird vor dem Hintergrund der universalisierten Konzeption des „Arbeitsbürgers" grundsätzlich in Frage gestellt. Denn, so wendet Reinprecht kritisch ein, „zur Diskussion steht nicht der Zugewinn von aufgeklärter und bildungsmächtiger Kritik- und Reflexionsfähigkeit, sondern der Erwerb spezifischer, in zunehmender Weise auch außerhalb der traditionellen Bildungsinstitutionen erwerbbarer, unmittelbar verwertbarer und recyclefähiger Fertigkeiten" (Reinprecht, 2005: 131). Die tieferen Ursachen für diesen säkularen Bedeutungswandel identifiziert Reinprecht im Strukturwandel der Arbeitswelt moderner Dienstleistungsgesellschaften. In der neuen Arbeitswelt büßen ehemals klar umrissene Tätigkeitsfelder und Berufsverläufe an Bedeutung ein, „während die beruflichen Tätigkeiten und Qualifikationen tendenziell entstandardisiert, erweitert und in gewisser Weise hybrider werden. Ein ‚richtiger' Beruf, ließe sich zugespitzt formulieren, wird im Unterschied zu den verschiedenen weichen *skills* (wie z. B. Teamfähigkeit, kommunikative oder interkulturelle Kompetenzen) und harten Fertigkeiten (ausbildungsabhängige Qualifikationen) immer seltener nachgefragt" (Reinprecht, 2005: 131).

3.2.4. Rationalisierung der Bildungsproduktion

Die Finanzkrise der in den föderalen Strukturen der Bundesrepublik Deutschland für Bildung und Erziehung zuständigen Länder und Gemeinden und die massive Kritik an der Qualität der schulischen und universitären Bildungsproduktion haben die öffentlichen Bildungsinstitutionen unter einen enormen Legitimations- und Modernisierungsdruck gesetzt (vgl. Weiß, 2001a: 69). Die von den internationalen

Schülerleistungstests (PISA) mit in Frage gestellte Qualität der Leistungserstellung durch die deutschen Schulen und die permanente Kritik an den hohen Studienabbrecherquoten im tertiären Bildungssektor sind nur prominente Beispiele für den eisigen Wind, der dem deutschen Bildungsstaat als Produzent von Bildungsleistungen entgegenweht. Standen noch vor wenigen Jahren inhaltliche und erzieherische Aspekte von Schule (vgl. Ahrens, 1993: 197) und die bürokratischen Rahmenbedingungen der Bildungsvermittlung (vgl. Plake, 2001: 21) im Mittelpunkt der großen Kontroversen in der Schul- und Bildungspolitik und der pädagogischen Kritik am Bildungsstaat, so wird die Situations- und Problemdefinitionen in Bezug auf die Leistungserstellung der Schulen und Universitäten heute weniger vom pädagogischen als von einem ökonomischen Bezugspunkt aus bestimmt (vgl. u.a. Lohmann/Rilling (Hrsg.), 2002; Reuer, 2001). Studienabbrecher gelten in dem neuen Diskurs als Beispiel suboptimaler Allokation der Ressourcen im Hochschulbereich. Dem öffentlichen Bildungssektor wird in den öffentlichen Debatten immer wieder vorgehalten, dass er trotz ständig steigender Ausgaben keine sichtbaren Verbesserungen der Bildungsqualität hervorbringe. Die Bildungspolitik sieht sich deshalb in der Verantwortung, für eine Verbesserung der Effizienz der Bildungsproduktion zu sorgen. Es geht also in erster Linie um die *Rationalisierung* des Zusammenhangs schulischer bzw. hochschulischer Ergebnisse (Qualität und Quantität der Abschlüsse) und der dafür eingesetzten Ressourcen. Ökonomisierung bedeutet im bildungspolitischen Zusammenhang, dass die institutionellen und organisatorischen Mechanismen, die es bestimmten Personen oder Personengruppen erlauben sollen, durch organisierte Lehr-Lern-Prozesse in einem bestimmten Zeitraum strukturierte Bildungsziele zu erreichen, nach betriebswirtschaftlichen und marktwirtschaftlichen Kriterien umgestaltet werden. Markt, Wettbewerb und unternehmerische Leistungserstellung werden aus dieser Perspektive auch im Bildungssystem immer mehr zum zentralen Bezugspunkt sowohl für die Individuen wie auch für die Politik (vgl. Weiß, 2002; Weiß/Weißhaupt (Hrsg.): 2000).

Im Blick auf die jüngere Geschichte des konservativen Bildungsstaats stellt sich die Frage, warum das öffentliche Bildungssystem bislang noch kaum marktwirtschaftlich-ökonomisch, sondern vor allem staatlich-bürokratisch rationalisiert wurde. Zur Beantwortung dieser Frage greife ich meine These auf, dass zwischen den und innerhalb der Sphären der Wohlfahrtsproduktion normative Konflikte um die Arbeitsteilung im Bildungswesen stattfinden. Diese Konflikte werden von verschiedenen konkurrierenden Akteursgruppen ausgetragen, die um den Erhalt oder die Ausdehnung ihres Herrschafts- und Machtbereichs ringen. Der Dritte Sektor und der Unternehmenssektor bzw. der Markt konnten sich bisher vor allem deshalb nicht durchsetzen, weil es den marktwirtschaftlich ausgerichteten Professionals der Privatwirtschaft, den Experten für die profitorientierte und wettbewerbsorientierte Zweck-Mittel-Rationalität, nicht gelang, in das sozioökonomische Feld der Bildung mit ihren normativen Vorstellungen einzudringen. Wenn es um Fragen der Effizienz geht, treten jedoch zunehmend die Experten der Ökonomie, die *private sector pro-*

fessionals auf den Plan (vgl. Perkin, 2001).[43] „Nicht mehr die ‚staatsnahen Professionals' mit ihren juristischen und sozialwissenschaftlichen Modellen und Begriffen, sondern die ‚in der Privatwirtschaft tätigen Professionals' mit ihrem betriebswirtschaftlichen Repertoire liefern nun die Begriffe, Strategien und Institutionen, mit denen der Umbau des Bildungssystems vorangetrieben und begründet wird" (Zymek, 2004: 123). Auch in breiten Teilen der bildungspolitischen Öffentlichkeit hat sich die Vorstellung durchgesetzt, dass das, was für die Lenkung die Wirtschaft gut sei, für das Bildungswesen nicht schlecht sein kann. Vor diesem Hintergrund hat die Politik in den letzten Jahren weit reichende und tief greifende Änderungen der institutionellen Arrangements im Bildungswesen auf den Weg gebracht, die unter anderem unter den Stichworten Privatisierung und Ökonomisierung kontrovers diskutiert werden.

Nicht nur die Einführung betriebswirtschaftlicher Instrumentarien und die Implementierung von Quasi-Märkten[44] im öffentlichen Bildungssystem (vgl. Weiß, 2001a), sondern auch die zunehmende Anpassung des Bildungssystems an das gesellschaftliche Teilsystem Wirtschaft (vgl. Wagner, 2005; 2004) wird als Ökonomisierung von Bildung und des Bildungssystems gedeutet und damit als tendenzielle Entdifferenzierung der Sinnsysteme Bildung, Erziehung und Wissenschaft (vgl. Pelizzari, 2005). Der öffentliche Diskurs thematisiert Ökonomisierung in diesem Zusammenhang als eine Ausweitung bzw. Intensivierung und Vertiefung von „Wirtschaft" im gesellschaftlichen Subsystem Bildung (vgl. Harms/Reichard, 2003: 13).

Bis in die 1990er Jahre wurde das Selbstverständnis, dass der Staat die Aufgabe habe, seinen Bürgern den Zugang zu Bildung und Wissenschaft zu sichern, nicht mehr grundsätzlich in Frage gestellt. Nun aber müssen all diejenigen, die öffentliche Bildung wollen, im Schul- wie im Hochschulsystem zeigen, dass sie Leistungen für die Allgemeinheit erbringen und in der Lage sind, die Schülerinnen, Schüler und

---

43 Harold Perkin (2001) argumentiert in seinem Buch "The Rise of Professional Society. England since 1880", dass die industrie-kapitalistische Klassengesellschaft, die in den 1920er Jahren ihren Höhepunkt erreicht hatte, sich mit der Entstehung der modernen Dienstleistungsgesellschaft zu einer *professional society* sozialstrukturell transformiert habe (vgl. Perkin, 2001). Die Gesellschaft der Professionals spaltete sich dann in den 1980er Jahren in zwei sich bekämpfende Fraktionen auf: die der *public sector professionals* und die der *private sector professionals*. Eine genauere Analyse zeige, so Perkin, dass es sich dabei im Kern nicht um eine Renaissance neuen freien Unternehmertums handle, das wie in viktorianischen Zeiten einem Modell des *self made man* huldige, der sein Glück ohne fremde (staatliche) Hilfe macht, sondern um einen Aufstand eines Teils der *professional class*, nämlich der Manager und Angestellten des privatwirtschaftlichen Sektors, die nicht in gleicher Weise auf staatliche Hilfen angewiesen sind wie die Professionals in den öffentlich-rechtlich organisierten Diensten (Perkin, 2001: XIIIf.).

44 Die Implementierung von Quasi-Märkten im Bildungssystem führt beispielsweise zum Wettbewerb zwischen Bildungseinrichtungen des gleichen Typs, beispielsweise der Realschulen untereinander. Der Preis- und Mengenmechanismus wird durch die funktionalen Äquivalente Evaluation und Ranking simuliert. Eine nicht unmittelbar intendierte Folge dieser Politik ist es, dass Schulen und Universitäten nun beginnen, ihren „Output" durch produktivitätssteigernde Selektion einer geeigneten Schüler- und Studierendenschaft zu steuern.

Studierenden möglichst früh und wirtschaftlich produktiv wieder aus den öffentlichen Einrichtungen entlassen zu können (vgl. Reitz/Daheim, 2006: 387). Der Streit um die Ausrichtung der Bildung an den wirtschaftlichen Forderungen ist alt und zeigt sich in der seit jeher chronisch umstrittenen Differenzierung von Bildung und Ausbildung. Immer wieder wird in diesen Debatten die Frage gestellt, wo endet Bildung und wo beginnt Ausbildung? In diesem Zusammenhang wird weiter gefragt, wer für welchen Bildungsbedarf die Verantwortung für die Leistungserbringung und die Mittelaufbringung übernehmen soll. Mit anderen Worten: Für welche Professionen und Branchen übernimmt der Bildungsstaat die Ausbildung des Nachwuchses und für welche nicht. Soll beispielsweise der Ärztenachwuchs im staatlichen Hochschulsystem oder aber innerhalb des zunehmend profitwirtschaftlich organisierten gesundheitswirtschaftlichen Teilsystems ausgebildet und die Ausbildung von diesem Teilsystem auch finanziert werden?

3.2.4. Vom Bildungskonsum zur Bildungsinvestition

Die in den bildungsökonomischen Diskursen seit Jahrzehnten wichtige Denkfigur der Bildungsinvestition hat in den letzten Jahren eine nicht unproblematische Prominenz in der Bildungspolitik erlangt. „In bildungspolitischen Auseinandersetzungen um staatliche Bildungsfinanzierung wird häufig jede Ausgabe für Bildung als Investition bezeichnet, ungeachtet ihrer Wirkungen und ihrer Anschlussfähigkeit an das Subsystem der Ökonomie. Der Investitionsbegriff nimmt dabei eine metaphorische Bedeutung an, die es erlaubt, das Humankapitalkonzept in die Eigenlogik der Bildungstheorie zu übersetzen und mit seiner Hilfe Bildung als Selbstzweck zu legitimieren" (Pechar, 2006b: 31). Die bildungsökonomische Kernidee der Humankapitaltheorie besteht jedoch darin, nur diejenigen Aufwendungen und Anstrengungen für Bildung als Investition zu konzeptualisieren, die in Zukunft individuelle und kollektive wirtschaftliche und soziale Vorteile erwarten lassen (Pechar, 2006b: 29). „Das Konzept der Bildungsinvestition unterscheidet sich von der traditionellen Bildungstheorie durch seinen instrumentellen, auf Zwecke (Erträge) zielenden Charakter. In der Bildungstheorie wird demgegenüber der Eigenwert der Bildung und die darauf bezogene intrinsische Motivation betont bzw. als überlegen dargestellt (...)" (Pechar, 2006b: 29). Nicht jede Ausgabe und Anstrengung für Bildung ist demnach eine Investition im Sinne ökonomischer Verwertbarkeit. Die klassischen ökonomischen Erklärungen für die Expansion des Bildungssystems in den letzten beiden Jahrhunderten setzen im Allgemeinen an der historischen Veränderung der individuellen Bildungsnachfrage an. Bildung gilt diesen Theorien entweder als Konsumentscheidung *oder* als Investitionsentscheidung (Müller et al., 1997: 180). „Die *Konsum*these subsumiert Bildung unter die Verbrauchsgüter, die zur Befriedigung individueller (Bildungs-) Bedürfnisse nachgefragt werden. Mit Bildung ist ein Genuss verbunden. Er kann unmittelbar eintreten – etwa durch intrinsische Befriedigung beim Erwerb von Wissen oder die Anregungen beim Hören einer Vorlesung. Er kann sich auch erst mittelbar einstellen – beispielsweise in einer durch Bildung reflektierten Lebensführung oder durch eine erhöhte Fähigkeit zum Konsum von „Kulturgütern" aller Art" (Müller et al., 1997: 180).

Aus der Weiterentwicklung der neoklassischen Arbeitsmarkttheorie entstand zu Beginn der 1960er Jahre die Humankapitaltheorie, die der Bildung und Qualifikation von Individuen bei der Beschreibung von Arbeitsmarktprozessen eine zentrale Rolle zuschreibt.[45] Die Humankapitaltheorie ist eine wissenschaftliche Version einer älteren, bis ins 19. Jahrhundert zurückreichenden und bis heute weit verbreiteten Art zu denken (vgl. Murphy, 2004: 113). Prominente Beispiele dafür sind der Ausbau der Volksbildung im 19. Jahrhundert, von der man sich vor allem die Steigerung der militärischen Stärke der Nationalstaaten versprach und das am Ende der 1960er Jahre durch den so genannten Sputnik-Schock neu geweckte Interesse der westlichen Gesellschaften am Bildungsstand der Bevölkerung, das einen wichtigen Impuls für die Bildungsexpansion in der Bundesrepublik lieferte (vgl. Müller et al., 1997: 181). Gesellschaftliche Investitionen in Bildung gelten dieser makrotheoretischen Variante der Humankapitaltheorie „als entscheidender Beitrag zur Verbesserung der Wettbewerbsposition eines Landes in der ökonomischen Konkurrenz der Nationen. Diese Erwartungen haben in vielen Ländern zum Ausbau des Bildungswesens und damit verbunden zur Senkung der Bildungskosten geführt, beispielsweise durch mehr höhere Schulen am Wohnort der Schüler" (Müller et al., 1997: 181).

Die moderne mikrotheoretische Variante der Humankapitaltheorie verfolgt einen angebotsorientierten Ansatz und untersucht die Bedeutung des Humankapitals von Individuen für deren Positionierung auf dem Arbeitsmarkt. Im Unterschied zur Konsumtheorie wird nach dem Humankapitalkonzept Bildung nicht um ihrer selbst willen nachgefragt, sondern als eine Investition verstanden, mit der Erträge auf dem Arbeitsmarkt realisiert werden können. Lohndifferenzen im Positionssystem moderner Gesellschaften resultieren aus der unterschiedlichen Ausstattung der Individuen mit Bildung. Individuen akkumulieren Humankapital im Sinne von Qualifikationen über Bildungs- und Ausbildungsinvestitionen, über Berufserfahrung und betriebliche Weiterbildung. Je höher die Qualifikation bzw. das Humankapital, desto höher ist die Arbeitsproduktivität einer Person und daran gekoppelt der monetäre Ertrag für die Investition in Bildung. „Der Kern dieses Humankapitalmodells ist also der durch Produktivitätsunterschiede in Gang gesetzte *Lohnwettbewerb*. Auf der Mikroebene werden nach diesem Modell die individuelle Bildungsnachfrage und der Schulbesuch zunehmen, wenn eine hohe Rendite aus Bildungsinvestitionen zu erwarten ist"

---

45 Diese Investitionen in Humankapital werden in aller Regel von kollektiven Akteuren zur Verfügung gestellt. Adam Smith 1776: „Der Erwerb solcher (qualifizierter) Fähigkeiten macht infolge der Notwendigkeit, die betreffenden Menschen während der Zeit ihrer Ausbildung, ihres Studiums oder ihrer Lehrlingszeit zu unterhalten, stets Geldausgaben erforderlich, die sozusagen in einen Menschen gestecktes stehendes Kapital darstellen. Diese Fähigkeiten bilden nicht nur einen Teil des Vermögens der gesamten Volkswirtschaft, der er angehört. In derselben Weise lässt sich die gesteigerte Geschicklichkeit eines Arbeiters als eine Art Maschine oder Werkzeug betrachten, die die Arbeit erleichtert oder abkürzt und die, wenn sie auch Ausgaben verursacht, diese doch mit Gewinn zurückzahlt" (Smith; 1776, zitiert nach Ribolits, 2003: 2)

(Müller et al., 1997: 180). Folgt man der Logik des Humankapitalansatzes, dann wird eine Person so lange in Bildung investieren, bis sich zusätzliche Bildungskosten nicht mehr durch erhöhte Produktivität in Ertragszuwächse ummünzen lassen. Bildungskosten fallen nicht nur für die Finanzierung der Leistungserstellung und für den Lebensunterhalt im Bildungsprozess an. Als Bildungskosten sind auch die Opportunitätskosten zu berücksichtigen, die indirekt durch den Verzicht auf eine alternative Verwendung der für die Erlangung von Bildung benötigten Zeit und das nicht erzielte (Arbeits-)Einkommen, die nicht geleisteten Rentenversicherungsbeiträge usw. während der Bildungszeit entstehen (vgl. Müller et al., 1997: 180).

Einer Investition in Bildung liegt immer eine individuelle Entscheidung zulasten alternativer Verwertungsmöglichkeiten von ökonomischen Ressourcen und von Zeit in andere Arten von Investitionen oder Konsum zugrunde. Die Humankapitaltheorie bettet Bildungsinvestitionen in ein unternehmerisches Gesamtkonzept rationaler Individuen ein, die knappe Ressourcen auf Ziele lenken, die maximale Erträge versprechen. Die Entscheidung, in Bildung zu investieren ist, wie jede unternehmerische Festlegung, mit Risiken verbunden. Da Bildungsinvestitionen in der Regel langfristig orientiert sind, verfügen Individuen selten über ausreichende Informationen, auf deren Grundlage sie eine sichere Entscheidung treffen können. Da Bildungsinvestitionen zukunftsorientiert sind, wächst die Abhängigkeit der Entscheider von Prognosen über den zukünftigen sozioökonomischen Qualifikationsbedarf (vgl. Pechar, 2006b: 31).

Die Humankapitaltheorie liefert ausgehend von freiwilligen, rationalen Entscheidungen und trotz der Informationsproblematik scheinbar eine klare und konsistente theoretische Erklärung für qualifikationsbezogene Lohnunterschiede und die qualifikationsspezifische berufliche Segregation des Arbeitsmarktes. Dies scheint jedoch aus verschiedenen Gründen zu einfach. Der Humankapitalansatz argumentiert angebotsorientiert. Die Nachfrageseite, also die Organisationen, die das Humankapital verwerten, bleibt im Dunkeln. Die einseitige Angebotsorientierung teilt die Humankapitaltheorie mit dem soziologischen Ansatz, wonach in modernen Leistungsgesellschaften die Platzierung nach Leistung (Statuszuweisungs- oder Allokationsfunktion) zu den wichtigsten Funktionen des Bildungssystems gehört. Der Zugang zu sozialen Positionen und die mit diesen Positionen verknüpften, sehr unterschiedlichen Chancen und Risiken, sind aus dieser Perspektive eng an das Bildungsniveau der Individuen gekoppelt (vgl. Geißler, 2002: 333). Der Wettlauf der Individuen um zunehmend mehr Bildung kann mit diesen Theorien nur schwer erklärt werden. „Nach der Humankapitaltheorie (und ihrem Lohnwettbewerbsmodell) gibt es einen Feedback Mechanismus, der die Expansion der Nachfrage nach Bildung in Grenzen hält. Wenn die Zahl der Personen mit hoher Bildung stärker wächst als der Bedarf am Arbeitsmarkt, werden die Löhne für diese Personen fallen, die Bildungsrenditen sinken, und die Nachfrage nach Bildung lässt entsprechend nach" (Müller et al., 1997: 181). Auch aus soziologischer Perspektive müsste das Bildungssystem vor dem Hintergrund seiner Statuszuweisungs- bzw. Allokationsfunktion auf die Nachfrageänderung flexibel reagieren. Auf eine Reduktion der Platzierungsmöglichkeiten müsste es mit einer Reduktion entweder der durchschnittlichen Bildungsproduktion durch Ressourcenreduzierung oder durch die Reduktion der Ausbildungszeit reagieren. Eine andere Reaktionsmöglichkeit bestünde darin, ohne eine Verschärfung der Auswahlkriterien nur die Leistungsfähigsten passgenau auf die jeweils vakanten Plätze im Positionssystem der Gesellschaft zu verteilen.

Der perverse Wettlauf um immer mehr Bildung (Boudon, 1974), dem sich die Individuen vor allem in Zeiten hoher Arbeitslosigkeit gegenübersehen, ist mit einseitig angebotsorientierten theoretischen Ansätzen, wie sie die Humankapitaltheorie liefert, jedoch nicht vollständig aufzuklären. Verschiebt sich der Fokus der Analyse von Bildung, die von der Humankapitaltheorie als ein personelles Phänomen betrachtet wird, auf Wissen, kommen auch die Organisationen in den Blick. Mit ihren formalen und informellen Regeln, ihren Archiven, Datenbanken und den in ihrer Organisationskultur verankerten kollektiven Routinen verfügen Arbeitsorganisationen über wertschöpfungsrelevante Formen von Wissen. Die Nachfrageseite nach Bildung und Wissen muss deshalb in die theoretische Reflexion miteinbezogen werden. In der Arbeitsmarktforschung haben sich in kritischer Auseinandersetzung mit der Humankapitaltheorie die Signaltheorie und das Arbeitsmarktwettbewerbsmodell mit den bildungskapitalbezogenen Interessen der Arbeitgeber beschäftigt.

Die Signaltheorie (Thurow, 1975) geht im Gegensatz zur angebotsorientierten Humankapitaltheorie nicht davon aus, dass Bildung direkt zu höherer Produktivität und damit zu höheren Erträgen auf dem Arbeitsmarkt führt. Die Signaltheorie versteht die Schule und die Universität weniger als Institutionen, in denen produktivitätsfördernde Qualifikationen erworben werden, sondern rückt, nicht unähnlich der soziologischen Perspektive auf das Bildungssystem, vor allem die Auslese- und Einstufungsfunktion der Bildungseinrichtungen in den Mittelpunkt (vgl. Müller et al., 1997: 181). Letztlich ist aus der nachfrageorientierten Perspektive der Signaltheorie nicht das Individuum per se produktiv, sondern die Individuen können ihre Potenziale erst in den produktiven Strukturen der Unternehmen entfalten. „Die Produktivität ist nicht ein Merkmal einer Arbeitskraft mit bestimmten Qualifikationen, sondern eine Eigenschaft eines Arbeitsplatzes, auf dem bestimmte Arbeitsleistungen erbracht werden. Die Fähigkeiten dazu werden nicht in der Schule, sondern durch „on the job training" erlernt. Nach den Vorstellungen dieses Modells findet also nicht Wettbewerb durch Löhne statt, die mit der individuellen Produktivität variieren, sondern Wettbewerb erfolgt um Arbeitsplätze mit unterschiedlichen Produktivitäts- und Lohnstrukturen" (Müller et al., 1997: 181). In seiner institutionalisierten Form, d.h. in Gestalt von Zertifikaten, *signalisiert* Bildung dem Arbeitgeber in differenzierender Weise unterschiedliche Einsatzpotenziale. Die Arbeitgeber, mit dem Problem konfrontiert, aus einer großen Zahl von Bewerbern für eine Position in betriebs- bzw. branchenspezifischen Produktivitäts- und Lohnstrukturen den/die passendste/n Kandidaten/Kandidatin herauszufiltern, nutzen die Signale, die von Bildungszertifikaten ausgehen, als Indiz für ein bestimmtes Maß der Einsetzbarkeit. „In diesem *Arbeitsplatzwettbewerb* zählen Erfolg in der Schule und die Höhe des erreichten Abschlusses vor allem, weil dies potenzielle Arbeitgeber als wichtiges Signal dafür nutzen, dass eine Arbeitskraft ‚gelehrig' ist und wenig Ausbildungs- und Einarbeitungskosten verursachen wird. Schulzeugnisse und Zertifikate aller Art dienen als Prognoseinstrumente, mit deren Hilfe Arbeitgeber unter Stellenbewerbern aussieben" (Müller et al., 1997: 181). Jenseits der unmittelbaren berufs- bzw. positionsspezifischen Qualifikationserwartungen verknüpfen sich mit Zertifikaten also auch extrafunktionale Eigenschaften wie Selbstdisziplin, Motivation und gesundheitliche Stabilität. Im Zuge des verschärften Bildungswettlaufs nimmt auch die Frage nach der Reputation und nach dem Prestige der Bildungsinstitution zu, die Bildungszertifikate verleiht. Denn Bildungszertifikate signalisieren nicht nur Informationen über den formalen Grad der Qualität, sondern auch Informationen über den Habitus des Kandidaten oder der Kandidatin.[46]

Das Arbeitswettbewerbsmodell (Thurow, 1975) sieht die potenziellen Arbeitskräfte hinsichtlich der Kosten für ihre innerbetriebliche Einarbeitung in Konkurrenz zueinander. Wer aufgrund besserer Qualifikation/Zertifikate in der Arbeitskräftewarteschlange weiter vorne steht, wird zuerst auf den zur Verfügung stehenden Arbeitsplatz eingestellt. Daraus ergibt sich, dass es Beschäftigte geben kann, die für ihren Arbeitsplatz überqualifiziert sind. Die Absolventen mit den höchsten Abschlüssen befinden sich an der Spitze der Arbeitskräfteschlange, da man bei ihnen z.B. besonders kurze Anlernzeiten und Anpassungs- bzw. Einpassungsbereitschaft in die Strukturen der betrieblichen Arbeitsteilung vermutet. Vor dem Hintergrund dieser nachfrageorientierten Logik der Arbeitskräfteschlange wird das Phänomen des Wettrennens um immer höheres institutionalisiertes Bildungskapital in Form von Schul-, Universitätsabschlüssen, Berufsausbildungen und Praktika, das mit der Humankapitaltheorie unvereinbar ist, erklärbar (vgl. Müller et al., 1997: 181f.)

---

[46] Die spezifische Hochschulkultur in Deutschland, die bisher in erster Linie wissenschaftlich ausgerichtet war, d.h. keine ausgeprägte Prestigerangliste der Universitäten kannte, wird vor allem daran deutlich, welche Bedeutung sie der Promotion beimisst. „Was die Promotion als höchsten deutschen Bildungstitel grundsätzlich von den Abschlüssen der renommiertesten Grandes Écoles oder Public Schools unterscheidet, ist nicht allein die geringere generelle Selektionswirkung – sie lag in den für die Eliterekrutierung entscheidenden Fächern Ingenieurwissenschaften, Jura und Wirtschaftswissenschaften bis in die 70er Jahre hinein mit einem Anteil des Bürgertums von 60 Prozent auch ausgesprochen hoch -, sondern vor allem das geringere gesellschaftliche Renommee des Abschlusses und das fehlende Zusammengehörigkeitsgefühl unter den Promovierten. Für das geringere Renommee ist zum einen die Tatsache verantwortlich, dass die Promotion im Unterschied zu den Abschlüssen einer renommierten Public School oder Grandes École nicht die Vermittlung eines Elitestatus zum Ziel hat, sondern in erster Linie wissenschaftlich ausgerichtet ist, zum anderen die insgesamt, d. h. unter Einfluss der anderen Fachdisziplinen, wesentlich höhere Anzahl der Promotionen, die schon in den 50er und 60er Jahren zwischen 5.000 und 10.000 pro Jahr lag und im Rahmen der Bildungsexpansion dann auf über 20.000 kletterte. Der fehlende Corpsgeist resultiert daraus, dass die Promotion (im Unterschied zu den Abschlüssen etwa an der ENA oder in Eton) ein hoch individualisierter Vorgang ist und zudem keine hierarchische Ordnung der deutschen Universitäten existiert, der Ort der Promotion also gleichwertig ist" (Hartmann, 2002: 165f.).

3.3 Bildung als sozialer Schließungsmechanismus

Die zunehmende Ökonomisierung des Bildungssystems kann, wie ich gezeigt habe, als nicht intendierte Folge eines im Allgemeinen positiv bewerteten sozialen Wandlungsprozesses hin zu mehr individueller Handlungsfreiheit gedeutet werden. Die gewachsene individuelle Autonomie von immer mehr Menschen ist nicht zuletzt Ergebnis der Inklusion immer größerer Teile der Bevölkerung in den modernen Arbeitsmarkt. Ökonomisierungs- und Privatisierungsprozesse sind, wie die Arbeitsmarktindividualisierung zeigt, wichtige, oft gegenläufige Facetten der formalen Rationalisierung moderner Gesellschaften.[47]

Bildung gilt in der modernen Gesellschaft als idealer Indikator rationaler Selektion und als der zentrale Schlüssel zur Erreichung von Statuspositionen. „Hohes Einkommen und gesellschaftliche Anerkennung sind nach der Selbstbeschreibung der Moderne primär von individueller Lernfähigkeit und Leistungsbereitschaft, nicht aber von zugeschriebenen Merkmalen abhängig. In der modernen Industriegesellschaft tritt an die Stelle der ‚natürlichen Auslese' (durch Herkunft und Abstammung) das meritokratische Prinzip: Die Selektion durch Bildung, die eine Statuszuordnung aufgrund des Leistungskriteriums erlaubt" (vgl. Reinprecht, 2005: 129). Doch zwischen dem meritokratischen Versprechen, das allen in Aussicht stellt, sich durch Leistung einen angemessenen Platz in den Positionssystemen ‚verdienen' zu können und soziologischer Forschung bestehen in der Wahrnehmung von Bildungs-

---

[47] Das Konzept der Rationalisierung avancierte vor allem durch Max Weber zu einem zentralen Bezugspunkt soziologischer Reflexion über die Moderne. Weber deutete vor allem die Ausbreitung der wissenschaftsbasierten Technik, der Zweck-Mittel-Rationalität, der modernen kapitalistischen Wirtschaftsweise, die Ausbreitung des formalen Rechts und der bürokratischen Verwaltung als *Rationalisierung* (vgl. Weber, 1973c: 379). Die damit verbundene zunehmende Intellektualisierung aller Lebensgebiete habe, so Weber, dazu geführt, dass es prinzipiell keine geheimnisvollen und unberechenbaren Mächte mehr gäbe (Entzauberung) und dass damit, zumindest im Prinzip, alle Dinge (sozial-) technisch beherrscht werden könnten. Die innerweltliche Rationalisierung, mit ihren großen Kräften Bürokratisierung und Marktkapitalismus, entlegitimiert die traditionellen (unberechenbaren) Mechanismen der Reproduktion sozialer Ungleichheit. Bürokratisierung und Marktkapitalismus führen zu einer zunehmenden Integration aller Individuen in einen mehr oder weniger friedlichen Wettbewerb um bürokratische Karrieren und/oder um Profit am Markt (vgl. Murphy, 2004: 115). Die modernen Leistungsgesellschaften wenden sich im Modernisierungsprozess sukzessive von wettbewerbsfeindlichen kollektivistischen Regeln der sozialen Schließung ab und implementieren stattdessen formal rationale „individualistische" Regeln der Exklusion und Inklusion (vgl. Parkin, 2004: 33). „Der entscheidende Unterschied dieser neuen rationalisierten Selektions- und Exklusionsformen im Vergleich mit traditionellen Herrschaftsformen ist, dass es sich hier um einen Wettbewerb handelt, der auf der formalen rechtlichen Gleichheit aller Teilnehmer beruht. Der Wettbewerb steht allen offen, und die formalen, allgemeinen und abstrakten Spielregeln gelten für alle" (Murphy, 2004: 115). Die Geburt, wie in feudal-ständischen Gesellschaften, oder andere, durch die Individuen selbst nicht veränderbare Merkmale, wie Geschlecht oder Hautfarbe, können nicht mehr darüber entscheiden, welche Positionen Menschen in Bürokratie und Markt einnehmen und welche Möglichkeiten der Einkommenserzielung ihnen offen stehen oder verschlossen bleiben sollen (vgl. Berger, 2005: 8).

chancen erhebliche Unterschiede (vgl. Vester, 2005: 39). Warum treten die im Modernisierungsprozess aus klassen-, schicht- und geschlechtsspezifischen Bindungen scheinbar formal mehr und mehr befreiten Individuen immer weniger als gleichberechtigte Konkurrenten mit gleichen Startbedingungen und Startpositionen auf den Bildungs- und später auf den Arbeitsmärkten auf, wie die folgende Tabelle über den Wandel der Struktur der sozialen Herkunft der Studierenden in Deutschland eindrucksvoll zeigt?

Tabelle 3: Soziale Herkunft der Studierenden in Deutschland

Soziale Herkunft	1982	2006
Hoch	17 %	38%
Gehoben	26 %	24 %
Mittel	34 %	25 %
Niedrig	23 %	13 %

Quelle: Bundesministerium für Bildung und Forschung (Hrsg.), (2007:12)

Die modernen Leistungsgesellschaften unterwerfen ihre Mitglieder zwar einer Vielzahl formal für alle Individuen offener Wettbewerbe. Diese Wettbewerbe, insbesondere jene innerhalb des Bildungssystems, bewahren jedoch nicht, wie die soziale Herkunft der Studierenden in Deutschland deutlich macht, vor sozialer, nicht von individueller Leistungsfähigkeit abhängiger Ungleichheit. „Die soziologische Bildungsforschung bringt seit langem immer neue empirische Belege dafür, dass die Kinder mit ungleichen sozialen und kulturellen ‚Startkapitalien' in das Bildungssystem eintreten und dort dann nach ihrer sozialen Herkunft schrittweise so ‚sortiert' werden, dass sie überwiegend in das ebenfalls sozial gestufte Bildungssystem gelenkt werden" (Vester, 2005: 39). Die Mechanismen hinter der aus soziologischer Perspektive sozial ungleichen Bildungsexpansion in Deutschland deutet Vester als „ständische" Regulierung bzw. soziale Schließung der Bildungschancen (Vester, 2005). Die Bildungspolitik ist bis heute, ihrer Selbstwahrnehmung nach, damit beschäftigt, die quasi-ständische Vererbung sozialer Ungleichheit zu bekämpfen. Die Bildungsexpansion hat jedoch in den Strukturen des konservativen Bildungsstaats zu einer Verschärfung des sozialen Ausschlusses sozial schwächerer Schichten aus dem Bildungssystem geführt. Die Hochschulen haben sich zu einer Einrichtung für Kinder aus Beamten-, Ärzte- und Anwaltsfamilien entwickelt, deren Eltern bereits einen akademischen Abschluss haben. Von je 100 Akademikerkindern studieren später 83. Von je 100 Nichtakademikern später nur 23 (vgl. Dobischat, 2007: 17). In jüngster Zeit haben vor allem Michael Hartmanns empirische Untersuchung „Der Mythos von den Leistungseliten" und die internationalen Schülerleistungsstudien (wieder) dafür sensibilisiert, dass individuelle Bildungs- und Berufskarrieren von sozialen, ethnischen, geschlechtsspezifischen und regionalen Merkmalen beeinflusst werden (vgl. Hartmann, 2002; Stanat u.a., 2002). Das Bildungssystem des konservativen Bildungsstaats selektiert auch nach der Bildungsexpansion nicht ausschließlich nach Leistung, sondern immer auch aufgrund sozialer Merkmale (vgl. Geißler, 2002: 333). Die soziale Auslese jenseits individueller Leistung bestimmt die Biographien entweder unabhängig von der individuellen Leistung oder – dieser Mechanismus wird oft ausgeblendet - weil die individuellen Leistungen nicht unerheblich mit den Lebensbedingungen (mit dem Lernumfeld) und damit der sozialen Herkunft zusammenhängen (vgl. Geißler, 2002: 333).[48]

3.3.1. Kollektivistische und individualistische Schließungsmechanismen

Max Weber hat mit seinem Konzept „offener" und „geschlossener" Beziehungen wichtige Grundlagen für eine Theorie sozialer Schließung in den soziologischen Diskurs eingeführt. Frank Parkin, Randall Collins und Raymond Murphy haben Webers Konzept zu einem theoretischen Ansatz erweitert, dessen analytisches Potenzial im deutschen Diskurs vor allem von Jürgen Mackert (2004) betont wird.[49] Es geht darum, die Frage zu klären, wie es in der Moderne möglich ist, trotz der Forderung nach Chancengleichheit und vielfältiger Versuche zur Realisierung des meritokratischen Prinzips ständisch anmutende soziale Ungleichheit immer wieder herzustellen und aufrechtzuerhalten. Es wird sich zeigen, dass die Produktion von sozialer Ungleichheit im konservativen Bildungsstaat vor allem mit dem gerechtigkeitstheoretischen Argument nach Gleichbehandlung aller Individuen zusammenhängt und im Ergebnis (Matthäus-Effekt) einen Schlüssel zum tieferen Verständnis sozialer Ungleichheit in modernen meritokratischen Gesellschaften bereitstellt (vgl. Ehmann, 2003: 144).

---

48 Die soziale Herkunft der Schüler und damit deren Lebensbedingungen und das Lernumfeld werden beispielsweise in Schweden im Rahmen des Salsa-Modells der Schülerleistungsevaluation berücksichtigt, indem die Leistungserwartungen, die an Schüler und Schule herangetragen werden, mit sozialen Faktoren, wie dem Bildungsstand der Eltern, deren Einkommensverhältnisse und dem Immigrantenanteil der Schule kombiniert werden und in die Gesamtbewertung der Leistungsfortschritte miteinfließen (vgl. Rastätter/Gehring, 2003: 34).

49 Ich werde mich im Folgenden vor allem auf die Überlegungen von Raymond Murphy (2004) zur sozialen Schließung in modernen Gesellschaften beziehen, weil seine Reflexionen zum Zusammenhang von Rationalisierung und sozialer Ungleichheit zu einem tieferen Verständnis nicht intendierter Folgen von Privatisierungs- und Ökonomisierungsprozessen im Bildungssystem beitragen können. Die von Murphy weiterentwickelte Theorie sozialer Schließung erfüllt die Kriterien einer Theorie mittlerer Reichweite, „denn sie erhebt keinen Anspruch, eine umfassende Theorie zu sein; sie ist auf spezifische Ausschnitte der Realität zugeschnitten, und sie bleibt abstrakt genug, um auf verschiedene Sphären sozialen Verhaltens angewandt werden zu können. Und auch das *Erklärungsprogramm* wird eingelöst, denn es sind soziale Akteure, die unter spezifischen institutionellen Bedingungen mittels asymmetrisch verteilter Ressourcen in Schließungskämpfen um die Teilhabe an bestimmten Gütern, und damit um Inklusion in und Exklusion aus jeglicher Art von sozialen Systemen kämpfen" (Mackert, 2004: 18).

In vormodernen Gesellschaften sind die Codes oder Regeln sozialer Schließung unmittelbar an die Gemeinschaft gebunden, in die man hineingeboren wurde. Ständische, rassische, ethnische oder geschlechtsspezifische Kriterien bestimmen über die Formen und die Strukturen sozialer Schließung (vgl. Murphy, 2004: 112f.). Gesellschaft konstituiert sich immer als System geschlossener hierarchisch differenzierter Gemeinschaften. Doch kollektivistische Schließungsmechanismen rufen immer wieder mächtige Gegenbewegungen hervor, denen es in vormodernen Gesellschaften jedoch nicht gelang, mit dem Prinzip selbst zu brechen. Erst die modernen emanzipatorischen Bewegungen wie beispielsweise die Bewegungen gegen die Feudalherrschaft, die Sklaverei, den Rassismus, die Apartheid und die Frauenbewegung stellten vor dem Hintergrund der Bürokratisierung und des Marktkapitalismus die kollektivistischen Schließungskriterien als solche in Frage.

Individualistische Kriterien des Ausschlusses bzw. der Inklusion, wie Bildungszertifikate, berufliche Erfahrung sowie an sonstigen individuellen „Verdiensten" orientierte Regeln für den Aufstieg in bürokratischen Hierarchien wurden im 20. Jahrhundert nicht nur in den westlichen kapitalistischen Gesellschaften, sondern auch in den östlichen, sozialistisch verfassten Gesellschaften immer höher geschätzt (vgl. Murphy, 2004: 113). Regeln der Inklusion und Exklusion, die in keiner Beziehung zu den Mitteln materiellen Erwerbs in modernen Arbeitsgesellschaften stehen (z. B. soziale Herkunft, Religion, Geschlecht), werden im Zuge formaler Rationalisierung durch Regeln ersetzt, bei denen dies der Fall ist. Abgesichert werden diese formal rationalen Kriterien durch allgemeine und abstrakte marktwirtschaftliche und bürokratische Spielregeln. Der entscheidende Unterschied formal rationalisierter Selektion und des Ausschlusses im Vergleich mit traditionellen kollektivistischen Formen ist, dass diese durch die Institutionalisierung von Wettbewerben ersetzt wurden, „die formal offen waren, ganz gleich, aus welcher Gemeinschaft jemand stammte. Für alle galten dieselben Regeln und alle konnten an den Wettbewerben um eine Karriere in bürokratischen Organisationen, um Profit, Gehälter und auf dem Markt gebotene Löhne, um Gerechtigkeit im Rechtssystem oder um Zertifikate im Bildungssystem teilnehmen" (Murphy, 2004: 113f.).

Welche Gründe gab es für diesen fundamentalen Wandel sozialer Schließung? Wachsende Legitimität erlangten die individualistischen Kriterien nicht nur, weil sie individuelle Leistung belohnten, sondern auch deshalb, weil sie die Macht der dominierenden Gruppen durch die vernünftige Nutzung der Begabungen jener Gesellschaftsgruppen oder Gesellschaften sichern halfen, über die diese dominanten Gruppen herrschten. Hervorragende Leistungen von Einzelnen oder einer Elite legitimiert im meritokratischen Denkmuster zu einer privilegierten Stellung und damit zur sozialen Ungleichheit, weil durch diese Leistungen auch die eigene Gruppe oder Gemeinschaft absolut oder relativ zu anderen konkurrierenden Gruppen oder Gemeinschaften privilegiert werden kann. Soziale Ungleichheit *in* der modernen Gesellschaft wird also mit der quasi natürlichen, unvermeidbaren Ungleichheit *zwischen* den Gesellschaften und dem ewigen Kampf zwischen diesen begründet. Die rein formale Gleichheit vor dem Wettbewerb, so wendet Murphy deshalb kritisch ein, führe nicht zu substanzieller Gleichheit, weil sie weder soziale Schließung noch

Herrschaft beseitige. Vielmehr verändere sie nur deren Form und erzeuge andere modernere bzw. rationellere Schließungs- und Herrschaftsmodi (Murphy, 2004: 115).

3.3.2. Bildungsexpansion und soziale Schließung

Mit der Bildungsexpansion ist Bildung auch in Deutschland als zentrale Ressource für die soziale Platzierung aufgewertet worden. Die Bildungsexpansion erzeugt ständig neue Ressourcen, die für die privilegierten Gruppen eine permanente Bedrohung darstellen. Mittlere und höhere Bildungsabschlüsse werden immer wichtiger für den Einstieg in viele Berufslaufbahnen, deren Zugang früher auch mit niedrigen Schulabschlüssen offen war. Besser Qualifizierte verdrängen schlechter Qualifizierte beim Wettbewerb um begehrte Arbeitsplätze und damit verbundene Lebenschancen (vgl. Geißler, 2006: 281). Die privilegierten Gruppen versuchen, die potenzielle Bedrohung in einen Vorteil zu verwandeln. „Dazu können sie ihre alten Ressourcen nutzen, um die Einführung und Verbreitung neuer Technologien und Organisationsformen zu kontrollieren und die alten Ressourcen ihrer Kontrahenten zu untergraben (so haben beispielsweise Kapitalisten in Großbritannien neue Drucktechnologien eingeführt, um die Position der Druckergewerkschaft zu schwächen)" (Murphy, 2004: 119). Auf das Bildungssystem bezogen heißt das, dass die Organisationsformen des Bildungswesens ressourcensensibel gestaltet werden müssen, um die einmal erreichten Positionen sozial zu vererben. Je ungleicher eine Gesellschaft, desto wirkungsvoller ist die Strategie, die Spielregeln für alle Gesellschaftsmitglieder gleich zu gestalten. „Die Anwendung derselben Spielregeln auf alle, die am Wettbewerb teilnehmen, verschafft jenen einen Vorteil, die zu Beginn über mehr Ressourcen verfügen. Darüber hinaus ist es ein Kennzeichen rationalisierter Wettbewerbe, dass die jeweiligen Gewinne, die in ihnen gemacht werden, in folgenden rationalisierten Wettbewerben zu Ressourcen werden. Was als ein einziger rationaler Wettstreit erscheint, ist tatsächlich eine Kette aufeinander folgender und einander ermöglichender Wettbewerbe. In allen formal rationalen, gleichen und offenen Wettbewerben in Bürokratien, im Rechtssystem und auf dem Markt gibt es eine Konzentrationsdynamik, durch die die Gewinner nicht nur Vorteile erwerben, sondern ebenso Ressourcen, die ihnen eine günstige Ausgangsposition verschaffen, um auch die folgenden Wettbewerbe gewinnen zu können. Je weniger Ressourcen man daher zur Verfügung hat, desto geringer sind die Chancen zu gewinnen. Formal offene Systeme sind trotz ihrer formalen Offenheit Schließungssysteme" (Murphy, 2004: 115).

Die Startbedingungen und der individuelle Handlungsspielraum zur Erlangung von begehrten Positionen sind wesentlich durch die Verfügbarkeit von vorschulischen Ressourcen (ökonomisches, kulturelles und soziales Kapital) definiert, während das Bildungssystem des konservativen Bildungsstaats gleichzeitig dafür sorgt, dass die oberen sozialen Schichten strukturell bevorzugt werden (vgl. Reinprecht, 2005: 139; Bourdieu, 1983). Staatliche Bildungssysteme sind nicht per se Garanten gerecht verteilter Bildungschancen. Da das (west-)deutsche Bildungssystem nicht als Teil des sozialen Sicherungssystems betrachtet wird, bleibt die ungleichheitsstabilisierende Wirkung dieses Systems weitgehend unsichtbar. Die Warnung vor einer „Überproduktion" von wirtschaftlich nicht verwertbarer Qualifikation wurde darüber hinaus immer wieder in Anschlag gebracht, um die soziale Schließung durch den Nichtausbau des Bildungssystems (nach einer relativ kurzen Expansionsphase in den 1960er und 1970er Jahren) sowohl in Ost- wie auch in Westdeutschland zu begründen und zu legitimieren (vgl. Geißler, 2002: 338).

Viele der Erscheinungsformen traditioneller Ungleichheit, die unter kollektivistischen Regeln der Exklusion und Inklusion zwischen Gruppen vorherrschten, existieren unter den Bedingungen formal rationaler Wettbewerbe weiter. In der systemexpansiven Gedankenwelt der Bildungsexpansion gefangen, gerät die für moderne Leistungsgesellschaften typische Platzierungsfunktion (synonym: Statuszuweisungs- oder Allokationsfunktion) des Bildungssystems (vgl. Geißler, 2002: 333) zunehmend aus dem Blickfeld kritisch reflektierender Bildungsforschung. Der Zugang zu sozialen Positionen und die mit diesen Positionen verknüpften sehr unterschiedlichen Chancen und Risiken bleiben jedoch weiterhin eng an das individuelle Bildungsniveau gekoppelt. „Über soziale Selektion und soziale Platzierung beeinflusst das Bildungssystem sehr stark das Ausmaß der vertikalen sozialen Mobilität einer Gesellschaft. Die soziale Auslese im Bildungssystem mit ihren nachhaltigen Folgen für die unterschiedlichen späteren Lebenschancen wird dann zum Problem, wenn man Auslese und Platzierung von der Norm der Chancengleichheit her betrachtet. Wenn Kinder aus verschiedenen Schichten und Herkunftsländern, wenn Mädchen und Jungen, wenn Stadt- und Landkinder unterschiedliche Bildungschancen und damit auch unterschiedliche Lebenschancen haben, dann können diese Ungleichheiten einen Verstoß gegen die Norm der gleichen Chancen für alle bedeuten" (Geißler, 2002: 334). Chancengleichheit wurde sowohl in der Bundesrepublik wie auch in der deutschen Parallelgesellschaft der DDR zum Leitbild der Bildungsexpansion. Beide Gesellschaften verfolgten das Ziel aber auf sehr verschiedene Weise. „Nach dem Proporz-Modell sollen alle Bevölkerungsgruppen einer Gesellschaft – Mädchen und Jungen, Kinder aus verschiedenen Schichten, Herkunftsländern oder Regionen – entsprechend dem Anteil der Gruppe an der Gesamtbevölkerung in weiterführenden Bildungseinrichtungen vertreten sein. Im Konzept der leistungsbezogenen Chancengleichheit dagegen sollen gleiche Bildungschancen mit der Auslese nach Leistung in Übereinstimmung gebracht werden; es gilt die Formel ‚gleiche Chancen nach Fähigkeit und Leistung' (...) Die DDR orientierte sich nach dem Proporzmodell, die Bundesrepublik am Leistungsmodell der Chancengleichheit" (Geißler, 2002: 334). Der westdeutsche konservative Bildungsstaat verwirklicht das Ideal der Leistungsgesellschaft, indem er - so zumindest eine lange Zeit populäre und in weiten Teilen der Bevölkerung verbreitete Vorstellung - die Individuen nach individueller Leistung im Positionsgefüge platziert.

Aber auch im westdeutschen Bildungssystem wurden eine Reihe von sozialstruktursensiblen Maßnahmen ergriffen, die erst die Bedingungen dafür schufen, das Konzept der Chancengleichheit gegen historisch chronische klassenspezifische, ständische und patriarchale Ungleichheitsstrukturen durchzusetzen, um zum Beispiel Arbeiterkindern, Mädchen und Jungen langfristig die gleichen Chancen auf Bildungsbeteiligung und Bildungserfolg zu gewährleisten. Chancengleichheit sollte durch den Ausbau der Infrastruktur und die Ausdehnung des Angebots von öffentlich bereitgestellten Bildungsdienstleistungen in bisher bildungspolitisch benachteiligten sozialen Räumen erreicht werden. „Bis in die 1960er Jahre wurde die Bildungsbenachteiligung nach der berühmten Kurzformel von Preisert (1967) definiert, der ‚katholischen Arbeitertochter vom Lande'. Um diese Benachteiligung aufzuheben, wurden seit den 1950er Jahren Realschulen, Gymnasien und Gesamtschulen ausgebaut und verschiedene äußere Hemmnisse der Bildungsbeteiligung reduziert. Übergänge wurden durchlässiger durch den Fortfall von Aufnahmeprüfungen und Schulgeld an den Gymnasien und durch Förder- und Orientierungsstufen sowie Gesamtschulen. Steigende Lebensstandards relativierten die Notwendigkeit einer frühen Erwerbstätigkeit der Arbeiterkinder" (Vester, 2005: 43). Der massive quantitative Aufbau und Ausbau von Realschulen, Gymnasien, Gesamtschulen und Hochschulen kann als Versuch interpretiert werden, den identifizierten benachteiligten Gruppen einen höheren proportionalen Anteil an den öffentlichen Bildungsressourcen zur Verfügung zu stellen. Vor allem im Feld geschlechtsspezifischer sozialer Ungleichheit hat sich (zumindest latent) die Vorstellung eines Proporz-Modells von Chancengleichheit durchgesetzt, weil sich die traditionellen Vorstellungen über geschlechtsspezifische Rollenzuschreibungen, aber auch ungleich verteilter Begabungen und Intelligenz und damit die asymmetrische geschlechtsspezifische Segregation im Bildungs- und Beschäftigungssystem - über alle Schichten und Klassen hinweg - allmählich abschwächte. In Bezug auf die sozioökonomische Ungleichheit konnte im konservativen Bildungsstaat der ordnungspolitische Gedanke des Proporz-Modells vor dem Hintergrund der Systemkonkurrenz dagegen nicht Fuß fassen.

Das Bildungssystem des konservativen Bildungsstaats verfügt nach wie vor über mehrere überaus wirkungsvolle Selektionsschranken. Damit unterscheidet es sich nicht grundsätzlich von anderen formal rationalen gesellschaftlichen Institutionen. Ein wichtiger Aspekt formaler Rationalisierung ist die Strukturierung der Gesellschaft in hierarchisch geordnete Sets von Entwicklungsmöglichkeiten. „Die Bewegung zwischen Positionen (oder Karrieren aus der Sicht des Individuums) ist durch bestimmte Ketten strukturiert. Die Wahrscheinlichkeit, sich in solchen Ketten zu bewegen, ist in manchen höher als in anderen – manche funktionieren als Fahrstühle nach oben, andere sind Sackgassen – da das Verhältnis von Ressourcen zu Beschränkungen von Kette zu Kette sowie von Position zu Position variiert" (Murphy, 2004: 115). Der konservative Bildungsstaat „rechnete" traditionell, wie auch der konservative Wohlfahrtsstaat, in den er eingebettet ist, mit den latent ungleichheitsstabilisierenden Wirkungen seiner Struktur. Die Ergebnisse der Bildungsexpansion der 60er und 70er Jahre hat die tradierte Klassenkonstellation der deutschen Gesellschaft und die Loyalität der Eliten spätestens mit dem Einsetzen wirtschaftlicher Stagnation in den 80er Jahren des letzten Jahrhunderts auf eine harte Probe gestellt. „Da ein immer höherer Prozentsatz der nachrückenden Generation immer höherwertigere Zeugnisse, auch mit guten Noten, auf dem Arbeitsmarkt vorweisen kann, ist der Marktwert der Zertifikate des öffentlichen Bildungssystems gesunken. Für die nachrückende Schüler- und Studentengenerationen tut sich seit den 80er-Jahren ein Paradox auf: Ohne Schul- und Berufsbildung ist die Einmündung in den Arbeitsmarkt immer schwieriger, Bildungserwerb und Zertifikate sind also immer notwendiger; aber sie allein sind immer weniger hinreichend" (Zymek, 2004: 126). Wenn allerdings Bildung von immer größeren Teilen der Gesellschaft als Schlüssel zu sozialem Aufstieg betrachtet wird, gefährden staatliche Bildungsinvestitionen zugunsten der untergeordneten Klassen und Gruppen die Lebenschancen der bisher dominanten Gruppen. Um ihre privilegierte Stellung nicht zu verlieren, versuchen die bisher privilegierten Gruppen, die Bildungsstandards und ihre privaten Zusatzinvestitionen in Bildung immer höher zu schrauben (vgl. Müller, 1992: 279). Eine weitere Strategie ist die latent schichtsensible ungleiche Verteilung der öffentlichen Ausgaben für die Bildungskarrieren der Individuen. Die folgende Tabelle verdeutlicht die enormen Unterschiede in Hinblick auf den individuellen Zugang zu öffentlichen Ressourcen für die Leistungserstellung von Bildung.

Tabelle 4: Öffentliche Ausgaben für Bildungskarrieren im Vergleich (2002)

	Berufsausbildung durch Lehre	**Akademische Ausbildung**
1. bis 4. Bildungsjahr	Grundschule je Jahr: 3.900 Euro	Grundschule je Jahr: 3.900 Euro
Primarstufe I	15.600 Euro	15.600 Euro
5. bis 10. Bildungsjahr	Hauptschule/Realschule je Jahr: 4.800 Euro	Gymnasium je Jahr: 5.300 Euro
Sekundarstufe I	28.800 Euro	31.800 Euro
11. bis 13. Bildungsjahr	Lehre im dualen System (Teilzeit) je Jahr: 2.100 Euro	Gymnasium je Jahr: 5.300 Euro
Sekundarstufe II	7.350 Euro	15.900 Euro
14. bis 18. Bildungsjahr		Universität je Jahr: 7.500 Euro
Studium		37.500 Euro
gesamte Bildungskarriere	**51.750 Euro**	**100.800 Euro**

Quelle: Klemm (2006: 3)

3.3.3. Sozialstrukturelle Transformation des dreigliedrigen Schulsystems

Im Zuge der restriktiven Bildungsausgabenpolitik, die mit den 1980er Jahren einsetzte, konnte der konservative Bildungsstaat seine traditionelle ungleichheitsstabilisierende Kraft, wenngleich auf einem höheren Niveau, neu entfalten. Denn private Investitionen in Bildung und damit privates ökonomisches und soziales Kapital wurden vor dem Hintergrund der Stagnation öffentlicher Bildungsfinanzierung und der Bereitstellung von Bildungsleistungen wieder wichtiger für den individuellen Erfolg. Die Segregationsleistung, d.h. die bildungsbegrenzende Wirkung des gegliederten Schulsystems und des Halbtagsschulsystems beruht vor allem auf der zeitlichen Organisation der individuellen Bildungsbiographien, die nach der Grundschule den Übergang in die weiterführenden Schulen „sehr frühzeitig reguliert und ihn zugleich legitimiert, indem Erfolg und Misserfolg den Fähigkeiten der Individuen zugeschrieben werden" (Edelstein, 2006: 129). Die dem Individuum zur Verfügung stehende Bildungszeit und der Erfolg im Bildungssystem ist strukturell eng verkoppelt. Mit dem stillen Auslaufen der Bildungsexpansionspolitik seit Mitte der 1970er Jahre wurde das System der Auslese an Sekundarschulen und Hochschulen „faktisch von der Eingangs- und Prüfungsauslese auf die immer neue Verführung zur Selbstauslese umgestellt: Die Gymnasien, berufsbildenden Schulen und Hochschulen offerieren ein breit ausdifferenziertes Spektrum von Bildungsangeboten, geben damit dem größten Teil der nachrückenden Jugendgenerationen für Jahre den Status von Schülern und Studenten und bewahren damit viele vor dem Schicksal der Jugendarbeitslosigkeit; aber die Quote derer, die Berufsschulen und Hochschulen ohne Abschlüsse verlassen, ist hoch, denn eine erfolgreiche berufliche Qualifizierung und ein erfolgreiches Hochschulstudium verlangen unter diesen strukturellen Bedingungen von den jungen Frauen und Männern mehr als Lernfähigkeit, sondern besondere Persönlichkeitsmerkmale, vor allem aber die finanzielle und motivationale Unterstützung durch ihr Familienmilieu" (Zymek, 2004: 126).

Das deutsche Bildungssystem erweist sich aber vor allem im Übergang von der Grundschule zur Sekundarstufe I als ungleichheitsfördernd. Der sozialisatorische Mangel an (sozialen, kulturellen, ökonomischen) Ressourcen, den Kinder aufgrund soziokulturell und sozioökonomisch ungünstiger Lebenslage in die Grundschule „mitbringen", kann in den zeitarmen Strukturen dieses Systems nicht kompensiert werden. Edelstein identifiziert in der Übergangsentscheidung am Ende der Grundschule eine besonders enge Kopplung der strukturellen Besonderheiten des deutschen Bildungssystems mit der intergenerationellen Reproduktion von Ungleichheitsverhältnissen: „In keinem vergleichbaren Land wird zur Entwicklung des kulturellen Habitus, der für den Übergang erforderlich ist, und insbesondere zum Ausgleich der mitgebrachten Unterschiede des kulturellen Kapitals den Lernenden so wenig Zeit und Spielraum gegeben. Die *Restriktion der Entwicklungsressourcen* in einer extrem kurzen Grundschulzeit von meist nicht einmal vier Jahren bis zur Übergangsentscheidung macht daraus einen weltweit einmaligen Mechanismus der Reproduktion der Strukturen sozialer Ungleichheit durch das Bildungssystem. In Verbindung mit der Entwicklung der Hauptschule zur Restschule und dem Wertverlust des Hauptschulabschlusses auf dem Lehrstellen- und Arbeitsmarkt wird daraus ein besonders folgenreicher Mechanismus der intergenerationellen Reproduktion von Armutsverhältnissen. Während es in einer Anzahl vergleichbarer Länder gelungen ist, Bildungserfolg und Sozialstatus weitgehend zu entkoppeln, erscheint deren enge Koppelung im deutschen Schulsystem als das wirksamste Vehikel der intergenerationellen Tradierung von Lebenschancen, von Reichtum wie von Armut" (Edelstein, 2006: 129f.).

Das dreigliedrige Schulsystem blieb im Zuge der Bildungsexpansion strukturell bestehen, aber der ehemalige Elitetyp des Systems, das Gymnasium, avancierte zur „heimlichen Hauptschule" des Systems, „dessen Bildungsangebot im Jahr 2004 von einem Drittel jedes Jahrgangs (Klasse 7) genutzt werden" (Geißler, 2006: 275). In den modernen Dienstleistungszentren geht heute mehr als die Hälfte der Kinder von der Grundschule auf das Gymnasium über (vgl. Zymek, 2004: 125). Von 1952 bis 2004 hat sich in Westdeutschland die Volksschule/Hauptschule von der Regelschule für 79 Prozent zur Restschule für rund ein Fünftel der Schülerinnen und Schüler (23 Prozent), gemessen am Besuch der siebten Klasse, entwickelt. Die Hauptschule wurde immer mehr zur Schule der Kinder aus randständigen Sozialmilieus, in den Städten vor allem von Kindern aus Familien mit Migrationshintergrund. Gleichzeitig erhöhte sich, ebenfalls gemessen an den Jugendlichen der siebten Klasse, der Besuch der Gymnasien von 13 Prozent auf 33 Prozent und der Realschule von 6 Prozent auf 26 Prozent. Die Reformschultypen der Integrierten Haupt- und Realschulen (hauptsächlich in Sachsen und Thüringen) mit 10 Prozent und die Integrierten Gesamtschulen mit 8 Prozent der Siebtklässler spielen eine vergleichsweise untergeordnete Rolle (vgl. Geißler, 2006: 275). Edelstein weist darauf hin, dass die Armut an Zertifikaten und Kompetenzarmut mehr und mehr in Haupt- und Sonderschulen entstehen. Dies dürfe aber nicht einfach der Pädagogik dieser Schulen oder einer wie auch immer gearteten Unterlassung von angemessener Förderung angelastet werden (vgl. Edelstein, 2006: 128). „Vielmehr können diese Schulen die im selektiven Schulsystem angelegte Entwertung der betroffenen Schüler, den Mangel an sozialisatorischen Ressourcen zur Kompensation ihrer kulturellen Lebenslagen, die negative Selbststigmatisierung als Folge einer Identifizierung als ‚schlechter' Schüler und gar die fehlende Unterstützung in soziokulturell marginalisierten Elternhäusern nicht kompensieren. Kompetenzarmut und Zertifikatearmut kumulieren zwar in Haupt- und Sonderschulen, produziert werden sie freilich als Folge des selektiven Schulsystems insgesamt. Bildungsarmut bestimmt in Gestalt von Zertifikatearmut und Kompetenzarmut den Lebenslauf der Betroffenen" (Edelstein, 2006: 128). Diese Schließungsleistung bleibt auch in späteren Bildungsphasen wirksam und determiniert die Position der Individuen im Beschäftigungssystem, selbst dann, wenn diese in späteren Phasen ihrer Bildungsbiographie mit dem Erwerb von höheren Bildungsabschlüssen, beispielsweise über das berufliche Bildungssystem, die einmal getroffene „Entscheidung" für einen „niedrigen" Schultyp revidieren können, weil die Selektionsmechanismen im Beschäftigungssystem die „erfolgreiche Normalbiographie" begünstigen. Aber wenn es den Individuen nicht aus eigener Kraft gelingt, Zertifikatearmut und Kompetenzarmut zu überwinden, wird Bildungsarmut mit erheblicher Wahrscheinlichkeit als Einkommensarmut in Verbindung mit kultureller Deprivation an die nächste Generation weitergegeben. Der konservative Bildungsstaat macht die Herkunft aus Armutsverhältnissen zu einem bedeutenden Prädiktor für Kompetenzarmut und Zertifikatearmut. Die Schulen in Deutschland tradieren den Armutszusammenhang nicht nur, sondern erzeugen ihn vor dem Hintergrund des Wertverlusts des Hauptschulabschlusses auf dem Lehrstellen- und Arbeitsmarkt zunehmend selbst (vgl. Edelstein, 2006: 128).

Der konservative Bildungsstaat propagiert wie kaum ein anderes Bildungssystemkonzept den Mythos moderner Leistungsgesellschaften, wonach Menschen alleine nach dem zentralen Kriterium Leistung ausgelesen werden sollen, um Chancengleichheit zu verwirklichen. Damit wächst dem Bildungsabschluss, d.h. der „Fachprüfung" wie schon Max Weber erkannte, mehr und mehr eine Schlüsselfunktion für den Zugang zu vorteilhaften Status- bzw. Berufsgruppen zu (vgl. Weber, 1976: 576ff.; Plake, 1986: 113; Müller, 1992: 279). Gerade die erfolgreiche Durchsetzung des meritokratischen Prinzips in einem gegliederten Schulsystem ohne zeitliche Puffer führt, wie ich gezeigt habe, zu einer Intensivierung schichtspezifischer Ausleseprozesse und darüber hinaus zu einer öffentlich normierten hierarchischen Klassifikation von Personengruppen und Wissensbeständen. Das Bildungssystem stellt gerade auch unter dieser Perspektive ein Allokationsprinzip gesellschaftlicher Chancen dar, das inhärent hierarchisch strukturiert ist. Dies, so Max Haller (1989), habe weitreichende Konsequenzen für das Klassen- und Schichtsystem der modernen Gesellschaften. Im Falle wirtschaftlicher Krisen führe dieses System zu einer besonderen Benachteiligung der Geringqualifizierten. Es unterminiere das Selbstbild derer, die im Bildungssystem nicht zu reüssieren in der Lage sind und es führe zu einer generellen Verfestigung der hierarchisch-vertikalen Strukturierung der Gesellschaft (vgl. Haller, 1989: 147). Chancengleichheit wird durch Gleichbehandlung von Individuen, deren soziokulturelle und sozioökonomische Lebenslage ungleich sind, in ressourcenarmen und zeitarmen öffentlichen Bildungssystemen wie in dem des konservativen Bildungsstaats nicht erreicht. Die Bildungsexpansion hat - vor dem Hintergrund der dadurch ausgelösten innersystemischen strukturellen quantitativen Verschiebungen hin zum Gymnasium - als nicht intendierte Folge die Ab-, wenn nicht Entwertung des Hauptschulabschlusses auf dem Lehrstellen- und Arbeitsmarkt bewirkt. Je niedriger der Anteil sozialisierter bzw. öffentlicher Bildungsleistungen ist, desto stärker können sich private Investitionen, seien diese nun kultureller, sozialer oder ökonomischer Natur, ungleichheitsverstärkende Wirkung - jenseits der „natürlichen" Begabungen der Individuen - entfalten. Solange Kinder und Jugendliche „ohne Ansehen ihrer Person" durch das konservative Bildungssystem geschleust werden, wird sich an der diesem System innewohnenden ungleichheitsverstärkenden Tendenz nichts ändern.

3.4. Sozioökonomischer Wandel und konservativer Bildungsstaat

Die entwickelte wissensbasierte Industriegesellschaft generiert in Zukunft zusätzliche Erwerbsarbeit fast ausschließlich auf dem Gebiet der Dienstleistungsökonomie. Diese Trends, so Esping-Andersen, führen zu einem Bündel neuer Dilemmata, die nur mit einer neuen Architektur der Bildungs- und Sozialpolitik zu bewältigen sein werden. Das Ziel, den Strukturwandel zu bewältigen, kann nicht durch Abbau, sondern durch den Umbau und den Neubau sozialstaatlicher und bildungsstaatlicher Institutionen erreicht werden (vgl. Esping-Andersen, 2003). Die marktliberal und gleichzeitig familienzentrierten Wohlfahrtsstaaten drohen in zwei Teile zu zerfallen:

Arme niedrig qualifizierte Eltern, die in schlecht bezahlten Jobs im distributiven, personenorientierten und sozialen Dienstleistungssektor arbeiten, vererben ihren sozioökonomischen und vor allem ihren niedrigen Bildungsstatus an ihre Kinder. Dem gegenüber stehen die wohlhabenden doppelverdienenden „arbeitsreichen" Familien, die ihren hohen Bildungsstatus an ihre Kinder weitergeben können. Das sozioökonomische Mittelfeld wird in der Tendenz zwischen diesen Polen zerrieben (vgl. Esping-Andersen, 2003). Alle bisherigen Bildungsreformen auch im konservativen Wohlfahrtsstaat, das dokumentieren zahlreiche Studien, haben das Ausmaß der sozialen Vererbung von Bildungsarmut und damit die sozialen Nachteile durch das Elternhaus nicht verringern können (vgl. Wößmann, 2003). Die sozialstrukturellen Dilemmata wurden bereits genannte, die jenseits der individuellen Wünsche zu diesem erschreckenden Ergebnis führen. Aus sozial- und aus wirtschaftspolitischer Sicht wird es aber immer wichtiger, dass die nachwachsende Generation, die im Vergleich zu ihrer Elterngeneration demographisch schrumpft, kompetent und produktiv ist. Produktivität und Verteilungsgerechtigkeit sind der einzige Weg, die demographische Herausforderung wie auch die Integrationsprobleme, die durch die Migration entstehen, zu lösen.

Auch wenn in der Dienstleistungsökonomie der Zukunft hoch qualifizierten Tätigkeiten ein hoher qualitativer Stellenwert zukommt, wird in den personenorientierten Wirtschaftssektoren, die von den beschriebenen sozialstrukturellen Trends am meisten profitieren, die Masse der Erwerbsbevölkerung beschäftigt sein. Die distributiven, personenbezogenen und sozialen Dienstleistungen leiden jedoch an einem schwerwiegenden Manko: Da sich ihre Produktivität im Vergleich zu den technikgestützten Produktionsbereichen sowohl in der Güter- wie in der Dienstleistungsproduktion nicht steigern lässt, stehen sie unter einem ständigen Kostendruck. In allen modernen Ländern nimmt deshalb vor allem im privatwirtschaftlichen Sektor die Zahl der Jobs (*bad jobs*) zu, die niedrige Qualifikationsanforderungen und Einkommen hervorbringen. Die soziale Herausforderung, die aus diesen unerfreulichen Begleiterscheinungen dynamischer Dienstleistungsökonomien erwachsen, besteht in der Frage, ob es den modernen Wohlfahrtsökonomien gelingt, ihren Bürgern, vor allem ihren Kindern, Mobilitätschancen zu eröffnen. Die USA, die dem wirtschaftliberalen Modernisierungspfad folgt und die Produktion niedrigproduktiver Dienstleistungen den zunehmend deklassierten niedrig qualifizierten armen Bevölkerungsschichten überlässt, haben auf diese Herausforderung bisher keine Antwort gefunden. Aber auch der am Ernährer-/Hausfrau-Modell orientierte konservative Wohlfahrtsstaat bietet keine Lösung für die Zukunft: Hier wird auf der Ebene der Institutionen immer noch nicht akzeptiert, dass die Erwerbstätigkeit der Mütter nicht mehr, wie in allen anderen fortgeschrittenen Gesellschaften, aus der Welt zu schaffen ist (vgl. Pfau-Effinger, 2005). Esping-Andersen sieht nur einen Ausweg aus diesem Dilemma: Die sozioökonomischen und soziokulturellen Herausforderungen können nur durch massive Investitionen in die Kinder bewältigt werden. Genau diesen Weg gehen die skandinavischen Länder: mit beeindruckenden Erfolgen, wie die Pisa-Vergleichstests gezeigt haben. Die *bad jobs* der neuen Dienstleistungsökonomie werden hier nicht zu einem Schicksal für die Kinder und Kindeskinder der einmal in diesem Sektor arbeitenden Eltern. Ein Schlüssel, die soziale Vererbung von Bildungsarmut zu durchbrechen, liegt dort in der allgemeinen professionalisierten frühkindlichen Betreuung und Förderung und einem Bildungsstaat, der die wachsenden Bildungsbedürfnisse der Gesellschaft als öffentliche Aufgabe zu definieren und zu befriedigen sucht (vgl. Esping-Andersen, 2003).

Bildung ist die entscheidende Ressource, die von Menschen in individualisierten Gesellschaften auf dem Arbeitsmarkt verwertet werden kann und muss.[50] „Immer mehr, immer länger, immer höher hinaus: Konzepte wie ‚lebenslanges', ‚lebensbegleitendes' oder ‚unvermeidliches Lernen' beschreiben die biographische Dimension dieser neuen gesellschaftlichen Zentralität von Bildungsarbeit" (Reinprecht, 2005: 130f.). An die Seite des Ideals einer umfassenden Bildung, die um ihrer selbst willen angestrebt wird, tritt mehr und mehr ein Bedürfnis nach brauchbarmachenden und verwertbaren Facetten von Bildung, die mit den Begriffen Qualifikation und Kompetenz sinnfällig gemacht werden. Die bildungspolitischen Reformstrategien unterscheiden sich vor diesem Hintergrund gravierend von den Reformdebatten zur Zeit der Bildungsexpansion in den 1970er Jahren. „Während es im Zusammenhang mit der Forderung nach Einbindung von bildungsfernen Schichten um die Möglichkeit für gesellschaftliche Teilhabe *und* soziale Mobilität ging, reduziert die Ökonomisierung Bildung auf die Dimension der *employability*, d. h. auf die Herstellung und Aufrechterhaltung von individueller Erwerbsfähigkeit und Beschäftigbarkeit. Dieser Wandel erhöht massiv den Druck auf das einzelne Individuum, sich den wachsenden Anforderungen und Selektionserfordernissen des Bildungssystems zu stellen. Dies gilt für den Bereich der schulischen Bildung nicht weniger wie für die berufliche Ausbildung, die Hochschulbildung oder den Bereich der Erwachsenenbildung" (Reinprecht, 2005: 130). Daraus resultiert für den Einzelnen eine erhöhte Lern- und Anpassungsbereitschaft und ein permanenter Zwang zur Weiterbildung, nicht um ein umfassendes Wissen über die Welt oder um die individuelle Bildung zu vervollkommnen sondern von den Individuen anvisierte Orte in den produktiven Strukturen moderner Gesellschaften, „where we can make the greatest contribution", diktieren, welche Kompetenzen ständig erneuert und ergänzt werden müssen (vgl. Reinprecht, 2005: 131).

---

50 In den folgenden Überlegungen des Managementtheoretikers Peter F. Drucker (1999: 65) zum Selbstmanagement werden die Chancen, Risiken und Zumutungen einer vor allem am Arbeitsmarkt ausgerichteten Individualisierung deutlich. „Success in the knowledge economy comes to those who know themselves – their strengths, their values, and how they best perform." und "History's Great Achievers – A Napoleon, a daVinci, a Mozart – have always managed themselves. That, in large measure, what makes them great achievers. But they are rare exceptions, so unusual both in their talents and their accomplishments as to be considered outside the boundaries of ordinary human existence. Now, most of us, even those of us with modest endowments, will have to learn to manage ourselves. We will have to learn to develop ourselves. We will have to place ourselves where we can make the greatest contribution. And we will have to stay mentally alert and engaged during a 50-year working life, which means knowing how and when to change the work we do" (Drucker 1999: 65f.).

Ökonomisierungs- und Privatisierungsprozesse im konservativen Bildungssystem sind aus sozialstruktureller Perspektive als nicht intendierte Folgen der zunehmenden Individualisierung der deutschen Gesellschaft und der damit einhergehenden Transformation des Sozialstaats zu deuten. Die Einstellungen in Bezug auf die Ziele des Bildungswesens haben sich verändert: Eine dezidert wirtschaftsliberale Sichtweise definiert die neuen Ziele, die sich von den Zielen der Bildungsexpansionspolitik stark unterscheiden. Eine individuelle - lebenslang geforderte - Bildungspflicht, nicht mehr ein Recht auf Bildung, gilt zunehmend als Schlüssel für die Lösung fast aller sozialer Fragen. Individuen wollen und müssen sich in den Arbeitsmarkt integrieren, um die Chancen der modernen Gesellschaft zu nutzen und deren Risiken zu minimieren. In Form von Arbeitskraft wird auch Bildung (vor allem die in Zertifikaten und Titeln objektivierte Bildung) zur Ware, die auf dem Arbeitsmarkt verwertet werden muss, um sich in die Gesellschaft sozioökonomisch zu integrieren. Damit ist die Ökonomisierung der Bildung zumindest zum Teil als nicht intendierte Nebenwirkung einer soziokulturellen Entwicklung zu verstehen, die in der Regel auch von denen positiv eingeschätzt wird, die sagen, Bildung sei keine Ware. Die Orientierung an den Verwertungschancen von Bildung (Kommodifizierung von Bildung) hat im Kern weniger mit Materialismus als mit den Lebensbedingungen in kapitalistischen Gesellschaften zu tun, die Individualität schätzen, die diese Individualität aber weitgehend an die Bereitschaft koppeln, individuell erworbenes kulturelles Kapital als Arbeit auf dem Arbeitsmarkt in der Konkurrenz mit anderen Arbeitsmarktindividuen zu verwerten (vgl. Merz-Benz, 2004). Bildung dient aus dieser Perspektive vor allem der sozioökonomischen Integration in die Gesellschaft.

4. Die Transformation des konservativen Bildungsstaats

Der wachsende Ökonomisierungs- und Privatisierungsdruck im Feld der Bildung, so die zentrale These der vorliegenden Arbeit, untergräbt die Grundlagen der historisch gewachsenen Strukturen des deutschen Bildungssystems. Die Grundstrukturen des konservativen Bildungsstaats haben sich vor dem Hintergrund eines genuinen nationalen Produktionssystems und vor dem Hintergrund einer spezifischen, von anderen Varianten des Wohlfahrtsstaats abgrenzbaren sozialpolitischen Konstellation, entwickelt. Die Bereitstellung von Dienstleistungen und Infrastrukturen im Feld der Bildung ist in Deutschland noch weitgehend eine Aufgabe des öffentlichen Sektors. Das öffentliche Bildungswesen mit seinen Einrichtungen folgt dem Rationalitätskriterium der Versorgung, das aus Absatz I, Artikel 26 der Allgemeinen Erklärung der Menschenrechte (Recht auf Bildung für alle Menschen) abgeleitet werden kann. Die scheinbar überlegene Rolle von Märkten als Mechanismus zur Koordination wirtschaftlicher Aktivitäten in der Güterproduktion und zunehmend auch in der öffentlichen Dienstleistungsproduktion stellt diesen Konsens in der Bildungsproduktion in Frage.

Der Wandel der Interaktionsordnung zwischen den vier Sphären der Bildungsproduktion, der durch die vielschichtigen Privatisierungs- und Ökonomisierungsprozesse und -strategien in Gang kommt, rückt die gesellschaftliche Organisation der personenbezogenen und sozialen Dienstleistungen auch in den Mittelpunkt der Debatten um die Reform des deutschen Bildungssystems. Ob diese Formen der Arbeit im privaten Haushalt, privatwirtschaftlich verfassten Unternehmen, staatlichen Einrichtungen oder intermediären Non Profit-Organisationen erbracht werden und wer diese Dienstleistungen bezahlen wird, hängt letztlich von politischen und kulturellen Wert- und Zielvorstellungen ab. Die Aufgabe der Soziologie in diesem normativen Konfliktfeld besteht darin, die Entwicklungs- und Rationalitätspotenziale aufzudecken, die für die institutionelle Gestaltung der Arbeitssphären Staat, private Haushalte, privatwirtschaftliche Unternehmen und die Organisationen des Dritter Sektors relevant sind.

4.1. Normative Konflikte im Bildungssystem

Nach dem Zweiten Weltkrieg wurde die Idee wirkungsmächtiger, alle Bürger und Bürgerinnen hätten ein Recht auf Bildung (Dahrendorf, 1965b). Dieses Programm galt allen demokratischen Parteien als wirksames Mittel im Systemkonflikt mit dem real existierenden Sozialismus in Osteuropa. Die Demokratie sollte durch umfassende Bildung und Ausbildung des einzelnen Individuums gesichert und gleichzeitig die technische und ökonomische Vormachtstellung, die durch die bewunderten und gefürchteten Leistungen der sowjetischen Wissenschaft und Industrie (Sputnik-schock) gefährdet schien, wiedergewonnen bzw. erhalten werden. Bildung galt als entscheidendes Mittel zur Erreichung dieser Ziele. Investitionen in die Bildung und die Erhöhung des Bildungsstands der Bevölkerung erscheinen aus dieser Perspektive als Beitrag zur Verbesserung der Wettbewerbsposition des eigenen Landes in der ökonomischen und ideologischen Konkurrenz der geopolitischen Blöcke und Nationen. Um diese makropolitischen und makroökonomischen Ziele wirkungsvoll erreichen zu können, musste der Zugang zu Bildung weitgehend vom gesellschaftlichen Status, Einkommen und Vermögen der Individuen entkoppelt werden, um sozialstrukturell und ständisch blockierte Begabungsressourcen ausschöpfen zu können. Die zunehmende Unentgeltlichkeit von Bildungsleistungen und die verbesserte Verfügbarkeit auch höherer Bildungsangebote am Wohnort der SchülerInnen und Studierenden (und damit der Senkung individueller Bildungskosten) wurden Ausdruck und Symbol eines individuellen Anrechts auf Bildung (vgl. Müller et al., 1997: 181). Die Sozialisierung der Bildungskosten (wichtiges Schlagwort der Zeit: „Lernmittelfreiheit") über den Steuerstaat wurde aus diesen Gründen kaum in Frage gestellt bzw. erste neoliberale Gegenkonzepte konnten nicht wirkungsmächtig werden.[51]

Die seit Jahrzehnten anhaltende „Finanzkrise des Steuerstaates" (vgl. Schumpeter, 1976 (1918); Grauhan/Hickel (Hrsg.), 1978) und die damit verbundene Ressourcenverknappung für das öffentliche Bildungssystem hat die Frage nach der zukünftigen Rolle des Staates als Produzent und Finanzier von Gütern und Dienstleistungen im Bildungssektor der Dienstleistungswirtschaft wieder stärker als zu Zeiten der Bildungsexpansion in das Blickfeld der Öffentlichkeit gerückt. Die Verschärfung der Finanzkrise der Länder und Gemeinden, die in der föderalen Ordnung der Bundesrepublik Deutschland für das Ressort Bildung zuständig sind, leistet Ökonomisierungs- und Privatisierungsbestrebungen Vorschub. Verstärkt werden die fiskalisch motivierten Bestrebungen zur Entstaatlichung durch die von der liberalen politischen Ökonomie inspirierte Kritik am staatlichen Bildungsmonopol, der angeblich geringen Effizienz des öffentlichen Bildungswesens und der unzureichenden Anpassungsfähigkeit dieses Systems an die veränderten Anforderungen der sich soziokulturell und sozioökonomisch wandelnden Wirtschaft und Gesellschaft (vgl. Weiß/Steinert, 2001: 40).

Im Folgenden werde ich der Frage nachgehen, ob die Privatisierungs- und Ökonomisierungsprozesse im Bildungssystem auf eine Verschiebung in der Welt der sozial- und bildungspolitischen Diskurse zurückzuführen ist oder aber als (nicht) intendierte Folge an sich positiv bewerteter sozialer und technischer Entwicklungen interpretiert werden kann. Beispielsweise ist die Integration von immer mehr Frauen in den modernen Arbeitsmarkt ohne die Ökonomisierung vieler personaler Dienstleistungen nicht denkbar.

---

51 Die Rolle des Staates in der Produktion von Bildungsdienstleistungen wurde von Milton Friedman schon in den 1950er Jahren fundamental in Frage gestellt (vgl. Friedman, 1955; 1975).

4.1.1. Milton Friedman und der Neoliberalismus

Ausgangspunkt und Fluchtpunkt zeitgenössischer Privatisierungs- und Ökonomisierungsdebatten ist die Vorstellung, dass in individualistisch orientierten Gesellschaften gemeinschaftsorientierte Einstellungen bei den Menschen abnehmen und gleichzeitig Vorstellungen vom individuellen guten Leben und damit instrumentelles Handeln zunehmen (vgl. Klages, 1985). Die Haltung wird daran festgemacht, dass bei immer mehr Individuen - gerade auch *im* Bildungssektor und in Bezug auf Bildung und Wissenschaft - das Interesse an Einkommen und Karriere (etwas antiquiert: Broterwerb) über ideelle Handlungsmotive die Oberhand gewinnt. Das Pendel scheint nun wieder von den „postmaterialistischen Wertprioritäten", die nach Inglehart in den 1960er und 1970er Jahren „materialistische Wertprioritäten" abgelöst hatten, zugunsten der Letzteren auszuschlagen (vgl. Inglehart, 1977). Traditionelle Bildungswerte erodieren aus dieser Perspektive als Folge immer konsequenterer ökonomischer Selbststeuerung der Individuen. In der Vergangenheit dagegen, so eine populäre Vorstellung, diente Bildung allein dazu, Menschen in die Lage zu versetzen, sich selbst und die Welt besser verstehen und damit auch gestalten zu können, d.h. den Menschen, wie es Immanuel Kant formuliert hat, durch Aufklärung aus seiner „selbst verschuldeten Unmündigkeit" zu befreien (vgl. Kant, 1784).

Eine weitere Variante der gegen Privatisierungs- und Ökonomisierungstendenzen im Bildungssystem gerichteten Kulturkritik, macht die neoliberal argumentierenden Ökonomen oder deren *think tanks* dafür verantwortlich, ein gesellschaftliches Klima zu schaffen, das die Vorstellung eines primitiven Utilitarismus, wonach das soziale Leben ausschließlich ein Kampf um materielle Güter sei, über das Feld der Ökonomie hinaus wirkungsvoll universalisiere (vgl. Maier-Rigaud/Maier-Rigaud, 2001; Dixon, 2000). Erklärter „ideologischer" Gegner der Ökonomisierungskritik ist *der* (neoliberale) Ökonom. Ihm wird unterstellt, dass er in seinen Modellen der Untersuchung menschlichen Verhaltens einseitig vom Vorherrschen materieller Orientierungen ausgehe. Dabei werde, so Kirchgässner, das materialistische Weltbild von Karl Marx gleichsam vom Kopf auf die Füße gestellt, „indem diese Annahme der bürgerlichen Ökonomie für die zunehmende Ökonomisierung der Lebensverhältnisse (mit-)verantwortlich gemacht wird. Grund dafür ist der homo oeconomicus, jener (männliche) homunculus der ökonomischen Theorie, der nicht aus Einsicht, sondern aus reinem Nutzenkalkül heraus handelt und der in seinem Imperialismus langsam aber sicher dabei ist, zumindest die sozialwissenschaftliche Welt zu erobern" (Kirchgässner, 1997: 127f.).

Gängige Ursachenzuschreibungen für die vielfältigen Ökonomisierungs- und Privatisierungsprozesse in den modernen Gesellschaften, wie der vielbeschworene „Imperialismus" der ökonomischen Theorie, die wachsende gesellschaftspolitische Deutungsmacht neoliberal argumentierender Ökonomen (vgl. Klein, 2007), der wachsende Einfluss der „Kaufleute" in den Schulen und Universitäten (vgl. Zehnpfennig, 2002) oder gar die Verschwörung von neoliberalen Ideologen im Dienste der Finanzindustrie (vgl. Dixon, 2000), die mit ihren genialen politischen Schachzügen die Welt Zug um Zug in einen neuen entfesselten Kapitalismus hineinmanövrieren, liefern jedoch, so jedenfalls einer der Kritiker der Ökonomisierungskritik, der Schweizer Ökonom Gebhard Kirchgässner (1997: 127ff.), empirisch kaum überprüfbare Erklärungsansätze für die zunehmende Ökonomisierung der Lebenswelt von immer mehr Menschen. Worin aber liegt die Faszination der Idee, die Wissenschaft von der Ökonomie und vor allem deren wirtschaftsliberaler Flügel seien *die* Ursache für den epochalen gesellschaftlichen Wandel, der von Kritikern als Ökonomisierung der Welt negativ gedeutet wird?

Der amerikanische Nobelpreisträger Milton Friedman gilt als wichtiger geistiger Wegbereiter und Stichwortgeber der aktuellen Debatten um die Gestaltung von sozioökonomischen Reformen im Erziehungs- und Bildungswesen. Friedman war einer der bekanntesten liberalen Ökonomen des vergangenen Jahrhunderts. Vielen Gegnern der Ökonomisierung gilt er als Personifikation *des* (neoliberalen) Ökonomen (vgl. Klein, 2007). Mit ihm sind eine Reihe wirtschafts- und sozialpolitisch einflussreicher Ideen verbunden, wie beispielsweise das Konzept des Monetarismus und die Einführung einer negativen Einkommenssteuer (*earned income tax credit*) in den USA (vgl. Schild, 2003: 359). Weltweit diskursbestimmend wurden aber auch seine Beiträge zur Bildungspolitik (vgl. Friedman, 1955; 1971; 1975). Bereits in den 1970er Jahren wurde Chile während der Pinochet-Diktatur ein Experimentierfeld nicht nur für die wirtschaftspolitischen Ideen Friedmans, sondern auch für dessen Idee der Entstaatlichung des Bildungssystems (vgl. Hillebrand, 2003: 32). An kaum einem anderen Ökonomen scheiden sich, nicht zuletzt vor diesem Hintergrund, die sozial-, und bildungspolitischen Geister.

Friedman wurde seit der Mitte der 1950er Jahre in den USA mit dem verfahrenspraktischen Vorschlag zur Einführung von Gutscheinen im Erziehungswesen bekannt, um den Eltern mehr Mitwirkungsmöglichkeiten gegen eine in seinen Augen übermächtige Bildungsbürokratie zu verschaffen (vgl. Friedman, 1955; Cooper/Randall, 2001). Das Gutscheinsystem sollte einen Beitrag zur Verbesserung der maroden öffentlichen Schulen in den Vereinigten Staaten leisten und deren mangelnde Qualität verbessern helfen (vgl. Hansjürgen, 2004). Neben praktischen Instrumenten zu einer Reorganisation der Finanzierungs- und Organisationsmechanismen im Bildungssystem entwickelte Friedman ein vielen Reformüberlegungen im deutschen Bildungswesen zunehmend latent oder explizit zugrundliegendes bildungspolitisches Gedankengebäude.

Milton Friedman lehnt Staatstätigkeit im Bildungswesen nicht von vorne herein ab, wie ihm von Kritikern oft unterstellt oder von seinen Apologeten behauptet wird. Denn eine, so Friedman, „ stabile und demokratische Gesellschaft kann ohne ein Minimum an Bildung und Wissen bei der Mehrheit ihrer Bürger und ohne weitgehend akzeptierte allgemeine Werte nicht existieren. Die Erziehung kann zu beidem beitragen. Deshalb gewinnen bei der Erziehung eines Kindes nicht nur das Kind oder die Eltern des Kindes, sondern auch die anderen Mitglieder der Gesellschaft. (...) Es ist deshalb nicht sinnvoll, bestimmte Individuen (oder Familien), die von der Erziehung Vorteile hatten, herauszunehmen und sie für die Dienste, die sie in Anspruch genommen haben, zur Zahlung aufzufordern. Hier gibt es also einen ziemlich starken >Nebeneffekt<" (Friedman, 1971: 116). Einen gesellschaftsrelevanten Nebeneffekt von Schulbildung jenseits familiärer Erziehung identifiziert Friedman darin, dass die Allgemeinheit von der öffentlichen Förderung junger Menschen profitiert, weil soziale und politische Führungskräfte herangezogen werden, die allen Mitgliedern einer Gesellschaft nutzen. Friedman greift in seiner Argumentation zwar in diesem Zusammenhang nicht auf das Konzept öffentlicher Güter zurück, aber er umschreibt mit dem Begriff „Nebeneffekt" den gleichen Sachverhalt. Sowohl die Forderung des Staates, jedes Kind müsse ein bestimmtes Minimum an schulischer Ausbildung erhalten, wie auch die öffentliche Finanzierung dieses Minimums aufgrund der gesellschaftsrelevanten Nebeneffekte werden von Friedman in bestimmten Grenzen akzeptiert. Aus dieser Argumentation ist eine gewisse Verantwortung des Staates für Bildung ableitbar. Die Förderung von Bildung durch den Staat bedeutet aber noch lange nicht deren Produktion durch den Staat. Öffentliche Güter wie Erziehungsleistungen können auch durch vom Staat beauftragte private Anbieter hergestellt und angeboten werden.

Aus seinen Überlegungen zum gesellschaftsrelevanten „Nebeneffekt" von Erziehungs- und Bildungsleistungen zieht Friedman jedoch auch den Schluss, dass staatliche Subventionen eigentlich nur für bestimmte Schultypen gerechtfertigt seien. In seinen Überlegungen zur Bildungspolitik grenzt Friedman Erziehung und Bildung scharf von Ausbildung im Sinne der Vorbereitung auf einen Beruf ab, der in seinen Augen vor allem individuellen Nutzen verspricht. Friedman nimmt hinsichtlich der Organisation und Finanzierung des Bildungssystems also eine wichtige Differenzierung vor, die weite Interpretationsspielräume eröffnet (vgl. Friedman, 1971: 115). Seiner Meinung nach ist die öffentliche Finanzierung reiner Berufsausbildung nicht legitim, da diese zwar die wirtschaftliche Produktivität eines einzelnen Schülers steigere, aber in erster Linie weder auf die öffentliche Rolle als Staatsbürger vorbereite noch für gesellschaftlich nützliche Führungsaufgaben qualifiziere. Daraus leitet sich allerdings keine Verpflichtung des Staates ab, die Leistungserstellung selbst zu übernehmen. Friedman ist als Anhänger der liberalen politischen Ökonomie zutiefst davon überzeugt, dass die Institutionalisierung von Märkten oder Quasi-Märkten auch im Bildungssektor zu einer veränderten Machtbalance zwischen den Akteuren, damit zu mehr (Gestaltungs-) Freiheit der Individuen und - wie durch eine unsichtbare Hand bewirkt - zu einer Verbesserung des Gesamtsystems führt. Friedman untermauert seine Position zudem mit Gerechtigkeitsargumenten, die sich auch in den aktuellen Debatten um die Studienfinanzierung in Deutschland immer mehr durchzusetzen scheinen: Einer Privatisierung des Nutzens von Bildung bei gleichzeitiger Sozialisierung der Kosten für die Bildungsproduktion könne durch eine systematische Differenzierung von Bildung/Erziehung und Berufsausbildung und dem auch finanziellen Rückzug des Staates aus der Berufsausbildung entgegengewirkt werden.

Milton Friedman identifiziert und moniert in seiner Kritik der öffentlichen Bereitstellung von Bildungs- und Erziehungsleistungen einen Mangel an sozioökonomischer Gewaltenteilung, die es den Eltern verwehrt, individuell (über die demokratisch legitimierte öffentliche Finanzierung hinausgehende) zusätzliche private Mittel für die Bildung ihrer Kinder einzusetzen und die Bildungseinrichtung frei zu wählen. Er widersetzt sich damit einer seiner Meinung nach staatlich verordneten Bildungsbegrenzung für Kinder von Eltern mit einer hohen Bildungsaspiration, die dazu bereit sind, einen höheren Anteil ihres Vermögens oder Einkommens für Bildungsinvestitionen auszugeben und damit auf den Konsum alternativer Güter und Dienstleistungen zu verzichten, als dies durch die öffentlichen Bildungsinvestitionen vorgesehen ist. Mehr sozioökonomische Gewaltenteilung im Bildungssystem ließe sich, folgt man der Argumentation von Friedman, durch die Implementierung von mehr Markt und Wettbewerb zwischen Eltern/Kindern und Bildungseinrichtungen und durch die Privatisierung der Leistungserbringung erreichen. Reformstrategien und Leitbilder dieses Strickmusters verbergen sich hinter den gegenwärtigen bildungspolitischen Argumenten, die für mehr Effektivität, „Kundenorientierung" der Bildungsanbieter, Kostenbeteiligung der „Bildungskunden", für mehr Angebotsvielfalt und Flexibilität und gegen strukturimmanente Bildungsbegrenzung im Bildungssystem plädieren (vgl. Weiß/Steinert, 2001: 40).

4.1.2. Das neoliberale Bildungsreformprojekt in Deutschland

Nicht nur in vielen angelsächsischen Ländern, in denen die Vorschläge Milton Friedmans in den letzten Jahrzehnten auf fruchtbaren Boden gefallen sind, lässt sich eine wachsende Tendenz in Richtung einer Privatisierung der Leistungserstellung im Bildungssystem beobachten.[52] Im deutschsprachigen Raum forderten Anfang der 1990er Jahre die beiden Ökonomen Thomas Straubhaar und Markus Winz in ihrem Buch „Reform des Bildungswesens" die radikale Entstaatlichung des öffentlichen Bildungswesens (vgl. Straubhaar/Winz, 1992): „Ein leistungsfähiges, sozial gerechtes Bildungssystem ist ohne Staatsschulen möglich. Ein freier Bildungsmarkt ist in der Regel in der Lage, alle qualitativen Wünsche der Bildungsnachfrage mit den geringsten Kosten zu erfüllen. Und dort, wo die Regel versagt, ist mit einer staatlichen Rahmengesetzgebung und entsprechenden Maßnahmen möglich, das Marktversagen zu korrigieren" (Straubhaar/Winz, 1992: 138).

Nicht mehr nur die Reform des heutigen Bildungssystems durch Ökonomisierung im Sinne einer Rationalisierung der öffentlichen Bildungsproduktion durch das Implementieren von neuen Managementtechniken und Quasi-Markt-Elementen wird von den beiden Autoren zur Debatte gestellt, sondern es wird die Abschaffung des öffentlichen Bildungssektors gefordert. Begründet wird der Vorschlag mit dem (selbstimmunisierenden) Argument, die Existenz dieses Teils der Wohlfahrtsproduktion widerspräche der ökonomischen Logik (vgl. Staubhaar/Winz, 1992: 138). Anfang der 1990er Jahre hörte sich dieser radikale Vorschlag, der von dem amerikanischen Nobelpreisträger Milton Friedman inspiriert war, vor dem Hintergrund der

---

52 Ein Vergleich der Privatschüleranteile in den OECD-Staaten zeigt erhebliche Unterschiede im Privatisierungsgrad des Schulwesens. Im konservativen und im sozialdemokratischen Bildungsstaat besuchen die Schülerinnen und Schüler überwiegend staatliche Schulen (vgl. Weiß/Steinert 2001, S. 41).

realexistierenden bildungspolitischen Strukturen in der Bundesrepublik Deutschland noch reichlich weltfremd an. Spätestens als jedoch 1999 der SPD-Bildungsexperte Peter Glotz - inmitten der Internet-Gründerzeit - die Kapitalisierung öffentlicher Bildungseinrichtungen zu einem kontrovers diskutierten Thema machte, wurde deutlich, dass diese Variante von Ökonomisierung und Privatisierung auch vor dem deutschen Bildungsstaat nicht Halt machen würde und bereits auf eine breitere positive öffentliche Resonanz traf (vgl. Glotz, 1999; Neubert, 1999). Glotz verblüffte die Öffentlichkeit damals in einem Focus-Interview mit dem Vorschlag, zwei oder drei deutsche Top-Universitäten nach dem Vorbild von Telekom oder Post in Unternehmen umzuwandeln, um sie dann als Aktiengesellschaften an die Börsen zu bringen. Auf diesem Wege könnten einige deutsche Hochschulen wieder an die Spitze der besten Unis der Welt vorstoßen. Noch wichtiger für die Debatten um die Reform des Bildungssystems war der Hinweis von Glotz, mit Bildung könne man durchaus Geld verdienen. Diese Einschätzung lässt auf ein sich wandelndes Verständnis von Bildung bei den „Bildungseliten" in Deutschland schließen (vgl. Glotz, 1999). Der Bildungssektor soll nun selbst wieder zu einem profitablen Wirtschaftszweig, Bildung zur Ware werden. Hatte er bisher lediglich eine Zulieferfunktion für die Verwertung von Wissen und Bildung, wird er nun selbst zu einem Verwertungssektor. Beispiele dafür sind die Gründung von privatwirtschaftlich geführten Schulen und Hochschulen in Form der GmbH oder AG und die Finanzierung von Bildung aus privatem Einkommen und Vermögen durch Schul- bzw. Studiengebühren und zunehmend unter Zuhilfenahme von (teilweise staatlich subventionierten) Bildungskrediten, die von öffentlichen oder privaten Kapitalgebern zur Verfügung gestellt werden (vgl. Hochschul-Informations-System (HIS), 2007).

4.1.3. Exkurs: Das private Fahrschulwesen in Deutschland

Ein Beispiel für eine weitgehend privatisierte Ausbildungsinfrastruktur in Deutschland ist das Fahrschulwesen. Das Beispiel ist deshalb interessant, weil es den Vorstellungen von Straubhaar und Winz sehr nahe kommt. Die Bildungsleistungen werden in diesem für die Nutzung der Verkehrsinfrastruktur so wichtigen Ausbildungssektor von privaten Bildungsanbietern produziert. Der Staat regelt dagegen die Rahmenbedingungen, die Ausbildungsordnungen und das Prüfungswesen. Auch die Ausbildung der Fahrschullehrer ist bundeseinheitlich geregelt.[53] Im Fahrschulwesen

---

53 Fahrlehrer sind nach dem bundeseinheitlichen Gesetz über das Fahrlehrerwesen (Fahrlehrergesetz) und seinen Verordnungen staatlich anerkannte Lehrkräfte. Sie bilden ihre Schülerinnen und Schüler, in der Mehrzahl erwachsene Personen, die eine Erlaubnis zum Führen von Kraftfahrzeugen erwerben wollen (Fahrschüler), nach den gesetzlichen Vorgaben der Fahrschülerausbildungsordnung (FahrschülerAusbO) in Theorie und Praxis aus. Wer in Deutschland Fahrschüler unterrichten bzw. ausbilden will, bedarf dazu der amtlichen Anerkennung, ausgewiesen durch die Fahrlehrererlaubnis/Fahrlehrerschein. Diese wird in Deutschland auf Grundlage des Fahrlehrergesetzes (FahrlG) von der zuständigen Straßenverkehrsbehörde auf

hat sich ein national und zunehmend auch europäisch genormtes Prüfungswesen entwickelt, sozusagen ein funktionales Äquivalent zum im Schulbereich viel diskutierten und geforderten Zentralabitur.[54]

Das ifo Institut für Wirtschaftsforschung in München hat für den Bundesverband der Deutschen Volksbanken und Raiffeisenbanken (BVR) diesen, in der Bildungsforschung relativ unbekannten, aber für die Ökonomisierungs- und Privatisierungsforschung im Bildungssektor sowohl theoretisch wie auch empirisch interessanten Ausbildungssektor untersucht. Die Fahrschule ist ein bis auf wenige Ausnahmen privatwirtschaftlich verfasster Schulbetrieb zum Erwerb der theoretischen und praktischen Kenntnisse zum Führen eines Kraftfahrzeugs. Daneben gibt es einige wenige Fahrschulen in öffentlicher Hand, wie diejenigen der Bundeswehr, der Polizei und der Bundespolizei, bei denen Dienstführerscheine im Rahmen der militärischen oder polizeilichen Ausbildung erworben werden können. Im Jahr 2003 gab es in Deutschland in der Fahrschulbranche 13.204 privatwirtschaftliche Unternehmen mit ca. 23.000 Betriebsstellen. Diese Unternehmen machten einen Umsatz von ca. 1,5 Mrd. Euro. Das Fahrschulwesen ist hierzulande durch eine kleinstbetriebliche Struktur geprägt, was sich auch in dem relativ niedrigen durchschnittlichen Umsatz von 116.400 Euro pro Unternehmen spiegelt. Wobei 62 Prozent der Fahrschulen einen Umsatz von unter 100.000 Euro erwirtschaften. 90,4 Prozent der Fahrschulen werden als Einzelunternehmen geführt, nur 6,3 Prozent als GmbH. Im Rahmen einer Kostenstrukturanalyse der Kraftfahrschulen untersuchte das Statistische Bundesamt 11.074 (im Jahr 2002) Fahrschulen. Obwohl 34.363 Personen in diesen Unternehmen beschäftigt waren (davon 21.368 Lohn- und Gehaltsempfänger), betrug der Personalkostenanteil nur ca. 20,9 Prozent. (vgl. Statistisches Jahrbuch 2005; BVR, 2006: 3). Der Fahrschulmarkt ist aus makroökonomischen, sozialpolitischen und demographischen Gründen von großen Überkapazitäten geprägt. Bei immer mehr Fahrschulbetreibern steht nicht mehr die Gewinnerzielungsabsicht im Mittelpunkt, sondern zunehmend das primäre Ziel, den Status der Selbstständigkeit nicht zu verlieren. Die Zahl der Prüfungen – eine zentrale Kennzahl der Branche – ist im Jahr 2003 sowohl absolut als auch pro Unternehmen, wie in den Jahren vorher, wieder leicht gesunken. Das ifo Institut für Wirtschaftsforschung sieht darin ein Ergebnis der hohen Jugendarbeitslosigkeit, die Auswirkungen auf die Nachfrage der 18-Jährigen nach einem Führerschein hat und ein indirektes Ergebnis der Rentenreformen,

---

Antrag erteilt, sofern der Antragsteller die allgemeinen Voraussetzungen und im Besonderen die abgeschlossenen Prüfungen der staatlich reglementierten Ausbildung vorweisen kann. Der Nachweis einer Lehrerlaubnis wird mit dem staatlich anerkannter Fahrlehrer mit dem Fahrlehrerschein vorgenommen, der innerhalb der praktischen Ausbildung vom Fahrlehrer mitzuführen ist. Von 1987 bis 2002 wurden in der Bundesrepublik Deutschland 44.642 Fahrlehrererlaubnisse erteilt (Quelle: Kraftfahrtbundesamt). Im Jahr also ca. 2800. Zum Vergleich wurden in den letzten Jahren im Durchschnitt ca. 2000 Habilitationen abgeschlossen.

54 Fahrerlaubnisprüfungen werden von den Technischen Prüfstellen für den Kraftfahrzeugverkehr durchgeführt. Die Modalitäten zur Einrichtung, zu den Aufgaben und dem Betrieb der Technischen Prüfstellen sind im Gesetz über amtlich anerkannte Sachverständige und amtlich anerkannte Prüfer für den Kraftfahrzeugverkehr (KfSachvG) geregelt.

die dazu führt, dass die Großeltern, die bisher ihre führerscheininteressierten Enkelkinder finanziell unterstützten, immer öfter als Sponsoren ausfallen. In Zukunft wird der demographische Wandel die relevanten Alterskohorten schrumpfen lassen und weitere Verwerfungen auf dem Fahrschulmarkt hervorrufen (vgl. BVR, 2006: 2ff.). Um die Nachfrage nach Fahrschulleistungen vor diesem Hintergrund zu stimulieren, werden Finanzierungshilfen für die Jugendlichen diskutiert und institutionalisiert, die es diesen durch eine günstige (Ausbildungs-)Kreditvergabe ermöglichen soll, trotz wirtschaftlicher Schwierigkeiten einen Führerschein zu machen (vgl. BVR, 2006: 4). Auch hier lassen sich interessante Parallelen zur Bildungsreformdebatte, insbesondere mit den Debatten über die Notwendigkeit von günstigen Studienkrediten, die zur Nachfragesteigerung nach höherer Bildung beitragen sollen, erkennen.

Auch im Fahrschulwesen existiert eine Art Schulpflicht. Die Anwesenheit beim vorgeschriebenen Unterricht ist Pflicht, d.h. die Fahrschulen können nicht durch Einrichtungen, die beispielsweise Fernunterricht anbieten oder durch medienunterstütztes Selbststudium umgangen werden. Als so genannter Ersterwerber der Führerscheinklasse B (PKW) sind im theoretischen Ausbildungsteil 12 Doppelstunden zu 90 Minuten für den Grundstoff und 2 Doppelstunden zu 90 Minuten für den klassenspezifischen Stoff der Klasse B vorgeschrieben. Für einen durchschnittlich talentierten Fahrschüler sind im praktischen Teil der Ausbildung etwa 35 Übungs- und Sonderfahrten zu 45 Minuten notwendig, um an einer Führerscheinprüfung teilzunehmen. Die amtlich anerkannten Technischen Prüfstellen für den Kraftfahrzeugverkehr führten im Jahr 2006 insgesamt rund 3,66 Mio. Fahrerlaubnisprüfungen durch. Im Jahr 2006 wurden in der Klasse B (PKW) insgesamt 1.061.376 Fahrerlaubnisse erteilt. Die Frage danach, wie viel Geld die privaten Haushalte in den Erwerb von Fahrerlaubnissen investieren, ist nur schwer zu ermitteln. Weil es keine verbindliche Gebührenordnung gibt, können die Fahrschulen in Deutschland ihre Preise am Markt selbst bestimmen. Die Marktpreise sind je nach Region sehr unterschiedlich. Einer Schätzung von www.fahrtipp.de, einem Internetportal für Führerscheininteressierte, muss der Fahrschüler bzw. die Fahrschülerin ca. 1740 Euro für einen Führerschein Klasse B (PKW) investieren, wovon ca. 1.500 Euro auf die Ausbildung in der Fahrschule entfallen. Der Rest entfällt auf Vorabkosten (wie einen Sehtest, Kurs: „Lebensrettende Sofortmaßnahmen"), Gebühren der Straßenverkehrsbehörde und die Prüfungskosten. Insgesamt hat sich in der Nachkriegszeit mit dem Fahrschulwesen ein gewaltiger, staatlich regulierter und weitgehend privatwirtschaftlich organisierter Bildungsmarkt entwickelt.

Im Fahrschulwesen hat sich die zentrale Forderung der Bildungsökonomen Friedman, Straubhaar und Winz, die den „Primat freier, privater Eigenverantwortung als dominante und ökonomisch überlegene Strategie" auch bei Bildungsinvestitionen postulieren (vgl. Straubhaar, 2001: 66), historisch durchgesetzt. Im Sprachspiel der neoliberalen Bildungsreform heißt das, dass sowohl die Kosten wie auch die Erträge für die betreffenden Bildungsinvestitionen privatisiert sind.

4.1.4. Kapitalisierung der Bildungsproduktion

Die Produktion bzw. Bereitstellung von Bildung in den öffentlichen Schulen und Universitäten und die steuervermittelte Finanzierung der Bildungsproduktion entkoppelte die Kosten des Bildungssystems vom individuellen ökonomischen Kapital der Nutzer und deren Familien. Aus der Perspektive des Nutzers verliert Bildung im historischen Prozess der Sozialisierung von Bildungsleistungen zunehmend den Charakter einer Ware. Der Gedanke, ein Anrecht auf Bildungsleistungen zu haben, die der Staat zur Verfügung stellt, ist immer noch weit verbreitet und gilt in weiten Kreisen der Bevölkerung als legitim.[55]

Mit der Kapitalisierung der Bildungsproduktion kommt eine Variante der Ökonomisierung und Privatisierung des Bildungssystems ins Spiel, die von ihren Gegnern besonders scharf kritisiert wird, zumal der Zwang zu Bildung, der durch die Arbeitsmarktindividualisierung vorangetrieben wird, zugenommen und das Recht auf Bildung abgelöst hat (vgl. Österreichische HochschülerInnenschaft/Paulo Freire Zentrum (Hrsg.), 2005). Wie in anderen Sektoren des Sozialstaats lassen sich auch im Bildungswesen idealtypisch zwei Finanzierungssysteme identifizieren: Einerseits Verfahren der Umlagefinanzierung der Bildungsausgaben und andererseits deren Finanzierung unter der Bedingung der Kapitaldeckung. Das Umlageverfahren im reinen Sinn bedeutet, dass die angebotenen Leistungen innerhalb einer bestimmten Zeitspanne durch die (Steuer-)Einnahmen derselben Periode gedeckt sind. Die Einnahmen werden also unverzüglich verwendet und es gibt in einem solchen System keine Reserven oder Ersparnisse. Auf der gesellschaftlichen Ebene setzt die Umlagefinanzierung des öffentlichen Bildungssystems den Fortbestand des Willens und der Finanzkraft der Steuerzahler, aber vor allem die Solidarität (Gemeinschaft) zwischen den Personen, die die Ressourcen liefern und den Leistungsbeziehern (z. B. zwischen den Gebildeten und den noch nicht Gebildeten) voraus.

Die Umstellung der Bildungsproduktion auf das Kapitaldeckungsprinzip ist, so argwöhnen die Kritiker, vor allem den Begehrlichkeiten der Finanzwirtschaft und der riesigen (angelsächsischen) Pensionsfonds geschuldet, die nach lukrativen Anlagemöglichkeiten suchen und in immer neue Lebenswelten vordringen, die bisher nicht kapitalisiert waren. Die schleichende Kapitalisierung des Bildungssystems ist allerdings nur teilweise einer expansiven Finanzwirtschaft zuzuschreiben. Die Kapitalisierung ist zumindest auch eine nicht intendierte Folge sozialer Entwicklung hin zu mehr persönlicher Autonomie und Individualität, die in weiten Teilen der Bevölkerung heute begrüßt wird. Die Versuche, die sozialen Sicherungssysteme, an

---

55 Das zeigen beispielsweise die privatisierungskritischen Volksbegehren in Hamburg, die sich unter anderem auch gegen die geplante Privatisierung der Berufsschulen wendeten (vgl. Meyer, 2004). Trotzdem zerren beharrlich gesellschaftliche und wirtschaftliche Kräfte an den Strukturen staatlicher Bildungsproduktion, mit dem Ziel, Bildung zu privatisieren und zu ökonomisieren und diese damit ein Stück weit der Demokratisierung und Vergesellschaftung zu entziehen, d.h. diese wieder zur Ware zu machen, für dessen Kosten der Nutzer individuell aufkommen muss.

erster Stelle das Alterssicherungssystem, auf Kapitaldeckung umzustellen, sind auch in diesem Sinne zu interpretieren. Individuen, die über genügend ökonomisches Kapital verfügen, machen sich vom umlagefinanzierten Versorgungssystem dadurch unabhängiger, dass sie ihre Ersparnisse in Kapitalanlagen und Aktienfonds und immer stärker auch in kulturellem Kapital anlegen. Das ökonomische Kapital sucht sich, wie es so schön heißt, neue profitable Anlagefelder. Und die Kapitalverwerter und Fondsmanager finden eines dieser neuen Anlagefelder in dem bisher ebenfalls durch Steuern umlagefinanzierten öffentlichen Bildungssektor. Die private Produktion von Bildung als Ware verspricht riesige Gewinne abzuwerfen, die von den Anlegern, die ihre Lebenslagerisiken über Kapitalakkumulationslogik absichern, für ihre Kapitalanlage/Kapitallebensversicherung auch erwartet werden.

Die im Zuge der Arbeitsmarktindividualisierung vom Arbeitsmarkt erzwungene Bildungspflicht, d.h. die Zwangskonsumstrukturen in diesem Feld der gesellschaftlichen Wohlfahrtsproduktion, machen das öffentliche Bildungssystem interessant für Kapitalverwertungsstrategien.[56] Die für die Sphäre der demokratisch verfassten Gemeinschaft konstitutive Umlagefinanzierung wird mit der Integration der Bildungsinstitutionen in die Strukturen des Finanzmarkt-Kapitalismus durch ein kapitalgedecktes Finanzierungssystem abgelöst (vgl. Windolf (Hrsg.), 2005). Neben dem Umbau von öffentlichen Bürokratien in Unternehmen, auf den ich im Kapitel 5 über die Reformen im Hochschulbereich noch näher eingehen werde, kann der beschriebene Prozess der Umstellung umlagefinanzierter Bildungseinrichtungen auf Kapitaldeckung als wichtige Facette einer schleichenden Ökonomisierung des Politischen (vgl. Pelizzari, 2001) und einer zunehmenden „Kommodifizierung der Demokratie" (vgl. Pelizzari, 2002) gedeutet werden.

Der konservative Wohlfahrtsstaat mit seinen „umlagefinanzierten" soziökonomischen Systemen wird durch einen wirtschaftsliberalen finanzwirtschaftlichen und sozialpolitischen Ansatz herausgefordert, der immer weitere soziökonomische

---

56 Kapitalrenditen werden in Markt- und Wettbewerbswirtschaften nur dann erzielt, wenn die Rationalisierung der eigenen Produktionsorganisation mit den Rationalisierungserfolgen der Konkurrenten in einem Markt Schritt hält, wenn es den Investoren gelingt, private Monopole zu errichten oder sich der Markt durch die Etablierung von Zwangskonsumstrukturen ausdehnt. Rationalisierung ist im Feld der Bildung, dessen technologisches Rationalisierungspotenzial eher gering ist, nur durch die Rationalisierung der Prozesse oder durch das Senken der Lohnhöhe der in den Bildungseinrichtungen Beschäftigten zu erreichen. Durch den Rationalisierungszwang der Bildungsanbieter in Kombination mit dem Investitionszwang der Bildungsnachfrager wird eine Spirale in Gang gesetzt, die Teile des öffentlichen Bildungssektors langfristig in den Sog der Kostenkrankheit personaler Dienstleistungen treibt. Faktisch wird damit eine neue Runde zur Begrenzung von Bildung und vor allem am Arbeitsmarkt konvertierungsfähiger Bildungszertifikate eingeläutet, die durch die Instrumente der Bildungsexpansion überwunden werden sollte. Am Ende lauert als Rationalisierungsfalle die McDonaldisierung und ruinöser Wettbewerb in großen Teilen des Bildungssystems (vgl. Ritzer, 2005). In einem kleinen exklusiven Teil des privatisierten Bildungssystem winken, dieses Phänomen untersuche ich in Kapitel 2.3.2 unter dem Stichwort Veblen-Effekt, allerdings hohe Renditen und hohe Gehälter. Der Schlüssel zum ökonomischen Erfolg liegt dann im Prestige der Einrichtung.

Felder dem Kapitaldeckungsprinzip unterwerfen will. Die Alternativen lauten auch im Bildungssystem: Umlageverfahren oder Kapitaldeckung plus Gebühren. Kapitalgedeckte Produktion bedeutet sowohl für For Profit-Organisationen wie für Non Profit-Organisationen, dem Zwang zu unterliegen, Gewinne oder Kapitalerträge zu erzielen, die durch die Wertschöpfung anderer Unternehmen (z.B. auf der Grundlage von Aktienbesitz oder Kreditvergabe) oder aus der Wertschöpfung der eigenen Organisation erarbeitet werden müssen. Darüber hinaus ist die Frage nach den sich verändernden gesellschaftlichen Machtstrukturen zu stellen, die von diesen neuen Machtquellen auf die kapitalisierten Zonen der Gesellschaft ausgehen. „Denn die Einbindung der Haushalte in finanzwirtschaftliche Zusammenhänge, die von der Finanzwirtschaft unablässig propagiert wird, verändert das Gesicht der Gesellschaft tiefgreifend. Die Gesellschaft wird nicht mehr nur durch die Kategorie des Vermögens in Besitzende und in Besitzlose gespalten. Hinzu kommen nunmehr die Auswirkungen einer grundlegend veränderten sozialen Identität der Individuen und der Art und Weise ihrer Vergesellschaftung" (Lordon, 2003: 122). Das bildungsökonomische Feld des konservativen Bildungsstaats ist ein *noch* weitgehend vom Umlageverfahren geprägtes Produktionsfeld. Der Trend zur Kapitalisierung dieses Feldes verstärkt jedoch den von Lordon beschriebenen gesellschaftlichen Prozess der Machtumverteilung, der die Fähigkeit der Finanzwirtschaft, „alle Probleme der Gesellschaft in *ihrer Logik* neu zu denken und auszudrücken", kontinuierlich anwachsen lässt (Lordon, 2003: 123).[57] Es entsteht dabei weniger eine *Markt-Gesellschaft* freier Individuen, wie von der liberalen politischen Ökonomie erhofft, als eine von den Instituten der Finanzwirtschaft abhängige *Aktionärs-Gesellschaft*. Im folgenden Kapitel werde ich die Machtumverteilung in bildungspolitischen Fragen vor dem Hintergrund der säkularen Schwerpunktverlagerung der im konservativen Bildungs-

---

57 Frédéric Lordon analysiert die Ursachen des neuen finanzgetriebenen Akkumulationsregimes, das auch in Europa durch Börsenkapitalisierung und Sozialstaatprivatisierung den Banken und Fondsgesellschaften eine Schlüsselrolle in der politischen Ökonomie zuwachsen lässt und macht auf das Demokratiedefizit des neuen Steuerungssystems aufmerksam. Er kritisiert das Projekt „Aktionärsdemokratie" als fehlgeleitetes politisches Projekt und unsoziale Utopie. Zwar könne durch die Vermögensbildung in Aktien das Eigentum an Kapital auch in die Hände der Beschäftigten gelangen, doch über die reale Kontrolle der Fondsverwaltungen und der Finanzmärkte verfügen diese damit noch lange nicht. Eine Alternative zu einer nicht funktionierenden „Aktionärsdemokratie" könnte das Projekt einer „Wirtschaftsdemokratie" sein. Doch was ist so attraktiv an der Vermögensbildung in Aktien für jedermann? Lordon argumentiert: „Die Ansprüche und Bedürfnisse, die diesem Projekt zugrunde liegen, sind im Übrigen so vielfältig wie die Schar der Protagonisten. Das Spektrum der verfolgten Ziele reicht vom Traum, den Gegensatz zwischen Kapital und Arbeit aufzulösen, bis zum Aufbau einer Gesellschaft auf den Grundlagen einer Aktionärsdemokratie. Das Anlagesparen ist ein Problemfeld, das bei weitem über den rein technischen Charakter mikro- und makroökonomischer Fragen hinausreicht und die Formen des sozialen Zusammenhangs selbst tangiert; sei es dadurch, dass durch die Rentenfonds die finanziellen und sozialen Prinzipien der Altersversorgung grundlegend verändert werden, oder dass durch das Arbeitnehmersparen die Grundlage für einen neuen Kompromiss zwischen den Produktionsfaktoren Kapital und Arbeit geschaffen werden soll, oder gar dadurch, dass sich eine beispiellos und radikal verformte Spielart des Individualismus herausbildet" (Lordon, 2003: 94).

staat bisher dominanten Mechanismen sozialer Koordination: Demokratie und Bürokratie hin zu den durch die Ökonomisierung und Privatisierung forcierten sozialen Koordinationsmechanismen Markt und Wettbewerb untersuchen.

4.2. Ökonomisierung der sozialen Koordination im Bildungssystem

Eine breite Durchdringung des öffentlichen Bildungssystems durch Markt und Wettbewerb bedeute, so die Befürchtung vieler Privatisierungskritiker, dass ein zukünftig privates und marktförmiges Bildungssystem nur in einer veränderten Gesellschaft funktionieren kann, die es diesem System dann erlaubt, seinen eigenen Gesetzen zu folgen. Das primäre Ziel der so genannten neoliberalen Transformation des Bildungssystems sei deshalb, den Geltungsbereich der ökonomischen Gesetze des Marktkapitalismus gegen die bisher im Bildungssystem dominierenden Formen sozialer Koordination durchzusetzen (vgl. Lohmann, 2006: 2). Privatisierungs- und Ökonomisierungsstrategien zielen aus dieser kritischen Perspektive nicht nur auf die postulierten, aber vordergründigen Ziele, die Effektivität und Effizienz des Produktionszusammenhangs im Bildungssystem zu verbessern, sondern immer auch auf die machtvolle Gestaltung und Umformung der Gesellschaft. Die Regulierung von Interessengegensätzen im Bildungssystem wird bisher im konservativen Bildungsstaats- wie auch im weiteren konservativ-korporatistischen Wohlfahrtsstaatsarrangement von organisierten Interessengruppen betrieben. Die Lehre von den Machtressourcen gesellschaftlicher Gruppen erklärt Form und Ausmaß der Staatstätigkeit und damit auch der Bildungsstaatlichkeit vorrangig aus der Machtverteilung zwischen gesellschaftlichen Klassen oder Interessenverbänden (vgl. Korpi, 1980, 1983). Macht haben diese Gruppen aufgrund ihrer ökonomischen Position im Markt, ihrer politischen Macht als Verband im Konflikt zwischen Kapital und Arbeit oder in Hinblick darauf, in welcher Form sie sich der Staatsmacht bedienen können. Auch die Strukturen der Interessenvermittlung bzw. der sozialen Koordination, beispielsweise die Möglichkeit zur Mobilisierung von Wählerstimmen im demokratischen Prozess oder die Möglichkeit, Verträge mit den Konfliktgegnern abschließen zu können, entscheiden über die Entfaltung von Machtpotenzialen. In den bildungspolitischen Konflikten treffen demnach nicht nur unterschiedliche institutionelle (z.B. liberale oder konservative) Gestaltungsideen über die Ökonomie des Bildungssystems aufeinander, sondern auch Vorstellungen darüber, welche Verfahren zur sozialen Koordination im Bildungssystem Vorrang haben sollen.

Milton Friedman erhofft sich von der Ökonomisierung und Privatisierung der öffentlichen Bildungssysteme mehr Effizienz in der Leistungserstellung und mehr Freiheit für die an Bildung interessierten Individuen. Er glaubt, dass der Marktmechanismus und der Wettbewerb die soziale Koordination im Bildungssystem regeln sollte. Damit stellt sich die Frage, gegen welche Mechanismen der sozialen Koordination im Bildungssystem sich dieser Trend zum Markt richtet. Beispielsweise deutet Alessandro Pelizzari (2001) die Verschiebung der sozialen Koordination hin zum Marktmechanismus als „Ökonomisierung des Politischen". In der sozioökonomischen Literatur hat sich eine von Dahl und Lindblom (1953) entwickelte Typologie von Mechanismen sozialer Koordination durchgesetzt. Die beiden Autoren differenzieren in den Markt- oder Preismechanismus, die Demokratie bzw. den politischen Wettbewerb, das hierarchische bzw. bürokratische Verfahren und den Aushandlungsmechanismus (vgl. Dahl/Lindblom, 1953: 171-365; Kirchgässner, 1997, 129f.).[58]

In den meisten von der liberalen politischen Ökonomie geprägten kapitalistischen Marktgesellschaften wird beispielsweise nicht mehr ernsthaft in Frage gestellt, die Versorgung mit Konsumgütern über den Koordinationsmechanismus Markt zu koordinieren. Die Entscheidungen über die Wahl von Regierungen, Gemeinderäten oder Vereinsvorständen werden in diesen Gesellschaften aber mit Hilfe demokratischer Verfahren getroffen. Öffentliche Ämter können (legal) nicht käuflich vom Meistbietenden erworben werden. Die Käuflichkeit widerspräche genauso wie die Bestechung der Inhaber politischer Ämter diametral gängigen Vorstellungen von Demokratie und Gerechtigkeit. Innerhalb von Firmen oder von staatlichen Bürokratien werden hierarchische Verfahren der Koordination erwartet und als selbstverständlich akzeptiert. Ein Großteil der Beziehungen zwischen Firmen, Verbänden, Parteien oder Staaten, auch wenn sich diese, was ihre demokratischen Machtressourcen anbelangt, asymmetrisch gegenüberstehen, wird über den Aushandlungsmechanismus und über Verträge koordiniert. Beispiele hierfür sind der Schutz von ethnischen, religiösen oder ökonomischen Minderheiten, Koalitionsverträge zwischen ungleich starken Parteien, Tarifverträge und bilaterale Verträge zwischen Nationen. Tradierte Orientierungsmuster und Verfassungen (Gesellschaftsverträge) entziehen bestimmte gesellschaftliche Handlungsfelder der Koordination durch den ökonomischen Wettbewerb. Der Handel mit Menschen, Blut oder Organen wird von sozialen Bewegungen in den verschiedenen Gesellschaften mit unterschiedlichem Erfolg bekämpft, weil sie den moralischen Vorstellungen dieser Gesellschaften mehr oder weniger widersprechen (vgl. Kirchgässner, 1999: 2).[59]

---

58 Gegen die Typologie der vier sozialen Koordinationsmechanismen könnte man einwenden, dass sie die Motive menschlichen Handelns theoretisch weitgehend unberücksichtigt lassen. Neben dem zweckrationalen Handeln identifiziert Max Weber die Handlungstypen wertrationales, affektuelles und traditionales Handeln. Weber ordnet diesen Handlungstypen den sozialen Strukturbegriff Gemeinschaft und Gesellschaft, also ein mögliches Ergebnis von Handeln, zu, sagt jedoch in diesem Zusammenhang nichts über die Mechanismen der Handlungskoordination. Affektuelles und traditionelles Handeln konstituiert im Ergebnis Gemeinschaft als spezifische Form menschlichen Zusammenlebens, zweckrationales und wertrationales Handeln konstituiert dagegen Gesellschaft (vgl. Weber, 1984: 69-72).

59 In vielen gesellschaftlichen Bereichen, in denen der Marktmechanismus nicht angewendet werden soll, entwickeln sich jedoch illegale Märkte, die ziemlich reibungslos und im Bildungssystem geräuschlos funktionieren. Prominente Beispiele sind die Märkte für Drogen und Waffen, aber auch Märkte für mehr oder minder zweifelhafte akademische Titel und Nachhilfedienstleistungen, die den immer stärkeren Bildungswettbewerb in Deutschland flankieren. Nicht erst die heutige Erfahrung zeigt, dass diese Märkte selbst mit sehr hartem polizeilichen Einsatz und unter Androhung sehr hoher Strafen zwar möglicherweise etwas eingedämmt, aber nicht gänzlich beseitigt werden können. Hohe Haftstrafen für Drogenhan-

Der soziale Koordinationsmechanismus Markt bzw. Wettbewerb steht im Prinzip, wenn es um die Ordnung moderner Gesellschaften geht, mit anderen alternativen gesellschaftlichen Koordinationsmechanismen in Konkurrenz. Individuen tauschen nicht nur auf dem Markt, sie stimmen auch demokratisch ab, sie gehorchen oder widersetzen sich ihren Vorgesetzten in bürokratisch strukturierten Betrieben und Behörden und sie vereinbaren komplexe Verträge mit Vermietern, Banken und ihren Arbeitgebern (vgl. Kirchgässner, 1997: 127ff.). In den folgenden Unterabschnitten werde ich mich mit den vier wesentlichen sozialen Koordinationsmechanismen auseinandersetzen, die im Bildungssystem wirksam werden. Die wachsende Ausbreitung von Markt und Wettbewerb im bildungspolitischen Arrangement des konservativen Bildungssystems deute ich als Verschiebung der Bedeutung verschiedener sozialer Koordinationsmechanismen zulasten der Mechanismen Demokratie, Vertrag und Bürokratie/Hierarchie. Diese Verschiebung hat weitreichende Auswirkungen auf die Machtressourcen der verschiedenen Interessengruppen im Bildungssystem.

4.2.1. Hierarchie und Bürokratie

Auf die organisationssoziologischen Arbeiten von Max Weber geht die Idee zurück, dass die Bildungsexpansionsschübe der letzten beiden Jahrhunderte und damit die Expansion der nationalen öffentlichen Bildungssysteme eng mit der wachsenden Verbreitung bürokratischer Organisation und Kontrolle verwoben sind (vgl. Weber, 1976: 576ff.). Mit der stetigen Expansion bürokratischer Einrichtungen vergrößert sich die Zahl der Positionen, die nach universalistischen Kriterien zu besetzen waren. Gleichzeitig entwickelt sich ein System staatlich kontrollierter, bürokratischer Bildung, das auf diese funktionalen Bedürfnisse bürokratischer Organisation zugeschnitten war. Die formale Struktur dieses Systems mit seinen normierten Unterrichtsstufen, festen Unterrichtszeiten, mit seinen vorgeschriebenen Ausbildungsverläufen und Prüfungen diente der Disziplinierung der Individuen durch Hierarchisierung und Spezialisierung (vgl. Müller/Steinmann/Schneider, 1997: 183). Meyer und Ramirez deuten diese Ausrichtung der modernen Bildungssysteme auf die bürokratisch organisierte Gesellschaft als universellen Prozess, der in allen sich modernisierenden Gesellschaften ähnliche Bildungspraktiken und Bildungsinstitutionen hervorbringt (vgl. Meyer/Ramirez, 2005; Mundy/Murphy, 2001).

Im Kern richtet sich die neoliberale Kritik an der Bildungsstaatlichkeit gegen ein Bürokratieverständnis, das Max Weber als reinste Form des Idealtypus der legalen Herrschaft ansah, also der Herrschaft, die auf dem Glauben an die Legitimität ge-

---

del in den USA und die Todesstrafe in Ländern wie Singapur und VR China illustrieren dieses Dilemma (vgl. Kirchgässner, 1997: 138). Illegale Märkte entstehen auch dort, wo sozialpolitische Rahmenbedingungen legale Beschäftigung unmöglich machen. Ein wichtiges Beispiel ist die zunehmende Schwarzarbeit in den privaten Haushalten vor allem im Pflegebereich.

satzten Rechts beruht (vgl. Weber, 1976: 124ff.). Bürokratische Verwaltung ist ein regelgeleitetes und gesetzesgesteuertes Instrumentarium zur Exekutive des öffentlichen Willens, aber auch des aus spezifischen Eigentumstiteln abgeleiteten unternehmerischen Dispositionsrechts. In modernen Unternehmen werden ökonomische Vorgänge durch das zeitlich und sachlich begrenzte Prinzip der Hierarchie reguliert. An die Stelle des für Tauschbeziehungen typischen Preismechanismus, der das Handeln der Akteure determiniert, tritt in der privaten Wirtschaftsorganisation das aus Verträgen und Kapitaleigentum abgeleitete unternehmerische Dispositionsrecht über Produktionsmittel und Arbeitskräfte (vgl. Kraemer, 1997: 16). Auch im bildungsökonomischen Feld überlappen sich Märkte mit Hierarchien. Beispielsweise ist eine Universität einerseits eine hierarchisch organisierte Bürokratie und doch gleichzeitig verwoben mit dem Arbeitsmarkt, auf dem das Personal für die Bildungs- und Forschungseinrichtungen der Hochschule gewonnen werden muss. Die Geschichte der Modernisierung ist nicht nur eine Geschichte der Ausweitung von ökonomischen Wettbewerben und der Marktgesellschaft, sondern auch eine Geschichte der Ausweitung moderner „rationaler" bürokratischer Koordinations-, Sicherungs- und Versicherungssysteme, d.h. die Moderne ist auch das Zeitalter der rationalen Organisation, verkörpert in staatlichen Einrichtungen, Verbänden, Vereinen und Genossenschaften (vgl. Türk, 1995).

Aber warum können sich hierarchisch/bürokratische Organisationen in einer Marktgesellschaft überhaupt halten, gelten sie doch im modischen Modernisierungsdiskurs als ineffizient? Was bringt die Individuen in marktwirtschaftlich durchformten Wettbewerbsgesellschaften dazu, sich Hierarchien, demokratischen Entscheidungen und ausgehandelten Verträgen dauerhaft zu unterwerfen? Die wirtschaftswissenschaftliche Forschung hat dafür eine „ökonomische" Erklärung gefunden. „Zwischen Markt und Staat besteht in Wirklichkeit ebenso wenig ein funktionaler Gegensatz wie zwischen Markt und Unternehmen. Letztere legitimieren ihre Existenz – wie der Nobelpreisträger Ronald H. Coase, schon 1937 gezeigt hat – dadurch, dass sie durch Internalisierung von *property rights*, Vertragssicherheit und Vertrauensbildung dazu beitragen, die Kosten der wirtschaftlichen Interaktion (Transaktionskosten) und des engeren Produktionsprozesses (Produktionskosten) zu senken und damit wirtschaftliche Bedürfnisse zu niedrigeren Kosten befriedigen, als dies ohne sie ‚auf dem Markt' möglich wäre" (Abelshauser, 2001: 117). Ungeachtet dieser Argumente schwelt ein normativer Konflikt um die legitimen Räume staatlicher und marktwirtschaftlicher Leistungserstellung. Um sich von den negativen Konnotationen, die sich mit dem Begriff Bürokratie in den ökonomischen und politischen Debatten verbinden, wirkungsvoll abzugrenzen, nennen am Markt agierende Unternehmen ihre eigenen Bürokratien heute „Management" und verschleiern damit wirkungsvoll die Isomorphie formal rationaler bürokratischer Organisation in Wirtschaft und Staat (vgl. Galbraith, 1992: 82).

Die Grenzen der modernen bürokratischen Organisationen im bildungsökonomischen Feld zu den Märkten scheinen in den letzten Jahren unschärfer zu werden. Die Transformation der öffentlichen Bildungseinrichtungen in Dienstleistungsunternehmen kann als ein „Wechsel von der legal orientierten Schreibtischherrschaft (Bürokratie) zur monetär orientierten Marktherrschaft (Merkatokratie)" gedeutet werden (Trube/Wohlfahrt, 2000: 24). Mit der „Internalisierung des Marktes" (vgl. Moldaschl/Sauer, 1999; Moldaschl, 1998) in die hierarchisch-bürokratischen Strukturen wird die historisch gewachsene Bedeutung von Verwertungslogik und Konkurrenzprinzip in den gesellschaftlichen Institutionen deutlich. Vermarktlichung bedeutet aus dieser Perspektive, dass an die Stelle der funktionalen Differenzierung der Produktions- gegenüber der Marktökonomie und des Primats von Produktion/Organisation in der Wohlfahrtsproduktion nun die hybride Verschränkung beider Sphären bei tendenzieller Dominanz des Marktes tritt. Den gemeinsamen Fluchtpunkt der Ökonomisierungsstrategien, die auf die Ausweitung der Sphäre des sozialen Koordinationsmechanismus Markt im Bildungssystem gerichtet sind, bildet zum einen der Abbau der institutionellen Puffer zwischen den bürokratisch/hierarchisch koordinierten Produktions- und Arbeitsprozessen und den Finanz- und Kapitalmärkten ebenso wie den Beschaffungs-, Absatz-, oder Arbeitsmärkten und zum anderen die zunehmende Überlagerung der Produktionslogik der Bildungseinrichtungen durch eine an der Verwertung orientierte marktökonomische Steuerungs- und Koordinationslogik (vgl. Kratzer, 2005: 257). „Dezentrale Organisationsformen, >virtuelle Gesamtbelegschaften<, flexible Arbeitszeiten, Indirekte Steuerung und Ergebnisorientierung der Arbeit sind in dieser Perspektive auch die institutionelle Basis einer neuen *marktorientierten Rationalisierungsstrategie*" (Kratzer, 2005: 257).

4.2.2. Verhandlung und Vertrag

Das Ideal individueller Freiheit erschöpft sich im liberalen Gemeinwesen nicht in der Vorstellung absoluter Autonomie der Individuen. Die Freiheit und die Selbstbestimmung der einzelnen Individuen sind auch die Grundlage für die Möglichkeit freier vertraglicher Bindungen der Individuen untereinander. „Jeder, der einen Arbeitsvertrag unterzeichnet, verzichtet damit in einem bestimmten Ausmaß auf Selbstbestimmung und unterwirft sich den Anordnungen des Arbeitgebers. Jeder, der sich mit seinem Kapital an einem Gemeinschaftsunternehmen beteiligt, verzichtet für den eingebrachten Teil seines Vermögens auf Selbstbestimmung und unterwirft sich dem für das Unternehmen geltenden Entscheidungsverfahren. Entsprechendes gilt in der einen oder anderen Form für jeden, der sich einem Verein oder Verband anschließt. Wenn Liberale in all diesen Fällen zu Recht keine Verletzung des Ideals individueller Freiheit sehen, so deshalb, weil sie individuelle Freiheit selbstverständlich so verstehen, dass sie die Freiheit des Einzelnen einschließt, sich freiwillig mit anderen auf Bindungen zu einigen, die seine Privatautonomie einschränken" (Vanberg, 2005). Die Vertragstheorie, die u.a. auf Thomas Hobbes und Adam Smith zurückgeht, gründet in der Prämisse, dass Individuen aus Einsicht und aus rationalen Erwägungen heraus, durch Kontrakte gesellschaftliche Ordnung und Kooperation anstreben und aufrechterhalten wollen, weil sie sich durch normativ-institutionelle Regulierung und die Absicherung der interindividuellen Handlungsstrukturen mehr persönliche Freiheit, Frieden und Wohlstand erhoffen, als dies durch sozial rücksichtsloses Streben nach Vorteilsmaximierung möglich wäre. Denn erfahrungsgemäß rächt es sich (in freiheitlichen Gesellschaften) langfristig, andere Individuen kurzfristig erreichbarer Vorteile willen zu übervorteilen. Aus Erfahrung, Einsicht und auf der Grundlage von Lernprozessen sind die Individuen deshalb bereit, im Rahmen von Verträgen Bindungen einzugehen, die ihre Selbstbestimmungsrechte zwar einschränken, aber damit gleichzeitig regulierte, langfristig stabile und ertragreiche Interaktionen möglich machen. Die klassischen Ansätze der Vertragstheorie wurden unter Einfluss der Neuen Politischen Ökonomie, der Theorie der Eigentumsrechte (*property rights*) und der Spieltheorie in den letzten Jahrzehnten weiterentwickelt (vgl. Axelrod, 1991; Buchanan, 1984).

Am Beispiel des Arbeitskontrakts lässt sich veranschaulichen, dass das betriebsinterne Geschehen nur unzureichend erfasst werden kann, wenn die vorgelagerten Tauschakte auf Märkten, hier die des Arbeits*markts*, ausgeblendet werden. Selbst das hierarchisch strukturierte Arbeitsverhältnis innerhalb eines Erwerbsbetriebs basiert in demokratisch verfassten Rechtsstaaten auf vertraglicher Vereinbarung, die überhaupt erst der Unternehmensleitung das Direktionsrecht über den Einsatz der Arbeitskraft erlaubt. Ein Arbeitsverhältnis kommt nicht durch die Ausübung von physischem Zwang zustande, sondern immer erst dann, wenn der Arbeitskontrakt einvernehmlich ausgehandelt ist. Aus ökonomischer Sicht sind nach Buchanan auch zwischen sozioökonomisch ungleichen Individuen und Kollektiven für beide Seiten vorteilhafte Verträge möglich (vgl. Buchanan, 1984). Anders formuliert: Es steht den Arbeitskräften im Prinzip jederzeit offen, die hierarchische Beziehung innerhalb des Erwerbsbetriebs einseitig aufzukündigen, das Beschäftigungsverhältnis zu beenden und das eigene Arbeitsvermögen auf dem Arbeitsmarkt anderweitig anzubieten. Schließlich kommt die betriebliche Beziehung zwischen Arbeitgeber und Arbeitnehmer nicht durch herrschaftliche Privilegien zustande, sondern ist vertraglich geregelt. Arbeitnehmer wandern sozusagen aus Organisationen in Märkte und von dort wieder in Organisationen. Märkte sind demnach Orte oder Bahnhöfe und Kreuzungen des Übergangs, auf denen man wählen, entscheiden, verschmähen kann, in denen der Koordinationsmechanismus Tausch zu beobachten ist.

Die Vertragstheorie liefert Deutungsmuster nicht nur für die interindividuelle Kooperation und die soziale Koordination zwischen Individuum und modernen Organisationen, sondern sie kann auch für die Analyse der Interaktionsordnung von Korporationen fruchtbar gemacht werden. Das sozialwissenschaftliche Konzept des Korporatismus entwickelte sich, um das Phänomen der konfliktentschärfenden und problemlösenden Kooperation von Korporationen in modernen Gesellschaften darzustellen und zu analysieren. Korporatismus bezeichnet dabei die mehr oder weniger ausgeprägte Kooperation von gesellschaftlichen Großverbänden, die im Zuge ihrer Zusammenarbeit zwar ihre Selbstbestimmungsrechte im Rahmen formeller oder informeller Verträge beschneiden, aber im Rahmen dieser Verträge untereinander eine langfristig stabile und ertragreiche Interaktionsordnung möglich machen, die der effektiveren und krisenvermeidenden Steuerung von Wirtschaft und Gesellschaft dienen (vgl. von Alemann (Hrsg.), 1981; Streeck, 1982).

Das deutsche Bildungssystem ist ein korporatistisch verhandeltes Regelarrangement, das vertraglich von unterschiedlichen konkurrierenden gesellschaftlichen Interessengruppen vereinbart wurde und in dem bis heute eine enge strukturelle Verzahnung mit dem familienzentrierten konservativen Sozialstaat und dem durch ständisch geprägte gesellschaftliche Arbeitsteilung (und den korrespondierenden ständischen Ausbildungs- und Bildungsreservaten) konturierten Arbeitsmarkt gesichert ist.[60] Im Kampf um knappe Finanzmittel aus den für die Bildungsfinanzierung zentralen Länderhaushalten ist die Macht der Verbände des Bildungswesens gegenüber konkurrierenden Interessengruppen und Verbänden, beispielsweise aus der Sozial- und Innenpolitik, jedoch vergleichsweise schwach (vgl. Schmidt, 2002: 17). Die großen Sozial- und Bildungsstaatsparteien haben sich schon in der Weimarer Republik auf die Grundzüge einer institutionell verankerten Regelordnung geeinigt, die eine starke ständische Trennung im mehrgliedrigen Schulsystem, in die berufliche Ausbildung (Duales System) einerseits und in die professionelle Ausbildung (Hochschulen) andererseits, zur Folge hatte. Die mächtige, weil durch organisierte soziale Gruppen abgesicherte, normative und faktisch-institutionelle Verankerung dieses Systems lässt bis heute - trotz scheinbarer Pluralität und Konkurrenz im Bildungsföderalismus - nur langsame und graduelle Veränderungen zu.

4.2.3. Demokratie

Moderne Gesellschaften, die auf Konkurrenz- und Marktmechanismen als zentrale Instanzen sozialer Koordination setzen, produzieren systematisch sozial ungleiche Chancen und Risiken. Die ungleichen Lebenslagen und Lebenschancen, die Marktgesellschaften hervorbringen, werden unter Einsatz alternativer Koordinationsmechanismen wie Demokratie, Bürokratie und Vertrag entweder durch staatliche Maßnahmen der fiskalischen Umverteilung, durch die Bereitstellung von öffentlichen Dienstleistungen und Gütern oder durch Tarifverträge sozial und ökonomisch bearbeitet. An dem grundsätzlichen Mechanismus der Ungleichheitsproduktion hat sich seit der Institutionalisierung des modernen Kapitalismus und der Marktvergesellschaftung jedoch nichts Grundlegendes verändert (vgl. Bittlingmayer, 2001: 22).

Viktor Vanberg (2005) untersucht die Rolle des Staates in einer liberalen Gesellschaft und kommt zu einem überraschenden Ergebnis. „Die Frage nach dem Staat stellt für Liberale ein unbequemes Thema dar. Der Staat steht als Zwangsverband in unvermeidlichem Kontrast zum Ideal einer freiheitlichen Ordnung, in der die Einzelnen selbstbestimmt und in freiwilligen vertraglichen Beziehungen mit anderen ihr Leben führen. Im Bereich staatlichen Handelns kann es eine solche individuelle Selbstbestimmung nicht geben. Zwar kann der Einzelne als Bürger eines demokrati-

---

60 In Kapitel 2.2.3.2. habe ich am Beispiel des so genannten Weimarer Schulkompromisses ein bis heute für den konservativen Bildungsstaat in Deutschland konstitutives korporatistisches Regelarrangement expliziert.

schen Staates über staatliche Angelegenheiten mitbestimmen, aber er unterliegt doch dem Zwang, sich dem zu beugen, was der demokratische Entscheidungsprozess – mit oder ohne seine Zustimmung – als Ergebnis hervorbringt" (Vanberg, 2005).

Der soziale Koordinationsmechanismus Demokratie spielt vor allem in der Geschichte der Hochschulbildung eine zentrale Rolle (vgl. Pasqualoni, 2005). Einige der ältesten europäischen Universitäten entstanden im Mittelalter durch den freiwilligen Zusammenschluss von Studierenden und Lehrenden in demokratisch koordinierten Personenverbänden. Universitäten entwickelten eigene Verfassungen und eine eigene Gerichtsbarkeit. Demokratisch gewählte Organe koordinierten das Handeln aller in der Universitas korporierten Individuen. Erst unter dem Einfluss der Kirche und des Staates wandelten sich die Universitäten zu Ordinarienuniversitäten, in denen nur noch die vom Staat besoldete Professorenschaft weitgehende Rechte innerhalb eines ständisch organisierten hierarchischen Systems der Selbstverwaltung hatten, welches vom Staat hierarchisch/bürokratisch organisiert und reguliert wurde. Die Reformen der 1970er Jahre des letzten Jahrhunderts veränderten die Selbstverwaltung der Universitäten wieder mit dem Ziel, den demokratischen Mechanismus sozialer Koordination zu stärken (vgl. Pasqualoni, 2005: 119). Die Einführung von Mitbestimmungsrechten des nicht professoralen wissenschaftlichen Personals, der Studierenden und des nicht wissenschaftlichen Personals neben den Rechten der Professorenschaft bei gleichzeitiger Stärkung des staatlich, gleichwohl demokratisch legitimierten Einflusses auf die Verwaltung der Universitäten führte zu einer komplexen Struktur politischer Partizipation, die nicht auf *einen* koordinationstheoretischen Nenner, den der Demokratisierung gebracht werden können. Erst die analytische Unterscheidung und die Gewichtung des Transformationsprozesses mit Hilfe der vier Koordinationsmechanismen öffnen den Blick für die neue universitäre politische Realität. Denn zwischen den nun demokratisch legitimierten, aber quasi-ständisch formierten Personengruppen etablierte sich ein kompliziertes Aushandlungssystem neben den bereits bestehenden alten bürokratisch-hierarchischen Mechanismen. Mit der in den 1990er Jahren eingeleiteten Reform der Universitätsstrukturen, mit denen ich mich in Kapitel 5 eingehend beschäftige, breiteten sich formale Märkte und Wettbewerbsvorstellungen in Bereiche aus, die bisher durch bürokratisch/hierarchische, demokratische und aushandlungsorientierte Koordinationsmechanismen geregelt waren.

Unter der Reformagenda New Public Management wird seit den 1990er Jahren der Umbau der alten staatlichen Bürokratien im Schul- und Hochschulbereich in wettbewerbsfähige Unternehmen vorangetrieben (vgl. Vogt, 2004). Der Marktmechanismus soll gegenüber dem demokratischen, dem hierarchischen und dem Verhandlungsmechanismus stärker als früher seine effizienzsteigernde Wirkung entfalten. Die öffentlichen Bürokratien wurden bisher extern durch demokratische Institutionen und intern durch die Großgruppenvertretungen in den Selbstverwaltungsgremien (z.B. Akademischer Senat) kontrolliert, die sich untereinander über den Aushandlungsmechanismus und durch Kontrakte (z. B. Tarifverträge, betriebliche Mitbestimmung) koordinierten. Im Zuge der Reformpolitik wird die Implementierung bzw. der Ausbau von (Quasi-)Märkten propagiert, auf denen die neuen Bildungsunternehmen quasi-autonom um staatliche und private Forschungs- und Fördermittel, um Elitestudiengänge, Elitestudenten, Elitewissenschaftler und natürlich private Spenden konkurrieren sollen. Planwirtschaftliche Einrichtungen, wie die ZVS (Zentralstelle für die Vergabe von Studienplätzen), sind in diesem Denkmuster nur noch Ausdruck planwirtschaftlicher Folklore. Die Ökonomisierung des öffentlichen Dienstes lässt sich also als Prozess der Schwerpunktverlagerung in der Frage danach deuten, mit Hilfe welcher institutionellen Mechanismen die Handlungen der Individuen koordiniert werden können, um bestimmte gesellschaftlich erwünschte Ergebnisse zu erzielen (vgl. Löffler, 2003).

4.2.4. Markt und Wettbewerb

Der Markt wurde mit dem Aufstieg der Industrie- und Marktwirtschaft zu einem zentralen Koordinationsmechanismus der modernen Gesellschaft. Karl Polanyi analysiert in seinem Buch „The Great Transformation" (1995) den sich seit dem 17. Jahrhundert allmählich vollziehenden sozioökonomischen und soziokulturellen Wandel der vormodernen Gesellschaft. Die wirtschaftlichen Aktivitäten waren in der vormodernen Gesellschaft fest in die sozialen Beziehungen eingebettet. Im Zuge der großen Transformation entstand ein neuer Gesellschaftstyp, der hinsichtlich der sozialen Koordination wesentlich durch eine freie, sich selbst regulierende Marktwirtschaft gekennzeichnet ist, die sich aus den sie umgebenden sozialen Strukturen ausdifferenzierte. Polanyi arbeitet die wesentlichen Aspekte der sozialen Koordination durch den Markt heraus: „Marktwirtschaft bedeutet ein selbstregulierendes System von Märkten; etwas genauer ausgedrückt handelt es sich um eine Wirtschaftsform, die einzig und allein von Marktpreisen gesteuert wird. Ein solches System, das imstande ist, das gesamte Wirtschaftsleben ohne äußere Hilfe oder Einmischung zu regeln, darf mit Recht selbstregulierend genannt werden" (Polanyi, 1995: 71). Auf die sich zunehmend gegen die sozialen Sphären des Staates und der Familien verselbstständigende (Markt-)Ökonomie wurden im Modernisierungsprozess alle anderen Teilsysteme und Sphären der Wohlfahrtsproduktion zugeschnitten, wenn nicht gar untergeordnet. „Sobald das wirtschaftliche System in separate Institutionen gegliedert ist, die auf spezifischen Zielsetzungen beruhen und einen besonderen Status verleihen, muss auch die Gesellschaft so gestaltet werden, dass das System im Einklang mit seinen eigenen Gesetzen funktionieren kann. Dies ist die eigenwillige Bedeutung der bekannten Behauptung, eine Marktwirtschaft könne nur in einer Marktgesellschaft funktionieren" (Polanyi, 1995: 88f.). Wirtschaftliche Vorgänge kommen auf Märkten über Zahlungen zustande und beruhen auf der Freiwilligkeit des Kontrakts. In Hinblick auf die Koordination ökonomischen Handelns hebt sich deshalb die Tauschsphäre des Marktes funktional von der Organisationsebene der Betriebe ab, in denen Güter und Dienstleistungen arbeitsteilig und hierarchisch organisiert für den Markt produziert werden. Das moderne ökonomische Feld darf deshalb nicht mit Markt synonym gesetzt werden.[61]

In der (neo-)klassischen ökonomischen Theorie wird der Markt als Koordinationsmechanismus des Wirtschaftssystems konzeptualisiert, der die optimale Allokation von Gütern und Dienstleistungen garantiert. Das Wohlfahrtsversprechen des Tausches ist seit Adam Smith die zentrale – wissenschaftlich immer wieder begründete - Rechtfertigung für den Koordinationsmechanismus Markt.[62] Der Markt ist nach Smith der integrale Steuerungsmodus der Ökonomie, der den Tausch markttauglicher Güter und Dienstleistungen regelt. Er hat die für das Wirtschaftssystem zentrale Funktion, die Produktionssphäre mit der Konsumtionssphäre zu verbinden. Der Preismechanismus soll die Koordination wirtschaftlicher Operationen sicherstellen. Ökonomische Theorien informieren darüber, wie der Markt als ökonomische Institution funktioniert bzw. wie das wirtschaftliche Verhalten der Unternehmen und Haushalte entscheidungstheoretisch erklärt werden kann (vgl. Kraemer, 1997: 14f.). Gegen die liberale Ideologie einer sich selbst regulierenden Marktwirtschaft, die ein Höchstmaß an Freiheit in der Entfaltung individueller Bedürfnisse auszumachen glaubt, wendet Luhmann (1988) jedoch kritisch ein: „Dabei geht man davon aus, dass ein durch den Markt festgelegter Preis mit Freiheit kompatibel sei, dass dage-

---

[61] Neben den klassischen Märkten für Waren, Dienstleistungen, Boden und Kapital bildete sich der die Struktur der Gesellschaft tief verändernde Arbeitsmarkt heraus. Der Arbeitsmarkt ist in modernen Gesellschaften Verteilungszentrale für gesellschaftliche Chancen und Risiken (vgl. Wehler, 2000: 146). „Das Merkmal der Vermarktlichung bedeutet dabei nicht die >vollständige< Umkehrung der Verhältnisse: Auch die Vermarktlichung erfolgt >in Grenzen<, die sowohl durch fortbestehende Koordinationsnotwendigkeiten wie auch institutionelle Beharrungskräfte gesetzt werden, und nicht selten erfolgt Vermarktlichung als >fiktive< (gleichwohl praxiswirksame) Vermarktlichung, als Instrumentalisierung des Markt-Mythos (vgl. Deutschmann 2002). Aber: Die Befunde – und Diskurse – lassen kaum einen Zweifel daran, dass es im Verhältnis von Markt und Organisation in den 1980er und vor allem 1990er Jahren zu einer einschneidenden Verschiebung gekommen ist. Bei aller Widersprüchlichkeit und >Mythologisierung< wird der Zeiger stärker in Richtung marktökonomischer Steuerungs-, Koordinations- und Verteilungslogiken ausgerichtet (vgl. dazu auch die Beiträge in Dörre/Röttger 2003)"(Kratzer, 2005: 257).

[62] Die liberale politische Ökonomie geht davon aus, mit dem Koordinationsmechanismus Markt einen höheren Grad an Rationalität in fast allen Lebensbereichen erreichen zu können als mit alternativen Koordinationsmechanismen. Der Wirtschaftsliberalismus imaginiert eine Welt, der die Knappheit von Waren, Dienstleistungen, Informationen und Begabungen wesenseigen ist (vgl. Bellmann, 2002; 2005). Weil aber nicht alle Menschen die gleichen Bedürfnisse und Präferenzen haben, führt der freiwillige Tausch mit anderen Individuen dazu, dass individuelle Wünsche besser befriedigt werden können, als dies beispielsweise durch das kollektive bürokratische Verfahren möglich wäre. Das Wohlfahrtsversprechen des Tausches gilt als Rechtfertigung für die Überlegenheit des sozialen Koordinationsmechanismus Markt. Der Markt ist jedoch nicht der einzige *moderne rationale* Koordinationsmechanismus. Demokratie, Hierarchie bzw. Bürokratie und der Aushandlungsmechanismus weisen ebenfalls Aspekte formaler Rationalisierung in modernen Gesellschaften auf (vgl. Kirchgässner, 1997: 129ff.). Diese alternativen Mechanismen sollen unter Effizienzgesichtspunkten mit dem Hinweis auf die wohlfahrtssteigernde Wirkung des Tausches zugunsten des Marktes im öffentlichen Bildungssektor zurückgedrängt werden.

gen politisch beeinflusste oder gar fixierte Preise diese Freiheit beeinträchtigen. In beiden Fällen findet sich der Konsument jedoch normalerweise mit Preisen konfrontiert, die er nicht beeinflussen kann. Er kann nur, gleichgültig, wie der Preis zustande gekommen ist, kaufen oder nicht kaufen. Die Freiheit ist im einen Falle nicht größer als im anderen, denn das Problem liegt in der Frage, wie hart den Interessenten die Alternative, nicht zu kaufen, trifft. In jedem Falle ist geregelter oder liberaler Markt für ihn Umwelt, und die Unterschiede sind, was Freiheit betrifft, trivial – es sei denn, dass man Freiheit verstehen will als Unerkennbarkeit der Ursache von Freiheitseinschränkungen" (Luhmann, 1988, 113).[63]

Gegenüber der ökonomischen Perspektive ist der Markt in soziologischer Hinsicht als spezifische Vergesellschaftungsform oder als Steuerungs-, Verteilungs- und Koordinationsmechanismus neben anderen zu interpretieren. Der Begriff Marktvergesellschaftung, so die These Klaus Kraemers, ermöglicht es, die soziologisch relevanten Dimensionen ökonomischer Tauschvorgänge zu thematisieren. Dieser Begriff impliziere mehr als die Allokation von knappen Gütern durch die koordinierende Wirkung der freien Preisbildung und die Anpassung und Variation individueller Präferenzen und Pläne an objektive Marktdaten und monetäre Budgetrestriktionen: „Der Markt besitzt ökonomische Bedeutung und verweist zugleich auf einen über den eng abgesteckten Horizont güterwirtschaftlicher Abstimmungsvorgänge hinausgreifenden Vergesellschaftungsmechanismus, der einen besonderen Typ sozialer Beziehungen zwischen den Tauschakteuren hervorbringt" (Kraemer, 1997: 15). Mit der von Kraemer vorgeschlagenen Perspektive wird das Marktthema konzeptionell über die „Marktgesetze" hinaus gefasst, um die „Kulturbedeutung" (Max Weber) marktregulierter Tauschbeziehungen für moderne Gesellschaften thematisieren zu können (vgl. Kraemer, 1997: 15).

Historisch lassen sich Wellen der Liberalisierung im Sinne einer Deinstitutionalisierung und Phasen der Institutionalisierung bestimmter Organisationsmuster der Wohlfahrtsproduktion zwischen Markt, Hierarchie, Demokratie und Vertrag identifizieren. Der These von der zunehmenden Ökonomisierung der Bildung liegt die Beobachtung zugrunde, dass der Abbau der institutionellen und organisatorischen Puffer zwischen dem Markt und den marktabhängigen Individuen im Vergleich zu den 1970er und 1980er Jahren nun wieder voranschreitet (vgl. Nullmeier, 2001). Die Aufhebung des Marktes und die Verhinderung von Wettbewerb durch die (staatlichbürokratische) Planwirtschaft, d.h. die Universalisierung der Idee der Gesellschaft als wirtschaftender Gemeinschaft, war der Traum von Menschen, die glaubten, die strukturelle Gewalt (Galtung, 1977) zu beseitigen, die durch das Paradoxon der liberalen Ökonomie entsteht, die den Menschen zwar völlig autonom denkt, ihn dabei jedoch völlig abhängig den entpolitisierten und stummen Strukturen des

---

63 Zitiert nach: Kraemer, K., 1997: Der Markt der Gesellschaft. Zu einer soziologischen Theorie der Marktvergesellschaftung, Opladen, S. 115 Fußnote 11 – Luhmann, N., 1988: Die Wirtschaft der Gesellschaft, Frankfurt am Main.

Markts unterwirft.⁶⁴ Die Verteidiger des Bildungsstaats glauben, den politisch-demokratischen Zugriff auf die Bildungsökonomie garantieren zu müssen. Die an der neoklassischen Theorie orientierte bildungspolitische „Merkatokratie" (Trube/Wohlfahrt, 2000) verspricht dem Individuum dagegen Freiheit von der strukturellen Gewalt des politischen Zugriffs der anderen Individuen auch in Bildungsfragen. Um diese Freiheit zu garantieren, setzen die neoliberalen Apologeten der *ownership society* in den Vereinigten Staaten auf das ökonomische, soziale und kulturelle Kapital der Individuen, denen keine (Steuer-)Schranken gesetzt werden dürfen (vgl. Hujer, 2005: 5). Sozioökonomische Barrieren, die der wirtschaftlich liberalisierte Bildungsmarkt aufrichtet, dürfen in deren Augen durch private Ausbildungskredite und Stipendien überwunden werden. Abhängigkeit und strukturelle Gewalt des entstehenden Kreditmarkts zur Bildungsfinanzierung werden als individuell hinzunehmendes Risiko im Rahmen selbstverantwortlichen Handelns gedeutet.

Die erste Weltsicht stand Pate für die Idee der politischen Steuerung der Gesellschaft. Die zweite Weltsicht entwickelte die Vorstellung der Steuerung der Gesellschaft durch den Markt. Als vorläufige „Lösung" für die gesellschaftspolitischen Probleme, die aus der ökonomischen strukturellen Gewalt hervorgehen, haben sich in den dynamischen marktwirtschaftlich verfassten modernen Gesellschaften, wie ich in Kapitel 2 gezeigt habe, unterschiedliche wohlfahrtsstaatliche und bildungsstaatliche Arrangements herausgebildet, die wichtige Bereich der Daseinsvorsorge demokratisch, bürokratisch/hierarchisch und vertraglich organisieren und damit für eine Gewaltenteilung im sozioökonomischen Feld sorgen. Überall dort, wo diese Gewaltenteilung versagt, tritt entweder die ökonomische Gewalt oder die bürokratisch-politische Gewalt ins allgemeine politische Bewusstsein und führt zu neuen Konflikten.⁶⁵

64 Johan Galtung (1977) entwickelte sein Konzept struktureller Gewalt aus der kritischen Rezeption und Reflexion der nach dem Ersten Weltkrieg etablierten Lehre von den Internationalen Beziehungen. Diese hatte es sich zur Aufgabe gemacht, einen Beitrag zur Abschaffung des Krieges als Mittel zwischenstaatlicher Auseinandersetzungen zu leisten. Galtung kritisierte deren zu engen disziplinären Fokus, der es unmöglich mache, einen gehaltvollen Friedensbegriff und eine entsprechende friedfertige Praxis initiieren zu können. In der Folge suchte er nach einer neuen Fundierung der Unterscheidung von Frieden und Gewalt (vgl. Schmidt, 2005: 291). „Gewalt hat (...) unterschiedliche Träger, Handlungen und Strukturen; in ihrer Unterschiedlichkeit offenbart sie eine gemeinsame Konsequenz: die Förderung oder Behinderung der Entwicklungsmöglichkeiten einzelner Menschen. Friede und Unfriede lassen sich nach Galtungs Auffassung am deutlichsten auf individueller Ebene feststellen und messen!" (Schmidt, 2005: 291f.). Die posttotalitären sozialen Ängste vor Kollektivierung (Hypernomie) und Vereinzelung (Anomie) im marktliberalen Regime können mit Galtungs Konzept der strukturellen Gewalt thematisiert werden.

65 Die modernste Variante dieser Auseinandersetzung wird von zwei Gruppen von Professionals ausgetragen (vgl. Perkin, 2001): Den staatsnahen und den ökonomienahen Professionals. Beide Gruppen haben unterschiedliche Ideen und Konzepte für die Rationalisierung der Welt. Gemeinsam treibt sie die Angst vor struktureller Gewalt und Chanceneinschränkung durch die jeweils andere Gruppe an. Die staatsnahen Professionals halten an einer Konzeption des Staates als wichtigem Wohlfahrtsproduzenten fest. Die ökonomienahen Professionals setzen dagegen auf den Markt. Der Macht- und Kulturkampf zwischen den „staatsnahen Professio-

4.3. Analyse der Privatisierungsstrategien im deutschen Bildungssystem

Die diskursive Verschränkung des Konzepts der vier gesellschaftlichen Sphären der Bildungsproduktion mit dem Konzept der vier sozialen Koordinationsmechanismen im Bildungssystem öffnet den Blick auf die Tiefenschichten der Ökonomisierungs- und Privatisierungsprozesse im deutschen Bildungswesen. Konstitutiv für die Interaktion von Unternehmen mit ihrer Umwelt sind Markt und Wettbewerb. Der Tausch auf dem Markt ist jedoch nur einer von mehreren sozialen Mechanismen, der die Interaktion zwischen Individuen und Organisationen strukturiert. Individuen tauschen nicht nur auf dem Markt, sie stimmen auch demokratisch ab, sie gehorchen oder widersetzen sich ihren Vorgesetzten in bürokratisch strukturierten Betrieben und Behörden und sie vereinbaren komplexe Verträge mit Vermietern, Banken und ihren Arbeitgebern. Der Markt ist damit nicht der einzige moderne rationale Koordinationsmechanismus. Der soziale Koordinationsmechanismus Markt bzw. Wettbewerb steht im Prinzip selbst, wenn es um die Ordnung moderner Gesellschaften geht, mit anderen gesellschaftlichen Koordinationsmechanismen in Konkurrenz. Theoretisch lassen sich für verschiedene Organisationsformen typische soziale Koordinationsmechanismen bestimmen, doch in der empirischen Welt existieren in der Regel hybride Formen. Zum Beispiel sind Vereine, in ihrer Eigenschaft als Organisationen des Dritten Sektors über den demokratischen Kern hinaus, der die Vereinsmitglieder sozial koordiniert, auch hierarchisch-bürokratisch strukturiert, weil sie oft Personal beschäftigen, das durch Arbeitsverträge an den Verein gebunden und dadurch auch auf dessen Ziele verpflichtet wird. Und Organisationen des Dritten Sektors sind nicht selten in weitere ökonomische Märkte eingebunden, beispielsweise in die Werbe- und Medienindustrie.

Privatisierung gilt in der bildungspolitischen Öffentlichkeit in erster Linie als Übergang der Leistungserstellung vom Staat auf das privatwirtschaftliche und profitorientierte System Wirtschaft. Verbindet man diese Verschiebung zwischen den Sphären der Bildungsproduktion mit den Überlegungen zum Wandel der Bedeutung verschiedener sozialer Koordinationsmechanismen im Bildungssystem und deutet diesen Prozess als schleichende Kolonisierung der Gesellschaft durch die Marktkoordination, so bedeutet Privatisierung im Feld der Sphären der Bildungsproduktion auch gleichzeitig Ökonomisierung im Sinne der Ausdehnung von Markt und ökonomischem Wettbewerb. Privatisierung im Bildungswesen kann aber auch bedeuten, dass öffentliche Leistungen, wie zum Beispiel die Bereitstellung von Kindergarten-

nals" und den „Professionals der Privatwirtschaft" bildet einen schillernden Hintergrund der aktuellen Privatisierungs- und Ökonomisierungsdiskurse im Bildungssystem (vgl. Zymek, 2004: 131ff.). In den Diskussionen um die zeitgemäße Rationalisierung des Bildungssystems werden von der, gegenwärtig die Debatten dominierenden Fraktion der Professionals der Privatwirtschaft, neue Begriffsarsenale (*choice, competition, effectivity*) auch ins pädagogische Feld eingeführt (vgl. Kurbjuweit, 2003). Damit gewinnt ein Typ von Professionals Einfluss auf die öffentlichen Leistungsstrukturen, der sich nicht an der Semantik des Dienstes für das Gemeinwesen orientiert, sondern an der Maxime, durch ökonomischen Erfolg für sich selbst und die anderen ein Reich der Freiheit zu errichten.

plätzen im Rahmen des Subsidiaritätsprinzips, an eine Organisation des Non Profit Sektors delegiert werden. Privatisierung in diesem Sinne meint dann Intermediarisierung. Drittens kann Privatisierung bedeuten, dass Leistungen auf die privaten Haushalte (rück-)verlagert werden. Dieser Fall tritt dann ein, wenn zum Beispiel ein Kindergarten geschlossen wird und die privaten Haushalte die Betreuung ihrer Kinder wieder selbst übernehmen müssen. Diese Form der Privatisierung kann als Privatisierung im engeren Sinne verstanden werden. Die beiden letzten Formen der Privatisierung müssen jedoch nicht mit einer Ökonomisierung der sozialen Koordination einhergehen. Drei Typen von Ökonomisierung im Bildungssystem lassen sich vor diesem Hintergrund unterscheiden:

Die Ökonomisierung der Organisationen im Zuge der Übernahme des „Neuen Steuerungsmodells" bzw. Ökonomisierung auf der Ebene der Bildungseinrichtungen

Die Ökonomisierung der sozialen Koordination zwischen den am Bildungsprozess beteiligten Akteuren, d.h. die Implementation von Quasi-Märkten bzw. Ökonomisierung auf der Ebene der Bildungspolitik

Die Entdifferenzierung des Sinnsystems Bildung im Sinne der Übernahme eines neuen Begriffs- und Sinnsystems aus dem ökonomischen Subsystem der Gesellschaft und damit Aufgabe systemimmanenter Zielsetzungen zugunsten der Zielvorstellungen anderer, vor allem privatwirtschaftlicher Akteure bzw. Ökonomisierung auf der Ebene des Individuums

Von Ökonomisierung zu unterscheiden sind erstens die Überführung öffentlicher Bildungsinstitutionen in private Hände (Staatskapitalprivatisierung) und zweitens Liberalisierungsmaßnahmen, die auf die Beseitigung von Schranken abzielen, die sowohl profitwirtschaftlichen wie auch weltanschaulich orientierten Anbietern von Bildungsdienstleistungen den Zutritt zu den Bildungsmärkten verwehren (Aufgabenprivatisierung) (vgl. Pelizzari, 2005: 83). Auf die Privatisierungstendenzen im deutschen Bildungssystem werde ich mich in den folgenden Analyseschritten konzentrieren. Ökonomisierungsprozesse im Bildungssystem bilden den Mittelpunkt der Analyse des Hochschulsystems im 5. Kapitel.

4.3.1. Privatisierung der Leistungserstellung und der Mittelaufbringung

Für Privatisierungsstrategien im Bildungssystem, wie sie Milton Friedman vorgeschlagen hat, kommen idealtypisch zwei strategische Ebenen in Betracht. Erstens die Ebene der unmittelbaren *Leistungserstellung* bzw. der Bildungsproduktion und zweitens die Ebene der *Mittelaufbringung* bzw. die Finanzierung der Bildungsproduktion. In der folgenden Abbildung werden die wichtigsten, in den bildungspolitischen Debatten in Deutschland diskutierten Privatisierungsstrategien, skizziert:

Abbildung 3: Privatisierungsstrategien im Bildungssystem

Privatisierungsstrategien im Bildungssystem			
Privatisierung der Leistungserstellung		Privatisierung der Mittelaufbringung	
Vordringen privater Anbieter (Erwerbsbetriebe, private Organisationen ohne Erwerbszweck) bei freiem Marktzutritt (z.B. Lernangebote im Internet)	Staatlich initiierte Verlagerung der Leistungserstellung in den privaten Sektor	Obligatorische Finanzbeteiligung der Bildungsteilnehmer (Schulgeld, Studiengebühren) und der Nutzer zusätzlicher Dienstleistungsangebote (z.B. Schulspeisung, Betreuungsangebote)	Freiwillige Finanzierungsbeteiligung privater Haushalte und der Wirtschaft (z.B. Spenden, Schenkungen, geldwerte Sachleistungen, Sponsoring)

Quelle: Weiß/Steinert (2001: 41)

Verschiedene Strategien sollen nach Ansicht derer, die Privatisierungsstrategien befürworten, in Zukunft dafür sorgen, die Leistungen des Bildungssystems zu verbessern. Im Kern geht es darum, wie zusätzliche „private" Finanzmittel erschlossen und wie die bereits öffentlich bereitgestellten Mittel effizienter eingesetzt werden können. Die zusätzlichen Mittel sollen aus den drei nicht staatlichen Sphären der Wohlfahrtsproduktion eingeworben werden. Mögliche Mittelgeber sind Stiftungen des Dritten Sektors, Unternehmen des For Profit-Sektors, die private Mittel im weiteren Sinne und die privaten Haushalte/Familien, die private Mittel im engeren Sinne bereitstellen sollen. Weiß und Steinert definieren „Privatisierung" als eine vollständige oder teilweise Verlagerung der Leistungserstellung und/oder der Mittelaufbringung für den Bildungsprozess in die nicht staatlichen Sektoren der Gesellschaft (vgl. Weiß/Steinert, 2001: 41). Das bedeutet jedoch nicht, dass sich der Staat vollständig aus dem Bildungssystem zurückziehen muss. Der Staat kann sich in unterschiedlichem Umfang Regulierungs-, Aufsichts- und Kontrollfunktionen vorbehalten. Privatisierung der Mittelaufbringung muss auch nicht bedeuten, dass sich der Staat vollständig aus der Finanzierung zurückzieht (Weiß/Steinert, 2001: 41). Privatisierung ist damit nicht mit den bereits diskutierten Ökonomisierungsphänomenen gleichzusetzen. Ökonomisierung reflektiert in der Regel auf die sozialtechnologische Instrumentalisierung von Wettbewerb und Quasi-Märkten im Bildungssystem. Der Staat bleibt dabei - trotz der administrativen Implementierung von Wettbewerb - weitgehend für die Leistungserstellung verantwortlich. In der folgenden Abbildung werden typische Verlagerungsstrategien der Leistungserbringung vom öffentlichen Sektor auf den For Profit-Sektor oder den Non Profit-Sektor skizziert:

Abbildung 4: Verlagerung der Leistungserstellung in den privaten Sektor

Staatlich initiierte Verlagerung der Leistungserstellung in den privaten Sektor	
Schaffung anreizkompatibler Rahmenbedingungen durch:	Vergabe von Aufträgen an Erwerbsbetriebe für die Erstellung bestimmter Leistungen:
Deregulierung (Abbau rechtlicher Restriktionen) Direkte Subventionierung privater Bildungsanbieter Ausgabe von Bildungsgutscheinen an die Nutzer privater Bildungsangebote	contracting out z.B. Gebäudereinigung, Schülertransporte, *performance contracting*

Quelle: Weiß/Steinert (2001: 41)

4.3.2. Formen der Privatisierung und soziale Ungleichheit

Im Diskurs um die Reform der öffentlichen Verwaltung und ihrer Dienste und über den zukünftigen Zuschnitt und Umfang staatlicher Aufgaben hat sich im wissenschaftlichen Diskurs eine Differenzierung in drei idealtypische Formen der Privatisierung öffentlicher Dienste/Einrichtungen bzw. Leistungserstellung durchgesetzt. Die Typen formale, materielle und funktionelle Privatisierung (vgl. Abbildung 5), die auch im Privatisierungsdiskurs der Bildungspolitik eine prominente Rolle spielen, werden dabei unterschieden (vgl. Trube/Wohlfahrt, 2000: 22f.).

Abbildung 5: Formen der Privatisierung

Formen	Formale Privatisierung	Materielle Privatisierung	Funktionelle Privatisierung
Verfahren	Teile des öffentlichen Bildungssystems werden ausgegliedert und in betriebswirtschaftliche Einheiten in privater Rechtsform überführt, wobei die öffentliche Hand vollständig Eigentümerin der neuen Organisation bleibt.	Eine Bildungseinrichtung wird aus dem öffentlichen Eigentum an ein privates Unternehmen oder einen gemeinnützigen Träger verkauft bzw. zu einem symbolischen Preis abgegeben.	Öffentliche Bildungsaufgaben werden an eine privatwirtschaftliche Organisation vergeben, wobei unter Beibehaltung der öffentlichen Aufgabenverantwortung spezielle Verträge bzw. Konzessionen die Finanzierung und Leistungserbringung regeln.

Quelle: Trube/Wohlfahrt (2000: 22)

Von *formaler Privatisierung* kann dann gesprochen werden, wenn nicht nur betriebswirtschaftliches Denken und privatwirtschaftliche Arbeitsverhältnisse, wie im Fall der Ökonomisierung betrieblicher Strukturen durch die Übernahme von Elementen des NPM, in die Bildungseinrichtungen implementiert werden, sondern Teile der öffentlichen Dienste bzw. von staatlichen Einrichtungen zunächst organisatorisch ausgegliedert und dann beispielsweise in private Rechtsformen (z.B. GmbH, AG) oder in die Form einer öffentlich-rechtlichen Stiftung überführt werden. Die Verlagerung von öffentlichen Aufgaben in diese Rechtsformen erfolgt in der Regel, weil man sich von diesen Gesellschaftsformen größere strategische Entscheidungs- und Handlungsflexibilität verspricht (vgl. Boeßenecker, 2000: 85). Ein Beispiel für diese Strategie ist die Auslagerung des Fuhrparks der Bundeswehr und die Ausgründung einer privatrechtlichen Gesellschaft aus dem Zuständigkeitsbereich des Bundesministeriums für Verteidigung. Obwohl es sich aus verwaltungswissenschaftlicher und betriebswirtschaftlicher Sicht nicht um eine echte Privatisierung handelt, ist es vor allem der innerhalb der Verwaltung schlagwortartigen und unspezifischen Verwendung des Terminus Privatisierung auch im Zusammenhang mit der Änderung in eine private Rechtsform geschuldet, diese Form der Organisationsänderung als Privatisierung zu typisieren (vgl. Boeßenecker, 2000: 85).

Formale Privatisierung im öffentlichen Bildungssystem gilt als wirkungsvolles organisatorisches Instrument, den Bildungseinrichtungen mehr Autonomie einzuräumen. Die angestrebte größere Unabhängigkeit der Schulen und Hochschulen von staatlichen Direktiven und vor allem von arbeitsrechtlichen und tarifvertraglichen Bestimmungen, die für Beamte und Angestellte im öffentlichen Dienst gelten, verspricht mehr Effizienz und Effektivität. Schulen und Hochschulen müssen, folgt man den Vorschlägen der Befürworter formaler Privatisierung, ihren Etat selbst verwalten und auch beispielsweise selbst bestimmen können, welches Personal zu welchen Konditionen beschäftigt werden soll. Mehr Wettbewerb unter den am Bildungsprozess Beteiligten, so die Idee, wird mehr Engagement zutage fördern. *Formal* bleibt diese Form der Privatisierung dann, wenn die öffentliche Hand die alleinige Eigentümerin der neuen Organisation bleibt (vgl. Trube/Wohlfahrt, 2000: 22f.).

Eine weitere Form der Privatisierung ist die *materielle Privatisierung*. In diesem Fall werden Einrichtungen oder Aufgabenfelder aus dem öffentlichen Eigentum an Investoren oder an private Unternehmen oder aber an gemeinnützige Träger verkauft oder zu einem symbolischen Preis an diese abgegeben (vgl. Trube/Wohlfahrt, 2000: 22f.). Die Privatisierung von Post, Bahn, Wasserwirtschaft und Telekom in vielen Ländern sind Beispiele für diese Form der Privatisierung. „Die Verlagerung der Leistungserstellung in den nichtstaatlichen Sektor kann auf verschiedenen Wegen erfolgen. 1. Ohne staatliche Einflussnahme durch des Vordringen privater Anbieter bei freiem Markteintritt. 2. Auf Initiative des Staates, indem er sich als Bildungsanbieter zurückzieht, rechtliche Restriktionen abbaut, private Angebote subventioniert, Bildungsgutscheine an die Nutzer privater Bildungseinrichtungen ausgibt oder bestimmte Aufgaben auslagert (>Fremdfertigung<). Der Staat kann mit diesen Maßnahmen anreizkompatible Rahmenbedingungen für eine private Leistungserstellung schaffen, erzwingen kann er diese freilich nicht" (Weiß/Steinert 2001, S. 41). Der

Unterschied zur formalen Privatisierung besteht darin, dass nicht nur Eigentumsanteile an nicht staatliche Träger verkauft werden, sondern sich je nach neuem Träger der Charakter der Aufgabenerfüllung erheblich verändern kann (vgl. Pelizzari, 2001: 24).

Von den bereits genannten Privatisierungsformen zu unterscheiden ist die *funktionelle Privatisierung*. Hier werden öffentliche Aufgaben an eine privatrechtliche Organisation vergeben und damit deren Ausführung privatisiert. Die öffentliche Aufgabenverantwortung wird beibehalten und mit Hilfe von Instrumenten wie Verträgen und Konzessionen die Finanzierung und Leistungserbringung geregelt. Im Bereich der beruflichen Bildung betraut zum Beispiel die Bundesagentur für Arbeit einen freien Bildungsträger mit der beruflichen Fortbildung von Arbeitslosen im Rahmen eines Leistungsvertrages. Damit findet eine *Ausführungsprivatisierung* statt (vgl. Trube/Wohlfahrt, 2000: 22).

In Deutschland ist mittlerweile ein nicht mehr zu übersehender privater Bildungssektor neben dem öffentlichen Bildungswesen entstanden, der auf einem Wachstum der privaten Nachfrage nach Bildungsleistungen beruht. „Eine erfolgreiche Einmündung in das Beschäftigungssystem verlangt heute von den jungen Leuten und ihren Familien – über den erfolgreichen Besuch der öffentlichen Schulen und Hochschulen hinaus – die Mobilisierung weiterer Ressourcen, um durch Zusatzqualifikationen, Praktika, Auslandsaufenthalte, durch <Warteschleifen> in Bildungssystem und sozialen Beziehungen die Chancen beim Berufseinstieg in Konkurrenz mit den vielen anderen mit den gleichen formalen Qualifikationen zu verbessern (vgl. Zymek, 1999). Zwischen dem öffentlichen Bildungssystem und dem Beschäftigungssystem entstand inzwischen ein expandierender Markt für Agenturen, Akademien, sogar sich <Universitäten> nennende private Bildungsangebote, die kommerziell-spezialisiert und z.T. gegen hohe Gebühren diesen Übergang vom öffentlichen Bildungssystem ins privatwirtschaftliche Beschäftigungssystem begleiten und vermitteln" (Zymek, 2004: 126). Der private Bildungssektor profitiert in erster Linie von den Defiziten der Halbtagsschule und vom zunehmenden Wettbewerb um immer höhere Bildungsabschlüsse, welche die Nachfrage nach öffentlichen und privaten Bildungsleistungen stimulieren. Klaus Hurrelmann (2001: 44-46) befürwortet diese, die ausbleibenden Bildungsleistungen des Staates substituierende Form der Privatisierung neben dem öffentlichen Bildungssystem ausdrücklich, weil damit die Möglichkeit eröffnet werde, das Bildungsangebot durch private Investitionen unabhängig von der öffentlichen Hand zu vergrößern und zu verbreitern. Die bildungspolitischen Bedürfnisse vieler Schüler und Eltern könnten durch die haushaltspolitisch und ideologisch bedingte restriktive Angebotspolitik des konservativen Bildungsstaats nicht mehr ausreichend befriedigt werden. Die Privatisierung des Nachmittagsunterrichts löse zudem ein zentrales Problem der Halbtagsschule, die auf individuelle und spezifische Bedürfnisse der einzelnen Schülerinnen und Schüler nicht sensibel genug reagieren könne. Das bestehende System überfordere auch die Lehrkräfte, die als Puffer zwischen stagnierendem Angebot und wachsender Nachfrage nach Bildungsleistungen immer mehr zwischen die Fronten geraten würden. Für die Lehrerinnen und Lehrer, die in Deutschland sowohl psychisch wie auch physisch stark überbelastet seien und deshalb immer früher verrentet würden, könne der private Systemausbau zu einer Entlastung führen. Hurrelmann begrüßt und unterstützt deshalb ausdrücklich die flankierende Kommerzialisierung des Bildungssystems durch kommerzielle Nachhilfeinstitute und Nachmittagsbetreuung, um die Lücken im Bildungsangebot zu schließen (vgl. Hurrelmann, 2001: 45). Darüber hinaus schlägt Hurrelmann vor, die allgemeinbildenden Schulen formal zu privatisieren (vgl. Hurrelmann, 2001: 45). Organisationen des Non Profit-Sektors, d.h. Schulvereine sollen die Trägerschaft vom Staat übernehmen. Damit könnten seiner Meinung nach die weiterhin vom Staat finanzierten Schulen unabhängiger und selbstverantwortlicher agieren.

Ingrid Lohmann (2001), eine scharfe Gegnerin der kommerziell orientierten Privatisierung des Schulsystems, warnt vor den Gefahren einer schleichenden Privatisierung von Bildung. Wie viele Beispiele aus anderen Ländern zeigten, sei der Zugang zu privaten Bildungsangeboten für Kinder und Jugendliche aus sozioökonomisch schwachen und bildungsfernen Schichten oft versperrt. Lohmann befürchtet, dass die soziale Ungleichheit durch die Privatisierung im Schulsystem weiter zunehmen wird und das Ziel der Chancengleichheit von der Bildungspolitik aufgegeben wird. Die neuen, von der demokratischen Steuerung des Staates befreiten Schulen werden, so ihre Befürchtung, um Schüler mit besonderen Eigenschaften oder mit reichen Eltern werben, um so ihre Leistungsfähigkeit auf dem Bildungsmarkt sichtbar zu machen. Privilegierte Elterngruppen werden ihre Kinder auf bestimmte Schulen schicken wollen, zum Beispiel auf solche mit einem geringen Anteil an Kindern aus Zuwandererfamilien. Mittel- und langfristig käme es zur Ghettoisierung einiger Schulen, die aus diesem Dilemma durch den Mangel an zahlungskräftigen Eltern, schlechter regionaler Lage und deshalb schlechter Infrastrukturen und schlechter Transportsysteme einem Teufelskreis der Abwertung nicht entkommen können (vgl. Lohmann, 2001: 48-51).

Eine weitere Facette der Privatisierung von Bildungsleistungen ist die auch in Deutschland wachsende „Home School"-Bewegung. Sie strebt die Ablösung staatlicher Schulen durch die Übernahme der Aufgaben durch die privaten Haushalte, vor allem nach amerikanischem Vorbild, an: „In den USA wurden Ende der 90er Jahre zwischen 1,2 und 1,8 Mio. Kinder zu Hause unterrichtet. Innerhalb von zwei Jahrzehnten hat sich die Zahl damit verdreißigfacht. Es ist deshalb nicht übertrieben, von einer quantitativ bedeutsamen Bewegung zu sprechen. Der Unterricht zu Hause ist staatlich kaum reguliert. 32 Bundesstaaten verlangen lediglich, dass als Hauslehrer tätige Eltern einen Sekundarschulabschluss besitzen. Bisweilen ist der >häusliche Lehrplan< der lokalen Schulbehörde zur Genehmigung vorzulegen. Waren es anfänglich meist reformpädagogisch orientierte Eltern, so wurde in den 80er Jahren die >home school< -Bewegung vor allem von konservativen religiösen Gruppen getragen. Inzwischen ist der Kreis der >Schulverweigerer< wesentlich heterogener" (Weiß/Steinert, 2001: 42). Die Weigerung, ihre Kinder an staatliche Schulen zu schicken, wird von den Eltern einerseits mit inhaltlicher Kritik an bestimmten Lehrinhalten (z. B. die Ablehnung der Evolutionstheorie und des Sexualkundeunterrichts) begründet und andererseits mit dem sozialen und organisatorischen Umfeld, in dem Bildungsinhalte vermittelt werden.

4.3.3. Exkurs: Stiftungen als Träger von Bildungseinrichtungen

Die Stiftungsuniversität und die Schulstiftung sind Versuche, das Kapitaldeckungsverfahren auf das Bildungssystem zu übertragen, ohne die Bildungseinrichtungen den Bedingungen des For Profit-Sektors zu unterwerfen. Die Bildungsleistungsproduktion wird dann aus den Kapitalerträgen einer gemeinnützigen Stiftung finanziert. Die Philosophie von Stiftungen könnte zum Beispiel sein, die in einnahmeträchtigen Feldern erwirtschafteten Mittel für bildungspolitisch erwünschte, aber defizitäre Angebote zu nutzen („Robin-Hood-Prinzip"). Durch den Übergang der öffentlichen Einrichtung auf den Non Profit-Sektor, so die Hoffnung vieler Befürworter, ändere sich der Charakter der Aufgabenerfüllung von Bildungseinrichtungen nicht erheblich. Das zeigten die populären amerikanischen Vorbilder, wie beispielsweise die Harvard University, die eine Stiftung ist. Aber auch Stiftungen müssen ihr Stiftungskapital auf dem Kapitalmarkt anlegen und auf hohe Renditen hoffen. Damit verstärken Bildungseinrichtungen auf Stiftungsbasis die Macht der Finanzwirtschaft, deren Teil sie werden.

Die Bildungspolitik hat sich auf die Einrichtung von Eliteuniversitäten und damit eine Hierarchisierung des Hochschulsystems über die Differenzierung von Universität und Fachhochschule hinaus festgelegt. Diese Entscheidung kann durchaus im Einklang mit der Forderung nach Chancengleichheit vor dem Hintergrund des Leistungsprinzips sein. Zum Problem wird die Kapitalisierung der Bildung dann, wenn die *wirtschaftliche Gewaltenteilung* zwischen den Sphären der Bildungsproduktion aufgehoben wird. Im Falle der Bildungsproduktion tritt dieser Fall dann ein, wenn die die soziale Ungleichheit regulierende Instanz Staat aus dem Finanzierungs- *und* Produktionsprozess von Bildung ausscheidet. Aufgehoben ist die Gewaltenteilung, wenn die Finanzierung und die Produktion von Bildung gleichzeitig kapitalisiert und Bildung kommodifiziert, d. h. zur Ware gemacht wird. Ausgebildet werden die Schülerinnen, Schüler und Studierenden, die ihre Bildungsinvestitionen am Markt finanzieren können. Beide Formen der Kapitalisierung von Bildung werden mit „modernen" Argumenten vorangetrieben. Die Befürworter setzen große reformerische Hoffnungen in die Kapitalisierung. Sie wollen eine neue Kultur des Wettbewerbs und der Kundenorientierung etablieren. Nicht als Selbstzweck oder um die egalitären Geister der Bildungsexpansionszeit zu bannen, wie sie immer wieder betonen, sondern um die Leistung des Systems zu erhöhen (vgl. u.a. Friedman, 1955; Straubhaar, 2005; Straubhaar/Winz, 1992). Als ein weiteres schlagkräftiges Argument für die Kapitalisierung erweist sich in den Deutungskämpfen um die Bildungsfinanzierungsreform das soziale Argument, man könne den nicht akademischen Schichten der Bevölkerung nicht weiter zumuten, durch ihre Steuern die Ausbildung zukünftiger akademischer Berufe (Ärzte, Rechtsanwälte etc.) zu „subventionieren". Im Grunde ist das ein ständisches Argument in neuem Gewande. Jeder

Berufsstand, jede Branche und jede soziale Schicht (vgl. Reich, 1996) reproduziert sich dann bildungsökonomisch selbst.

4.3.4. Privatisierung der Finanzierung der Leistungserstellung

Die Leistungserstellung im Schul- und Hochschulsektor des Bildungssystems ist in der Bundesrepublik Deutschland im Wesentlichen staatlich finanziert. Die Forderung, wieder Schul- und Studiengebühren einzuführen, rüttelt an der seit der Bildungsexpansion üblichen Praxis der Dekommodifizierung von Schul- und Hochschulbildung. Die Länder (im geringen Umfang die Gemeinden und der Bund) bringen nicht nur die Mittel für die Schulen und Hochschulen auf, sondern leiten und verwalten diese im Rahmen der Kulturhoheit und stellen private Schulen, soweit sie staatlich anerkannte Ersatzschulen sind, nicht nur unter zahlreiche gesetzliche und administrative Regeln, sondern finanzieren diese in erheblichem Umfang mit. In diesem System ist jedem ein Schulplatz oder ein Studienplatz garantiert, soweit er schulpflichtig ist, und über die Schulpflicht hinaus, soweit er die persönlichen Voraussetzungen für den Besuch weiterführender Schulen und Hochschulen erfüllt. Der Staat richtet vor allem im Bereich der allgemeinen Schulpflicht, jedoch auch über diese hinaus, das Angebot an Schul- und Hochschulplätzen grundsätzlich nach der Nachfrage (GG Art. 12 Abs. 1 Satz 1) aus.

Weiß und Steinert (2001) stellen verschiedene Strategien vor, die zu einer Privatisierung der Finanzierung der Leistungserstellung bzw. der Privatisierung der Mittelaufbringung im Bildungssystem beitragen. Zunächst wird die Variante genannt, vom Staat Finanzmittel für den Besuch privater Schulen zu beziehen. So können beispielsweise Bildungsgutscheine (*school vouchers*) an Familien bzw. Schüler vor allem aus finanzschwachem Umfeld verteilt werden, um den Besuch einer privaten Bildungseinrichtung zu ermöglichen (vgl. auch Klemm, 2006). Eine vollständige private Finanzierung der Schulen kann das langfristige Ziel von Privatisierungsstrategien sein, muss es aber nicht. So kann Leistungserbringung durch die freiwillige Finanzierungsbeteiligung privater Haushalte und der Wirtschaft (z.B. Spenden, Schenkungen, geldwerte Sachleistungen, Sponsoring, privat aufgebrachtes Schulgeld, Werbung auf dem Schulgelände) mitfinanziert werden. Eine Strategie zur Privatisierung der Mittelaufbringung stellt die teilweise Finanzierung durch die privaten Haushalte durch die obligatorische Finanzierungsbeteiligung der Bildungsteilnehmer (Schulgeld, Studiengebühr) und der Nutzer zusätzlicher Dienstleistungsangebote (z. B. Schulspeisung, Schuluniform, Betreuungsangebote) dar. Eltern bezahlen Lernmittel, Ausflüge und andere notwendige Materialien. Eine schnell wachsende kommerzielle Bildungsindustrie bietet zunehmend Online-Bildungsleistungen an, die in Deutschland jedoch noch nicht so intensiv genutzt werden wie in den Vereinigten Staaten, weil hierzulande das Home-Schooling (noch) an der Schulpflicht scheitert (vgl. Weiß/Steinert, 2001: 41). Eine wichtige Form der Privatisierung von Schulleistungen ist die partielle Übertragung bestimmter Funktionen auf gewerbliche Betriebe (*contracting out*). Beispielsweise übernehmen private Anbieter den

Schultransport, die Reinigung der Schulen, den Betrieb der Schulkantinen und neuerdings auch das Gebäudemanagement (vgl. Weiß/Steinert, 2001: 42).

Im Bereich der betrieblichen Erstausbildung hat sich dagegen historisch eine starke Finanzierungsbeteiligung privater Akteure für die Leistungserbringung entwickelt und bis heute erhalten. „Für die berufliche Qualifikation der Arbeitnehmer hat nach der bundesrepublikanischen Rechtsordnung der Arbeitgeber die Verantwortung und dementsprechend einen Teil der Kosten zu tragen. So hat es das Bundesverfassungsgericht am 10. Dezember 1980 im Urteil über die Rechtmäßigkeit der Erhebung einer Ausbildungsplatzabgabe, wie sie das Ausbildungsförderungsgesetz von 1976 vorsah, entschieden (BVerfGE Bd. 55, S. 274ff.). Berufliche Qualifizierung, Berufsausbildung wird als Teil des Wirtschaftsprozesses und nicht des Bildungsprozesses angesehen. Deshalb liegt die Letztzuständigkeit für die Berufsausbildung im Bund wie in den meisten Bundesländern bei den Wirtschafts- oder Arbeitsministerien, selten bei den Bildungsministerien. Letztere sind für die Berufsschulen inhaltlich und finanziell verantwortlich. Aber Zeugnisse der Berufsschulen zählen, trotz aller Vorstöße von Lehrerverbänden und Kultusministern, nach wie vor nicht, wenn es um das Bestehen einer Abschlussprüfung in der dualen Berufsausbildung geht" (Ehmann, 2003: 69). Der schulische Teil der Berufsausbildung im Rahmen des Dualen Systems wird zwar von den Bundesländern finanziert, die für diesen Teil der Ausbildung verantwortlich sind, Träger des betrieblichen Teils der Berufsausbildung ist aber die Wirtschaft (einschließlich öffentlicher Arbeitgeber und Arbeitgeber aus dem Dritten Sektor wie beispielsweise die Bundeswehr oder das Rote Kreuz), die betriebliche Ausbildungsplätze auf der Grundlage privater Berufsausbildungsverträge anbietet. Analog zum Schul- bzw. Unterrichtsgeld wurde Ende der 1960er Jahre mit der Verabschiedung des Betriebsverfassungsgesetzes das so genannte „Lehrgeld" abgeschafft und durch eine „Ausbildungsvergütung" ersetzt.[66] Im Feld der Berufsausbildung lassen sich jedoch in den letzten Jahrzehnten Tendenzen erkennen, die einer immer stärkeren finanziellen Beteiligung der öffentlichen Hand, also einer schleichenden Entprivatisierung, im Sinne des Rückzugs der Wirtschaft aus diesem Sektor des deutschen Bildungssystems Vorschub leisten. Über die steuerliche Absetzbarkeit von Betriebskosten für die betriebliche Berufsausbildung war der Staat indirekt schon immer finanziell an der (Ausbildungs-) Leistungserstellung in den Betrieben beteiligt. Das heißt, diese Kosten waren teilweise sozialisiert. Seit

---

66 Das „Lehrgeld" war bis zur Verabschiedung des Berufsbildungsgesetzes im Jahre 1969 ein Entgelt, das die Familie des/der Auszubildenden an den Meister/den Ausbildungsbetrieb für Unterkunft, Verpflegung und die unmittelbare Ausbildungsleistung zu bezahlen hatte. Auch wenn das Lehrgeld in dem beschriebenen Sinne im Rahmen des Dualen Ausbildungssystems nicht mehr erhoben wird, gibt es doch zahlreiche Berufsfelder, in denen die Auszubildenden die zum Teil erheblichen Kosten für ihre Ausbildung zusätzlich zum Lebensunterhalt selbst aufbringen müssen. Die „Ausbildungsvergütung" ist eine monatliche Bezahlung eines/einer Auszubildenden im Rahmen der Dualen Berufsausbildung. Bei der Ausbildungsvergütung handelt es sich weder um einen Lohn noch um ein Gehalt, sondern um einen Beitrag, der den Lebensunterhalt der Auszubildenden sichern soll und damit der finanziellen Entlastung der Familien/privaten Haushalte dient.

den 1970er Jahren wächst der Finanzierungsanteil an der Berufsausbildung vor allem über eine direkte Bezuschussung der überbetrieblichen Ausbildung durch Bund und Länder (vgl. Ehmann, 2003: 70ff.). Auch hier kann nicht von einem Privatisierungstrend gesprochen werden, sondern von einer schleichenden, von der Wirtschaft forcierten Sozialisierung der Ausbildung. Ein weiterer Trend in der Ausbildungslandschaft deutet sich an: Neue gesetzliche Regelungen erlauben es, dass in vielen Ausbildungsberufen nicht mehr nur zugelassene Ausbildungsbetriebe ausbilden dürfen, wie dies bisher üblich war. So genannte „wirtschaftsnahe Träger" übernehmen zunehmend diese Funktion. Ursprünglich als neues Instrument gedacht, um die chronische Lehrstellenknappheit zu kompensieren, unterwandert diese neue Struktur mittlerweile die durch das Berufsausbildungsgesetz erreichten sozialen Standards. Beispielsweise erhalten die Auszubildenden des „Berufsförderungswerks der Bauindustrie NRW e. V." in Kerpen, wenn sie an dem privaten Berufsausbildungsangebot „Ausbildung 18plus" dieses „wirtschaftsnahen Trägers" teilnehmen, keine Ausbildungsvergütung. Für ihre berufliche Ausbildung, die 36 Monate dauert, müssen die Auszubildenden dagegen eine sogenannte „Ausbildungsgebühr" von 198,00 Euro im Monat entrichten. Nur für den im Rahmen eines 16-monatigen Praktikums zu leistenden Ausbildungsabschnitt erhalten die Auszubildenden eine „angemessene" Vergütung. Initiativen dieser Art verlagern die Kosten für die Berufsausbildung auf die privaten Haushalte, die sowohl für den Lebensunterhalt wie auch für das durch die Hintertür wiedergekehrte Lehrgeld aufkommen müssen (vgl. Berufsförderungswerk der Bauindustrie NRW e.V., 2007).

Christoph Ehmann (2003) macht im Zusammenhang mit der Studiengebührendebatte in Deutschland einen interessanten Vorschlag wie und unter welchen Rahmenbedingungen mit dem Instrument der Teilprivatisierung der Finanzierung der Leistungserstellung im Hochschulsektor zentrale Probleme des föderalen Bildungsstaats gelöst werden könnten: Die Einführung von Studiengebühren böte die Möglichkeit, den föderalen Wettbewerb zwischen den staatlichen Universitäten in Deutschland zu entwickeln und gleichzeitig das Problem der Finanzierung der Hochschulen aus den klammen Länderhaushalten zu entschärfen. Der Bund soll den föderalen Bildungsmarkt in aktiver Weise durch Subventionierung der private Nachfrage nach hochschulischen Bildungsangebote durch die Vergabe von Bildungsgutscheinen oder höheren Beiträgen zum Lebensunterhalt der Studierenden fördern. So verlockend dieser Vorschlang auf den ersten Blick auch sein mag, so problematisch sind die möglichen langfristigen Folgen. Wie im liberale Bildungsstaat könnte der Geltungsbereich sozialer Rechte mit der Zeit eingeschränkt und eine Ungleichheitsordnung errichtet werden, in der sich die Empfänger frei zugänglicher öffentlicher Bildungsangebote immer stärker von der wachsenden - in sich jedoch stark ausdifferenzierten - Schicht von Bildungsnachfragern abkoppeln, die sich qualitativ hochwertige aber marktförmige und in Zukunft auch private Bildungsangebote leisten können oder leisten wollen. Der deutsche Bildungsstaat wird, wie der liberale Bildungsstaat, den Spielraum für die private „Vorsorge" auch im Bildungsbereich mit Steuererleichterungen erweitern, die gleichzeitig den Handlungsspielraum des Staates im operativen Bereich des öffentlichen Bildungsangebots einschränken. Der deutsche Bildungsstaat, der eine Polarisierung im sozioökonomischen Feld der Bildung wie im liberalen Modell umgehen möchte und das soziale Recht auf Bildung für alle Bürger weiterhin ernst nimmt, müsste die Studiengebühren für alle Studierenden durch den Bund finanzieren.

4.3.5. Privatisierung der Finanzierung des Lebensunterhalts

In den öffentlichen Debatten um die Ökonomisierungs- und Privatisierungsprozesse im deutschen Bildungssystem spielen Themen wie Studiengebühren, Schulgeld, Gebühren für Kindergartennutzung, Lernmittelfreiheit usw. und damit Fragen nach der Finanzierung der Leistungserstellung bzw. der Teilnahme an Bildungsveranstaltungen eine zentrale Rolle. Die Kostenbeteiligungsfreiheit für den Kindergarten-, Schul- und Hochschulbesuch gilt in weiten Teilen der Öffentlichkeit als Garant für die Bildungschancengleichheit aller Bevölkerungsgruppen (vgl. Ehmann, 2003: 125f.). Den Mittelpunkt der Debatten beanspruchen also Fragen nach der Finanzierung der Leistungserstellung des Bildungsprozesses. Die Finanzierung des Lebensunterhalts gerät bei der Diskussion um die Bildungsfinanzierung nur selten in den Blick. „Niemand kann an Bildungsveranstaltungen teilnehmen, wenn nicht sein Lebensunterhalt gesichert ist. Diese simple Wahrheit spielt seit drei Jahrzehnten in der bundesdeutschen Diskussion um mehr soziale Gerechtigkeit im Bildungswesen eine ständig geringer werdende Rolle, obwohl gerade die nicht vorhandene oder nicht ausreichende Finanzierung des Lebensunterhalts während der Bildungsteilnahme der ausschlaggebende Grund für die – bis 2000 – zurückgehenden Studierendenzahlen und der Teilnehmer und Teilnehmerinnen an beruflicher Aufstiegsförderung ist" (Ehmann, 2003: 126).

Die Teilnahme am Bildungsprozess ist für die Individuen von zwei zentralen Ressourcen abhängig: von Zeit und von Geld (vgl. Bourdieu, 1983). Nur wenn genügend Finanzmittel für den Lebensunterhalt zur Verfügung stehen, ist auch Zeit zum Lernen und für Bildung vorhanden. Dies gilt nicht nur für die höheren Bildungsabschnitte, sondern schon für die Bildung in der Kindheit und der frühen Jugend. Dann sind es vor allem die Eltern, die nicht nur die Gebühren und Kostenbeteiligungen für die Erziehungseinrichtungen wie Krippen und Kindergärten tragen müssen, sondern auch für den Lebensunterhalt ihrer Kinder aufkommen und in späteren Bildungsphasen in der Lage sein müssen, auf mögliche haushaltsbudgetergänzende Einkommen aus Erwerbsarbeit durch ihre Kinder zu verzichten (vgl. Ehmann, 2003: 22).

Die öffentliche Förderung der Bildungsbeteiligung erfolgt auf dreierlei Weise:

Dadurch, dass den Teilnehmerinnen und Teilnehmern am Bildungsprozess Ausgaben für die Finanzierung der Leistungserstellung erspart bleiben. Die institutionelle Förderung der Bildungseinrichtungen und eine weit reichende Lehr- und Lernmittelfreiheit verringert diese Form der Ausgaben.

Die Teilnehmerinnen und Teilnehmer am Bildungsprozess erhalten direkte Zuschüsse zum Lebensunterhalt (Ausbildungsförderung).

Die Lebenshaltungskosten werden durch Fortzahlung des Gehalts auch während der vollzeitlichen Bildungsteilnahme durch den Arbeitgeber übernommen (vgl. Ehmann, 2003: 26). Die finanzielle Situation der Studierenden der Universitäten der Bundeswehr, die ihren Sold auch während ihres Studiums weiterbeziehen, können als Beispiel für diese Förderpraxis gelten.

Die gravierenden Unterschiede zwischen den Bevölkerungsgruppen und -schichten in Hinblick auf die bildungsökonomischen Ressourcen Zeit und Geld und die damit verbundenen sozialen Benachteiligungen in Bezug auf die Bildungsteilnahme haben zur Genese einer Reihe öffentlich finanzierter Instrumente der Ausbildungsförderung geführt, deren Ziel es ist, den Polarisierungstendenzen bei der Chance auf Bildungsteilnahme zu begegnen. Die öffentliche Ausbildungsförderung wird in Deutschland von Bund und Ländern gemeinsam organisiert und finanziert, wobei der Bund etwa zwei Drittel, die Länder ein Drittel der Lasten tragen. Sie erfolgt nach Bildungsbereichen getrennt: a) Die Ausbildungsförderung für Schülerinnen und Schüler sowie für Studierende nach dem Bundesausbildungsförderungsgesetz (BAföG) aus dem Jahre 1971, das seither zahlreiche Novellierungen erfahren hat. b) Die Aufstiegsfortbildungsförderung für die berufliche Fort- und Weiterbildung nach dem Aufstiegsfortbildungsförderungsgesetz (AFBG) aus dem Jahre 1996, das in den öffentlichen Debatten kurz unter „Meister-BAföG" firmiert. c) Neben diesen staatlichen Förderinstrumenten haben sich zahlreiche, quantitativ aber weniger bedeutsame Stipendienprogramme für Hochbegabte, andere Studierende und Auszubildende herausgebildet (vgl. Ehmann, 2003: 27).

Das Bundesausbildungsförderungsgesetz (BAföG) regelt die staatliche Unterstützung der Bildungsteilnahme von Schülern und Studierenden. Mit dem Begriff BAföG ist in der Alltagskommunikation die Vorstellung verbunden, jungen Erwachsenen aus einkommensschwachen Familien ein Studium zu ermöglichen. Eingeführt wurde das BAföG von der Regierung Brandt im Jahre 1971, damals noch als Vollzuschuss. Anfang der 1980er Jahre baute die Regierung Kohl den Zuschuss zu einem zinslosen Darlehen des Staates um. Heute gilt das 50:50 Zuschuss/Darlehen-Modell. 828.331 Schülerinnen, Schüler und Studierende erhielten 2005 Mittel nach dem Bundesausbildungsförderungsgesetz. 254.817 der Geförderten lebten noch bei den Eltern. Von den ca. 1.977.000 Studierenden an den deutschen Universitäten und Fachhochschulen erhielten ca. 400.000 BAföG (vgl. Statistisches Bundesamt, 2006: 151). „Seit Ende der neunziger Jahre ist die Zahl der Geförderten um mehr als 100.000 gestiegen. Jeder vierte Student bekommt in der Regelstudienzeit BAföG, der durchschnittliche Förderbetrag lag 2005 bei 375 Euro. Der Höchstsatz für Studenten, die nicht bei den Eltern wohnen, liegt bei 585 Euro. Etwa 38 Prozent aller Geförderten bekamen 2005 den Höchstsatz. Auch Schüler, vor allem an Berufsfachschulen, profitieren vom BAföG. Die Zahl der geförderten Schüler liegt bei 199.000, dies ist ein Anstieg um elf Prozent im Vergleich zu 2003. Das BAföG wird zu 65 Prozent vom Bund und zu 35 Prozent von den Ländern finanziert. Die Ausgaben dafür stiegen von 2003 bis 2005 um rund 200 Millionen auf 2,2 Milliarden Euro. Das Geld wird abhängig vom Einkommen der Eltern gezahlt und zur Hälfte als Zuschuss und zur Hälfte als zinsloses Darlehen gewährt" (Schulz, 2007: 6). Das BAföG wurde allerdings in den letzten Jahren kaum noch an die gestiegenen Lebenshaltungskosten angepasst. Das bedeutet für den geförderten Personenkreis faktisch eine schleichende Privatisierung der Kosten für die Bildungsteilnahme. Mehr Zeit muss für Jobs neben dem Studium aufgewendet werden, was zu längeren Studienzeiten führt, was wiederum zu entgangenen Löhnen und Gehältern und zu geringeren Beiträgen an die Sozialversicherungen insbesondere die Rentenversicherung, führen wird. Nach der aktuellen Sozialerhebung des Deutschen Studentenwerks (DSW) müssen etwa 60 Prozent der Studierenden neben dem Studium arbeiten. Mit der Einführung der strafferer organisierten Bachelor- und Master-Studiengänge und von Studiengebühren wird für finanzschwache Studierende die Vereinbarkeit von Arbeit und Studium weiter abnehmen. Um diesem Trend entgegenzusteuern, fordern verschiedene Interessengruppen wie Gewerkschaften, Studentenorganisationen und das Deutsche Studentenwerk seit langem eine Anhebung des BAföG.

Weitere Quellen der Finanzierung der Bildungsbeteiligung, die von vielen Studierenden wieder vermehrt genutzt wird, ist die Bereitstellung von Wohnraum bei den Eltern, was allerdings die Mobilität der Studierenden verringert. Die Aufnahme eines privaten (Bildungs-) Kredits wird zwar stark beworben, hat aber bislang die Neigung, sich für die Ausbildung zu verschulden, nicht nachhaltig verbessert. Einen weiteren Beitrag zur Finanzierung der Bildungsbeteiligung leistet das Kindergeld, das bis zu einem Alter von 25 Jahren, finanziert aus dem Bundeshaushalt, an die Eltern gezahlt wird. In der Debatte um die Einführung von Studiengebühren spielt in Deutschland das Argument eine wichtige Rolle, dass die privaten Haushalte sich in zu geringem Umfang an den Kosten eines Hochschulstudiums beteiligen, d.h. die Kosten für die Bildungsinvestitionen sozialisiert, die Erträge dagegen weitgehend privatisiert seien (vgl. Straubhaar, 2001: 66). Christoph Ehmann macht auf die Probleme aufmerksam, die bei der Analyse der Rolle der privaten Haushalte im Bildungswesen auftreten: „Die methodischen Schwierigkeiten bei der Erfassung der Aufwendungen privater Haushalte für Bildungszwecke, das Ineinanderfließen von ‚normalem' Unterhalt und vorrangig oder ausschließlich bildungsinduzierten Aufwendungen, die Möglichkeit der steuerlichen Absetzbarkeit u.a.m. sollen nicht verkannt werden. Gerade deshalb gilt es darauf hinzuweisen, dass es auch mächtige Interessen gibt, denen daran liegt, dass dieser Bereich weiterhin als ein ‚Blackbox' belassen und so der öffentlichen bildungspolitischen Debatte entzogen bleibt" (Ehmann, 2003: 17).[67] Im schulischen Bereich des Bildungssystems ist eine Beteiligung

---

67 Die Kosten für den studentischen Lebensunterhalt, die (inklusive außerordentlicher Ausgaben) monatlich durchschnittlich 784 Euro ausmachen, belaufen sich pro Jahr (2000) auf rund 9.400 Euro. Die staatlichen Haushalte haben im Jahr 2000 für die Finanzierung des Bildungsprozesses an den Hochschulen rund 10,9 Mrd. Euro aufgebracht. Mit staatlichen Transferleistungen etwa für BAföG oder für steuerliche Entlastungen der Eltern (Kindergeld, Ausbildungsfreibeträge) in Höhe von rund 3,5 Mrd. Euro entstanden dem Staat für die Hochschulbildung also Ausgaben in Höhe von insgesamt 14,4 Mrd. Euro. Für die privaten Haushalte ergeben sich für den Lebensunterhalt und Lernmittel hingegen Ausgaben in Höhe von rund 14 Mrd. Euro. Das heißt: Staat und private Haushalte tragen bereits jetzt die direkten Kosten für die Hochschulausbildung zu etwa gleichen Teilen (Lieb, 2005). Die Kosten für des Stu-

der privaten Haushalte „im wesentlichen beschränkt auf die Mitfinanzierung bei den Lernmitteln, beim Schülertransport und bei der Inanspruchnahme von zusätzlichen Dienstleistungsangeboten wie z.B. Betreuungsangeboten. Sind hier in den letzten Jahren zum Teil Korrekturen vorgenommen worden, die zu einer stärkeren Belastung der privaten Haushalte führten, so konnten sich Vorschläge zur Einführung von Schulgebühren in der nachschulpflichtigen Bildungsphase der Sekundarstufe II (z.B. Sachverständigenrat Bildung 1998) bislang nicht durchsetzen. Dennoch leisten private Haushalte eine nicht unwichtigen Beitrag zur Ressourcensicherung durch freiwillige Zahlungen und geldwerte Sachleistungen, auf die Schulen in verstärktem Maße angewiesen sind" (Weiß/Steinert, 2001: 43).

Das Bundesinstitut für Berufsbildung hat aufgrund einer repräsentativen Befragung über alle Branchen und Betriebe hinweg die durchschnittlichen Kosten der Betriebe für das Jahr 2000 pro Auszubildenden und Jahr in der Bundesrepublik Deutschland ermittelt (vgl. Tabelle 5). Für die Finanzierung der Bildungsbeteiligung der Auszubildenden im Dualen System sind vor allem die aus betrieblicher Sicht anfallenden Personalkosten für die Auszubildenden wichtig. Denn diese entlasten die Haushaltsbudgets der Herkunftsfamilien und erhöhen dadurch auch die Bildungschancen für Jugendliche und junge Erwachsene aus finanzschwachen privaten Haushalten. Nach dem Aufstiegsfortbildungsförderungsgesetz (AFBG) wurden 2005 insgesamt 140.847 Personen mit insgesamt 392.621.000 Euro gefördert (vgl. Statistisches Bundesamt, 2006: 152). Die Arbeitgeber ziehen sich immer mehr aus der betrieblichen Ausbildung zurück. Das Überhandnehmen der vollschulischen Berufsausbildung in immer weiteren Branchen bedeutet in letzter Konsequenz eine zunehmende Privatisierung der Finanzierung der Bildungsbeteiligung.

Tabelle 5: Durchschnittliche betrieblichen Ausbildungskosten pro Auszubildenden (2000)

Kostenarten	Absolut in Euro	In Prozent
Personalkosten der Auszubildenden	8.269	50,3
Personalkosten der Ausbilder	5.893	35,9
Anlage- und Sachkosten	545	3,3
Sonstige Kosten, davon Gebühren an zuständige Stellen Ausbildungsverwaltung	1.728 136 1.141	10,5 0,8 6,9
Bruttokosten insgesamt	**16.435**	**100,0**

Quelle: Beicht/Walden/Herget (2004: 140)

dium sind demnach bereits heute zur Hälfte privatisiert (vgl. Ehmann, 2003: 11-22; Dohmen, 2004).

Die methodischen Schwierigkeiten bei der Suche nach einer Antwort auf die Frage, welche Folgen die Privatisierung der Finanzierung der Bildungsbeteiligung hat, sensibilisieren für die Bedeutung der bildungsökonomischen „Blackbox" der privaten Haushalte. Die privaten Haushalte profitieren zweifellos von den Segnungen, die gesellschaftliche Investitionen in Bildung (d.h. für den Bildungsprozess und für die Bildungsteilnahme) langfristig erbringen. Dazu gehören mehr demokratische Stabilität, mehr Wirtschaftskraft aber auch höhere persönliche Einkommen und mehr individuelle Entscheidungsfreiheit (vgl. Ehmann, 2003: 19). „Wer allerdings am meisten davon profitiert, ist umstritten. Je nachdem, für welchen ‚Gewinner' man sich entscheidet, fällt auch die als gerecht angesehene Zuordnung der Zahlungsverpflichtungen unterschiedlich aus" (Ehmann, 2003:19).

4.3.6. Demographische Reserven im Bildungssystems

Einen ersten Hinweis auf eine tief greifende Transformation des vorschulischen und schulischen Erziehungs- und Bildungssystems des konservativen Bildungsstaats, der nicht dem liberalen Entwicklungspfad folgt, liefert folgendes Fallbeispiel aus der bayerischen Provinz. Vor dem Hintergrund des demographischen Wandels sind die bestehenden Erziehungs- und Bildungseinrichtungen in den ländlichen Regionen Bayerns bereits heute mit verschiedenen unangenehmen Begleiterscheinungen des sozialstrukturellen Wandels konfrontiert.[68] In den Kindergärten im Landkreis Kissingen fehlt bereits Nachwuchs, den Grundschulen droht in wenigen Jahren das gleiche Schicksal. Die größere demographische Kinderlücke in Kissingen verstärkt den Problemdruck im Vergleich mit anderen Teilen Bayerns. Die ersten Kitas müssten bereits heute verkleinert, manche geschlossen werden. Ein Anpassungsprozess nach dem Strickmuster des konservativen Bildungsstaats würde die Attraktivität der ländlichen Gemeinden für Familien mit Kindern weiter absenken und zusammen mit dem unausweichlichen Personalabbau in den Erziehungs- und Bildungseinrichtungen zu einem Teufelskreis des Rückbaus und des Abbaus führen. Doch die Probleme scheinen tatsächlich vor dem Hintergrund eines neu entstehenden gesellschaftlichen Konsenses ganz anders gelöst zu werden. Die Kindertagesstätten in Bad Kissingen werden nach dem Muster des liberalen und des sozialdemokratischen Wohlfahrts- und Bildungsstaats zunehmend für alle Altersgruppen geöffnet. „Sie

---

68 In den modernen Dienstleistungszentren hat sich die Familiengründung vor dem Hintergrund der immer längeren Ausbildungszeiten an Schule und Hochschule biographisch anders als in den immer noch von handwerklichen und teilweise auch noch landwirtschaftlich geprägten ländlichen Regionen immer weiter verzögert. Im Gegensatz zu der Situation in vielen Städten und den Metropolen bekommen die Frauen ihre Kinder dort aus sozioökonomischen und soziokulturellen Gründen tendenziell noch immer in jüngeren Jahren. Für einen bayerischen Landkreis wie Bad Kissingen bedeutet dies, dass die geburtenstarken Jahrgänge der sechziger Jahre ihre Kinder bereits bekommen haben und nun die geburtenschwachen Jahrgänge Familien gründen, während sich in München noch viele Akademikerinnen der Geburtsjahre vor 1970 ihren Kinderwunsch erfüllen (vgl. Berth, 2007: 8).

nehmen Zweijährige, Einjährige und gelegentlich sogar Säuglinge auf; auch bietet man Nachmittagsbetreuung für Schulkinder. Das löst mehrere Probleme auf einmal: Die Kindergärten leiden nicht mehr an allmählicher Auszehrung; die Arbeitsplätze der Erzieherinnen sind gesichert; auch der Elternprotest samt den unvermeidlichen, unangenehmen Schlagzeilen bleibt aus" (vgl. Berth, 2007: 8). Die Eltern bemerken plötzlich, dass ihre Kinder nicht nur zu begehrten Objekten öffentlicher Betreuung, sondern auch zu einem Bezugspunkt regionaler Wirtschaftspolitik werden (vgl. Berth, 2007: 8). Bad Kissingen scheint kein Einzelfall im konservativen bayerischen Meer zu sein, denn überall im bayerischen Regierungsbezirk Unterfranken bearbeitet die Kommunalpolitik den demographischen Wandel und den Einstellungswandel immer größerer Bevölkerungsteile nach diesem Modell. Möglich wurde die beschriebene überraschende Wendung durch den Sinneswandel der christlich-konservativen Regierungspolitik, die noch vor einigen Jahren die Kleinkindbetreuung außerhalb des unmittelbaren Familienkontextes verdammt hat (vgl. Berth, 2007: 8).

Ökonomische Überlegungen, rückläufige Schülerzahlen vor allem in den Hauptschulen vieler Kommunen, immer weitere Wege zu weiterführenden Schulen - nicht nur auf dem Land - und nicht zuletzt die Angst vieler Wirtschaftsstandorte, an Attraktivität für wertschöpfungsintensive Unternehmen zu verlieren, haben in den letzten Jahren die ideologischen Barrieren der tradierten und festgefahrenen deutschen Bildungspolitik und die immer statusangstbesetzteren Bildungsüberzeugungen vieler Eltern und Schüler ins Wanken gebracht, die nicht nur zu einer immer stärkeren Polarisierung der Chancen im dreigliedrigen Schulsystem beigetragen haben, sondern auch den Interessen der politischen Gemeinschaften, wie denen der Wirtschaft, immer mehr zuwiderläuft. Die Gemeinschaftsschule als Ganztagsschule kristallisiert sich zunehmend als Kompromiss zwischen der Gesamtschule und dem dreigliedrigen Schulsystem – beide Systeme wurden seit jeher als Halbtagsschule gedacht und ausgestaltet – heraus. Aus integrationspolitischen, aber auch aus ökonomischen Gründen kann das wachsende Bedürfnis nach ganztägiger Betreuung und die Wiederentdeckung der Schule als Kristallisationspunkt bürgerschaftlichen Engagements im Nahbereich nicht mehr mit der Beibehaltung der Dreigliedrigkeit in Einklang gebracht werden. Die Dreigliedrigkeit befriedigt heute vor allem das Interesse vieler Eltern, die ihre Kinder nicht mit schwächeren und wohl auch nicht mit sozial unerwünschten Mitschülern unterrichten lassen wollen. Schule soll in den Augen vieler Eltern nicht Solidaritätsmaschine für alle sein, sondern vor allem die Chancen der eigenen gegen die Kinder anderer Eltern sichern. Dieser „Wettbewerb", verteuert die Bildungsinfrastruktur, führt aber nicht intentional zum schleichenden Untergang des bestehenden Systems. Die subkutane Transformation des Schulsystems hat weit reichende Folgen für die Allokation der öffentlichen und privaten Mittel, die für die Bildung bereitgestellt werden. Die sozioökonomische Dynamik, die durch den tendenziellen Abbau von Hauptschulen und den Aufbau von Realschulen und Gymnasien entsteht, wird in der Regel unterschätzt. Die quantitativen Veränderungen zwischen den Schultypen führen zu außerordentlich kostspieligem Auf- und Abbau schulischer Strukturen. Der Schultypwechsel führt in vielen Fällen auch zum Wechsel des ganzen Bezugssystems für die betroffenen Schülerinnen und Schüler. Weder Haupt- noch Realschule noch das Gymnasium sind in Zukunft als eigenständige Schuleinheiten flächendeckend vorzuhalten. Die Gemeinschaftsschule scheint aus dieser Perspektive ein Weg zu sein, das Bildungssystem „effizienter" zu organisieren und den veränderten Bedürfnissen der Eltern gerecht zu werden.

Von Baden-Württemberg über Nordrhein-Westfahlen bis nach Schleswig-Holstein hat die Idee der Gemeinschaftsschule einen unerwarteten Siegeszug angetreten (vgl. Dörries, 2007; Christen, 2007; Jungmann, 2004). Der Erziehungswissenschaftler Ernst Rösner vom Dortmunder Institut für Schulentwicklungsforschung kommt in seinem Gutachten für das schleswig-holsteinische Bildungsministerium (2004), dem die Fragestellung zugrunde lag, in welcher Form die nach Schulformen gegliederten Bildungsgänge in eine Schule für alle umgewandelt werden können, zu dem Ergebnis, dass die langfristige Umwandlung der Schulstrukturen in Schleswig-Holstein hin zu einer „Gemeinschaftsschule" sowohl ein Gebot der Demographie, der Pädagogik und der Bildungsgerechtigkeit sei. Die sozioökonomischen Folgen der demographischen Entwicklung führen bereits heute dazu, dass in Schleswig-Holstein ca. 100 Schulen die vorgeschriebene Mindestgröße nicht mehr erfüllen. Vor allem auf dem Land, so wird erwartet, kann ein Großteil der Schulen schon in naher Zukunft nicht aufrechterhalten werden. Die sinkenden Schülerzahlen - die Zahl der Grundschüler geht in Schleswig-Holstein bis zum Jahr 2010 voraussichtlich um 21,5 Prozent zurück - machen es dem Land immer schwerer, einerseits die Kinder nach der 4. Klasse der Grundschule zu sortieren und auf die getrennten Bildungsgänge Hauptschule, Realschule, Gymnasium oder die Integrierte Gesamtschule und damit in der Regel auch auf verschiedene Schulen zu verteilen und andererseits ihrer Verpflichtung nachzukommen, alle Regionen ausgewogen mit Schulen zu versorgen. Eine weitere Dimension des Struktur- und Formwandels des Schulsystems ist die gesellschaftspolitische Forderung nach dem Ausbau von Ganztagsschulen, die mit einem Bündel neuer Dienstleistungsangebote und infolgedessen mit einem deutlich höheren ökonomischen Ressourceneinsatz pro Schule verbunden sein wird.

Die Gemeinschaftsschule, die Ernst Rösner in seinem Gutachten für Schleswig-Holstein vorschlägt, ist keine Einheitsschule und auch keine Gesamtschule herkömmlichen Typs. Sie soll die vorhandenen Schulstrukturen produktiv transformieren und sie lässt für unterschiedliche Standorte geeignete Strukturvarianten zu. Haupt- und Realschule könnten sich beispielsweise an einem Ort zusammenschließen, ohne sofort einen gymnasialen Bildungsgang anbieten zu müssen. Die Möglichkeit, Abitur zu machen, kann für mehrere Gemeinschaftsschulen in einem nahe gelegenen Oberstufenzentrum organisiert werden. Entscheidend ist aber für Rösner, dass nicht einfach nur getrennte Bildungsgänge unter einem Dach versammelt werden dürfen, sondern eine neue pädagogische Einheit entwickelt wird, die alle Kinder aufnehmen und bis zum Ende ihrer Schulzeit behalten muss. In einer Gemeinschaftsschule sind, so Rösner, alle Lehrer als ein Kollegium für alle Lernenden verantwortlich, was vor allem bedeutet, dass die schulischen Probleme der Schülerinnen und Schüler im System selbst gelöst werden müssen und Lehrer nicht mehr die

Möglichkeit haben, Schüler in die nächst niedrigere Schulform abzuschieben (vgl. Köster, 2007). Auch von dem Druck, der vor dem Hintergrund der Verteilungskämpfe auf dem Ausbildungs- und Arbeitsmarkt auf die Eltern aufgeübt wird, ihren Kindern unter Zuhilfenahme von immer mehr kommerzieller Nachhilfe einen möglichst hohen Bildungsgang zu ermöglichen und von der im herkömmlichen System festzustellenden immer stärkeren finanziellen Belastung würden vor allem sozial schwächere Familien entlastet.

4.4. Zusammenfassung

Politik und Wirtschaft fordern „mehr Markt" im öffentlichen Bildungssystem und den Umbau seiner Institutionen zu „effizienten" Dienstleistungsunternehmen, um die Produktivität der Bildungsinstitutionen zu erhöhen. Die Diskurse um die vom Arbeitsmarkt latent erzwungene lebenslange Bildungspflicht bei gleichzeitiger marktwirtschaftlicher Durchdringung des Bildungssystems lösen zunehmend den Diskurs über das Bürgerrecht auf Bildung und die öffentliche Bereitstellung von Bildungsdienstleistungen ab. In den gegenwärtigen Debatten überwiegt die Hoffnung, mit dem verstärkten Einsatz privater Mittel und dem effizienteren Einsatz aller verfügbaren (öffentlichen und privaten) Mittel die Ressourcenknappheit der öffentlichen Bildungseinrichtungen zu kompensieren. Die Einführung von Büchergeld an öffentlichen Schulen und Studiengebühren gelten als Beispiele für den Einstieg in weit reichende Veränderungen in der Finanzierung des Bildungssystems. Die bewunderten Vorbilder hierfür sind die wirtschaftsliberal geprägten angelsächsischen Gesellschaften und deren liberaler Bildungsstaat. Die Ökonomisierung und Privatisierung des deutschen konservativen Bildungsstaats, die sich sowohl in für diesen Kontext neuen Begriffen als auch in radikal veränderten bildungspolitischen Strategien spiegelt, ist ein zentraler gesellschaftlicher Megatrend, der den Strukturwandel des Bildungssystems kennzeichnet. Befürworter und Gegner von Ökonomisierungsstrategien liefern sich vor dem Hintergrund konkurrierender normativer Ordnungsvorstellungen heftige Auseinandersetzungen um die Neugestaltung des Bildungssystems.

Die Politik der Bildungsexpansion hat die Funktion des Bildungssystems in modernen Leistungsgesellschaften, die Individuen „nach Leistung" auf dem Arbeitsmarkt zu platzieren (Platzierungs- oder Statuszuweisungsfunktion) und damit Mitproduzent sozialer Ungleichheit zu sein, nicht in Frage gestellt. Der Zugang zu verschiedenen Positionen - damit sozialer Aufstieg oder sozialer Abstieg - bleibt eng an das individuell erworbene Bildungsniveau gekoppelt. Die Modernisierung von Wirtschaft und Gesellschaft, die ihren wichtigsten Ausdruck in der wachsenden Arbeitsmarktindividualisierung (Ulrich Beck) immer größerer Teile der erwerbsfähigen Bevölkerung findet, hat die Bedeutung und Deutung von Bildung als Humankapital oder kulturelles Kapital gestärkt. Chancen und Risiken der Individualisierung hängen in Zeiten sozioökonomischer Stagnation stärker als bisher von der individuellen Ressourcenausstattung ab. Die traditionelle Vorstellung, Bildung diene in erster Linie der Selbstverwirklichung und Selbstbefreiung des Individuums aus sozialen Zwängen und sei damit in ökonomischem Sinne in erster Linie als Konsum von Bildungsdienstleistungen zu deuten, tritt mehr und mehr zulasten einer neuen Investitionssemantik zurück.

Die quantitative Ausdehnung höherer Schulformen wurde bis in die 1980er Jahre vor allem in den Großstädten von allen sozialen Schichten akzeptiert, nicht jedoch der Bruch mit den bestehenden Strukturen des konservativen Bildungsstaats. Es gelang nicht, wie in den meisten Nachbarländern, ein gestuftes und integriertes Schulsystem einzuführen und mit der Dreigliedrigkeit und der Halbtagsschule des konservativen Bildungsarrangements zu brechen, um damit auf die sozioökonomischen und soziokulturellen Herausforderungen zu reagieren. Mit der tradierten und der mit dem konservativen Sozialstaat kompatiblen Konstruktion gelang es der öffentlichen Hand, die Bildungskosten trotz Bildungsexpansion relativ niedrig zu halten und so das Problem der Kostenkrankheit technisch nicht rationalisierbarer Dienstleistungen (Baumol) – trotz im internationalen Vergleich relativ hoher Lehrergehälter - zu entschärfen. Gleichzeitig schuf der konservative Bildungsstaat paradoxerweise mit der Bildungsexpansion die strukturellen Grundlagen für die enorme Bildungskrise für die Schülerinnen und Schüler, die aus sozial schwächeren Familien stammen (vgl. Gottschall/Hagemann, 2002; Opielka, 2005: 140). Die Bildungsreform der 1960er und 1970er Jahre war in dieser Hinsicht eine in entscheidenden gesellschaftspolitischen Fragen verfehlte Strukturreform. Die größte Herausforderung erwächst dem konservativen Bildungsstaat gegenwärtig aus der sozial- und wirtschaftlichen dem amerikanischen Vorbild folgenden Politikstrategie, mit Hilfe zunehmender Einkommensspreizung eine Lösung für die Arbeitsmarktprobleme zu suchen. Die Polarisierung der Einkommen verstärkt die Segregationsleistung des gegliederten Schul- und Hochschulsystems des konservativen Bildungsstaats, weil vor allem die sozioökonomisch schwachen privaten Haushalte die soziokulturell propagierten subsidiären Aufgaben für die Erziehung der Kinder nicht mehr erfüllen können. Damit ist die Legitimität des Systems grundsätzlich in Frage stellt.

Mit der schleichenden Ökonomisierung und der strategischen Einrichtung von Quasi-Märkten im Bildungssystem bilden sich neue Interaktionsordnungen zwischen den an der Bildungsproduktion beteiligten Akteuren heraus. Der Staat, die privaten Haushalte/Familien, die Studierenden, die Lehrenden und die Wirtschaft werden sich ihrer spezifischen Interessen in diesem Produktionsprozess stärker bewusst. Auf einer allgemeinen Ebene artikulieren sich die verschiedenen, oft gegensätzlichen Interessen immer mehr in der scheinbar neutralen Sprache der Ökonomie, die auf die Frage der Ressourcenverteilung klare und neutrale Antworten zu geben vorgibt. Die Sprache der Selbstverwirklichung, der Demokratisierung und Entwicklung des Gemeinwesens oder der Einbindung des Nachwuchses in bestimmte soziokulturelle Milieus tritt im aktuellen Diskurs dagegen zurück.

Die zunehmende Ökonomisierung der Bildung und der Binnenstruktur des Bildungswesens hängt einerseits eng mit der allgemeinen Bedeutungszunahme von

Bildung für den Ausbildungs- und Arbeitsmarkt und andererseits mit den strukturellen Dilemmata des konservativen Bildungsstaats zusammen.[69] Die Bildungsexpansion war von der Idee getragen, durch die Gewährung sozialer Rechte auf Bildungsdienstleistungen bei gleichzeitigem Ausbau der Bildungsinfrastruktur die Ausschöpfung ungenutzter Begabungsreserven in der Bevölkerung zu unterstützen, um im Wettbewerb mit anderen modernen Gesellschaften und konkurrierenden Wirtschaftssystemen zu bestehen. Diese Strategie passte zu der in den 1960er und 1970er Jahren populären Denkfigur der keynesianischen Wohlfahrtspolitik, die darauf abzielte, die Konsummöglichkeiten breiter Bevölkerungsschichten auszuweiten, um damit wirtschaftliche und gesellschaftliche Stabilität zu verwirklichen. Die Bildungspolitik blieb allerdings, wie die Sozialpolitik, an den überkommenen Strukturtraditionen des ständisch-konservativen Sozial- und Bildungsstaats orientiert. Die Bildungspolitik geht nun dazu über, mit ökonomischen Innovationen das Bildungssystem auf der Angebotsseite zu verändern, um die Konkurrenzfähigkeit mit anderen nationalen Bildungssystemen zu sichern und das Bildungssystem „effizienter" zu organisieren. Die Strategie, den sozialen Koordinationsmechanismus Markt und das Unternehmensmodell der Organisation wirtschaftlicher Aktivitäten in das Bildungssystem vordringen zu lassen, hat nicht intendierte Folgen. Eltern mit hoher Sensibilität für die Bedeutung von Bildung wählen angesichts der seit zwei Jahrzehnten angespannten Situation auf dem Ausbildungs- und Arbeitsmarkt aus „ökonomischen Gründen" in der Regel den höchsten und den prestigeträchtigsten Bildungsgang für ihr Kind. Der Hunger nach qualitativ hochwertiger Allgemeinbildung hat vor dem Hintergrund der fehlenden Anpassungselastizität des konservativen Schulsystems zu der oben analysierten radikalen Verschiebung der Relationen zwischen Hauptschule, Realschule und Gymnasium und damit zu einer wachsenden Polarisierung in Bildungsgewinner und Bildungsverlierer geführt.

Um den Trend zur sozialen Polarisierung durch das öffentliche Bildungssystem bildungspolitisch einzudämmen, müssen Ökonomisierungs- und Privatisierungstendenzen in den besonders sensiblen Teilbereichen des Bildungssystems zurückgedrängt werden, in denen die Zukunftschancen der Kinder und Jugendlichen am nachhaltigsten determiniert werden. „Eine gleiche Förderung aller hat weder etwas mit Chancengleichheit im Bildungswesen noch mit sozialer Gerechtigkeit gemäß dem Sozialstaatsgebot des Grundgesetzes zu tun. Werden Menschen, die mit ungleichen Voraussetzungen ins Bildungssystem, gleich auf welcher Stufe, eintreten, gleich gefördert, so bleibt die Ungleichheit zwischen ihnen erhalten, wahrscheinlich ist, dass sie noch vergrößert wird. Wer mehr soziale Gerechtigkeit, wer gleiche

---

69 „Reichtum" an Zertifikaten führt auch dann nicht automatisch zu beruflichem Erfolg. Zunehmend wird das Alter zum Selektionskriterium, das alle Initiativen in allen Lebensphasen zur Höherqualifizierung unterläuft. Das Schicksal der Absolventen der Berufsfachschule, die sich zur Restschule derjenigen entwickelt hat, die keinen Ausbildungsplatz ergattern konnten, ist ein Beispiel für diesen Mechanismus. Die Abweichung von der Norm, die sich im Alter der Kandidatinnen und Kandidaten zeigt, wird vom Beschäftigungssystem nicht geduldet. Die ökonomische Signaltheorie liefert eine Theorie mittlerer Reichweite, mit der das beschriebene Phänomen erklärt werden kann.

Chancen für alle im Bildungssystem anstrebt, muss deshalb nicht nur zielgruppengenau, sondern individuell und somit extrem ungleich fördern. Dies ist nicht nur eine pädagogische Forderung. Für die Finanzierung der Bildung gilt dies in gleicher Weise" (Ehmann, 2003: 155). Christoph Ehmann leitet daraus die Forderung ab, vom Kindergarten bis zum Abschluss der Sekundarstufe I Bildungsleistungen als Ganztagsangebot auszugestalten. Aufgaben, die bisher den Familien/privaten Haushalten überlassen blieben oder unterlassen wurden, sollen von professionellen Kräften erledigt werden. Teile des Angebots, vor allem am Nachmittag, sollten, so Ehmann, auch in Kooperation mit intermediären Organisationen wie Jugendvereinen, Sportclubs, Musikschulen und Sozialeinrichtungen, aber auch in Zusammenarbeit mit den Unternehmen, organisiert werden. Vor allem sei es wichtig, Kindergärten und Schulen als zentrale Teile des kommunalen Lebens aufzufassen und zu fördern (vgl. Ehmann 2003: 158).

5. Das Hochschulsystem des konservativen Bildungsstaats

Mit den Begriffen Ökonomisierung und Privatisierung habe ich bislang zentrale Strategien des Wandels der Allgemeinbildung im Rahmen einer Interaktionsordnung zwischen Sozial- und Bildungsstaat analysiert. Im Fokus stand dabei die Schnittstelle von Sozial- und Bildungsstaat: die Privaten Haushalte/Familien. Für die Analyse der Prozesse der Ökonomisierung und Privatisierung, die den Hochschulbereich betreffen, sind vor allem die Schnittstellen zwischen Bildungssystem/Wissenschaft und dem Bildungssystem/Arbeitsmarkt zu betrachten.[70] Der sozioökonomische Wandel von der Industrie- zur Dienstleistungsökonomie und Dienstleistungsgesellschaft ist eng mit berufsstrukturellen Schwerpunktverlagerungen im Beschäftigungssystem verbunden. Dabei stehen die beiden großen Berufsbereiche der Wissens- und Informationsberufe sowie die personenorientierten Dienstleistungen und deren Professionalisierung im Zentrum der Verschiebungen. Das Bildungssystem der Bundesrepublik Deutschland steht in besonderer Weise vor der Herausforderung, diesen Strukturwandel als Hintergrund eigener Reformbemühungen wahrzunehmen und mitzugestalten. Noch immer ist das Bildungssystem vor allem auf das industrielle Produktionsregime und auf traditionelle Familienstrukturen mit niedriger Frauenerwerbstätigkeit hin ausgerichtet. Mit der Flexibilisierung und Differenzierung des Beschäftigungssystems, so wird zu zeigen sein, verändern sich nicht nur die quantitativen, sondern auch die hierarchischen Relationen zwischen den Institutionen der beruflichen Bildung und den Institutionen des Hochschulsystems.

Bereits die Bildungsexpansion, die in den 1970er Jahren zum Ausbau höherer Bildungseinrichtungen geführt hat, verstärkte die Tendenz, die traditionellen Institutionen der beruflichen Bildung mehr und mehr an das untere Ende der Bildungshierarchie abzudrängen. Noch in den 1960er Jahren konnte das berufliche Bildungssystem ihr inhaltliches und hierarchisches Prestige von einer industriell und handwerklich orientierten Elite ableiten. Deren individuelle Biographien waren in vielen Fällen vom sozialen Aufstieg, der vom Volksschulabsolventen zum Facharbeiter- und schließlich zum sozial anerkannten Meisterstatus führte, geprägt. Der strukturelle und quantitative Stellenwert der beruflichen Erstausbildung scheint im Zuge des berufsstrukturellen Wandels zurückzugehen und neue Institutionen der Weiter-

---

[70] Die historische Ausdifferenzierung des tertiären Bildungssystems in Deutschland hat wissenschaftshistorisch dazu geführt, dass mindestens drei auch institutionell getrennte Reflexionssysteme mit der Analyse dieses Teils des Bildungssystems befasst sind: die Berufspädagogik mit dem für diese Forschungsrichtung prominenten Bundesinstitut für Berufsbildung in Berlin, die Bildungssoziologie mit dem HIS, das sich auf die Hochschulforschung konzentriert und die Arbeitsmarktforschung mit der BfA in Nürnberg als wichtiger Forschungsinstitution. Diese funktional begründbare Differenzierung hat jedoch zu wechselseitigen blinden Flecken in der Reflexion und damit zu vielen einseitigen Beurteilungen der bildungspolitischen Lage in Deutschland beigetragen (vgl. Müller, 1998: 99).

bildung und Umschulung deuten auf die sukzessive Auflösung der traditionellen Grenzen zwischen den berufsbildenden Schulen und den wissenschaftlichen Hochschulen hin (vgl. Zymek, 2004: 125).

Hierbei kommt es zu einer Neubestimmung der Grenzziehung zwischen (akademischer) Profession und Nichtprofession. Helga Krüger (2003) verweist auf eine bemerkenswerte Differenz im deutschsprachigen und im angelsächsischen Diskurs um diese Grenzziehung. Im Deutschen wird der Begriff *Beruf* sowohl im Zusammenhang mit Professionen als auch mit Fachberufen verwendet. Man spricht zum Beispiel vom Beruf des Arztes oder dem Beruf der Automechanikerin. Nur vor dieser spezifisch deutschen Tradition hat sich die gängige Formel von der „Professionalisierung von Berufen" entwickeln können, um vor allem die Aufwertungsprozesse von Fachberufen im Dienstleistungsbereich auf den Begriff zu bringen. Der angelsächsische Diskurs kennt nur die Bezeichnungen *professions* und *jobs*. Die Kategorie Beruf, die aus der deutschen Facharbeitertradition heraus entstanden ist, hat dagegen kein Pendant im englischen Sprachgebrauch. Das aus Verlegenheit in Übersetzungen üblicherweise verwendete Wort *occupation* greift mit dem Bedeutungsgehalt *Beschäftigung* zu kurz und deckt nicht die semantische Bedeutung ab, die dem Wort Beruf innewohnt (vgl. Krüger, 2003: 125f.).

Die berufsstrukturelle Verschiebung eines immer größeren Teils der arbeitsfähigen Bevölkerung zur akademischen Ausbildung wird von vielen (bildungssoziologischen) Beobachtern als quasi-natürliche Kehrseite des sozioökonomischen Trends zur wissensbasierten und damit zu einer akademisierten Dienstleistungsgesellschaft gedeutet. Aus dieser Perspektive ist die Diagnose des schleichenden qualitativen und quantitativen Niedergangs des klassischen Dualen Systems nur noch eine Frage der Zeit.[71] Diese Diagnose rechnet aber nicht mit den ökonomischen Gesetzmäßigkeiten, denen der Einsatz von Dienstleistungsarbeit in modernen Marktgesellschaften folgt. Doch allen Unkenrufen und pessimistischen Prognosen zum Trotz liefert das Duale System nicht nur für die international erfolgreiche deutsche Industriewirtschaft, sondern zunehmend auch für die wissensbasierte Dienstleistungswirtschaft wichtige mittlere Qualifikationen und damit für die Wirtschaft im Vergleich zu akademischem Personal günstigeres und zudem an die betriebliche Realität oft besser angepasstes Humankapital (vgl. Bosch, 2001). Die fundamentalen Transformationsprozesse im beruflichen Ausbildungssystem werden in der Bildungssoziologie noch kaum wahrgenommen.[72] In der Renaissance des Dualen Systems in der Tätigkeitswelt der Dienstleistungswirtschaft spiegeln sich sowohl wiederentdeckte Rationali-

---

71 Gerhard Bosch, der für die Reform und die Stabilisierung des Dualen Systems kämpft, argumentiert mit volkswirtschaftlichen Argumenten, wenn er vor den unsinnigen Folgen einer nur dem individuellen Bildungswettlauf geschuldeten und damit fehlgeleiteten Akademisierung immer größerer Felder der Erwerbsarbeit warnt (vgl. Bosch, 2001).

72 Das hängt sicherlich auch damit zusammen, dass sich im quasi-ständisch versäulten deutschen Ausbildungssystem, das in den Kategorien Beruf und Profession denkt und funktioniert, mit der Berufspädagogik sogar ein eigenständiges institutionalisiertes wissenschaftliches Reflexionssystem für die soziale Welt der beruflichen Bildung entwickelt hat (Müller, 1998: 99).

sierungspotenziale, die auch in der Verberuflichung von Dienstleistungstätigkeiten stecken als auch makroökonomische Strategien einer modernisierten wissensbasierten Industrie- und Dienstleistungsgesellschaft in Deutschland, die mit der zur Industriearbeit relativen Kostenkrankheit von Dienstleistungen (Baumol) sozioökonomisch konstruktiv umgeht. Doch in Hinblick auf die Integration der Gesellschaft ist dieser Prozess nicht unproblematisch. Jenseits seiner ökonomischen Rationalität auch für die Dienstleistungsgesellschaft ist das Duale System tief in der ständischen wirtschafts- und bildungskulturellen Tradition Deutschlands verankert, was sich im (wieder wachsenden) Potenzial zur berufsständisch motivierten Bildungsbegrenzung zeigt und was für breite Schichten der Bevölkerung vor dem Hintergrund des sozioökonomischen Wandels im Globalisierungsprozess immer problematischer und offensichtlicher wird (vgl. Bosch, 2001).

In den folgenden Analyseschritten werden die neuen Funktionen der Hochschulbildung in einer veränderten Wirtschaft und Gesellschaft und die veränderten Formen der Bereitstellung von Bildung in einer zunehmend von betriebswirtschaftlichen Organisationsleitbildern geprägten „entstaatlichten" und „entnationalstaatlichten" Umwelt untersucht. Die Universität war schon immer den Einflüssen ihres sozialen, politischen und ökonomischen Umfelds ausgesetzt. Die Universität blieb jedoch diesen Mächten nie ohnmächtig ausgeliefert, sondern beeinflusste vielmehr, wie Pasqualoni herausarbeitet, immer auch selbst „den gesellschaftlichen Werdegang und war damit ein gewichtiger Faktor im Machtgefüge jeder Epoche. Stets wurde ihr ein gewisses Ausmaß an Autonomie und eigenständiger Entscheidungsbildung zugestanden, was jedoch zu keiner Zeit eine Anlehnung an Fremdsysteme verhinderte" (Pasqualoni, 2005: 104f.). Auch der Hochschulforscher Rudolf Stichweh teilt diese Sichtweise und identifiziert die für die verschiedenen historischen Epochen typischen Einflussgrößen auf das Hochschulsystem. In der Sprache der Systemtheorie skizziert Stichweh den Prozess der historischen Verschiebung der Wirkmächte, in denen „jeweils ein anderer der funktionalen Komplexe in der Umwelt der Universität einen relativen Primat in den System/Umwelt-Beziehungen der Universität beanspruchen und durchsetzen kann: Religion/Kirche in Hoch- und Spätmittelalter; Politik/Recht in der Frühmoderne; Wissenschaft in der modernen Gesellschaft" (Stichweh, 1994: 176). Die gegenwärtigen Ökonomisierungs- und Privatisierungsprozesse im hochschulpolitischen Feld gelten vielen kritischen Reformbeobachtern als Vorboten eines fundamentalen Epochenbruchs, in dem der Primat in der System/Umwelt-Beziehung der Universität auf die Wirtschaft übergeht. In den folgenden Analyseschritten wird deshalb der Frage nachzugehen sein, ob und mit welchen Mitteln die Wirtschaft und deren Professionals der Wissenschaft und deren Professionals den Primat in der System/Umwelt-Beziehung der Universitäten streitig machen und damit das wirtschaftliche Denken das wissenschaftliche Denken als zentralen Orientierungsrahmen der Studierenden, Lehrenden und Forschenden ablöst.

5.1. Zur Genese der modernen staatlichen Universität in Deutschland

Um der Frage nachzugehen, ob sich im Übergang zur postmodernen wissensbasierten Dienstleistungsgesellschaft auch der Primat in der System/Umwelt-Beziehung der Universität von der Wissenschaft auf die Wirtschaft verschiebt, ist ein Blick auf das moderne industriegesellschaftliche Arrangement im hochschulpolitischen Feld hilfreich. Welche Funktion, welche explizite und welche implizite Rolle erfüllte das Hochschulsystem im institutionellen Gefüge des industriegesellschaftlichen Deutschland? In seinem Rückblick auf die Anfänge der preußisch-deutschen Hochschulgeschichte skizziert Schick am Beispiel der brandenburgischen Viadrina in Frankfurt an der Oder verschiedene utilitaristische Dimensionen bzw. strukturelle Koppelungen der frühmodernen deutschen Universität mit ihrer systemischen Umwelt. Am Beginn der Etablierung der modernen Schul- und Universitätssysteme stand neben einem zunehmenden Bewusstsein für die Bedeutung der Wissenschaft das handlungsleitende Interesse des Staates, den wachsenden Bedarf an qualifizierten Staatsdienern zu sichern. Schick arbeitet die motivationale Gemengelage, die zur Gründung einer der ersten modernen Universitäten am Anfang des 16. Jahrhunderts beitrug, heraus: „In Frankfurt an der Oder wurde im Jahre 1506 die erste brandenburgische Landesuniversität, die Viadrina, eröffnet. Ihre Gründung durch den Kurfürsten von Brandenburg war Teil, ja Auftakt einer regelrechten Gründungswelle. Im Laufe des 16. und 17. Jahrhunderts nahmen in deutschen Territorien, gegründet vom jeweiligen Landesherren, mehr als 50 neue Universitäten ihren Betrieb auf. Es war keineswegs nur die Liebe zur Wissenschaft, die diesem Universitätsboom zugrunde lag, sondern die einfache Überlegung, dass zum Aufbau und Ausbau der Landesherrschaft qualifiziertes Personal benötigt wird: Die Universitäten waren Staatsdienerschulen. Wie gut die Viadrina dieser Aufgabe gerecht wurde, lässt sich z.B. an der Tatsache ablesen, dass zu ihren Absolventen Samuel Cocceji, der als >Großkanzler< seit Mitte des 18. Jahrhunderts mit der Vereinheitlichung des Rechts im Königreich Preußen befasst war, ebenso gehörte wie Carl Gottlieb Suarez, der am Ende des Jahrhunderts diesen Prozess mit dem ‚Allgemeinen Landrecht' vorläufig abschloss" (Schick, 2001: 104).

Mit dem Ziel, die Vorbildung der Studenten und damit die Qualität der späteren Staatsdiener anzuheben, wurden die Zulassungsbedingungen zu den neuen Universitäten allmählich verschärft. Die Verankerung des Abiturs als Abschlussprüfung der Gymnasien und dessen Anerkennung als alleinige Zulassungsvoraussetzung zum Studium im Jahre 1788 war ebenfalls von dem Interesse geprägt, in den höheren Schulen eine gebildete Schicht für Führungsaufgaben im Staat heranzuziehen. Diese Maßnahmen hatten allerdings auch den durchaus intendierten Effekt, Kandidaten aus den unteren Bevölkerungsschichten am Studium zu hindern (vgl. Schick, 2001: 104). Die Lehrkräfte der Gymnasien wurden nun an der noch in der vormodernen Universität nicht besonders hoch geschätzten Philosophischen Fakultät ausgebildet. Beide Institutionen, Gymnasium und Philosophische Fakultät und die professionalisierten Lehrkräfte als deren Repräsentanten, profitierten wechselseitig von diesem neuen Arrangement. In der Frühphase der Industrialisierung, in der ersten Hälfte des

19. Jahrhunderts, konnte sich die Bildungspolitik des preußischen Staats noch darauf beschränken, das höhere Schulwesen auszubauen und gleichzeitig an einem neuhumanistischen Bildungsverständnis auszurichten. Die Vorstellungen, die sich mit Bildung im deutschsprachigen Raum verbinden, sind bis heute eng mit Wilhelm von Humboldt und den mit seinem Namen verknüpften Reformen des preußischen Schul- und Universitätssystems verbunden. Das von Humboldt mitgeprägte neuhumanistische Bildungsverständnis war Ausdruck und Mittel der Emanzipation einer aufstrebenden und in spezifischer Weise gebildeten sozialen Gruppe von feudaler Herrschaft. Bis weit ins 20. Jahrhundert legitimierte das neuhumanistische Bildungsverständnis die Durchsetzung eines Modells gymnasial-universitärer Bildung, das es dem Bürgertum erlaubte, eine zentrale gesellschaftliche Stellung - zunächst noch gegen den Adel – zu behaupten (vgl. AG Bildungsforschung/Bildungsplanung, 2004: 7ff.).

In der Mitte des 19. Jahrhunderts hatte sich ein höheres Schulwesen entwickelt, das durch zwei wesentliche Aspekte charakterisiert war. Einerseits durch die Etablierung eines Berechtigungssystems, das der gymnasialen Schulbildung eine zentrale Rolle einräumte. Diese musste in einer staatlich kontrollierten Prüfung nachgewiesen werden und wurde zur notwendigen Voraussetzung einer akademischen Ausbildung und schließlich einer Beamtenlaufbahn. Ein zweiter wichtiger Aspekt ist die Durchsetzung des Konzepts der Allgemeinbildung, das die gymnasiale Bildung in Abgrenzung berufsbezogener Spezialbildung inhaltlich philologisch ausrichtet und damit ein wirkungsvolles Selektionskriterium für die Auswahl künftiger Eliten in Staat und Gesellschaft schaffte (vgl. AG Bildungsforschung/Bildungsplanung, 2004: 12). Auch die Loyalität der durch philologische Bildung aufgestiegenen Beamtenschaft konnte über dieses Verfahren erzeugt und gesichert werden (vgl. Harney/Zymek, 1994). Mit Hilfe dieser Strukturen konnte die Bildung der Eliten durch staatliche Institutionen produziert und diese durch den Staat kontrolliert werden. Und drittens ermöglichte die erfolgreiche Teilnahme an höherer Bildung es dem Bürgertum, mit dem bis dahin politisch und soziokulturell privilegierten Adel in Konkurrenz zu treten (vgl. AG Bildungsforschung/Bildungsplanung, 2004: 12).

Im Verlauf des sich beschleunigenden Industrialisierungsprozesses wandelten sich die inhaltlichen Anforderungen an die schulische Qualifikation immer breiterer Schichten der Bevölkerung. Vor dem Hintergrund der Angst, im industriegesellschaftlichen Transformationsprozess die Kontrolle über das Bildungssystem zu verlieren, erweiterte der Staat sein Interesse an schulisch vermittelten Qualifikationen, der im wachsenden Maße mit seiner Schul- und Hochschulpolitik auf die Nachfrage aus dem nicht staatlichen Teil des Beschäftigungssystems reagieren musste. Neben dem „höheren" Schulwesen etablierte sich im 19. Jahrhundert das ständisch geprägte „niedere" Schulwesen. „Da die breite Volksbildung ökonomisch zunächst weniger wichtig war als die qualifizierte Beamtenbildung, entwickelte sich das ‚niedere' zeitlich erst nach dem ‚höheren' Schulwesen. Diese Entwicklung fand – anders als von z.B. Wilhelm von Humboldt gewünscht – in klar getrennten Institutionen nach deutlich unterschiedlichen Konzepten statt" (AG Bildungsforschung/Bildungsplanung, 2004: 12). Aber es gab auch mächtige Bestrebungen, diese ständische Polarisierung zu unterlaufen. Verschiedene Initiativen zielten darauf, ein auf Anwendbarkeit in den neuen Betrieben und Bürokratien hin orientiertes „mittleres" Schulwesen zu etablieren. Nur in den sich entwickelnden Mittelschulen konnte im späten 19. Jahrhundert ein utilitaristisch geprägtes Bildungsverständnis Wurzeln schlagen, das bewusst Mathematik, Mechanik, Ökonomie und moderne Fremdsprachen in die Lehrpläne einbezog (vgl. AG Bildungsforschung/Bildungsplanung, 2004: 15).

Mit der Entwicklung der (Industrie-)Wirtschaft und der Ausweitung der staatlichen Verwaltung im Zuge der Schaffung ausgedehnter Infrastrukturen, änderten sich die inhaltlichen Anforderungen an die schulische und hochschulischen Qualifikation. Im auslaufenden 19. Jahrhundert lassen sich mehrere Modernisierungs- und Systematisierungsschübe identifizieren, die das überkommene System inhaltlich transformierten, seinen ständischen Charakter aber weiter tradierten. Auch das höhere Schulwesen erhielt mit mathematisch-naturwissenschaftlich und neusprachlich ausgerichteten Schultypen ein curricular modernisiertes und an die veränderten wirtschaftlichen Verhältnisse damit besser angepasstes Spektrum an Bildungsangeboten. Das „niedere" Schulwesen verlor zwar allmählich seine machtpolitisch motivierte Funktion als Instrument sozialer Schließung durch *Bildungsbegrenzung*. Es wurde ebenfalls fachlich ausdifferenziert und zugleich materiell besser ausgestattet, um das qualitative Potenzial an Arbeitskräften zu verbessern. Die in Preußen 1888 eingeführte Schulgeldfreiheit des Volksschulunterrichts war ein wichtiges Mittel, die *Schulpflicht* - gegen die materiellen Interessen vieler Familien - durchzusetzen. Seine ständische Grundierung ging dem sich neu formierenden konservativen Bildungssystem trotz dieser ersten breiten Bildungsexpansion nicht verloren. Man könnte hier von einem frühen Fahrstuhleffekt, sowohl was die Bildungsteilnahme als auch die Bildungsqualität anbelangt, sprechen. Alle fahren eine Etage höher, doch die Abstände zwischen den sozialen Gruppen bleiben gleich. Parallel dazu entwickelten sich in den letzten Jahrzehnten des 19. Jahrhunderts die Grundzüge des für das deutsche Bildungssystem so charakteristischen Dualen Systems der Berufsbildung (vgl. AG Bildungsforschung/Bildungsplanung, 2004: 65). Dieses Arrangement industrieller (sozialdemokratischer und industriekapitalistischer) Interessen mit dem konservativen Bildungsstaat hatte sich bis in die zweite Hälfte des 20. Jahrhunderts verfestigt und bis heute zu einem stark versäulten beruflichen Bildungssystem beigetragen.

Die moderne Universität hatte mit der Funktion, ein qualifiziertes Beamtentum hervorzubringen, für die Entwicklung eines rationalen Staatswesens in Deutschland entscheidende Bedeutung, weil sie auf Bildung durch Wissenschaft setzte. Wissenschaft wurde gleichsam als Mittel zur Bildung entdeckt und staatlich gefördert. Die preußisch-deutsche Universität verkörperte - seit den mit dem Namen Humboldt verbundenen Reformen - den Abschied vom wissenschaftlichen Amateur, der bis zu diesem Wendepunkt ohne gesichertes Einkommen und ohne stabile Forschungsinfrastruktur, oft neben einer eigentlichen Beschäftigung und Einkommensquelle, Entdeckungen und Erfindungen machte und dem natur- und geisteswissenschaftlichen Fortschritt verpflichtet war. Die moderne Universität bildete den Rahmen, in dem Wissenschaft und Forschung als Beruf ausgeübt werden konnten.[73] Sie war in erster Linie Forschungsstätte und sie legitimierte sich als staatlich alimentierte Institution durch die Forschung, die in ihrem Rahmen geleistet wurde. Die akademische Lehre war aus Sicht der Lehrenden in erster Linie darauf ausgerichtet, den Forschernachwuchs für die nun professionalisierte Forschung heranzubilden, die sich im Zuge des wissenschaftlichen Fortschritts thematisch und quantitativ immer breiter ausdifferenzierte. Die Studierenden waren zudem potenzielle Forschungsmitarbeiter, wenngleich die allermeisten ihr Studium schon damals als „Brotstudium" verstanden, das Zugang zu begehrten Stellen außerhalb der Wissenschaft versprach. Die Promovierenden, Habilitierenden, Doktoren, Privatdozenten und Professoren bildeten das professionelle Rückgrad der Forschungsuniversität. Die zunehmende Bedeutung von Wissenschaft und Forschung für die technische, ökonomische und soziale Entwicklung korrespondierte mit einer wachsenden Wertschätzung der Forschungsuniversitäten und ihres Personals. Die ungeheure Dynamik, die sich in der Gründung immer neuer Lehrstühle, Institute und universitärer Labors zeigte, trug zur weltweiten Bewunderung des deutschen Universitätssystems bei (vgl. Hochschul-Informations-System (HIS), 2005: 38).

Die Hochschulen stehen im Übergang von der Industriegesellschaft zur wissensbasierten Dienstleistungsgesellschaft nun aber einer zweifachen Herausforderung gegenüber: Sie sollen vor allem akademische Ausbildung für den wachsenden Bedarf von Beschäftigungsfeldern außerhalb von Forschung und Wissenschaft bereit-

---

[73] Die moderne Wissenschaft verdankt ihre Entstehung und ihr Überleben ihrer spezifischen Organisationsform und ihrem Ethos als selbstbestimmte, autonome und unabhängige Gemeinschaft. Um zu überleben, hat sie sich auch in Form der Universität als wirtschaftende Gemeinschaft organisiert. Nicht zuletzt die wirtschaftlichen Freiräume und Autonomiespielräume ermöglichten der wissenschaftlichen Gemeinschaft historisch die Ausbildung eines spezifischen Wertesystems mit seinen Normen freier Forschung, offener Kritik, Skeptizismus, intellektueller Rigorosität und Wertfreiheit. Seit dem Zweiten Weltkrieg hat der grandiose Erfolg dieser spezifischen Form der Weltwahrnehmung mit der Expansion bürokratisch-hierarchisch verfasster Wissenschaftseinrichtungen zu einer immer größeren Diskrepanz zwischen der überkommenen Selbstwahrnehmung und der neuen Realität von Wissenschaft als Big Science geführt (vgl. Steinbicker, 2001: 65). „Wissenschaft meint immer weniger die Gemeinschaft, die Bell als eine außergewöhnliche Institution der menschlichen Zivilisation beschreibt, da sie nicht auf Ideologie im Sinne eines postulierten Sets formaler Glaubenssätze, sondern auf einem Ethos impliziter Umgangsformen beruht. Mit der Expansion von bürokratischen und karrieristischen Institutionen (wissenschaftlichen und technologischen Instituten, Forschungsinstituten, Ingenieur-Vereinigungen usw.) entwickelt sich das Wissenschaftssystem immer mehr zu einer unpersönlichen Gesellschaft sekundärer Bindungen, die von bürokratischen Regeln und Sanktionen statt von einem eigenen Ethos zusammengehalten wird. Ihre Abhängigkeit von staatlichen Geldern nimmt zu, sie wird politisiert und muss sich den Zwecken der jeweiligen Geldgeber beugen" (Steinbicker, 2001: 65). Die in den Universitäten als wirtschaftende Gemeinschaften erzwungene Solidarität der Wissenschaften und Fächer wird zugunsten von Konkurrenz und Wettbewerb aufgehoben. Die Wissenschaft steht also vor der Frage, wie sie sich und ob sie sich auch in Zukunft als *scientific community* mit spezifischem Ethos, d.h. vor allem auch als autonome wirtschaftende Gemeinschaft im Gehäuse der bürokratischen und zunehmend ökonomisierten Organisation des Hochschulsystems reproduzieren kann.

stellen und werden als Institutionen gleichzeitig von betriebswirtschaftlichem Managementdenken überformt. Welche Folgen hat diese Entwicklung für die Rationalitätskriterien der wissenschaftlichen Ausbildung? Beschädigt die organisatorische und kulturelle Entdifferenzierung des Hochschulsystems vom bisher relativ scharf konturierten Umweltsystem Wirtschaft mit seinen Koordinationsmechanismen Markt und Hierarchie/Bürokratie die Idee einer nur der wissenschaftlichen Wahrheit verpflichteten Universität?

5.2. Der Einfluss der ökonomischen Umwelt auf das Hochschulsystem

Kaum ein Aspekt der Bildungsreform wird leidenschaftlicher und zugleich mit widersprüchlicheren Argumenten diskutiert als die von den „Professionals der Privatwirtschaft" (Perkin) intellektuell inspirierte Reorganisation des öffentlichen Bildungssystems mit betriebswirtschaftlichen Mitteln (vgl. Pelizzari, 2001; Ofner, 2001; Löffler, 2003). Angestrebt wird die effizienzorientierte Rationalisierung aller Prozesse in und um die Leistungsorganisationen, deren Ziel es ist, sowohl kompetente wie auch mit Zertifikaten ausgestattete Schul- und Hochschulabsolventen hervorzubringen. Mit der Einführung betriebswirtschaftlicher Steuerungsinstrumente und Denkweisen sollen nicht nur die Bildungsorganisationen rationeller, effizienter und effektiver werden, sondern auch die ökonomische Selbststeuerungsfähigkeit der Wissenschaftlerinnen und Wissenschaftler und der Studierenden entwickelt und sensibilisiert werden (vgl. Pelizzari, 2001). Vor diesem Hintergrund steht im deutschen öffentlichen Bildungssystem zunehmend nicht mehr die Herstellung der öffentlichen Güter Erziehung, Bildung und Wissenschaft durch Ausführungsorgane mit möglichst neutralen (verbeamteten) Bildungsbürokraten und rechtlich anspruchsberechtigten Erziehungs- und Bildungsleistungsempfängern (die ohne Ansehen der Person, d.h. nur auf der Basis einer formalrechtlichen Bindung bildungsleistungsberechtigt sind) im Vordergrund. Gerade diese Konstruktion konstituierte die wirtschaftende Gemeinschaft Universität unter dem Dach des Staates. Im Unterschied dazu werden die Bildungseinrichtungen im Zuge der Ökonomisierung nun paradigmatisch als Dienstleistungsunternehmen verstanden, die marktgerecht private Nachfrage mit persönlich motivierten und leistungsorientierten Mitarbeitern zu befriedigen haben (vgl. Trube/Wohlfahrt, 2000: 24). An dieser Weichenstellung wird die Transformation staatlicher wirtschaftender Gemeinschaften hin zu Wirtschaftsgemeinschaften bzw. Unternehmen besonders deutlich. Doch Universitäten weisen einige Besonderheiten auf, die sie von anderen wirtschaftenden Gemeinschaften und Unternehmen unterscheiden und die von den neuen betriebswirtschaftlichen Strategien tangiert werden. Darauf weist der Bildungsökonom Pechar hin: „Da Hochschulen ExpertInnenorganisationen sind, ist die professionelle Autonomie der akademischen Basiseinheiten in allen Hochschulsystemen sehr hoch und dementsprechend stark ausgeprägt ist die Entscheidungskompetenz dieser Ebene. Die innere Organisation des akademischen Betriebs ist in hohem Maß durch zunftartige Strukturen bestimmt, an denen vor allem zwei Momente hervorstechen: Die besondere Form hierarchischer Beziehung zwischen Meister (ProfessorIn) und Lehrling (akademischer Nachwuchs, StudentInnen); und die partielle Abkapselung gegenüber den Organisationsprinzipien von Markt und Staat. In gewisser Weise gilt das für die Universitäten aller Länder. Das Besondere jener Hochschulsysteme, die von der akademischen Oligarchie dominiert werden, besteht darin, dass eine kleine Gruppe mächtiger ‚Meister' ihren Einfluss über den Bereich der inneren akademischen Angelegenheiten hinaus auf die Gesamtkoordination des Systems ausdehnen. In dem Ausmaß, in dem der akademischen Oligarchie dies gelingt, kann sie nicht nur bestimmte Aspekte von Forschung und Lehre, sondern das Hochschulsystem als Ganzes dem Einfluss von Markt und Staat entziehen" (Pechar, 2006a: 58). Doch der Einfluss der akademischen Eliten scheint im Zuge der Ökonomisierung des Wissenschaftssystems zu schwinden, wie die teilweise heftigen Gegenreaktionen von wichtigen Teilen der wissenschaftlichen Oligarchie auf den Ökonomisierungs- und Privatisierungstrend im Hochschulsystem unterstreichen.

Die Sorge um den problematischen Wandel der Universität durch deren wachsende Anlehnung an das universitäre „Fremdsystem" Wirtschaft schimmert in den folgenden grundsätzlichen Überlegungen Langewiesches zur Entwicklung der deutschen Hochschulen unmissverständlich durch: „Als Ausgangspunkt sei nochmals festgehalten – es geht um eine Idee von Universität, die Folgendes verlangt: Forschung und Lehre müssen verbunden bleiben, denn nur diese Verbindung ermöglicht es den Studierenden, wissenschaftliches Denken so zu erlernen, dass es Grundlage ihrer Persönlichkeit wird. Aber dies nicht mit dem Ziel, alle Studierenden zu Wissenschaftlern auszubilden, sondern allen Wissenschaft als Denkform einzuprägen, unverlierbar für das gesamte Leben, um sie fähig zu machen, mit wissenschaftlichen Methoden ein Leben lang offene Probleme in ganz unterschiedlichen Berufsfeldern zu lösen" (Langewiesche, 2004: 45f.). Die Umsetzung dieses hohen Anspruchs kann nur dann gelingen, wenn die Universität als Bildungseinrichtung auf „Personalisierung" im Sinne der Entwicklung eines Menschen zu einer relativ autonomen forschenden Persönlichkeit ausgerichtet bleibt, die im Gegensatz zu den Konzeptionen der „Sozialisation", „Enkulturation" und „Berufsausbildung" nicht nur an die überkommenen Denk- und Handlungsschemata angepasst ist, sondern kritisch und innovativ gesellschaftlichen Anpassungszwängen Paroli zu bieten vermag und offenen Problemen mit wissenschaftlichen Methoden kühn entgegentritt. Die Chancen zur „Personalisierung" im Sinne der Stärkung und Entwicklung von Individuen wurden durch das moderne Universitätssystem enorm erweitert. Es wird daher im Folgenden auch zu fragen sein, ob die für die Weiterentwicklung der modernen Wissensgesellschaft so wesentlichen individuellen Personalisierungschancen durch die Tendenz, ökonomisches Denken und Handeln (Kostenminimierung, Effizienz, Wettbewerb, Management) im Hochschulsystem durchzusetzen, erhalten, erweitert oder verringert werden. Die in den Kapiteln 2.2 und 2.3 entwickelten begrifflichen Differenzierungen verschiedener sozialer Koordinationsmechanismen, Gemeinschaftsformen und Sphären der Wohlfahrtsproduktion werden die weitere Analyse strukturieren.

Der wachsende Einfluss des ökonomischen Umfeldes auf die Universitäten wird in den bildungspolitischen Debatten durch das Auftreten von neuen und einflussreichen, mit hegemonialem symbolischem Kapital ausgestatteten Akteuren deutlich. Als einer der wirkungsvollsten Akteure oder, aus ökonomisierungskritischer Perspektive, als mächtiges Instrument „der Wirtschaft" zur Steuerung der Hochschulreform in Deutschland gilt das Centrum für Hochschulentwicklung (CHE). Hinter dem CHE steht die Bertelsmann-Stiftung, die ihrerseits eng mit dem Bertelsmann-Konzern, dem größten privaten Medienunternehmen der Bundesrepublik, verflochten ist.

5.2.1. Das „Centrum für Hochschulentwicklung" (CHE)

Mit dem Centrum für Hochschulentwicklung (CHE) wurde im normativen Konflikt um die Neuordnung des Bildungssystems auch in Deutschland eine so genannte *spezial agenda organization* deutungsmächtig, die das Bildungssystem beeinflussen und gestalten will. In Organisationen dieses Typs, die amerikanischen Vorbildern nachgebildet und die formal dem Dritten Sektor zuzuordnen sind, formulieren und propagieren gesellschaftliche Interessengruppen miteinander konkurrierende Ordnungsideen und verleihen diesen Ideen Macht im sozialen Leben und Dauerhaftigkeit im Zeitablauf (vgl. Hunter, 1997: 44). Das CHE versteht sich selbst als Denkfabrik und Reformwerkstatt für das deutsche Hochschulwesen. Das CHE kämpft um die Meinungsführerschaft und die Deutungshoheit in den bildungspolitischen Debatten. Vor allem die Bildungssysteme der angelsächsischen Länder von den USA über England bis hin zu Neuseeland dienen dabei als Vorbilder. Das CHE besetzt mit seinen Analysen, Deutungen und Reformideen wichtige Sachthemen. Hierzu gehören beispielsweise Fragen nach den Bedingungen für eine höhere Effizienz des Hochschulsystems, nach der Struktur und den Zielen einer Dienstrechtsreform im öffentlichen Bildungs- und Wissenschaftssystem und vor allem die Frage nach den Handlungsspielräumen bzw. nach der Autonomie der Hochschulen. Private Mittel, neue Organisationsformen und mehr Wettbewerb unter den am Bildungs- und Forschungsprozess Beteiligten sollen nicht nur die Finanzmittelknappheit des öffentlichen Bildungswesens kompensieren, sondern die Bildungsproduktion insgesamt effizienter organisieren und die Qualität der Leistungen optimieren. Als Leitbild für die Hochschulreform formuliert das CHE die Idee der „entfesselten Hochschule", die autonom, wissenschaftlich profiliert und wettbewerbsfähig, wirtschaftlich und international agiert. Das CHE wendet sich darüber hinaus auch gegen die in ihren Augen planwirtschaftlichen Elemente des bestehenden Systems, wie zum Beispiel die Zentralstelle für die Vergabe von Studienplätzen (ZVS). In der aufgeladenen Debatte um die Einführung von Studiengebühren in Deutschland liefert das CHE die Argumente für die Befürworter. Die Ideen des CHE treffen in Deutschland auf eine interessierte und reformbereite Öffentlichkeit und werden oft begeistert in die Tat umgesetzt (vgl. Bennhold, 2002).

Das 1994 eingerichtete CHE ist eine private, als gemeinnützig anerkannte GmbH. Es wurde neben der Bertelsmann-Stiftung durch die Hochschulrektorenkonferenz

(HRK) mitgegründet. Vertreten wird die HRK, eine Versammlung der Repräsentanten hoheitlicher Bildungseinrichtungen, durch die Stiftung zur Förderung der Hochschulrektorenkonferenz, die als juristische Person Mitglied im CHE ist. Finanziert wird das CHE jedoch vollständig von der Bertelsmann-Stiftung, die ihrerseits den dahinterstehenden Kapitalgebern verpflichtet ist. Über diese Schiene steht das CHE in einer engen netzwerkartigen Verbindung mit der HRK. Das CHE beansprucht für sich eine öffentliche Funktion, obwohl die private Rechtsform ihr Unabhängigkeit von (auch indirekten) demokratischen Kontrollen gewährt. Das gelingt ihr dadurch, dass sie sich auf sublime Weise mit Einrichtungen des öffentlichen Sektors verflechten konnte. Das CHE stellt auch ein juristisches Modell für die neuen Akkreditierungsagenturen dar, die ebenfalls zwischen privatem und öffentlichem Raum „schweben" (vgl. Bennhold, 2002: 283ff.).

Die Gedankenwelt des CHE wird vor allem von zwei Theorieansätzen geprägt. Einerseits durch die Ideen des *New Public Managements* (NPM), das seit einigen Jahren, ursprünglich für die Reform der kommunalen Verwaltungen entwickelt, immer weitere Teile des öffentlichen Sektors durchdringt und sich nun, popularisiert durch das CHE, langsam auch im Hochschulbereich durchsetzt.

Ein zweiter Theorieansatz, der den Analysen und Empfehlungen des CHE zugrunde liegt, ist das Modell der „hybriden Organisation". Organisationen lassen sich vor dem Hintergrund ihres Zielsystems und ihrer Rationalitätskriterien idealtypisch, wie in Kapitel 2.3 entwickelt, verschiedenen gesellschaftlichen Sektoren oder Sphären der Wohlfahrtsproduktion zuordnen. Entweder sind sie erwerbswirtschaftlich orientiert und dem privaten Wirtschaftssektor zuzuordnen oder sie sind Teil des öffentlichen Sektors oder aber sie lassen sich dem Non Profit-Sektor zuordnen. In den verschiedenen sozioökonomischen Sektoren werden nach dem Modell der hybriden Organisation unterschiedliche Zielsetzungen verfolgt. Historisch haben sich in den Sektoren spezifische Organisationsstrukturen und Managementverfahren entwickelt. Typisch für die Entwicklung moderner Gesellschaften sei aber, so das CHE, dass sich viele empirische Organisationen nicht klar in einem der Sektoren verorten lassen. In diesem Sinne existieren in der empirischen Welt hybride Organisationen. Beispielsweise lagert der Staat Aufgaben, wie im Gesundheitssektor beispielsweise Krankenhäuser, in den erwerbswirtschaftlichen Sektor aus, behält allerdings in gewissem Umfang staatliche Steuerungsaufgaben bei (vgl. CHE, 2004: 10f.). Das CHE greift damit auf ein Konzept zurück, das eine gewisse Ähnlichkeit mit dem in Kapitel 2.3 diskutierten Modell der vier Sphären der Wohlfahrtsproduktion und deren Organisationen aufweist. Das CHE und seine institutionelle Natur lässt sich selbst sehr gut mit der Formel „hybride Organisation" beschreiben. Die positive Konnotation, die das Konzept „hybride Organisation" durch das CHE erfährt, muss aber vor dem Hintergrund der spezifischen Interessen des Bertelsmann-Konzerns kritisch hinterfragt werden. Denn in den letzten Jahren erledigen profitorientierte Unternehmen im Rahmen des so genannten Public Private Partnership (PPP) immer häufiger öffentliche Aufgaben. Im Rahmen des PPP gehen öffentliche Institutionen Bündnisse mit privaten Firmen ein, denen sie dann bestimmte staatliche Aufgaben abtreten. Von der Zusammenarbeit mit Dienstleistungsunternehmen versprechen sich die öffentlichen Verwaltungen Kapital, das nicht durch Steuern oder Kredite akkumuliert werden muss und vor allem kostensparendes Know-how. Werden die hoheitlichen Kernaufgaben des Staates in Deutschland noch weitgehend vom öffentlichen Dienst bereitgestellt, so hat beispielsweise die Bertelsmann-Tochterfirma Arvato historisch einmalig die Verwaltung eines ganzen Regierungsbezirks in England übernommen. Dieses Unternehmen treibt nun unter anderem die Steuern ein und betreibt die Sozialverwaltung und das Bürgerbüro von East Riding (vgl. Verbeet, 2006). Vor dem Hintergrund dieser Expansionsstrategie muss die ideologische Tiefendimension des Konzepts „hybride Organisation" neu und vor allem kritisch überprüft werden.

Das CHE, das in seiner Kommunikation mit der eigenen Systemumwelt betont, sich selbst strengen wissenschaftlichen Rationalitätskriterien zu unterwerfen, wird von Martin Bennhold einer scharfen ideologiekritischen Analyse unterzogen. Bennhold skizziert und kritisiert die wesentlichen hochschulpolitischen Forderungen und Perspektiven des CHE folgendermaßen: „So tritt das CHE z.B. als Promotor für ‚Leistungsgerechtigkeit', d.h. für verschärfte Konkurrenz unter Lehrenden und Lernenden auf, ferner für die Einführung von Studiengebühren – sie sind von strategischer Bedeutung und werden, schöngefärbt, Kostenbeteiligung genannt -, für Hochschuleingangsprüfungen, für die Einsetzung von Hochschulräten (Beiräten, Kuratorien), bezeichnet als ‚Vertretungen gesellschaftlicher Gruppen' (keineswegs nur mit beratender Funktion), für neue, nämlich privatisierte Formen der Hochschulfinanzierung (mit allen Folgen auch inhaltlicher Abhängigkeit), für neue Strukturen der inneruniversitären Mittelverteilung, für eine damit verbundene Konzentration der Führungsfunktionen an den Universitäten auf Dekane und den Präsidenten (mit Machtbefugnissen aufgrund ihrer Mittelverteilungsprivilegien) sowie für die Einführung von Evaluationen, die auch bei der Lehre im Wesentlichen nicht von den Studierenden getragen werden sollen" (Bennhold, 2002: 292).

Die politischen Forderungen, die das CHE auf der Grundlage eigener wissenschaftlicher Untersuchungen formuliert und propagiert, vergleicht Bennhold mit den Forderungen anderer an Bildungspolitik interessierter gesellschaftlicher Macht- und Interessengruppen: „Tatsächlich stimmt das CHE inhaltlich in seinen wesentlichen hochschulpolitischen Forderungen und Perspektiven überein mit denen des Bundesverbandes der Deutschen Industrie (BDI) und der Bundesvereinigung der Deutschen Arbeitgeberverbände (BDA), mit denen des Bundesverbandes des Deutschen Groß- und Außenhandels sowie denen des Deutschen Industrie- und Handelstages (DIHT), aber auch mit den Vorschlägen des Stifterverbandes für die Deutsche Wissenschaft, mit dem das CHE teilweise unmittelbar kooperiert. Schon lange vorbereitet sind die von ihm propagierten Ziele und Perspektiven durch Ausarbeitungen des in Europa überaus einflussreichen *European Round Table of Industrialists* (ERT) mit Sitz in Paris, in dem die mächtigsten Konzerne und Industriellen des Kontinents vertreten sind" (Bennhold, 2002: 291). Die Explikation der spezifischen politischen Forderungen und die inhaltliche Übereinstimmung der Konzepte und Forderungen mit den Interessen und Strategien diverser Akteure aus der Wirtschaft bündelt Bennhold in der These, dass sich alle vom CHE vorgeschlagenen Einzelstrategien zur Reform des Hochschulsystems darauf richten, den Einfluss privater Geldgeber auf die inhaltlichen und personellen Entscheidungen in dem bisher vor privatkapitalistischer Einflussnahme weitgehend abgeschirmten Hochschulsystem zu ermöglichen und zu garantieren (vgl. Bennhold, 2002: 292). Für Bennhold ist der beeindruckende Erfolg des CHE nur vor dem Hintergrund des hegemonialen Diskurses des Neoliberalismus zu verstehen, der den gesellschaftlichen Rahmen für die Ökonomisierung des Hochschulsystems schafft. Das CHE ist seiner Meinung nach in erster Linie ein neoliberaler *think tank*, der den Kampf gegen den bildungspolitischen Konsens des konservativen Bildungsstaats aufnimmt und dessen Legitimationen und Rationalitätskriterien unter Beschuss nimmt.

5.2.2. Die Universitäten der wissensbasierten Dienstleistungsgesellschaft

Die Reformen des deutschen Hochschulsystems am Ende des 20. und am Beginn des 21. Jahrhunderts sind in ihrer Struktur und ihrem Wesen nicht nur als Facetten der säkularen Expansion der Sinn- und Handlungsstrukturen des funktionalen Teilsystems Wirtschaft zu interpretieren. Sie sind gleichzeitig umstrittene Antworten auf die empirischen Herausforderungen, die den Universitäten und Fachhochschulen durch den Wandel der Industriewirtschaft in eine wissensbasierte Dienstleistungswirtschaft und die forcierte Europäisierung nicht nur der deutschen Wirtschaft, sondern auch des Bildungssystems erwachsen. Eine zentrale Schnittstelle zwischen Hochschule und Wirtschaftssystem bildet neben der Forschung vor allem der Arbeitsmarkt. Kontrovers diskutiert wird deshalb immer wieder die beschäftigungspolitische Funktion, die Hochschulen in einer veränderten sozioökonomischen Umwelt haben sollten. Dabei müssen zwei Teilarbeitsmärkte unterschieden werden, die sich im Zuge der Entwicklung zur Wissensgesellschaft einerseits und zur Dienstleistungsgesellschaft andererseits entwickelt haben.

Der quantitativ für die Hochschulabsolventinnen und Hochschulabsolventen heute wichtigere und mit der Expansion akademischer Ausbildung weiter wachsende Arbeitsmarkt *außerhalb* der Wissenschaft ist von dem Arbeitsmarkt *innerhalb* des Forschungs- und Wissenschaftssystems zu unterscheiden. Den Letzteren, in Relation zum Arbeitsmarkt außerhalb der Wissenschaft immer kleiner werdenden Teilarbeitsmarkt konstituieren die Universitäten, Fachhochschulen und staatlichen Großforschungseinrichtungen bis heute weitgehend selbst. Die Hochschulen haben auf diesen Strukturwandel der gesellschaftlichen Nachfrage nach akademischer Ausbildung noch kaum reagiert. Die historische Herausforderung durch die Gewichtsverlagerung und quantitative Ausdehnung akademischer Ausbildung für den Teilarbeitsmarkt außerhalb von Forschung und Wissenschaft fand in Deutschland mit der Ausdifferenzierung eines Fachhochschulsektors nur eine vorübergehend wirksame Antwort. Im Zuge der Expansion tertiärer Hochschulausbildung durch die Universitäten sind diese selbst längst Schauplatz der Konflikte unterschiedlicher Interessen, die sich mit der Orientierung auf die beiden verschiedenen Teilarbeitsmärkte ergeben (vgl. Wagner, 2005: 113). Wagner skizziert das Dilemma: „Noch immer sind viele Studien- und Prüfungsordnungen – auch die neuerer Bachelor- und Masterstudiengänge – auf die Ausbildung wissenschaftlichen Nachwuchses ausgelegt, während die meisten Studenten faktisch für den nicht wissenschaftlichen Arbeitsmarkt ausgebildet werden und dies – über fast alle Fakultäten hinweg – die übergroße Mehrheit auch so will. Aber die ‚Fachhochschulisierung' aller Universitäten, d.h. ausschließlich nicht-wissenschaftliche Berufsbezogenheit, kann nicht die Lösung für den Widerspruch zwischen Anspruch und Wirklichkeit der Universitäten in Deutschland sein" (Wagner, 2005: 113). Ein nicht unwesentlicher Teil der Ökonomisierungsdebatten im Hochschulbereich lässt sich auf diesen gravierenden Zielkonflikt hochschulischer Ausbildung beziehen. Das deutsche Hochschulsystem steht erst am Anfang einer weiteren strukturellen Differenzierung, die den veränderten Interessen eines wachsenden Teils der Studierenden und der sozioökonomischen Umwelt gerecht werden muss (vgl. Wagner, 2005: 113).

Die im Hochschulsystem beschäftigten Wissenschaftlerinnen und Wissenschaftler sind in der veränderten sozioökonomischen und soziokulturellen Umwelt des Hochschulsystems mit einer ähnlichen beruflichen Dilemmasituation wie die Studierenden konfrontiert. Bis heute sind die an wissenschaftlicher Arbeit interessierten Individuen auf ein scharf von anderen Funktionssystemen abgegrenztes Hochschulsystem mit all seinen Rigiditäten verwiesen. Eine breitere Öffnung auch der wissenschaftlichen Karrieren zum Arbeitsmarkt der wissensbasierten Dienstleistungsgesellschaft eröffnet die Chance, dieses Dilemma, wenn auch nicht zu lösen, so doch abzumildern. Vor dem Hintergrund historischer und internationaler Analysen untersucht Jürgen Enders die Chancen und Probleme von Ausbildung, Beschäftigung und die Karrieren der wissenschaftlichen Mitarbeiter an deutschen Universitäten. Er zeigt, dass die vielfältigen systeminternen Bemühungen um die Reform der Lehrkörperstruktur zeigen, dass die ausgesprochenen Risiken, die akademischen Laufbahnen immer schon eigentümlich waren, bis heute nicht entscheidend verändert werden konnten. Die Versuche, die Strukturdefizite des jeweils bestehenden Systems durch immer neue Typenbildung der Mitarbeiterbeschäftigung und durch die Gliederung von Karrierestadien zu beseitigen, haben die Beschäftigungs- und die Karriereunsicherheit in vielen Fällen noch verstärkt (vgl. Enders, 2001). Die spezifischen Probleme der wissenschaftlichen Mitarbeiter und der akademischen Laufbahn im Wissenschaftssystem, die schon Max Weber (1967) in seinem berühmten, im Jahr 1919 gehaltenen Vortrag „Wissenschaft als Beruf" beklagte, können von den Individuen biographisch nur gelöst werden, wenn eine Öffnung zum außerwissenschaftlichen Arbeitsmarkt, d.h. mehr Mobilität zwischen den gesellschaftlichen Funktionssystemen, erreicht wird (vgl. Schluchter, 1971).

Die deutschen Universitäten sind heute nicht mehr das exklusive Feld der wissenschaftlichen Ausbildung staatsnaher Professionals, sondern werden gezwungen, sich den Ausbildungsanforderungen von immer neuen Tätigkeitsfeldern der sich ständig wandelnden wissensbasierten Dienstleistungswirtschaft jenseits von Staat und Wissenschaft und damit auch deren Handlungslogiken und Rationalitätskriterien zu öffnen.

5.2.3. Amerika als Vorbild für das deutsche Hochschulsystem

Die Reform des Hochschulsystems in Deutschland orientiert sich vor allem an den Strukturen der ökonomisch und kulturell zur Zeit erfolgreichsten wissensbasierten Dienstleistungsgesellschaft: den Vereinigten Staaten von Amerika (vgl. Weiler, 2004). Interessanterweise gelten die für erfolgreich gehaltenen amerikanischen (Forschungs- bzw. Elite-) Universitäten den deutschen Hochschulreformern heute als nachzuahmende Modelle auch deshalb, weil sie in ihnen die Verkörperung eigener, im realexistierenden Hochschulsystem Deutschlands verschütteter (Humboldt'scher) Ideale zu erkennen glauben. Der Tübinger Historiker Georg Schild (2005) hat die historische Entwicklung der amerikanischen Universitäten untersucht. Seine Analysen sensibilisieren für ein tief greifendes Wechselverhältnis der beiden Universitätssysteme seit dem 19. Jahrhundert. Nach dem amerikanischen Bürgerkrieg orientierte sich die Bildungspolitik in den Vereinigten Staaten an der europäischen, insbesondere an der preußisch-deutschen Universität. Die amerikanischen Bildungsplaner sahen darin ein Modell für die Weiterentwicklung des eigenen College-Systems hin zu größerer Wissenschaftlichkeit. Auslöser für den Blick nach Deutschland und Motor für die Adaptation neuer Konzepte im Hochschulsystem war der beginnende Wettbewerb um die kulturelle und wissenschaftliche Führung zwischen Amerika und Europa. Die Amerikaner bemerkten, so Schild, dass in Deutschland, stärker als in Amerika, zwischen einer akademischen Vorbereitungsphase durch das Gymnasium und der höheren Bildung der Universität unterschieden wurde. Die deutschen Universitäten strebten danach, das Wissen durch eigene Forschungsleistungen zu mehren. Den Beobachtern fiel darüber hinaus auf, dass sowohl Professoren wie Studenten große Freiheit gewährt wurde, wie sie ihre Forschung betreiben wollten. Die Universität bildete einen institutionellen Rahmen, in dem Wissenschaft und Forschung als Beruf ausgeübt werden konnte. Außerdem verfügte sie mit dem Recht zur Vergabe des Doktortitels über ein wirksames symbolisches Mittel, um die professionelle Kompetenz des Forschers sichtbar zu machen (vgl. Schild, 2005: 29).

Versuche, das zentralisierte preußisch-deutsche Universitätsmodell in das amerikanische System zu implementieren, scheiterten jedoch. Als wichtigen Grund hierfür nennt Schild, dass das bestehende High School System nicht ausreichend in der Lage war, für ein Studium nach deutschem Vorbild, dem der gymnasiale Ausbildungsgang vorausging, vorzubereiten. Um diese systemische Lücke zu schließen, musste nach damaligem Verständnis zwischen High School und einer zu gründenden Forschungsuniversität eine weitere Institution zwischengeschoben werden. Das College wurde deshalb nicht aufgegeben, sondern in eine neue Struktur integriert (vgl. Schild, 2005: 30). Schild weist auf Weichenstellungen an den amerikanischen Universitäten hin, die schon seit der 2. Hälfte des 19. Jahrhunderts wirksam wurden: „Die amerikanische university verstand sich seit den späten 1870er Jahren als Verbindung von College und Graduate School. Studenten sollten in einer Tradition der freien Künste zunächst breit studieren und kulturelle Werte absorbieren, bis sie in der Graduate School ein enges und zumeist direkt auf einen Beruf hin ausgerichtetes Spezialstudium an einer Medical School, Law School, School of Engineering usw.

erhielten" (Schild, 2005: 30). Amerika behielt demnach die klare Unterscheidung zwischen Undergraduate und Graduate Programmen bei, die es in Deutschland bis ans Ende des 20. Jahrhunderts nicht gab (vgl. Schild 2005: 30). Als Gründe dafür benennt Schild: „Dieser Umbau mag für einen deutschen Beobachter nur unvollkommen erscheinen, weil College und Graduate School zwei Institutionen mit unterschiedlichen Zielen und anderen Wertvorstellungen sind, die nebeneinander existieren. Ein Amerikaner würde hingegen erstens einwenden, dass Colleges und Graduate Schools jeweils bestimmten amerikanischen Vorstellungen entsprachen, der demokratischen Vorstellung, nach der jedermann weitreichende Bildungschancen offen stehen müssten, sowie einer elitären Vorstellung, nach der der Zugang zu bestimmten Berufen nur den Absolventen spezifischer Studiengänge offen stehen können" (Schild, 2005: 30).

Es ging in den USA, so Schild, niemals um die Übernahme eines als überlegen angesehenen fremden Systems per se, sondern um eine Reform des eigenen Systems, weil dieses an die Grenzen seiner Leistungsfähigkeit gestoßen war. „Einführende Vorlesungen und Seminare für fortgeschrittene Studenten setzten sich durch. Das Konzept der Lernfreiheit – die freie Wahl der Seminare – hat es in Amerika nie in dem Ausmaß wie in Deutschland gegeben. Auch in der Organisation des Studiums und der Rechtsstellung der Universität blieben Unterschiede zwischen Deutschland und Amerika bestehen. Der Doktortitel, der in Deutschland der Schlüssel zu Tätigkeiten im höheren Staatsdienst war, setzte sich in Amerika zwar durch, hatte jedoch eine viel begrenztere Funktion zur Besetzung von Professorenstellen" (Schild, 2005: 30). Es wurden also zahlreiche Aspekte des preußisch-deutschen Universitätssystems übernommen. Diese Elemente wurden aber immer auch dem amerikanischen Entwicklungspfad angepasst und abgewandelt, wie vor allem auch das Überdauern des College dokumentiert (vgl. Schild, 2005: 30).

Die amerikanischen Universitäten konkurrieren heute zwar wie in Deutschland mit außeruniversitären Forschungseinrichtungen und Forschungseinrichtungen der Industrie um staatliche und private Forschungsmittel. Aber an den amerikanischen Universitäten wird heute, im Gegensatz zu den deutschen Universitäten, ein Großteil der national wie international relevanten und herausragenden Forschung betrieben. In Deutschland wurde im 20. Jahrhundert dagegen die Spitzenforschung immer mehr aus den Universitäten ausgesiedelt. „Die >Auswanderung< der Forschung von den Universitäten ist, was die Naturwissenschaften angeht, praktisch vollzogen – und bei den Geisteswissenschaften zu deren Schaden nicht vollzogen; sie verkümmern an den Universitäten und werden dafür bestraft, dass sie über keine außeruniversitären Einrichtungen größeren Umfangs verfügen" (Simon, 2000: 17). Die Max-Planck-Institute sind die international bekannteste und erfolgreichste staatliche Struktur des deutschen Wissenschafts- und Forschungssystems. Die Existenz dieser Struktur neben den Universitäten bietet eine Erklärung dafür, dass auch die renommierten deutschen Hochschulen in den internationalen Rankings, obwohl sie das Personal für eine erfolgreiche Forschungsinfrastruktur ausbilden, kaum oder nur auf den hinteren Plätzen auftauchen. Die deutschen Universitäten verfügen jeweils über nur einzelne Bereiche, in denen sie sich durch herausragende Forschungsleistungen gegenüber anderen Einrichtungen profilieren, Forschungsmittel einwerben, Preise gewinnen, in prestigeträchtigen Zeitschriften publizieren und natürlich zitiert werden können. Gegen die in allen Bereichen auf Spitzenleistungen ausgerichteten US-amerikanischen Forschungsuniversitäten haben die deutschen Universitäten strukturell keine Chance. Über die Leistungsfähigkeit des deutschen Hochschulbildungssystems und des Forschungssystems kann ein internationales Ranking deshalb nur ein verzerrtes Bild der Ausbildungs- und Forschungsleistung in Deutschland liefern. Makrostrukturell werden dann Äpfel mit Birnen verglichen (vgl. Hochschul-Informations-System (HIS), 2005: 19).

Das Universitäts- und Fachhochschulsystem in Deutschland mit seinem spezifischen Berechtigungssystem gründet bis heute auf der alten preußisch-deutschen Tradition des Gymnasiums, auf dem ein wissenschaftliches Universitätsstudium aufruht. Im Hinblick auf die Qualität des studentischen Nachwuchses und deren schulischen Leistungen wird heute in Deutschland beklagt, dass es keine einheitliche akademische Vorbildung für das Hochschulstudium mehr gäbe (vgl. Simon, 2000: 14). Die föderale Struktur des Bildungssystems, mit seinen sehr unterschiedlichen Anforderungen für das Abitur, die Verkürzung der gymnasialen Ausbildungszeit, ein breites Spektrum beruflicher Bildungswege zum Abitur und schließlich die Internationalisierung der Studierendenschaft, führen zur Aushöhlung der Grundlagen für das deutsche Berechtigungssystem im Übergang zu den Hochschulen, das auf der überkommenen Vorstellung beruht, das dreigliedrige Schulsystem garantiere einem „ausgesuchten" Teil der Schülerschaft - den Abiturientinnen und Abiturienten - eine ausreichende einheitliche wissenschaftliche Grundausbildung für alle Studiengänge. Die Situation ähnelt damit auf paradoxe Weise der amerikanischen Situation im 19. Jahrhundert. Das High School System war damals nicht in der Lage, die Schülerinnen und Schüler auf ein „Studium nach deutschem Vorbild" vorzubereiten. Dem Schulsystem in Deutschland wird am Anfang des 21. Jahrhunderts ebenfalls vorgeworfen, immer unzureichender auf ein Studium an deutschen Hochschulen vorzubereiten.

5.3. Ökonomische Rationalisierung durch das New Public Management

Seit den 1990er Jahren des letzten Jahrhunderts zeichnet sich in Deutschland ein tief greifender Wandel der Regulierung und der Organisation von Universitäten ab (vgl. Braun, 2001: 243). Nicht die neuen beschäftigungspolitischen Aufgaben, die der Strukturwandel von Wirtschaft und Gesellschaft den Universitäten und Fachhochschulen abverlangt und damit die Öffnung des universitären Zielsystems für die Bedürfnisse des Marktes notwendig zu machen scheint, sondern die Implementierung von betriebswirtschaftlichen Organisations- und Managementvorstellungen mit dem Ziel der ökonomischen Rationalisierung der Universitätsorganisation bilden den Hintergrund und den Motor dieser zweiten wichtigen Facette der Ökonomisierung im deutschen Hochschulsystem.[74] Auch im Fall der Reform der Universitätsorganisation zeigt sich das Phänomen, dass die säkularen Prozesse der Individualisierung und der Ökonomisierung nicht mehr nur durch eine radikale Ausweitung des sozialen Koordinationsmechanismus Markt *zwischen* modernen Organisationen und Individuen geprägt ist, sondern diese Prozesse auch *in* den Unternehmen und Arbeitsorganisationen wirkungsmächtig werden (vgl. Kratzer, 2005). Kratzer argumentiert, dass, anders als in den 1980er Jahren, als die Individualisierungsthese durch die Arbeiten von Ulrich Beck populär wurde, nun auch die Basisinstitutionen der „durchgesetzten Markt- und Arbeitsmarktgesellschaft" (Beck, 1986: 210), die wohlfahrtsstaatlichen Institutionen und die Betriebe selbst einem tief greifenden Transformationsprozess unterworfen sind und damit die Fundamente der Individualisierung jenseits von Familien, Klasse und Schicht selbst in Frage gestellt werden. Die Ökonomisierung der Binnenstruktur der gesellschaftlichen Institutionen markiert, so Kratzer, eine neue Zuspitzung individuell vermittelter sozialer Ungleichheiten. Denn die Pufferinstitutionen zwischen Individuen und Märkten, die bisher die ungleichheitsgenerierenden Effekte der Vermarktlichung sozialer Koordination abfederten, drohen mit dem Übergreifen der Ökonomisierung auf die Regulierung der Binnenstruktur von Organisationen wegzubrechen. Das Eindringen des Marktes in die Organisationen selbst hat also weit reichende Folgen für die Produktion von sozialer Ungleichheit in weit gehend (arbeitsmarkt-)individualisierten Gesellschaften. Kratzer argumentiert: „Eine neue Stufe der Vermarktlichung moderner Gesellschaft bewirkt zugleich eine neue Qualität des modernen Individualisierungsprozesses. Die Individualisierung, zunächst lebensweltliche Differenzierung von Orientierungen und Lagen, kehrt nun in die Ökonomie zurück: Als Zuspitzung individueller Ungleichheit der Beschäftigungs- und Arbeitsbedingungen sowie als ambivalenter Prozess der Subjektivierung von Arbeit" (Kratzer, 2005: 247). Die Entwicklung

---

74 Die Hochschulen in Deutschland waren von ihren Anfängen an immer *auch* ökonomisch im Sinne ihrer ökonomischen Rolle für die sie aufnehmenden Städte und Regionen. Beispielsweise übte schon die erste brandenburgische Landesuniversität in Frankfurt an der Oder einen wirtschaftlich stimulierenden Einfluss auf ihre stadträumliche Umgebung aus. Obwohl zahlenmäßig im Verhältnis zur Einwohnerzahl eher unbedeutend, sicherte eine gesellschaftlich exklusive Studentenschaft schon im 16. und 17. Jahrhundert das Einkommen einer Vielzahl von Menschen, die im Umfeld der Universität ihr Auskommen suchten. „Vielen Studenten stand ein hohes Monatseinkommen zur Verfügung, das ihnen einen Lebensstandard erlaubte, der weit über dem der meisten Professoren und der meisten anderen Einwohner Frankfurts lag. Ein Teil der Studenten, vor allem aus dem Ausland, war jedoch auf Zuwendungen und Stiftungen angewiesen. Die hohe Kaufkraft der Studenten kam dem städtischen Gewerbe zugute: Die Universität war Standortfaktor" (Schieck, 2001: 105). Dieser kurze Exkurs in die Vergangenheit macht auf die Rolle der deutschen Massenuniversitäten in den von ihnen „heimgesuchten" Regionen aufmerksam. Sie sind selbst eine lukrative „Industrie". Lüneburgs Debatten um eine strategisch verkleinerte Elite-Uni verweist auf die latente wirtschaftliche Bedeutung von Bildungseinrichtungen. Klein aber fein, aber auch abgekoppelt von der lokalen Wirtschaft ist sie keine reizvolle Alternative für den regionalen Raum. Masse und (auch) Klasse, aber interessant für das sozioökonomische Umfeld der Universität. Auch Robert Reichs Überlegungen zu den strukturpolitischen Hintergründen von Universitätsansiedlungen in strukturschwachen geografischen Räumen sind hier zu nennen (vgl. Reich, 1996).

zunehmend vermarktlichter Intraorganisationsstrukturen weist also nicht nur, wie von der Individualisierungstheorie postuliert, Pluralisierungs-, sondern zunehmend auch Polarisierungstendenzen auf. Chancen und Risiken der Individualisierung sind in Zeiten sozioökonomischer Stagnation stärker als in den siebziger und achtziger Jahren des letzten Jahrhunderts von der individuellen bzw. familiären Ressourcenausstattung abhängig. Das bedeutet für die Gesellschaftsstruktur wachsende soziokulturelle und vor allem sozioökonomische Heterogenität bei gleichzeitiger Zuspitzung von Chancenungleichheit (vgl. Kratzer, 2005: 255).

Der von Kratzer entwickelte Gedankengang lässt sich am Beispiel der Ökonomisierung der Universität des konservativen Bildungsstaats explizieren. Die Kritiker der Ökonomisierung der universitären Organisation befürchten, dass mit der Vermarktlichung und der betriebswirtschaftlichen Durchdringung der Universität eine weitere gesellschaftliche Institution, die bisher im Modus der wirtschaftenden Gemeinschaft (Max Weber) Bildungsleistungen hervorbrachte und damit als Puffer zwischen den Individuen und den Märkten wirkte, der die ungleichheitsproduzierenden Effekte der Ökonomisierung abmilderte, eben diese Pufferfunktion verliert. Um die Effektivität und Effizienz der Bildungsproduktion zu erhöhen, setzen ökonomische Steuerungssysteme auf Anreizstrukturen, effiziente Kontrollmechanismen, Wettbewerbsdruck und leistungsorientierte Vertragsgestaltung in den Einrichtungen den Bildungsstaats (vgl. Bastian, 2002). Damit steht die zentrale Frage im bildungspolitischen Raum, welche Spielräume für Bildung, Wissenschaft und Hochschuldemokratie im „stahlharten Gehäuse" der neuen Bildungsinstitutionen bleiben, die durch die neuen betriebswirtschaftlichen Lenkungsstrukturen und das Vordringen des sozialen Koordinationsmechanismus Markt etabliert werden.

Hochschulbildung wird auch Mitte der 2010er Jahre noch weit gehend in behördenähnlichen Universitäten produziert, in denen traditionell eine Kluft zwischen dem lehrenden und forschenden Personal auf der einen Seite und dem Verwaltungspersonal auf der anderen Seite bestand und immer noch besteht. Im Modernisierungsprozess sollen diese Organisationen nun zu Dienstleistungsunternehmen umgestaltet werden, in denen sich *alle* Mitglieder betriebswirtschaftlich sensibel verhalten und eingesetzt werden sollen (vgl. Bastian, 2002; Lüthje, 2002). Die Reform des öffentlichen Dienstrechts zielt auf eine Ökonomisierung der Entlohnungsrelationen auch im Hochschulsystem. Diese sind zwar, wie in anderen Teilen des Beschäftigungssystems, theoretisch bestimmt durch die arbeitsplatzinhärente Produktivität und durch betriebsorganisatorische Erfordernisse der Lohndifferenzierung (vgl. Czerwick, 2005). Beide Elemente lassen sich in Bildungseinrichtungen jedoch nur schwer vereinbaren, wie die aktuellen Debatten um eine Neuregelung der Entlohnungssysteme im Bildungssystem und die zunehmende Polarisierung der Beschäftigtenstruktur an den Hochschulen zeigen (vgl. Hering, 2005: 90ff.; Oberdiek, 2007: 470f.; von Trotha/Nassehi/Reichertz, 2007).

Im Lichte der betrieblich-ökonomischen Rationalität wird das Bildungsangebot der Bildungseinrichtungen zum „Produkt", der Studiengang und der in Aussicht gestellte Abschluss wird Teil des „Vertriebs" und die Studierenden werden zu „Kunden" (vgl. Bastian, 2002: 255). Der Dienstleistungsgedanke dringt neben der

Rationalisierungsphilosophie des Marktes immer tiefer in die Bildungsreformdebatte ein. Eine wichtige Seite dieses nicht nur semantischen Wandels zeigt sich darin, dass alle öffentlichen Bildungsorganisationen einem Reformprozess unterzogen werden, der vom Gedanken an eine effizientere und flexiblere Leistungserbringung bestimmt wird. Das neue Orientierungsmuster legt den Hochschullehrerinnen und Hochschullehrern nicht nur einen neuen „ökonomischen" Blickwinkel nahe, sondern stellt diese vor die Aufgabe, ihre lehrende und forschende Professionalität nun zwischen den Bezugssystemen Lehre/Wissenschaft und Unternehmen/Markt zu hinterfragen und abzustimmen.

5.3.1. Ökonomisierung der universitären Bildungseinrichtungen

Eine relativ neue Form der Ökonomisierung der öffentlichen Dienstleistungsproduktion bezeichnet die organisatorische Neuordnung der staatlichen Verwaltung und Leistungserstellung unter Nutzung von in der Privatwirtschaft angewendeten Organisationsleitbildern. Die Reformer des Bildungsstaats greifen auf betriebswirtschaftliche Instrumente zurück, die in Deutschland seit Anfang der 1990er Jahre als Neues Steuerungsmodell (NSM) entwickelt und angewendet werden (Kommunale Gemeinschaftsstelle für Verwaltungsvereinfachung, 1993). Es handelte sich ursprünglich um einen Ansatz, der zur Reform der kommunalen Selbstverwaltung führen sollte und auch auf Länder- und Bundesebene die Reformen der Verwaltung angeleitet hat (vgl. Winkel, 2006: 28). Viele deutsche Kommunen rationalisierten ihre Verwaltung in den letzten Jahren in diesem Modus der Ökonomisierung bis hin zur Übernahme der kaufmännischen Buchführung (vgl. Harms, 2003: 146f.).[75] Im Kern liegt dem Neuen Steuerungsmodell (NSM), einer deutschen Variante des New Public Management (NPM), eine neoliberale Ordnungsvorstellung zugrunde. Markt und Wettbewerb aktivieren, so die Hoffnung der Reformer, privates Engagement und sind deshalb jeder bürokratisch-staatlichen und auch demokratisch-staatlichen Ko-

---

[75] Das heute noch etablierte System im Rechnungswesen des öffentlichen Sektors und damit auch der staatlichen Schulen und Universitäten ist die so genannte „Kameralistik". Dieser Rechnungsstil ist bei der öffentlichen Hand seit Jahrhunderten vorherrschend. Mit ihm kann der öffentliche Haushalt von den politischen Instanzen genau festgelegt werden. Festgelegt wird zum Beispiel, wie viel Geld die Verwaltung einnehmen und ausgeben darf. Mit Hilfe der Kameralistik kontrolliert die Politik aber auch, ob diese Vorgaben eingehalten werden. Die Kameralistik funktioniert wie ein Kassenbuch. Sie hält fest, was innerhalb eines Jahres an Geld eingegangen ist und was verausgabt wurde. Ob und welche Vermögenswerte mit diesem Geld geschaffen oder beschafft wurden, erfasst sie aber nicht oder nicht einmal bei der Anschaffung. Das liegt daran, dass das kamerale Rechnungswesen Konzepte wie Abschreibungen, Rückstellungen oder Rechnungsabgrenzungsposten nicht kennt. Der ausschließlich am Zahlungsfluss orientierte Haushaltsplan der Kameralistik stellt keine Instrumente, wie beispielsweise eine Bilanz, bereit, das Vermögen bzw. das Kapital der Institution auszuweisen. Mit der so genannten doppelten Buchführung (Doppik) der kaufmännischen Buchführung können öffentliche Institutionen, so die Hoffnung der Reformer, auf eine im Vergleich zur Kameralistik transparentere Rechnungslegung umsteigen (vgl. Fudalla/Wöste, 2005).

ordination vorzuziehen (vgl. Richter, 2005: 2). Ein typisches Beispiel für aktuelle Ökonomisierungsbestrebungen im öffentlichen Hochschulsektor sind die vielfältigen Strategien, die individuellen Studienzeiten zu senken, um die Umschlaggeschwindigkeit pro Studienplatz und damit die Wirtschaftlichkeit der Einrichtungen zu erhöhen. Ökonomisierungstendenzen zeigen sich auch in den Strategien, die Strukturen der Arbeitsteilung im öffentlichen Sektor zu optimieren oder in dem Versuch, durch leistungsbezogene Gehaltsanteile die Motivation der Mitarbeiter und damit deren Produktivität zu erhöhen (vgl. Czerwick, 2005). Doch Beispiele dieser Art sind wenig geeignet, diejenigen Grundkonzepte der neuen Rationalisierungsphilosophie NPM freizulegen, die dieses neue Leitbild von anderen Rationalisierungsphilosophien unterscheiden.

Das New Public Management ist keine in sich geschlossene und stimmige Managementtheorie, wie man vor dem Hintergrund der öffentlichen Diskurse zunächst vermuten könnte. Eine wichtige, aber nicht die einzige Quelle, aus der das NPM-Konzept seine Ideen schöpft, ist der so genannte „Managerialismus". Rehbinder (2002) identifiziert den Kern dieser Führungsphilosophie: „Der Schwerpunkt der allgemeinen Managementlehre hat sich in den letzten Jahren weg von Prinzipien wie Entpersonifizierung und Gleichbehandlung und hin zu Effizienz und Effektivität verlagert. Mit anderen Worten: Das Vertrauen in gute Regeln ist dem Vertrauen in ‚die Kraft guten Managements' gewichen" (Rehbinder, 2002: 727). Der Gefahr einer normativen Untersteuerung, die auch von den Apologeten des Managerialismus wahrgenommen wird, soll mit neuen Kontroll- und Überwachungsmechanismen begegnet werden, um den Managern des öffentlichen Dienstes möglichst große Entscheidungsspielräume einzuräumen.

Weitere wichtige Spurenelemente des NPM sind dem Konzept des Lean Managements entlehnt. Frederik W. Taylor und Henry Ford hatten am Anfang des 20. Jahrhunderts das Konzept der Arbeitsteilung auf wissenschaftlicher Grundlage weiterentwickelt. Seit den fünfziger Jahren des 20. Jahrhunderts gelang es vor allem den japanischen Automobilherstellern, das Konzept der Arbeitsteilung mit Hilfe des Lean Managements weiter zu verfeinern. Die Arbeitsteilung konnte durch Teamarbeit und die ganzheitlichere Abschöpfung des Humankapitals der Mitarbeiter, denen mehr Eigenverantwortung als im Taylorsystem zugebilligt wurde, noch intelligenter und damit produktiver gestaltet werden. Zahlreiche Ideen des Lean Managements, wie der Einsatz von Arbeitsteams für bestimmte Aufgaben und deren Bewertung im Kollektiv, die Kundenorientierung der Produkt- und Prozessgestaltung, die Implementierung von Verfahren der ständigen Verbesserung durch Einbindung und Nutzung der innovativen Ideen der Mitarbeiter und der Kunden, wurden unter dem Dach des NPM in die Welt der Verwaltungsführung übernommen (vgl. Rehbinder, 2002: 728).

Aus der unternehmerischen Welt ist auch das Prinzip der Kostenwahrheit in das NPM-Konzept übernommen worden. Zur Finanzierung der Leistungserstellung werden Gebühren und Entgelte grundsätzlich gegenüber allgemeinen Steuern bevorzugt, um den „Konsumenten" öffentlicher Leistungen kostengerechte „Preise" zu verrechnen. Aus ökonomischer Perspektive richten Organisationen ihre Aktivitäten nur dann auf die Bedürfnisse des Kunden aus, wenn die Nutzer einer Leistung auch dafür bezahlen und damit den Fortbestand der produktiven Einheit sichern. Auch in Deutschland wurden in den letzten Jahren Studiengebühren mit Bezug auf den skizzierten Deutungsrahmen gegen sozialpolitische und ungleichheitstheoretische Einwände eingeführt und legitimiert. Die Verlagerung der Entscheidungskompetenz von im demokratischen Prozess gewonnenen Verteilungsregeln hin zum Management wird durch die Schaffung von Globalbudgets deutlich. Zudem gelten Gebühren und Entgelte als wichtige Elemente eines ökonomischen Anreizsystems, das den „Verbrauchern" staatlicher Leistungen den volkswirtschaftlichen Ressourcenverzehr anzeigen und zu einer sparsamen Nutzung anregen soll (vgl. Pelizzari, 2001: 25).

Man könnte diese Form der Ökonomisierung auch *gefühlte Privatisierung* nennen, was sich in den definitorischen Unklarheiten in der Literatur spiegelt. Die Einführung betriebswirtschaftlicher Instrumente, wie sie das New Public Management (NPM) bzw. das Neue Steuerungsmodell (NSM) vorsieht, die in der Forschung als Ökonomisierung der Binnenstruktur von öffentlichen Bildungsinstitutionen oder als Staatsprivatisierung (vgl. Zeuner, 1999) gedeutet wird, zielt darauf, durch Implementierung von Kosten-Ertrags-Kalkülen, die Qualität und die Quantität öffentlicher Dienstleistungen zu verbessern und gleichzeitig deren Produktionskosten zu senken (vgl. Pelizzari, 2005: 83; Pellizari, 2001: 25). Ökonomisierungsstrategien dieser Form kommen bisher vor allem im Bereich der sozialen Infrastrukturen, d.h. im Bildungs-, Gesundheits- und im Sozialwesen sowie in den ‚hoheitlichen' Bereichen staatlicher Tätigkeit wie Polizei, Steuerwesen und Landesverteidigung zur Anwendung. NPM-Vordenker, wie Kuno Schedler, betonen, dass die Übernahme des betriebswirtschaftlichen Organisationsdenkens nicht zwangsläufig zur Einschränkung öffentlicher Aufgaben führen müsse, sondern auch Grundlage zu deren Ausweitung sein könne (vgl. Schedler, 1995). Ökonomisierungsstrategien im Sinne der Adaption betriebswirtschaftlichen Kostendenkens werden jedoch häufig im Kontext finanzpolitischer Sparprogramme eingeleitet und latent zur quantitativen und qualitativen Einschränkung des Leistungsangebots genutzt (vgl. Pelizzari, 2001: 42).

Eine in der Ökonomisierungsforschung immer wieder thematisierte Problemstellung gründet in dem expliziten Vorwurf, die undifferenzierte Forderung nach mehr Raum für Markt und Wettbewerb im öffentlichen Bildungssektor lasse die Frage außer Acht, inwiefern eine Steigerung der Effizienz (im betriebswirtschaftlichen Sinne der Mitteloptimierung) eine Erhöhung der Effektivität (im Sinne der Zielerfüllung) garantieren könne und welche sozialen Kosten womöglich eine Steigerung der Effizienz verursache (vgl. Pelizzari, 2001). Dieses Problem ist so alt wie die notwendige Bewirtschaftung von Bildungsorganisationen und die gesellschaftliche Bereitstellung von Mitteln für Bildung, Wissenschaft und Erziehung. In den öffentlichen Debatten über die Organisationsreform der deutschen Universität wird selten expliziert, welcher Typ von Organisation durch das neue betriebswirtschaftliche Instrumentarium abgelöst wird. Wenn überhaupt wird auf die historisch überholte bürokratische Organisationsform hingewiesen, die es zu überwinden gelte. Im folgenden Schritt geht es darum, wesentliche Eigenschaften, die allen modernen Universitäten gemeinsam sind, von solchen zu unterscheiden, welche vor dem Hintergrund unterschiedlicher nationaler Entwicklungspfade variieren.

5.3.2. Von der „Kunst, eine Universität zu steuern"

Dietmar Braun (2001) identifiziert wesentliche Eigenschaften moderner Universitäten, die auch durch die Einführung der neuen Steuerungselemente nicht aufgelöst werden können: Grundsätzlich sind Universitäten mit der mehrdimensionalen Aufgabe konfrontiert, Leistungsstrukturen sowohl für die Lehre als auch für die Forschung zu organisieren. Universitäten unterscheiden sich von vielen anderen Organisationen dadurch, dass zwei verschiedene gesellschaftliche Teilsysteme, das Bildungs- und das Forschungssystem, nebeneinander existieren und ausbalanciert werden müssen. Leistungsorganisationen, wie die modernen Universitäten, sind dabei in der Regel in übergreifende Regelungsstrukturen eingebunden, die den Einfluss von (teilweise konkurrierenden) Umweltakteuren sicherstellen (vgl. Braun, 2001: 243f.). „Bei den privaten Universitäten handelt es sich dabei um Akteure aus Wirtschaft und Gesellschaft; im Falle staatlicher Universitäten spielt zumeist die Politik die entscheidende Rolle für die Ausgestaltung von Regulierungsstrukturen. Über die Regulierungsstrukturen kann die Politik Einfluss auf die Entscheidungen der Universitäten nehmen, also darauf, wer, wie, wann und worüber entscheiden kann und welche Leistungsanforderungen gestellt werden dürfen" (Braun, 2001: 243f.). Horst Kern (2005) beschreibt die traditionelle „Kunst, eine Universität zu steuern" als kluges Vermitteln verschiedenster Struktur- und Funktionsebenen, die ein Feld „organisierter Anarchie" konstituieren. „Im Falle der Universität, einem Mehrebenensystem par excellence, bestehen diese verschiedenen Ebenen intern aus den Arbeits- und den Leistungsebenen der Universität selbst, dann extern aus den Ebenen des Trägerstaats, des Bundesstaats, der suprastaatlichen EU, der Wissenschaftsförderorganisationen und der Partner in der private-public partnership" (Kern, 2005: 605). Im Kern geht es um die Steuerung einer wirtschaftenden Gemeinschaft. In Deutschland sind Reformprozesse in der Hochschulsteuerung in Gang gesetzt worden, die in der hochschulpolitischen Öffentlichkeit unter den Schlagworten Ökonomisierung und Privatisierung emotionalisiert diskutiert werden, weil sie, so meine These, auf einen tief greifenden Formwandel der Universität hinauslaufen.

Die neuen politischen Regulierungsstrukturen, die auf die Ökonomisierung der Organisationen abzielen, so die These von Dietmar Braun, verändern die Machtpositionen der Akteure und haben somit indirekt Einfluss auf die Art der Machtspiele, die Machtressourcen der Akteure und den Verlauf von Machtspielen an der Universität (vgl. Braun, 2001: 243). Vor dem Hintergrund des Wunsches, die universitären Organisationskulturen effizienter und effektiver zu gestalten, scheint ein paradigmatischer Wandel des Verständnisses von Hochschulleitung in Gang gesetzt worden zu sein (vgl. Krautz, 2006: 392). Die „Kunst, eine Universität zu steuern" tritt langsam hinter das „Management" dieser Institution zurück. Der neue Trend überlagert die immer noch tief in die Strukturen und das Selbstverständnis der Institution und ihrer

Akteure verankerten vormodernen, ständischen und demokratischen Traditionen der sozialen Koordination. Mit dem „Management" schwindet aber die Idee der „wirtschaftenden Gemeinschaft" und wird durch die Orientierung am privatwirtschaftlichen Unternehmen – Weber nannte diese Formation Wirtschaftsgemeinschaft – ersetzt. Kritiker dieses Trends, wie Ofner (2001) und Krautz (2006), befürchten, dass ökonomische Leitbilder und Kriterien in einem institutionellen Sektor strukturbestimmend werden, in dem bislang „wirtschaftsferne" Rationalitätskriterien im Vordergrund standen. Nicht nur die Anbindung an Kriterien der Verwertbarkeit gewinnt für die Legitimation und Funktionsweise von wissenschaftlichen Hochschulen an Bedeutung, sondern die akademische Lehre und Forschung selbst soll sich zunehmend an den Kriterien ökonomischer Effizienz und Effektivität messen lassen (vgl. Pasqualoni, 2005: 104). Universitäres Handeln konzentriert sich immer stärker auf output-relevante Indikatoren wie Rankings, Absolventenzahlen, Auslastungsquoten und Drittmittelvolumen (vgl. Krautz, 2006: 392). Dies bedeutet, dass in der Frage nach der Form sozialer Koordination in der Hochschulsteuerung und im Hochschulmanagement sowohl der Marktmechanismus wie auch der bürokratisch-hierarchische Koordinationsmechanismus des privatwirtschaftlichen Unternehmens gegenüber der demokratischen Koordination und dem Verhandlungsmechanismus der sozialen Koordination, zumindest stärker als früher, Wirkung entfalten kann.

Die neuen betriebswirtschaftlichen Instrumente generieren Verhaltensdilemmata in Bildungsorganisationen. Das Verhaltensdilemma, einerseits im Bildungsprozess zu kooperieren und sich andererseits in den neu implementierten Quasi-Märkten durchzusetzen, schafft stressreiche und nervenaufreibende Dauerkonfliktsituationen (vgl. Plattner, 2005: 66). In der widerstandslosen Selbstaufgabe eigener Regulationsvorstellungen spiegelt sich ein allgemeiner Trend institutioneller Isomorphie (vgl. Walgenbach, 2002), der auch andere Funktionsbereiche moderner Gesellschaften, unabhängig von deren jeweiliger Zweckbestimmung, alternativlos betriebswirtschaftlichem Denken und dessen spezifischen Rationalitätskriterien zu unterwerfen scheint (vgl. Meyer/Ramirez, 2005). Die staatlichen Hochschulen können sich als Teil des öffentlichen Dienstes diesem Trend nur schwer entziehen. Der öffentliche Dienst mit seinen spezifischen Organisationen, Rationalitätskriterien und mit seinen typischen Akteuren, den Beamten und den Angestellten des öffentlichen Dienstes (den staatsnahen Professionals) scheint also seinen historischen Vorbildcharakter als avancierteste Form moderner Organisation mehr und mehr verloren zu haben (vgl. Zymek, 2004: 123). Das Modell des modernen Dienstleistungsunternehmens und der Akteurstyp des Privat Sector Professionals haben diese Vorbildrollen übernommen und werden langsam auch im staatlichen Sektor prägend (vgl. Perkin, 2001). In einigen Bundesländern, wie in Baden-Württemberg, zeichnet sich bereits ein symbolischer Wandel ab, der die Neuausrichtung der Universität, die sich nun als moderne Dienstungsagentur versteht, mit der Umbenennung der Leitungsorgane in Vorstand und Vorstandsvorsitzenden zum Ausdruck bringt (vgl. Hering, 2005: 100).

5.3.3. „Bürokratisch-oligarchisches" Modell und „Markt-Modell"

Im internationalen Diskurs über Struktur und Entwicklung der verschiedenen nationalen Hochschulsysteme hat sich ein Analyse- und Deutungsrahmen durchgesetzt, dessen Grundgedanken von Burton R. Clark (1983) entwickelt wurden. Obwohl sich die hochschulpolitischen Regulierungsstrukturen von Land zu Land stark unterscheiden, existieren doch, so Clark, hinreichende generelle Gemeinsamkeiten, die eine Typenbildung im Sinne Max Webers erlauben (vgl. Braun, 2001: 244). Clark unterscheidet idealtypisch verschiedene hochschulpolitische „Governance-Modelle" bzw. Regulierungsmodelle. Er identifiziert und entwickelt im Rahmen einer international vergleichenden Studie über die modernen Hochschulsysteme vier Typen: das „bürokratisch-oligarchische Modell", das „Staatsmodell", das „Kollegium-Modell" und das „Markt-Modell" der Universität (vgl. Clark, 1983). Das Hochschulsystem in Westdeutschland und in Frankreich entsprach in den 1980er Jahren in seinen wesentlichen strukturellen Zügen dem „bürokratisch-oligarchischen" Modell. Das „Staatsmodell" der Regulierung von Hochschulen prägte die Universitäten der ehemaligen UdSSR. Die Leitideen des „Kollegium-Modells" formten das hochschulpolitische Regulierungssystem Großbritanniens und das „Markt-Modell" hatte sich in den Vereinigten Staaten durchgesetzt. Diese hochschulpolitischen Regulierungsmodelle hatten sich bis an das Ende des 20. Jahrhunderts eine erstaunliche institutionelle Stabilität bewahrt. Mit dem New Public Management tritt nun aber ein neues Organisationsmodell auf, das die tradierten Machtstrukturen in den vier Regimemodellen von Grund auf zu verändern scheint: das „Management-Modell" der Universität.

Clark unterscheidet drei soziale Mechanismen, die sowohl die Akteursgruppen innerhalb der modernen Hochschulsysteme integrieren und diese Systeme gleichzeitig in ihr gesellschaftliches Umfeld einbinden. Das soziale Problem der Integration kann, wie oben (Kapitel 2.3) diskutiert, mit dem Konzept sozialer Koordination (Marktmechanismus, Verhandlungsmechanismus, bürokratisch-hierarchische Koordination, demokratische Koordination) soziologisch nicht gleichgesetzt werden. Zwar gibt es so etwas wie Marktvergesellschaftung, aber dauerhafte Gemeinschaftsbildung ist über diesen Koordinationsmechanismus, wie schon Max Weber zeigt, nur begrenzt möglich (vgl. Weber, 1976: 382ff.). Clark unterscheidet deshalb soziale Integrationsmechanismen, die im sozialen Feld aller Universitätstypen zu identifizieren sind: staatliche Macht, den Marktmechanismus und das machtvolle Netzwerk der wissenschaftlichen Oligarchie. Diese Mechanismen der Integration im Feld der Hochschulen - zu denen Clark den Marktmechanismus ausdrücklich zurechnet - sind in den verschiedenen nationalen Hochschulsystemen mit unterschiedlicher Gewichtung und auf den verschiedenen Entscheidungsebenen (Politik, Hochschulleitung, akademische Basiseinheiten) wirksam (vgl. Pechar, 2006a: 57). Dietmar Braun (2001) hat die Mechanismen der sozialen Integration, die für die verschiedenen Hochschulsysteme konstitutiv sind und unterschiedliche universitäre „Machträume" formieren, einer weiter gehenden Analyse unterzogen. Im Folgenden gilt es zunächst, die „Machträume" der beiden hochschulpolitischen „Governance-Modelle" näher zu untersuchen, die sich in Deutschland im Rahmen des konservativen Bildungsstaats („bürokratisch-oligarchisches Modell") und im liberalen Bildungsstaat („Markt-Modell") der USA ausgebildet haben. Vor allem deswegen, weil sich die deutschen Reformer explizit an der amerikanischen Hochschulkultur und -struktur orientieren (vgl. Stucke, 2001: 118ff.). Im Anschluss daran werden die Unterschiede zwischen dem in den Vereinigten Staaten identifizierten „Markt-Modell" und dem „Management-Modell" der Universität expliziert.

Um die Universität als „Machtraum" zu vermessen, differenziert Braun drei Arten von Entscheidungen, die im hochschulpolitischen Feld zu treffen sind: substanzielle Entscheidungen, operationale Entscheidungen und strategische Entscheidungen. Regimetypische Regulierungsstrukturen determinieren die Handlungschancen der unterschiedlichen Akteursgruppen an der Universität sehr unterschiedlich, indem sie die Verfügungsrechte über die drei genannten Entscheidungsarten nach bestimmten, national und historisch bedingten Logiken strukturieren. Die Handlungschancen der Akteure im „Machtraum" der Universität sind von deren Machtressourcen und deren Verfügungsrechten abhängig. Um die für die Universitäten relevanten Ressourcen und Verfügungsrechte näher bestimmen zu können, greift Braun auf das Kapitalkonzept von Pierre Bourdieu (1983) zurück: „Wir gehen davon aus, dass Entscheidungen an den Universitäten innerhalb eines Machtfeldes stattfinden, in dem die Wissenschaftler, aber auch andere Akteure nach unterschiedlichen Kapitalarten streben, um Einfluss auf universitäre Entscheidungen, aber auch auf die Reproduktion ihrer eigenen Position an der Universität ausüben zu können" (Braun, 2001, 245). Das universitäre (Macht-)Feld, so Braun, wird im Wesentlichen durch folgende vier Kapitalformen konstituiert: Neben dem ökonomischen und dem politischen Kapital - Kapitalformen, die in allen Organisationen eine Rolle spielen - weist die Universität, als spezifisches funktional differenziertes Teilsystem, zwei typische Kapitalformen auf: das wissenschaftliche und das erzieherische Kapital (vgl. Braun, 2001: 245).

Das Machtfeld Universität wird von den Akteuren dominiert, die in verschiedenen Arenen in der Lage sind, mehr wissenschaftliches, erzieherisches, ökonomisches und politisches Kapital als die anderen Akteure zu akkumulieren. Die verschiedenen Kapitalformen sind jedoch je nach Regulierungsmodell mehr oder weniger wichtig und ineinander konvertierbar (vgl. Braun, 2001: 246). Wissenschaftliches und politisches Kapital kann eingesetzt werden, um ökonomisches Kapital zu akkumulieren, das wiederum grundlegende Voraussetzung für die Reproduktion wissenschaftlichen Handelns ist und damit der Vermehrung von wissenschaftlichem Kapital dienen kann. Die Analyse der Entscheidungen und der institutionellen Rahmenbedingungen, unter denen diese Entscheidungen im Machtraum Universität sowohl im deutschen („bürokratisch-oligarchischen Modell") wie im amerikanischen Fall („Markt-Modell") getroffen werden, macht die Unterschiede in den beiden Modellen deutlich:

Substanzielle Entscheidungen, wie die nach der Themenwahl und der spezifischen Vorgehensweise in Forschung und Lehre, werden an Universitäten in der Regel von den Wissenschaftlern vor dem Hintergrund von wissenschaftlichen Problem- und Theorietraditionen selbst getroffen. Diese Entscheidungen zielen auf den Kern wissenschaftlichen Handelns. Die Autonomie der wissenschaftlich Tätigen wird jedoch von externen Akteuren in den von Clark differenzierten hochschulpolitischen Regulierungsmodellen in unterschiedlichem Ausmaß beschnitten oder eingeschränkt. Der Staat, die Wirtschaft, aber auch weltanschaulich bestimmte Interessengruppen nehmen Einfluss darauf, welche Studienfächer und Studienabschlüsse in welcher Zeit und mit Hilfe welcher Lehrpläne angeboten werden sollen (vgl. Braun, 2001: 244). Substanzielle Entscheidungen werden im bürokratisch-oligarchischen Modell (Deutschland) von der Wissenschaft bzw. den wissenschaftlichen Experten selbst getroffen. Im Markt-Modell (USA) spielen die Nutzer hochschulischer Leistungen neben der Wissenschaft eine wichtige Rolle, wenn es um substanzielle Entscheidungen geht (vgl. Braun, 2001: 248, 250).

Operationale Entscheidungen zielen auf die Organisation und die Reproduktion von Forschung und Lehre. Operationale Entscheidungen bilden den Kern der universitären Selbstverwaltung. Beispiele für diese Entscheidungsart sind die Rekrutierung von Personal, die Festlegung der Regeln für die Zulassung von Studierenden zum Studium, die Gestaltung der institutionellen Untergliederungen der Universität, aber vor allem auch die Verteilung von Verfügungsrechten wie Stellen, Finanzressourcen und Infrastruktur auf Professuren, Institute und Fakultäten (vgl. Braun, 2001: 244). Operationale Entscheidungen treffen im „bürokratisch-oligarchischen Modell" (Deutschland) zu großen Anteilen die Politik und ansonsten die Selbstverwaltungsorgane der Wissenschaft. Im „Markt-Modell" (USA) ist bei den staatlichen Universitäten die Politik für die Verteilung der Ressourcen zuständig und die Universität besitzt operative Autonomie. Die staatlichen amerikanischen Universitäten erhalten ein „Globalbudget" vom Staat und müssen darüber einem „Board of Regents" Rechenschaft ablegen. Bei den privaten Hochschulen (in der Regel handelt es sich dabei um Non Profit-Organisationen, die über ein mehr oder weniger großes Vermögen verfügen) liegt die operative Autonomie bei den Universitäten, die allerdings in Abstimmung mit dem *board of trustees* handeln (vgl. Braun, 2001: 248).

Strategische Entscheidungen legen fest, welches Ziel in welchem Zeitraum mit welchen Mitteln angestrebt oder nicht angestrebt werden (vgl. Braun, 2001: 245). Die deutschen Universitäten konnten bis vor kurzem keine strategischen Entscheidungen treffen. Universitäten wurden in der Regel wie nachgeordnete Behörden der Landesverwaltung behandelt und verfügten nicht über die Autonomie, ihre eigenen Ziele zu definieren (vgl. Braun, 2001: 249). Braun skizziert die Reichweite der Selbstverwaltungsgremien der deutschen Universität: „Im Wesentlichen beschränkt sich die Leistungsfunktion im Inneren der Universitäten auf die Umsetzung der operationalen Entscheidungen, nicht aber auf langfristige strategische Entscheidungen. Diese hat sich der Staat vorbehalten, nimmt sie aber angesichts der besonderen Stellung der Universitäten (Selbstverwaltung, substanzielle Freiheiten der Forschung und Lehre) und vor allem der Zielambiguitäten (was genau soll in Forschung und Lehre erreicht werden?) kaum wahr. Die deutsche Universität ist lediglich eine lose organisatorische Klammer, aber keine zielstrebige Organisation. Die Fähigkeit eigenständige Ziele zu definieren und dadurch die Organisationsmitglieder in einen

Handlungsrahmen einzubinden, fehlt ihr" (Braun, 2001: 249). Amerikanische Universitäten unterscheiden sich in der Frage nach den strategischen Entscheidungen von den deutschen Universitäten. Da sie sich in einer viel stärkeren Konkurrenzsituation um Ressourcen und um Studierende befinden, sind strategische Entscheidungen im „Markt-Modell" der Hochschulregulation von entscheidender Bedeutung. Braun zeigt, welche Folgen die Konkurrenzsituation der amerikanischen Universitäten für deren Selbstverwaltungsgremien hat: „In einer unsicheren und turbulenten Umwelt müssen Organisationen sich bemühen, strategisch zu verfahren und sich zielstrebig an neue Situationen anzupassen. Man findet an amerikanischen Universitäten dementsprechend hervorgehobene Rollen für die Wissenschaftsadministration, die für die Entwicklung strategischer Planung, aber auch für die operationale Steuerung und Verteilung von Mitteln verantwortlich sind. Universitätspräsidenten, Provoste und Dekane sind wesentlich einflussreicher als in Europa, weil es etwas zu entscheiden gibt, was direkte Auswirkungen auf die Bedingungen von Forschung und Lehre hat" (Braun, 2001: 250f.). Im „Markt-Modell" bildete sich historisch eine Akteursgruppe heraus, die es im „bürokratisch-oligarchischen Modell" nicht gibt. Deren Funktion ist es, vor allem die Zielerreichung der Universität zu sichern. Erst in zweiter Linie, so Braun, sind diese neuen universitären professionellen Rollen neben der Wissenschaftlerkarriere der Wissenschaft und ihrer Gemeinschaft verpflichtet.

Das Grundrecht der Wissenschaftsfreiheit, wie es im Artikel 5 Absatz 3 des Grundgesetzes kodifiziert ist, wird von den wissenschaftlichen Eliten in Deutschland vor allem als Abwehrrecht des einzelnen Wissenschaftlers und der Gemeinschaften der Wissenschaftler (wissenschaftliche Oligarchie) gegenüber staatlicher Bevormundung gedeutet (vgl. Kirchhof, 2003: 236). Zum Abwehrrecht gegen die substanzielle Einflussnahme des Staates entwickelte sich das Grundrecht der Wissenschaftsfreiheit vor dem Hintergrund der Vorstellung, das Grundgesetz verpflichte den Staat, dieses Grundrecht aktiv mit den Instrumenten Recht, Geld und Diensten zu schützen und zu fördern. Nur ein aktives staatliches Engagement schafft aus dieser Perspektive die notwendigen Voraussetzungen für eine freie und unabhängige Wissenschaft. Daraus erwächst ein machtpolitisches Dilemma, das durch die Integrationsmechanismen staatliche Macht, Markt und das machtvolle Netzwerk der wissenschaftlichen Oligarchie austariert werden muss. Burton Clark bezeichnet und klassifiziert dieses System als „bürokratisch-oligarchisches" Regulierungsmodell. Abwehr und Inanspruchnahme des Staates für die Wissenschaft sind konstituierende Momente dieses Systems, das von anderen Universitätssystemen idealtypisch unterschieden werden kann. „In staatlich dominierten Hochschulsystemen werden die wichtigsten Entscheidungen von Politik und staatlicher Bürokratie getroffen, deren wichtigste Instrumente gesetzliche Regulierungen und die Detailbudgetierung der Hochschulen im Rahmen des Staatshaushaltes sind. Demgegenüber sind die Handlungsspielräume der Leitungsorgane von Hochschulen stark begrenzt. Staatlich dominierte Hochschulsysteme zeichnen sich durch schwache RektorInnen aus, die eher eine Repräsentationsfunktion als Leitungsaufgaben im engeren Sinne des Wortes erfüllen. Die Machtfülle von Politik und staatlicher Bürokratie lässt wenig Raum für ein institutionelles Management und eine auf der Ebene der Hochschulen angesiedelte Administration" (Pechar, 2006: 57f.). Zwischen Staat und wissenschaftlicher Gemeinschaft (bzw. wissenschaftlicher Oligarchie) bleibt im „bürokratisch-oligarchischen" Regulierungsmodell wenig Raum für die Selbstorganisation und Profilierung einzelner Universitäten. Im „bürokratisch-oligarchischen Modell" können sich die Wissenschaftlerinnen und Wissenschaftler auf den Erwerb wissenschaftlichen Kapitals konzentrieren. Die immer wieder artikulierte populäre Forderung an das wissenschaftliche Personal, neben dem wissenschaftlichen auch erzieherisches Kapital zu akkumulieren, wurde in der deutschen Variante des „bürokratisch-oligarchischen" Regulierungsmodells traditionell dadurch entschärft, dass der Bildungsprozess an den Universitäten als Bildung durch Wissenschaft definitorisch bestimmt und damit dem spezifischen Charakter des Bildungsprozesses in der Wissenschaft, verstanden als freie, intrinsisch motivierte Koproduktion durch Lehrende und Studierende im universitären Lehr- und Lernraum, ein besonderes Gewicht beigemessen wurde.[76] Das Machtfeld der „bürokratisch-oligarchischen" Universität ist damit ganz auf den Wettbewerb zwischen den Wissenschaftlerinnen und Wissenschaftlern um wissenschaftliches Kapital fokussiert. Deren Konkurrenz und der Wettbewerb untereinander sollen zu immer neuen Leistungen im Wissenschaftssystem führen. Der Erwerb politischen und ökonomischen Kapitals tritt in diesem Arrangement gegenüber dem wissenschaftlichen Kapital stark zurück. Braun führt dies darauf zurück, „dass die Politik eine ‚kameralistische' bzw. ‚buchhalterische' Haltung gegenüber den Universitäten einnimmt: Sie werden als Wissenschaftsorganisationen mit Selbstverwaltungsrechten anerkannt, gleichzeitig aber in ihrer operationalen und strategischen Kompetenz beschnitten. Der Staat übernimmt weitgehend die operationalen Entscheidungen, ohne aber angesichts des Selbstverwaltungsstatus der Universitäten zielorientiert handeln zu wollen. Gleichzeitig wird der Betrieb der Lehre und Forschung ökonomisch alimentiert" (Braun, 2001: 252). Die Universität ist im bürokratisch-oligarchischen Modell also kaum in der Lage, als unabhängiger korporativer Akteur aufzutreten, der nennenswerte strategische und operationale Entscheidungen treffen kann, um sich von anderen Universitäten zu unterscheiden. Sie bietet aber ein

---

76 Die außerordentliche Freiheit akademischer Wissenschaftler, auch und gerade in Bezug auf Lehrverpflichtungen, wurde nicht nur von amerikanischen Beobachtern der preußisch-deutschen Hochschulszene bemerkt. Aus französischer Perspektive beschreibt Jules Verne (2005) in seinem im Jahre 1864 erschienenen Roman „Reise zum Mittelpunkt der Erde" (Voyage au centre de la terre) - verkörpert im Helden des Romans Professor Otto Lidenbrook - die Figur des forschenden, an wissenschaftlichem Kapital interessierten, aber den Studierenden distanziert begegnenden deutschen Gelehrten und Wissenschaftler, der Mitte des 19. Jahrhunderts internationale Bewunderung erlangte: „Er war Lehrer am Johanneum und gab dort Unterricht in Mineralogie, bei dem er regelmäßig in Zorn geriet. Nicht dass er besonderen Wert auf fleißige und aufmerksame und später auch einmal erfolgreiche Schüler und Studenten legte. Dies alles berührte ihn kaum. Er lehrte nach der >subjektiven Methode<, wie man das in Deutschland nennt, also für sich selbst und nicht für andere. Er war ein egoistischer Gelehrter und wenn jemand Einblick in die Schatzkammer seines Wissens begehrte, so öffneten sich die Türen nur ächzend und knarrend: er geizte mit seinem Wissen, wie viele Gelehrte in Deutschland" (Verne, 2005: 10).

Handlungsfeld für Wissenschaftler, die sich ganz auf den Erwerb wissenschaftlichen Kapitals konzentrieren können.

Worin liegen die wichtigsten Unterschiede in Hinblick auf die „Kunst, eine Hochschule zu leiten" zwischen dem „Markt-Modell" der amerikanischen Spitzenforschungsuniversität und dem „bürokratisch-oligarchischen Modell" der öffentlichen deutschen Universität? Die deutschen Universitäten galten lange Zeit als Muster und Vorbild für die Professionalisierung und die Institutionalisierung der Forschung.[77] Heute sind es die amerikanischen, insbesondere die so genannten „Eliteuniversitäten", die international als Vorbild für die Professionalisierung und die Institutionalisierung von Forschung gelten. „In marktorientierten Hochschulsystemen sind die Entscheidungskompetenzen bei den strategischen und exekutiven Leitungsorganen der Hochschulen konzentriert. Das Management wird durch eine vergleichsweise große und professionelle Verwaltung unterstützt. Das politische System gibt nur lose Rahmenbedingungen vor, die den Handlungsspielraum der einzelnen Institutionen nicht wesentlich beschränken. Die staatliche Administration ist peripher und erfüllt andere Aufgaben als die Ministerien staatlich dominierter Systeme. Während staatlich dominierte Hochschulsysteme dazu tendieren, die Unterschiede zwischen den einzelnen Institutionen gering zu halten, ist individuelle Profilbildung die Triebkraft jenes Wettbewerbs, der die Marktorientierung dieser

---

77 Der Historiker Stefan Rebenich (2007) skizziert den Wandel der Universität in Deutschland im Laufe der ersten Jahrzehnte des 19. Jahrhunderts: „Die institutionellen und strukturellen Veränderungen, die die deutsche Universität des beginnenden 19. Jahrhunderts zu einem international erfolgreichen Modell machten, sind auf das engste mit der neuhumanistischen Konzeptualisierung und Säkularisierung der höheren Bildung verbunden. Die >Humboldtsche< Idee, die die zeitgenössischen philhellenischen, nationalen, aufklärerischen und idealistischen Strömungen aufgriff und verschmolz, transzendierte indes den universitären Bereich. Erziehung und Wissenschaft wurden als Teil einer umfassenden Erneuerung von Staat und Gesellschaft verstanden. Das liberale Ideal einer auf Freiheit von Forschung und Lehre basierenden Universität grenzte sich vom dirigistischen Hochschulsystem französischer Provinienz ab. Der Gelehrte wurde zu einem wissenschaftlich Gebildeten. Bildung und Wissenschaft wurden zum Leitmotiv. Jeder Mensch, so lehrten die Vertreter des philosophischen Idealismus, trage die Idee der Wissenschaft in sich, so dass das Studium der geistigen und sittlichen Perfektion diene. Wissen wurde als dynamischer Erkenntnisprozess aufgefasst, die allgemeine Menschenbildung als Ziel propagiert. Wilhelm von Humboldt erklärte es als notwendig, >die Wissenschaft als etwas noch nicht ganz Gefundenes und nie ganz Aufzufindendes< zu betrachten und unablässig sie als solche zu suchen. Schon das Studium war folglich eine permanente Aufforderung zur innerweltlichen Askese. Der praktische Nutzen der wissenschaftlichen Wahrheitssuche wurde verneint: Wissenschaft war Selbstzweck. Die Reformen verkündeten zugleich ein neues Verständnis von Forschung und Lehre. Die Forschung war strenger Methode verpflichtet. Also wurden die Professoren zur Veröffentlichung ihrer Ergebnisse angehalten und mussten sich der gelehrten Diskussion und Kritik stellen. Zugleich war der Forschungsprimat unbestritten. Nur ein guter Wissenschaftler war ein guter Lehrer. Ein neuer Stil zog in die Seminare ein, der auf der staatlichen Garantie von Lern- und Lehrfreiheit basierte. In enger Kooperation zwischen Studenten und dem akademischen Lehrer sollten die Methoden des Fachs eingeübt und wissenschaftliches Arbeiten vermittelt werden. Die Krönung dieser universitären Erziehung war die Inaugural-Dissertation, die einen wissenschaftlichen Erkenntnisgewinn vorweisen musste" (Rebenich, 2007: 24f.).

Systeme ausmacht" (Pechar, 2006: 58). Die Universität ist in der Konfiguration des „Markt-Modells" ein korporativer Akteur, der strategische und operationale Entscheidungen relativ autonom treffen kann. Die Politik bedient sich des Integrationsmechanismus Markt, um die Universitäten in Hinblick auf die Aufgabenerfüllung (indirekt) zu steuern. Auch wenn es sich um staatliche Hochschulen handelt, sichert die öffentliche Hand lediglich die infrastrukturellen Rahmenbedingungen universitären Handelns, enthält sich aber der strategischen und operationalen Steuerung (vgl. Braun, 2001: 253). Erst in einem Arrangement wie diesem, so Braun, „kann es zur Rollendifferenzierung und zu einer Anhebung des Wertes des inneruniversitären politischen Kapitals kommen. Erst hier lohnt es sich für die Wissenschaftler, selbst politisches Kapital zu nutzen, um ihre Position an der Universität zu verbessern. Wenn sie ökonomisches Kapital erwerben wollen, müssen sie an die Wissenschaftsadministration herantreten und wissenschaftliches und/oder politisches Kapital vorweisen, um entsprechend belohnt zu werden" (Braun, 2001: 253). Die Transformation des überkommenen „bürokratisch-oligarchischen Modells" zum „Management-Modell" verändert die Machtstrukturen und damit die Rolle der Akteursgruppen im deutschen Hochschulsystem nachhaltig.

5.3.4. Das „Management-Modell" der Universität

Durch die Trends zu Ökonomisierung und Privatisierung werden nicht nur die tradierten Formen staatlich organisierter Wissenschaftsfreiheit in Frage gestellt, sondern auch „wissenschaftsfremde" Effektivitäts- und Effizienzforderungen in Hinblick auf die Ausbildung von erzieherischem Kapital an die Universitäten herangetragen. Einer gängigen Situationsdeutung zufolge, konnten bisher sowohl die einzelnen Wissenschaftler wie auch die Wissenschaft als Institution ihre Autonomie auf der Grundlage staatlich garantierter finanzieller Planungssicherheit wahren. In den Grenzen des in dieser institutionellen Form ausdifferenzierten sozialen Systems Wissenschaft konnte sich ein spezifisches System von Rationalitätskriterien gegen andere Systeme von Rationalitätskriterien entwickeln und halten. Neue wissenschaftliche Erkenntnisse wurden nach dem Rationalitätskriterium der Wahrheit angestrebt. Vor allem innere Befriedigung, aber natürlich auch in Aussicht gestellte Anerkennung – wenn nicht gar Ruhm - in der wissenschaftlichen Gemeinschaft und in der Gesellschaft lockten die am Prozess der Wissenschaft interessierten Individuen zu hohem Einsatz und außerordentlicher Leistung. Nun aber ziehe, so die Kritiker der Entstaatlichung der Universität, die traditionell den institutionellen Rahmen für die staatlich organisierte und garantierte Wissenschaftsfreiheit bildete, ein völlig anderes System von Rationalitätskriterien in die Wissenschaft ein, das nicht nur mit seiner Begrifflichkeit ein neues Anreizsystem für die Wissenschaft betreibenden Individuen etabliere, sondern das hohe Gut der Wissenschaftsfreiheit auf dem Altar des neuen Bezugssystems gleich mitopfere. Und zwar dadurch, dass es Erkenntnisse zu Produkten umdeute, Anerkennung in der Gemeinschaft der Forschenden durch das generalisierte Tauschmedium Geld ersetze und das das Wissenschaftssystem prägende Rationalitätskriterium Wahrheit zugunsten des Kriteriums (wirtschaftlicher) Verwertbarkeit verdränge (vgl. Lege, 2005: 7).

Bei dem „Management-Modell" handelt es sich, wie oben diskutiert, um ein Regulierungskonzept für Hochschulen, das nicht aus der Verwaltungstradition der Universitäten heraus entstanden ist oder sich auf dessen spezifische Bedürfnisse hin ausgerichtet entwickelt hat, sondern um ein der Betriebswirtschaftslehre entlehntes, umfassendes politisches Steuerungsmodell mit dem Ziel, staatliche Dienstleistungen ökonomischer, d.h. effizienter und effektiver und vor allem aber bürgernäher zur Verfügung zu stellen (vgl. Braun, 2001: 253). Im Einzelnen handelt es sich dabei, wie oben in Hinblick auf die Rezeption des New Public Managements in Deutschland diskutiert, um ein breites Instrumentenbündel zur Reform der kommunalen Verwaltung und Leistungserstellung, das im Laufe der Zeit in die anderen Gebietskörperschaften und öffentlichen Einrichtungen diffundiert. „Zu seinen wesentlichen Bausteinen gehört zunächst einmal eine utilitaristische Auffassung von (quasi-) staatlichen Institutionen. Auf Universitäten bezogen heißt dies, dass Bildung und Wissenschaft als Selbstzweck abgelehnt werden. Erwünscht ist stattdessen eine weit gehende Öffnung zur Gesellschaft hin, d.h. die vom Staat mit einer öffentlichen Funktion beauftragten Institutionen sollen ,responsiv' auf die Nachfrage von ,Konsumenten' und ,Klienten" reagieren" (Braun, 2001: 253).

Hinter der Einführung des „Management-Modells" der Regulierung von Universitäten verbirgt sich ein Paradigmenwechsel in Hinblick auf das allgemeine Verständnis vom Wesen staatlichen Handelns allgemein und von der Funktion von Universitäten im Speziellen, dem nun in erster Linie eine utilitaristische Auffassung vom Zweck staatlicher Verwaltungen und Leistungsorganisationen zugrunde gelegt beziehungsweise zugeschrieben wird. „Dies bedeutet einen Schwenk der Organisation von Lehre und Forschung an den Universitäten von einer ,Angebotsstruktur' (die Wissenschaft bestimmt im Wesentlichen das Angebot und die Leistungen der Hochschulen) hin zu einer ,Nachfragestruktur' (die Gesellschaft bestimmt das Angebot). Anstelle einer ,kameralistischen' Führung wird eine inhaltlich-strategische Politik gefordert, die in Zusammenarbeit mit den vom Staat beauftragten Institutionen entwickelt, vom Staat jedoch entschieden wird" (Braun, 2001: 253f.). Erste Konturen eines neuen Verhältnisses zwischen Staat und Markt in der Hochschulsteuerung deuten sich damit an. Der konservative Bildungsstaat befindet sich bereits im Übergang von einem Leistungs- zu einem Steuerungsstaat, der zwar nach wie vor im hochschulpolitischen Feld Infrastrukturverantwortung wahrnimmt, jedoch den Aufbau und Betrieb von Leistungsstrukturen, wenn nicht an private Betriebe (materiale Privatisierung) abgibt, so doch diese Aufgaben formal privatisiert (vgl. van Laak, 2001: 369). Formale Privatisierung liegt dann vor, wenn nicht nur betriebswirtschaftliches Denken und privatwirtschaftliche Arbeitsverhältnisse in die staatlichen Hochschulen implementiert werden, wie im Fall der Ökonomisierung betrieblicher Strukturen durch die Übernahme von Elementen des NPM, sondern Teile der öffentlichen Dienste bzw. staatlichen Einrichtungen zunächst organisatorisch ausgegliedert und dann beispielsweise in private Rechtsformen (z.B. GmbH, AG) oder in die Form einer öffentlich-rechtlichen Stiftung (wie in Niedersachen) überführt werden. Die Verlagerung von öffentlichen Aufgaben in diese Rechtsformen erfolgt in der Regel, weil man sich von diesen (autonomeren) Gesellschaftsformen größere strategische Entscheidungs- und Handlungsflexibilität verspricht (vgl. Boeßenecker, 2000: 85). Die Politik wird in Zukunft die globalen und quantitativen Zielvorgaben in Bezug auf die Forschungs- und Lehrangebote, die Kapazitäten und das Budget bestimmen und damit die finanziellen Rahmenbedingungen der Hochschulen weiterhin weitgehend sichern. Die Universitäten werden ermächtigt bzw. sind gezwungen im Rahmen der ihnen übertragenen operativen Entscheidungsfreiheit, die sie mit der eigenverantwortlichen Verwaltung des Budgets betraut, ihre Ressourcen strategisch einzusetzen, um sich in einem ökonomisierten Feld der Hochschulbildung und -wissenschaft zu behaupten. Vom amerikanischen „Markt-Modell" unterscheidet sich das neue „Management-Arrangement" dadurch, dass sich der Staat bei der Definition von Rahmenzielen und bei der Evaluation der Ergebnisse stärker als bisher engagiert. Im Unterschied sowohl zum „Markt-Modell" wie zum „bürokratisch-oligarchischen Modell" wird die Strategie der Universität in erster Instanz vom Staat über die Formulierung von Globalzielen festgelegt. Im Unterschied zum bürokratisch-oligarchischen Modell werden die Universitäten zwar zu korporativen Akteuren, die sowohl operative wie strategische Entscheidungen treffen dürfen, aber eben nur, um die von der Politik vorgegebenen Globalziele flexibel zu erfüllen.[78] Die Universitäten erhalten, so Braun, „eine *strategische Kompetenz zweiter Ordnung*, während die strategische Kompetenz erster Ordnung von der Politik ausgeübt wird, und zwar in stärkerem Maße als in allen anderen Modellen mit Ausnahme des Staatsmodells. Das Management-Modell führt den Akteur Staat also verstärkt als Mitgestalter der universitären Ebene ein, während er gleichzeitig als ‚Buchhalter' zurücktritt" (Braun, 2001: 254).

Mit dieser Entwicklung eng verbunden ist die Frage, ob die deutschen Universitäten einen Paradigmenwechsel von der fachlich gesteuerten Organisation der wissenschaftlichen Experten zur marktgesteuerten Organisation des Finanzmanagements vollziehen. Das Paradigma der fachlich gesteuerten Expertenorganisation wurde durch das im hochschulpolitischen Feld dominierende „bürokratisch-oligar-

---

[78] Vor dem Hintergrund internationaler Erfahrungen mit dem Übergang zum Management-Modell lassen sich zwei Szenarien für die mögliche Weiterentwicklung der deutschen Hochschulen entwerfen (McNay, 1999; Braun, 2001). Das „bürokratisch-oligarchische Modell" könnte sich entweder in ein „Korporationsmodell" oder aber in ein „Unternehmensmodell" der Universität transformieren. „Das Korporationsmodell ist an einer schlagkräftigen Organisation interessiert. McNay beschreibt es als ein disjunktes Modell, bei dem sich eine politisch-strategische Leitungsebene und eine repräsentativ-beratende Selbstverwaltungsebene gegenüberstehen. Die Zuteilung von Verfügungsrechten, die Verabschiedung institutioneller Regeln usw. wird relativ autonom von der Leitungsebene entschieden" (Braun, 2001: 256). Das Korporations- und das Unternehmensmodell unterscheiden sich in Hinblick auf die politischen Regulierungsstrukturen, die ihrerseits wiederum die Machtpositionen an den Universitäten bestimmen (vgl. McNay, 1999). Während das Korporationsmodell vor allem an einer schlagkräftigen Universitätsorganisation interessiert ist, zielt das Unternehmensmodell des Management-Modells vor allem darauf, die Leistungserstellung der Universität auf die Bedürfnisse des Marktes und der Gesellschaft auszurichten (vgl. Braun, 2001: 256f.).

chische Modell" der Universität, welches das Grundrecht der Wissenschaftsfreiheit auch gegenüber dem Staat selbst sicherte, getragen. Die Destabilisierung dieses Feldes durch die verschiedenen Ökonomisierungs- und Privatisierungsprozesse hebt den Schutz der Expertenorganisation Universität vor dem direkten Eindringen von Marktkräften auf und fördert damit ein neues vom (Finanz-) Management beherrschtes Regime. Je mehr das hochschulpolitische Feld von der Logik der betriebswirtschaftlichen Unternehmensführung durchdrungen wird, umso mehr wird die traditionelle Hegemonie der wissenschaftlichen Experten durch *privat sector professionals* (Perkin) des Finanzmanagements überformt (vgl. Münch/Guenther, 2005: 394). Auch wenn man diese Befürchtungen nicht teilt, bleibt doch problematisch, dass die treibenden Kräfte hinter den Reformbestrebungen des NPM die Verwaltung selbst war und ist. Und das ureigene Ziel der Verwaltung ist es, die Verwaltung für die Verwaltung zu verbessern und nicht unbedingt für die Wissenschaft, die wissenschaftlichen ExpertInnen oder die Studierenden (vgl. Rehbinder, 2002: 739).

Auch Tenorth (2005) betont in diesem Zusammenhang, dass die Pointe der neuen Steuerungsstrategie im Bildungswesen in der unmittelbaren Verbindung der scheinbar unverträglichen Prinzipien Steuerung und Autonomie besteht. Einerseits delegiert die Politik im Zuge der Implementierung des neuen Steuerungsmodells größere lokale Verantwortung an die Leistungsorganisationen. Gleichzeitig unterwirft sie diese aber der Kontrolle überregional legitimierter und fixierter Leistungskriterien. Doch, so wendet Tenorth gegen die Kritik an den neuen Konzepten wiederum kritisch ein: „Autonomie bedeutet im Bildungsbereich nur Selbstständigkeit in der Abhängigkeit, keineswegs unkontrollierte Selbstgesetzgebung. Verantwortung für die Leistungserbringung an der einzelnen Schule oder Hochschule muss deshalb mit zentralen Standards und Leistungsmessung parallel gehen. Das ist für viele unbequem, wie alles, was neue Lasten zuschiebt oder alte Privilegien abbaut" (Tenorth, 2005: 89). Den Vorwurf der Kritiker, den diese gegen die neuen Formen der Ergebniskontrolle, verbindliche Bildungsstandards, Evaluationsverfahren und Akkreditierung von Studiengängen und Hochschulen einwenden, die dabei angewendeten „formalen Kriterien" würden der Besonderheit von wissenschaftlichen Disziplinen und Studiengängen nicht gerecht, weist Tenorth mit dem Argument zurück, dass die Entwicklung von disziplineigenen Gütekriterien nur ein Frage der Zeit sei. Diese Entwicklung könne nicht als Ökonomisierung, d.h. als Einführung eines wissenschaftsfremden Prinzips in die Bildungseinrichtungen gedeutet werden, denn Evaluation und Akkreditierung werden in der Trägerschaft und Kontrolle der Wissenschaften sein (vgl. Tenorth, 2005: 89).[79]

---

79 Vgl. zum Paradigmenwechsel bei der Qualitätssicherung im Hochschulsystem Schade (2005).

5.4. Modularisierung und Standardisierung der Studiengänge in Europa

Keine „Umstellung" des tradierten deutschen Hochschulsystems - neben der unter den Stichworten „Verbetriebswirtschaftlichung" und „Vermarktlichung" des Hochschulwesens, der Einführung von Studiengebühren und der Suche und Auszeichnung von Eliteuniversitäten - wird so intensiv und kontrovers in der deutschen hochschulpolitischen Öffentlichkeit diskutiert wie die radikale Abkehr von den etablierten Studienabschlüssen „Diplom", „Magister" und „Staatsexamen" und deren Ersetzung durch die englischsprachigen Zertifikate „Bachelor" und „Master" im Zuge des so genannten Bologna-Prozesses (vgl. Witte, 2006: 21; Fuchs/Reuter (Hrsg.), 2003). An die Stelle nationaler Normierung und Standardisierung der Strukturen und Organisationen des Bildungssystems ist in Deutschland bereits seit Anfang der 1990er Jahre eine Entwicklung der Entstandardisierung, Flexibilisierung, Modularisierung und Pluralisierung der Bildungsproduktion in Gang gekommen (vgl. Stichweh, 2001). Dieser Trend wird als Antwort auf die forcierte Individualisierung der Arbeits- und Beschäftigungsbedingungen durch die Verschiebung hin zu marktökonomischen Steuerungs-, Koordinations- und Verteilungslogiken und der damit verbundenen Zunahme individuell ungleicher Chancen und Risiken gedeutet (vgl. Kratzer, 2005). Auslöser vieler Reformschritte waren Bemühungen um eine Internationalisierung der universitären Ausbildung durch eine Angleichung der Studiengänge und Studienbedingungen mit dem erklärten Ziel, die Mobilität der Studierenden über die nationalen Grenzen hinweg zu ermöglichen (vgl. Fuchs, 2003: 5).

Als Initialereignis des Bologna-Prozesses und damit der flächendeckenden Umstellung auf Bachelor- und Masterstudiengänge in Deutschland gilt im hochschulpolitischen Diskurs die so genannte Sorbonne-Erklärung vom Mai 1998, die auf Initiative des französischen Bildungsministers Claude Allègre zusammen mit den zuständigen Fachministern aus Italien (Luigi Berlinguer), Deutschland (Jürgen Rüttgers) und der Bildungsministerin aus Großbritannien (Tessa Blackstone) mit dem Ziel einer „Harmonisierung der gesamten Rahmenbedingungen für unsere akademischen Abschlüsse und Ausbildungszyklen" (Sorbonne-Erklärung, 1998) avisiert wurde und ein Studiensystem, „in dem zwei große Zyklen, Studium und Postgraduiertenstudium, für den internationalen Vergleich und die Feststellung von Entsprechungen anerkannt werden sollten" (Sorbonne-Erklärung, 1998) in Aussicht stellte (vgl. Witte, 2006: 21). Europa solle, so die Erklärenden, nicht nur ein Europa des Euro, der Banken und der Wirtschaft sein, sondern auch ein Europa des Wissens: „Wir müssen auf die intellektuellen, kulturellen, sozialen und technischen Dimensionen unseres Kontinents bauen und sie stärken. Sie sind in großem Maße von ihren Universitäten geprägt worden, die weiterhin eine ganz entscheidende Rolle in deren Entwicklung spielen" (Sorbonne-Erklärung, 1998).

Am 19. Juni 1999 vereinbarten dann 29 europäische Bildungsminister - auch von außerhalb der Europäischen Union - die Bologna-Erklärung, die in ihren programmatischen Überlegungen explizit auf die Sorbonne-Erklärung vom Vorjahr Bezug nimmt und deren Zielsetzung „die Schaffung des europäischen Hochschulraumes als Schlüssel zur Förderung der Mobilität und arbeitsmarktbezogenen Qualifizierung seiner Bürger und der Entwicklung des europäischen Kontinents insgesamt" (Bologna-Erklärung, 1999) als Grundgedanken aufnimmt und weiterzuentwickeln beansprucht.[80] Die Erklärung von Bologna, die bis 2010 einen „Europäischen Hochschulraum" vorsieht, zielt auf eine größere Durchlässigkeit und Vergleichbarkeit der nationalen europäischen Hochschulsysteme. Explizit werden drei Ziele mit der Erklärung verfolgt: *Erstens* soll die internationale Mobilität der Studierenden und Lehrenden erhöht werden, um die kulturelle Annäherung innerhalb Europas zu fördern. *Zweitens* sollen die Arbeitsmarktchancen der Studierenden und Absolventen durch deren Mobilität verbessert werden und *drittens* zielt die Erklärung darauf, das sich formierende europäische Hochschulsystem für den globalen Wettbewerb mit den als Gegnern bzw. Wettbewerbern identifizierten außereuropäischen Systemen konkurrenzfähig zu machen (vgl. Osterwalder/Gäbler, 2001).

Diese drei Ziele werden in Deutschland nur selten in Frage gestellt. Teilweise massive Kritik am Bologna-Prozess provoziert aber immer wieder die explizite und einseitige Indienstnahme des projektierten einheitlichen europäischen Universitätssystems für die Wirtschaft Europas und Deutschlands und die politische Instrumentalisierung des Prozesses im Kampf um ungelöste spezifische Probleme der deutschen Hochschulen, allen voran die seit Jahrzehnten andauernde Überlastung vieler Hochschulen und die daraus folgenden hohen Abbrecherquoten und überlangen Studienzeiten. Trotz der Offenheit bezüglich der Ausgestaltung im Erklärungstext, so Witte, „entwickelte der Bologna-Prozess einen starken Einfluss auf den Fortgang der Reformen in den einzelnen Ländern. Er wurde vielfach herangezogen, um nationale Ausgestaltungen zu legitimieren, die auf europäischer Ebene nicht schriftlich festgelegt sind" (Witte, 2006: 22). Der Bologna-Prozess kann deshalb nicht als bildungspolitischer Reformkomplex der Studienorganisation isoliert analysiert und bewertet werden, sondern ist hierzulande eingebettet in eine Vielzahl von Bestrebungen, die Finanzprobleme der Hochschulen zu lösen, die Studierenden gezielter und intensiver zu betreuen und auf den Arbeitsmarkt vorzubereiten und die Hochschulforschung wieder zu einer axialen Struktur der im globalen Wettbewerb sich wähnenden Wissensgesellschaft zu machen (vgl. Winkel, 2006: 28).

5.4.1. Die Bologna-Erklärung und der Wandel des Hochschulsystems

Die Diskussion über die Modularisierung und Standardisierung der Hochschulbildung in Deutschland ist eng mit dem Namen „Bologna" verknüpft (vgl. Kellermann, 2006). „Bologna" soll passende Antworten auf die Probleme geben, mit denen die nationalen europäischen Hochschulsysteme vor dem Hintergrund veränderter sozial-

---

80 Die Bologna-Erklärung wurde von 29 Bildungsministern unterzeichnet. Diese vertraten folgende Staaten: Belgien, Bulgarien, Dänemark, Deutschland, Estland, Finnland, Frankreich, Griechenland, Irland, Island, Italien, Lettland, Litauen, Luxemburg, Malta, Niederlande, Norwegen, Österreich, Polen, Portugal, Rumänien, Slowenien, Slowakei, Schweden, Spanien, Tschechien, Ungarn und das Vereinigte Königreich.

struktureller, sozioökonomischer, europäischer und globaler Rahmenbedingungen (scheinbar) konfrontiert sind. Der Umbau der europäischen Hochschulsysteme hat jedoch lange vor der Bologna-Erklärung vom 19. Juni 1999 begonnen. Die Individuen bzw. die privaten Haushalte in Deutschland, die der zunehmenden Ergebnis- und Marktorientierung der Unternehmen und des Wohlfahrtsstaates gerecht werden sollen, antworten auf die neuen Chancen und Risiken der globalisierten und europäisierten (Arbeits-) Marktgesellschaft mit immer differenzierteren, die überkommenen Strukturen der Hochschulsysteme transformierenden Bildungsstrategien (vgl. Zymek, 2004). Nicht nur die privaten Haushalte, sondern auch die Bildungsinstitutionen treiben die „Internalisierung des Marktes" in ihre Strukturen und ihr Selbstbild voran und richten ihre Arbeits- und Leistungssteuerung, wie in den Kapiteln 4.1 und 4.2 expliziert, stärker als bisher an (oft quasi-) marktbewerteten Ergebnissen oder Erfolgen aus.

Auf der tertiären Ebene des Bildungssystems werden im Zuge des berufsstrukturellen Wandels immer differenziertere und spezialisiertere Qualifikationen nachgefragt. „Das beinahe magische Begleitwort zu den Modularisierungsbestrebungen heißt <Flexibilität>: Flexible Anpassung und Diversifizierung von Inhalten und Methoden an die sich ständig verändernden Anforderungen der Gesellschaft und der Arbeitswelt, flexible Individualisierung der Bildungsparcours auf der Basis von immer vielfältigeren persönlichen und beruflichen Biographien" (Ghisla, 2005: 158). Die Differenzierung von Bildungsangeboten im Hochschulbereich zeigt sich einerseits auf horizontaler Ebene in der weiteren Auffächerung unterschiedlicher Studiengänge und andererseits in einer vertikalen Dimension, wenn es um die Abstufungen in Qualität und Reputation der Bildungsangebote geht. Die Modularisierung und Entstandardisierung der Hochschulausbildung verspricht sowohl den Individuen wie auch den Betrieben Flexibilität und scheint damit zentralen Bedürfnissen sowohl der Dienstleistungs- und Wissensökonomie wie auch den nach Selbstverwirklichung und Autonomie strebenden Akteuren zu entsprechen. Ghisla macht auf die verführerischen Verlockungen, die in der Idee der Modularisierung in der Bildung mitschwingen, aufmerksam: Diese verspräche „einen zentralen Anspruch moderner Bildung einlösen zu können, nämlich deren effektive Anpassung an die Bedürfnisse sowohl der Individuen auf der einen als auch der unterschiedlichen gesellschaftlichen Instanzen auf der anderen Seite. Offensichtlich eine ideale Perspektive zur Erneuerung der in der westlichen Welt in die Jahre gekommenen Bildungssysteme, die Mühe bekunden, sich auf die gesellschaftlichen Veränderungen einzustellen" (Ghisla, 2005: 157). Die Promotoren versprechen sich, so Ghisla, von der Modularisierung von Bildungsprozessen aber nicht nur einen allgemeinen Beitrag zur gesellschaftlichen Modernisierung, sondern vielmehr „die Rationalisierung und Optimierung von Schulsystemen und die Einlösung des immer währenden pädagogischen Ideals der Differenzierung" (Ghisla, 2005: 158).

Die Ziele der Bologna-Erklärung sollen mit einer Reihe von Maßnahmen erreicht werden. Um die Durchlässigkeit der nationalen Bildungssysteme und die Vergleichbarkeit der Bildungsabschlüsse in Europa zu erreichen, müsse das Studium, so die Reformer, von den Studienzielen ausgehend, weitgehend modularisiert und einheitlich strukturiert werden. Bereits erbrachte Studienleistungen sollen mit Hilfe eines Kreditpunktesystems (ECTS) europaweit transparent, anerkannt und damit „mobil" gemacht werden. Um die Vergleichbarkeit für das einheitliche europäische Hochschulsystem und die zukünftigen Arbeitgeber zu erhöhen, müsse die europäische Zusammenarbeit bei der Qualitätssicherung in Hinblick auf die Erarbeitung vergleichbarer Kriterien und Methoden für die Akkreditierung von Studiengängen vorangetrieben werden. Die neu geordnete europäische Bildungswelt werde das Tor zu neuen Chancen öffnen: „Theoretisch öffnet dieses neue System den Studierenden nahezu unendliche Wahlmöglichkeiten, ihr Studium auch fach-, universitäts- und nationenübergreifend zu gestalten. Die immer wieder von Politik und Wirtschaft geforderte Mobilität der Studierenden und Absolventen soll ganz nebenbei auch die kulturelle Annäherung innerhalb Europas fördern" (Osterwalder/Gäbler, 2001). Doch schon heute zeigt sich, dass immer neue Regelungen nötig sind, um die im Gefolge der Reformumsetzung entstandene neue Unübersichtlichkeit zu beherrschen. Fast alle europäischen Staaten haben Verfahren zur Akkreditierung von Hochschulen, Studienprogrammen oder akademischen Graden entwickelt, deren Vielfalt ebenfalls kaum noch überschaubar ist.

5.4.2. Vom zwei- zum dreistufigen Modell der Studienorganisation

Einen wichtigen Einschnitt bedeutet für das deutsche Hochschulsystem die Übernahme eines zentralen, in den angelsächsischen Hochschulsystemen tradierten, Strukturelements: Der Reformprozess sieht vor, im Studienverlauf der Graduiertenphase ein untergraduiertes Studium vorzulagern (vgl. Pechar, 2006b: 122). Ziel des Bologna-Prozesses ist die „Einführung eines Systems, das sich im Wesentlichen auf zwei Hauptzyklen stützt: einen Zyklus bis zum ersten Abschluss (*undergraduate*) und einen Zyklus nach dem ersten Abschluss (*graduate*). Regelvoraussetzung für die Zulassung zum zweiten Zyklus ist der erfolgreiche Abschluss des ersten Studienzyklus, der mindestens drei Jahre dauert. Der nach dem ersten Zyklus erworbene Abschluss attestiert eine für den europäischen Arbeitsmarkt relevante Qualifikationsebene. Der zweite Zyklus sollte, wie in vielen europäischen Ländern, mit dem Master und/oder der Promotion abschließen" (Bologna-Erklärung, 1999). Ein dreistufiges Studienmodell mit Bachelor-, Master- und Doktorgrad löst damit das bisherige in Deutschland übliche zweistufige Modell mit einem einstufigen Graduiertenstudium und einer Promotionsphase ab.[81]

81 Mit den neuen gestuften Studiengängen sollen die deutschen Universitäten aber auch in die Lage versetzt werden, Studierenden aus aller Welt ein attraktives und vor allem an deren Bildungsbiographien orientiertes anschlussfähiges Bildungsprodukt anzubieten. „Es geht ganz konkret darum, die USA als bisher wichtigsten Anbieter von Bildungsdienstleistungen auf dem globalen Bildungsmarkt herauszufordern. Nicht mehr die nationalen Bildungsressourcen sollen erschlossen werden, sondern die globalen Bildungsreserven sollen ausgebeutet werden" (Osterwalder/Gäbler, 2001).

Vor allem dieser Reformschritt kann in seiner Tragweite noch nicht abgeschätzt werden, berührt er doch die institutionelle Einbettung des deutschen Hochschulsystems in das tradierte nationale Bildungssystem fundamental. „Aus einem ursprünglich als Einheit konzipierten Universitätsmodell, das in Konkurrenz zu anderen etablierten (betrieblichen) Ausbildungswegen steht und Schwächen in langer Studiendauer und Stärken im guten Ausbildungsgrad seiner Staatsexamens-, Magister- und Diplomstudenten hat, sollen zwei separate Einheiten geformt werden. Absolventen sollen sowohl mit dem Bachelor unmittelbar Beschäftigungsmöglichkeiten finden als auch auf ein weiterführendes Studium – auch in den USA – vorbereitet werden. Wenn wir die amerikanischen Erfahrungen des 19. Jahrhunderts als Vorbild nehmen, dann wird bei Hochschulreformen darauf zu achten sein, dass nicht nur einfach ausländische Bildungsabschlüsse übernommen, sondern diese den spezifischen gesellschaftlichen Gegebenheiten in Deutschland angepasst werden" (Schild, 2005: 20). Die überkommenen Unterschiede der im deutschsprachigen und angelsächsischen Raum bis heute tief verankerten Struktur des Studiums reichen bis ins 18. Jahrhundert zurück, als sich die Aufgabenbereiche von Universitäten und Schulen ausdifferenzierten. In Preußen wurden die propädeutischen Funktionen der mittelalterlichen Artistenfakultät bereits mit den Reformen zu Beginn des 19. Jahrhunderts in das Curriculum des Gymnasiums integriert. In den angelsächsischen Bildungssystemen sind diese Funktionen dagegen nicht dem Sekundarschulwesen übertragen worden. Sie bilden bis heute den Kern des Undergraduate-Studiums an der Universität (vgl. Pechar, 2006b: 122). Die fehlende Reflexion und Berücksichtigung der verschiedenen Strukturtraditionen im Zuge der Umsetzung des Bologna-Prozesses trägt nicht unwesentlich zur Verwirrung bei. Die beabsichtigte Einführung eines untergraduierten Abschlusses (Bachelor) zeigt, dass das Hochschulsystem nur vor dem Hintergrund seiner Interdependenz mit den anderen bildungssystemischen Strukturen und Kontexten rationalisiert werden kann und auch dann nicht ohne gravierende Folgen für die institutionelle Umwelt. Mit der Verkürzung der Gymnasialausbildung in verschiedenen Bundesländern, wie beispielsweise in Bayern, scheint bereits ein Anpassungsprozess im Schulsystem an die veränderte Studienstruktur in Gang zu kommen. Die Folgen für das Gymnasium und den Stellenwert des Abiturs sind noch kaum absehbar.

5.4.3. Chancen und Risiken der Standardisierung und Modularisierung

Gianna Ghisla (2005) untersucht die Chancen und Risiken der Modularisierungstendenzen im Bildungswesen. Einen zentralen Aspekt des gesellschaftlichen Wandels in den dynamischen wissensbasierten Industrie- und Dienstleistungsgesellschaften bildet die Individualisierung der Lebensläufe und die wachsende Entstandardisierung der Lebenswelten der Individuen. Ein wichtige Facette der wachsenden Entstandardisierung der Lebenswelten zeigt sich in der immer schnelleren Entstrukturierung der tradierten Berufsprofile in der Dienstleistungs- und Wissensökonomie. Auf die daraus erwachsende immer komplexere und in hohem Maße differenziertere

Systemumwelt gibt die 'Modularisierung' von Bildungs- und Berufsbildungssystemen eine Antwort (vgl. Frommberger, 2005: 193). Die Stufung und Modularisierung der tertiären Bildung ist eine mögliche Antwort auf die Herausforderungen zunehmender beruflicher Mobilität und der dynamischen Entwicklung des Wissens. Die neuen Kommunikationsmedien und Kommunikationstechnologien begünstigen die Modularisierung, weil sie die Unabhängigkeit der Individuen von konkreten Lernorten steigern. Die Vergleichbarkeit und erleichterte Anerkennung und Verwertung von nicht nur formal, sondern auch von non-formal und informal erworbenen Qualifikationen wird durch die modularisierte Neukomposition von Bildungsinhalten und Bildungsprozessen verbessert. Nicht intendierte Folgen dieser Entwicklung sind jedoch die Funktionalisierung, Normierung und Homogenisierung der Bildungsinhalte und der Bildungsprozesse. Stufung und Modularisierung des Studiums ermöglichen, so deren Befürworter, die Rationalisierung von Bildungssystemen, indem sie zur Überwindung starrer Lehrpläne beitragen und für erhöhte Transparenz und von Ort und Zeit unabhängige Zugangsoffenheit sorgen. Sie erleichtern dadurch Kooperation und Abstimmung zwischen verschiedenen Lernorten und versprechen einen gezielteren, optimierten Einsatz von Kompetenzen, was wiederum die Kostentransparenz erhöht und Effizienzsteigerung durch Mehrfachnutzung von Kompetenzen verspricht. Die Fragmentierung und zunehmende Unübersichtlichkeit des Bildungsangebots und der Anerkennungsverfahren geht jedoch schon heute mit einer neuen Bürokratisierung der Bildungsprozesse einher und schafft dadurch Abhängigkeiten und Rigiditäten, die es doch ursprünglich zu überwinden galt (vgl. Ghisla, 2005: 164f.).

Befürworter modularisierter Systeme führen ins Feld, dass diese die Anpassung an die Bedürfnisse und Bildungsvoraussetzungen der Lernenden in den beschriebenen gesellschaftlichen Verhältnissen verbessern. Sie sind aber auch eine Antwort auf die veränderten beruflichen Anforderungen der privaten und öffentlichen Unternehmen und der Organisationen des Dritten Sektors, die ihre Strukturen flexibilisiert und auf das durch die Bildungsexpansion veränderte höhere gesellschaftliche Bildungsniveau angepasst haben. Darüber hinaus eröffnet sich durch Modularisierung die Chance, die Anpassungselastizität hinsichtlich der rasanten technischen und wirtschaftlichen Entwicklung im Vergleich mit den überkommenen Systemen zu erhöhen. Kritiker der weit gehenden Modularisierung der Studienstruktur befürchten dagegen eine Fragmentierung der Bildungsinhalte, die Auflösung kohärenter und sinnvoller Strukturen im Bildungsprozess, kurz die Taylorisierung und Fordisierung von Bildung, die ein unübersichtliches Qualifikationssammelsurium zur Folge haben wird, dem die Individuen überfordert und zunehmend orientierungslos gegenüberstehen werden. „Wissen, gleichgesetzt mit Wissensstoff, wird in sehr kleinen Portionen gesammelt und mit Punkten honoriert. Wenn man genug davon hat, so die Meinung, dann ist man ‚fertig', dann hat man Einsicht und Übersicht. Ein solches Denken wäre fatal, es würde der Intention der Reform völlig zuwiderlaufen. Darum muss beim modularisierten Unterricht gerade der integrierenden Einsicht, dem Blick für das Ganze, besondere Aufmerksamkeit geschenkt werden. Lehrveranstaltungen, welche diese Kompetenz fördern, müssen einen sehr hohen Stellenwert bekommen, und die Fähigkeit zu solcher Einsicht muss am Schluss des Studiengangs auch überprüft werden" (Osterwalder/Gäbler, 2001). Die Transparenz und Planbarkeit des Studiums, die durch die Modularisierung und das Kreditpunktesystem erleichtert werden sollen, d. h. die Rationalisierung des Studienverlaufs hat also einen Preis. Skeptiker geben zu bedenken, dass dieses System die Gefahr in sich birgt, dass am Ende einer armseligen Form der Ausbildung der Weg bereitet werden könnte.

Diese Entwicklung setzt im Hochschulbereich unübersichtliche Polarisierungstendenzen in Gang, die es in der bisherigen Struktur nicht gab. Einerseits differenziert sich der hochschulische Sektor des Bildungssystems entlang der Scheidelinie Wissenschaft vs. Wirtschaft weiter aus. Es besteht die Gefahr, dass mit der Einführung der kurzen Bachelor-Studiengänge international relativ homogen qualifizierte Absolventinnen und Absolventen produziert werden, die dem wachsenden Massenarbeitsmarkt der wissensbasierten Dienstleistungsgesellschaft als billige und flexible Arbeitskräfte zugeführt werden. Diese Studiengänge könnten sich in Deutschland zu einem funktionalen Äquivalent des Dualen Ausbildungssystems der Industriegesellschaft entwickeln. Billig wäre dieser Weg auch deshalb, weil sich die Wirtschaft zulasten der studiengebührenzahlenden „Bildungsnutzer" und dem Staat als Betreiber von Hochschulen weiter aus der Finanzierung der Berufsausbildung zurückziehen könnte.

Die Tendenz zur Polarisierung der Hochschullandschaft in wenige Elite- und viele Massen- bzw. Volumenbildungseinrichtungen wird verstärkt durch die wachsende Freiheit der Universitäten, autonom über die Zulassung zu den Bachelor-, Master- und Promotionsstudiengängen entscheiden zu dürfen. Die neue Öffnung kann von finanzkräftigen und prestigeträchtigen Institutionen strategisch genutzt werden, um anderen Einrichtungen wertvolle Humanressourcen abzuwerben. Darauf verweist vor allem Stölting, wenn er am amerikanischen Beispiel zeigt, wie sich ein einmal hierarchisiertes Universitätssystem mit der Zeit strukturell verfestigt (vgl. Stölting, 2003: 181ff.). Der Mythos Chancengleichheit in Bezug auf das Hochschulsystem wird auch in diesem Zusammenhang zu unrecht gepflegt. Die ständische (Selbst-) Selektion findet dann langfristig nicht mehr, wie im dreigliedrigen allgemeinbildenden Schulsystem schon nach der Grundschule, sondern erst im Übergang zur zweiten Stufe des tertiären Bildungssystems statt. In Zukunft wird es zudem auch in Deutschland immer wichtiger werden, an welcher Institution ein akademischer Grad erworben wurde. Die gegenwärtig zu beobachtende Pluralisierung des Bildungssystems geht einher mit einer wachsenden Heterogenität der Bildungsbedingungen und einer Zuspitzung der Unterschiede in der Qualität der Ausbildung. Sichtbar wird die beschriebene Entwicklung an dem zunehmenden Bedarf an Qualitätssicherung, den die Deregulierung und Umstellung der Studiensysteme im Zuge des Bologna-Prozesses nicht nur in Deutschland ausgelöst hat. Die Herausforderung für die Universitäten, die sich als wissenschaftliche Hochschulen verstehen, besteht darin, die Wissenschaftlichkeit der Erstausbildung (Bachelor) nicht zugunsten von Berufsqualifikationen zu vernachlässigen. Die Universität hat die Wahl zwischen Reputations- oder Qualitätsverlust für die universitäre Ausbildung. Aber die Hierarchisierung der Bildungsinstitutionen dient nicht nur dem Ziel, „Spitzenleistungen" in

Forschung und Entwicklung zu generieren. Sie dient ebenso der Ausweitung der Kampfzone im Statuswettbewerb. Soziales Kapital und höher bewertete Schul- und Universitätsabschlüsse stärken „erfolgreiche" statusambitionierte Individuen und deren (familiale) Netzwerke im formal rationalen „Wettbewerb". Bildungserwerb wird in diesem Prozess Teil eines umfassenden „Coachings". Die ungeregelte Chancengesellschaft nützt dem, der für alle Fälle gut trainiert ist. Die Deregulierung der Gesellschaft verstärkt die Abhängigkeit von individuell verfügbaren sozialen, ökonomischen und kulturellen Ressourcen. Jobs werden flüchtig, Mitmenschen auch, tiefere Beziehungen werden zugunsten kontrollierter Interaktionen aufgegeben.

5.5. Privatisierung der Finanzierung der Hochschulbildung

Das Hochschulsystem des konservativen Bildungsstaats wird mit veränderten sozioökonomischen und soziokulturellen Anforderungen konfrontiert. Die deutschen Länder und der Bund konnten sich seit Mitte der 1970er Jahre weder dazu durchringen, die Universitäten - bei seither unverändertem Ausbaustand - mit einem generellen Numerus clausus zu belegen, um diese vor den steigenden Zahlen von Studierwilligen zu schützen und damit auf einem hohen qualitativen Niveau handlungsfähig und „effizient" zu halten. Noch konnten sie sich dazu entschließen, das Hochschulsystem quantitativ und qualitativ den neuen Anforderungen, die aus der wachsenden Professionalisierung des Arbeitsmarktes der wissensbasierten Dienstleistungswirtschaft und der sich verändernden geschlechtsspezifischen Arbeitsteilung erwachsen, anzupassen. Vielmehr zwangen die Regierungen die Hochschulen, mit dem Personal und der Ausstattung der 1970er Jahre, einen Studentenberg zu untertunneln „von dem immer wieder angekündigt wird, dass er demnächst aus demographischen Gründen abflachen werde. Aber der <Berg> hat sich als langgezogenes Hochplateau erwiesen und zwingt die deutschen Universitäten – nicht in den naturwissenschaftlichen und technischen, aber in den wirtschafts-, sozial- und geisteswissenschaftlichen Fächern – zu Forschung und Lehre bei permanenter Überlast bzw. personeller und sachlicher Unterausstattung"(Zymek, 2004: 125f.).

Der Anteil der Personen mit einem Hochschulabschluss ist im institutionellen Arrangements des konservativen Bildungsstaats im internationalen Vergleich, wie die neuesten Zahlen der OECD für das Jahr 2004 belegen, nach wie vor mit 20,6 Prozent eines Jahrgangs sehr gering. Im OECD-Schnitt sind es im Jahr 2004 ca. 34,8 Prozent (vgl. BMBF/Kultusministerkonferenz, 2007: 11). Das gegliederte selektive Schulsystem ist nicht in der Lage, den Anteil der Studienanfänger je Altersjahrgang signifikant zu erhöhen. Bei den länderübergreifenden Vergleichen ist allerdings zu berücksichtigen, dass in Deutschland vor allem für die „bildungsferneren" Mittelschichten ein qualitativ hoch stehendes berufliches Ausbildungssystem vorhanden ist, das auch Nichtakademikern und Kindern von Nichtakademikern im deutschen Produktionsregime attraktive Einkommensperspektiven bietet. Dieses System entlastet durch das Institut der Ausbildungsvergütung vor allem die sozioökonomisch schwächeren privaten Haushalte. Die zentrale Frage, ob dieses System auch in einer wissensbasierten Dienstleistungsgesellschaft Bestand haben wird, kann noch nicht beantwortet werden. Der Anreiz, einen Hochschulabschluss anzustreben, ist vor diesem Hintergrund in Deutschland geringer als in vielen Vergleichsländern. Trotz der im internationalen Vergleich immer noch moderaten Studiengebühren ist die soziale Bildungsmobilität im konservativen Bildungsstaat gering. Während etwa 2/3 aller Kinder von Beamten im studierfähigen Alter studieren, tun dies nur etwa 1/5 aller Arbeiterkinder (vgl. Sachverständigenrat, 2004: 447).

Das Prinzip der Dualisierung, das sich im Dualen System bewährt hat, sollte, so Christoph Ehmann, generell auf jede weitere Bildung nach der Sekundarstufe I übertragen werden. Es geht dabei nicht alleine um die Verbindung von Theorie und Praxis, sondern vor allem um eine neue Struktur der Finanzierung betrieblicher, schulischer oder hochschulischer Berufsausbildung. Grundsätzlich sollten die Nutznießer der von den öffentlichen Bildungseinrichtungen vermittelten Qualifikationen an den Kosten beteiligt werden (vgl. Ehmann, 2003: 163). Ehmann hat dabei nicht in erster Linie, wie beispielsweise Milton Friedman, die Individuen im Blick, sondern die Arbeitsorganisationen und Branchen, die auf das Humankapital angewiesen sind und sich dieses Kapitals in ihren Wertschöpfungsprozessen bedienen. Eine Dualisierung nicht nur der Berufsausbildung, sondern auch der Ausbildung an den Hochschulen, wird, so Ehmanns Hoffnung, zu mehr Transparenz in Hinblick auf die Frage führen, für wen ausgebildet wird. „Der Praxisteil wir dort abgeleistet, wo die Qualifikation vermittelt, aber auch abgefordert werden kann. Dieser Nutzen ist in den letzten Jahren zunehmend kaschiert worden. Mehr und mehr hat die öffentliche Hand sowohl im Bereich der beruflichen Schulen als auch der Fachhochschulen Ausbildungsleistungen übernommen, die noch in den 1970er Jahren selbstverständlich von der Wirtschaft getragen worden waren. Das Hochschulsystem ist heute nicht mehr vorrangig eine Ausbildungseinrichtung für Tätigkeiten im Staatsdienst, so dass die berufliche Qualifizierung der Arbeitskräfte und vor allem die Finanzierung dieser Qualifizierung nicht mehr alleinige Aufgabe des Arbeitgebers Staat sein kann. Folgt man der Rechtssprechung des Bundesverfassungsgerichts, wonach die Qualifizierung der Arbeitskräfte Aufgabe der Arbeitgeber ist, so müssen neben dem Staat, der nicht der einzige Arbeitgeber der an den Hochschulen beruflich Qualifizierten ist, auch die anderen Beschäftigten von Hochschulabsolventen für deren Ausbildung zahlen. Dies würde gleichzeitig bedeuten, dass sich der Staat bei der Regelung der Hochschulbildung deutlich zurücknimmt – und auch das spart Aufwendungen" (Ehmann, 2003: 163f.). Es muss also differenziert werden zwischen den Aufgaben des Sozial- und Bildungsstaats, der die Bildung der nachkommenden Generation bis zur Sekundarstufe I als öffentliche Aufgabe finanziert und Bildungsleistungen zur Verfügung stellt, dem zukünftigen Arbeitgeber Staat, der seinen Arbeitskräftenachwuchs ausbildet und dem Bildungsstaat, der Bildungsdienstleistungen im Bereich der beruflichen Bildung für nicht staatliche Arbeitgeber und freiberufliche Professionen bereitstellt. Das Netz zwischen Sozialstaat und Bildungsstaat muss in Zukunft enger geknüpft werden. Eine wichtige Reformstrategie sollte darauf abzielen, die Sicherung des Lebensunterhalts der Bildungsteilnehmerinnen und Bildungsteilnehmer zu sichern um damit die Abhängigkeit der Bildungsteilnahme von der sozioökonomischen und soziokulturellen Situation der privaten Haushalte/Familien zu entkoppeln. Die Lernenden, so Ehmann, sollten als sozialversicherte Beschäftigte behandelt und die Förderung durch die Eltern, durch Eigenverdienst und durch die Ausbildungsförderung zu einem Einkommen zusammengefasst werden (vgl. Ehmann, 2003: 167).

6. Synthese und Konklusion

In Deutschland leiden die bildungspolitischen Debatten in der Öffentlichkeit wie in der Wissenschaft daran, die sozialpolitischen Zusammenhänge des sozioökonomischen Feldes der Bildung zu übersehen. Aus diesem Defizit heraus lassen sich für die Krisen des deutschen Bildungssystems in vielen Fällen keine tragfähigen Lösungsstrategien formulieren. Dieses Desiderat auszufüllen, habe ich mir in dieser Arbeit als Aufgabe gestellt. Im Zentrum meiner Untersuchung stehen Analysen des Zusammenhangs von Bildungs- und Sozialpolitik. Da es mir jedoch nicht um eine im engeren Sinne politikwissenschaftliche, sondern um eine soziologische und sozioökonomische Vorgehensweise geht, greife ich auf die Analyse von Gösta Esping-Andersens *Three Worlds of Welfare Capitalism* zurück und arbeite sein Konzept in Hinblick auf die Einordnung aktueller bildungspolitischer Themen weiter aus.

Ich zeige, dass sich die Grundstrukturen des konservativen Bildungsstaats vor dem Hintergrund eines nationalen Produktionssystems und einer spezifischen, von anderen Varianten des Wohlfahrtsstaats abgrenzbaren sozialpolitischen Konstellation entwickelt haben. In einem ersten Analyseschritt habe ich die „langen Wellen" der historischen Herausbildung des konservativen Bildungsstaats und dessen Verschränktheit mit der Genese und mit den Strukturen der deutschen Variante des Wohlfahrtsstaats im Vergleich mit dem sozialdemokratischen und dem liberalen Wohlfahrtsmodell nachgezeichnet. Die Halbtagsschule, die Dreigliedrigkeit und die sich auf die Selbstorganisation und Eigenarbeit der Studierenden gründende staatliche deutsche Universität weisen charakteristische Facetten eines *konservativen Wohlfahrtsstaats* auf, wie er von Gösta Esping-Andersen für die Sozialpolitikforschung idealtypisch konzipiert wurde. In diesen institutionalisierten Formen des deutschen Bildungssystems spiegelt sich zudem ein spezifischer Weg in die Dienstleistungsgesellschaft.

Ich kontrastiere den deutschen Weg mit den alternativen Entwicklungspfaden der liberalen und sozialdemokratisch geprägten Wohlfahrtsstaaten und Dienstleistungsgesellschaften: In den USA wird die Zukunftsressource Bildung durch hohe private und durch hohe öffentliche Investitionen sichergestellt. Den hohen Bildungsinvestitionen des amerikanischen liberalen Modells des Bildungsstaats korrespondieren allerdings relativ bescheidene Leistungen des Wohlfahrtsstaats, der viel mehr als der deutsche Sozialstaat auf private soziale Sicherung setzt und sogar einen nicht unerheblichen Teil der Bevölkerung ganz aus den Sozialversicherungssystemen herausfallen lässt. Einen weiteren, an der politischen Ökonomie der Sozialdemokratie orientierten Weg in die Dienstleistungsgesellschaft haben die skandinavischen Länder eingeschlagen, deren Investitionen in Bildung ebenfalls weit über denen in der Bundesrepublik Deutschland liegen. Der sozialdemokratische Bildungsstaat kombiniert hohe öffentliche Investitionen in Bildung mit hohen öffentlichen Ausgaben für die soziale Sicherheit.

Aufbauend auf dem Modell von Evers/Olk zur Analyse und Differenzierung der Institutionen, die an der gesellschaftlichen Wohlfahrtsproduktion beteiligt sind, entwickele ich diesen Ansatz weiter, um ihn für die Bildungsforschung fruchtbar zu machen. Ich zeige, dass die vier Sphären der Wohlfahrtsproduktion: der Staatssektor (Staat), der Marktsektor (Wirtschaft/Unternehmen), der intermediäre Bereich (Dritter Sektor/Non Profit-Sektor) und die privaten Haushalte (Sektor der Haushaltsproduktion) an der gesellschaftlichen Leistungserstellung und der Finanzierung von Erziehung und Bildung beteiligt sind. Jede dieser Sphären hat im historischen Prozess ihrer Ausdifferenzierung eigene Handlungslogiken bzw. Rationalitätskriterien ausgebildet. Der Wandel der Interaktionsordnung zwischen den vier Sphären der Bildungsproduktion, der durch die vielschichtigen Privatisierungs- und Ökonomisierungsprozesse in Gang kommt, rückt die gesellschaftliche Organisation der personenbezogenen Bildungsleistungen in den Mittelpunkt der Debatten um die Reform des deutschen Bildungssystems. Ob diese Formen der Arbeit im privaten Haushalt, in privatwirtschaftlich verfassten Unternehmen, in staatlichen Einrichtungen oder in intermediären Non Profit-Organisationen erbracht werden und wer diese Dienstleistungen bezahlt, hängt letztlich von politischen und kulturellen Wert- und Zielvorstellungen ab. Die Aufgabe der Soziologie in diesem normativen Konfliktfeld besteht darin, die Entwicklungs- und Rationalitätspotenziale aufzudecken, die für die institutionelle Gestaltung der Arbeitssphären Staat, private Haushalte, For Profit-Sektor und Non Profit-Sektors relevant sind. Aus einer sozialhistorischen und gesellschaftstheoretischen Perspektive habe ich die Ursachen und Konsequenzen der aktuellen Konjunktur ökonomischer Konzepte und Begriffe in den bildungspolitischen Debatten und Reformen für den Wandel der Interaktionsordnung zwischen den vier Sphären der Bildungsproduktion untersucht und die Ökonomisierungs- und Privatisierungstrends im deutschen Bildungssystem als Facetten, Folgen und Begleiterscheinungen eines umfassenden sozioökonomischen und soziokulturellen Wandels gedeutet.

Im Rahmen meiner Analyse bewerte ich die Bildungsexpansion der 1960er und 1970er Jahre in Deutschland als eine halbierte Strukturreform, von der ausgehend ich besonders deutlich die Grundzüge des konservativen Bildungsstaats konturieren kann: Im Zuge der wissenschaftlich-technischen Modernisierung der deutschen Industrie- und Dienstleistungswirtschaft, des Ausbaus des Sozialstaats und der wirtschaftlich-militärischen Konfrontation mit Osteuropa in den ersten Jahrzehnten der Nachkriegszeit expandierte der konservative Bildungsstaat. Im Transformationsprozess von der Industrie- zur wissensbasierten Dienstleistungsgesellschaft wurden Erziehung, Bildung und Wissenschaft zu entscheidenden individuellen und volkswirtschaftlichen Ressourcen stilisiert. Breite Schichten bzw. Teilgruppen der westdeutschen Bevölkerung profitierten zunächst vom Ausbau höherer Bildungseinrichtungen. Zu den Bildungsgewinnern, also jenen, die eine Realschule, ein Gymnasium, eine Fachhochschule oder eine Universität besuchen, gehören vor allem Jugendliche und junge Erwachsene, die bereits auf soziales, kulturelles und ökonomisches Kapital der Herkunftsfamilie zurückgreifen können. Die Kinder von mittleren und höheren Beamten und Angestellten, von Selbständigen, vor allem aber die

Mädchen aus diesen Gruppen, konnten ihre Bildungsbeteiligung enorm steigern. Paradoxerweise gelang dies deshalb, so mache ich deutlich, weil die in Deutschland strukturell verfestigte ständische Klassengesellschaft durch die nach wie vor bestehende normative Kraft des konservativen Bildungsstaats kaum tangiert wurde und damit keine Verteilungskonflikte zwischen den sozioökonomischen Schichten und Klassen aufbrachen. Das dreigliedrige Schulsystem und das Halbtagschulsystem potenzieren jedoch weiterhin die Nachteile der sozioökonomisch schwächeren Schichten.

Interessanterweise wurde die quantitative Ausdehnung höherer Schulformen bis in die 1980er Jahre, vor allem in den Großstädten, von allen sozialen Schichten akzeptiert, nicht jedoch der Bruch mit den bestehenden Strukturen des konservativen Bildungsstaats. Es gelang nicht, wie in den meisten Nachbarländern, ein gestuftes und integriertes Schulsystem einzuführen und mit der Dreigliedrigkeit und der Halbtagsschule des konservativen Bildungsarrangements zu brechen, um damit auf die sozioökonomischen und soziokulturellen Herausforderungen, die sich auch in Deutschland abzeichneten, zu reagieren. Mit der tradierten bildungsökonomischen Institutionenordnung, die, wie ich gezeigt habe, mit dem konservativen Sozialstaat kompatibel ist, gelang es der öffentlichen Hand, die Bildungskosten trotz Bildungsexpansion relativ niedrig zu halten. Damit wurde das Problem der Kostenkrankheit öffentlicher personenorientierter Dienstleistungen (Baumol) - auch vor dem Hintergrund im internationalen Vergleich relativ hoher Lehrergehälter - entschärft. Gleichzeitig schuf der konservative Bildungsstaat, hier greife ich u.a. Ergebnisse der Untersuchungen von Geißler, Vester, Gottschall/Hagemann und Opielka auf, mit der Bildungsexpansion die strukturellen Grundlagen für die Bildungskrise für die Schülerinnen und Schüler, die aus sozial schwächeren Familien stammen. Ich beurteile die Bildungsreform der 1960er und 1970er Jahre als eine in entscheidenden gesellschaftspolitischen Fragen verfehlte Strukturreform.

Nach meiner Einschätzung besteht gegenwärtig die größte Herausforderung für den konservativen Bildungsstaat in einer sozial- und arbeitsmarktpolitischen Strategie, die dem amerikanischen Vorbild folgt. Zunehmende Einkommensspreizung gilt als Lösung, um einen flexibleren und aufnahmefähigeren Arbeitsmarkt zu schaffen. Die Polarisierung der Einkommen verstärkt jedoch die Segregationsleistung des gegliederten Schul- und Hochschulsystems des konservativen Bildungsstaats, weil vor allem die sozioökonomisch schwachen privaten Haushalte die soziokulturell propagierten subsidiären Aufgaben für die Erziehung der Kinder nicht mehr erfüllen können. Damit ist die Legitimität des konservativen Modells grundsätzlich in Frage gestellt.

Ich zeige, dass eine sozialpolitische und sozioökonomische Forschungsperspektive auf die Gegenstände Bildung und Erziehung die normativen Gräben zwischen den in Deutschland in besonderer Weise gegeneinander abgegrenzten Systemen Bildung und Ökonomie überwindet. Das weitgehende Fehlen der sozialpolitischen Dimension in den bildungspolitischen Diskursen war bislang eine zentrale Ursache für die Verbissenheit und die Unüberbrückbarkeit der Positionen im Konflikt um eine zeitgemäße Reform des Bildungssystems. Für die institutionelle Neugestaltung des konservativen Bildungsstaats ist die spezifische Form des deutschen Sozialstaats Hindernis und Chance zugleich. Ohne die Anpassung des konservativen Bildungsstaats an die sozialstrukturellen und soziokulturellen Veränderungen der deutschen Gesellschaft werden sich die sozialen Probleme verschärfen.

Exemplifizierend weise ich darauf hin, dass im Zuge der sozialpolitischen Reformen auch in Deutschland immer mehr Arbeitsmarktindividuen ihre Lebens- und Arbeitsmarktrisiken individuell, mit Hilfe der Akkumulation eigenen ökonomischen Kapitals absichern. Die Suche nach profitablen (Finanz-)Anlagemöglichkeiten macht die Individuen zu Promotoren einer ungebremsten Kapitalisierung immer weiterer Lebensbereiche, darunter auch des Bildungswesens. Aus dem öffentlichen Bildungssystem könnte so in mehreren Schritten, von der privaten Bereitstellung und Bewirtschaftung von Schulengebäuden, Turnhallen und Universitätseinrichtungen zur Rationalisierung der Erziehungs- und Bildungsaufgabe mit Hilfe des New Public Managements bis hin zur Privatisierung des gesamten Lehrbetriebs, eine an Kapitalverwertungsinteressen ausgerichtete Dienstleistungsindustrie werden.

Das deutsche Bildungssystem erweist sich innerhalb meines Deutungsrahmens als Teil der Struktur des statusorientierten sozialen Sicherungssystems des konservativen Sozialstaats. Der Vorteil des konservativen Bildungsstaats lag bisher darin, dass sich der Staat demokratisch legitimierte Möglichkeiten erhalten hat, die soziale Mobilität in gewissen Grenzen zu steuern. Chancengleichheit wird zwar in der jeweiligen sozialen Schicht, aber selten über sie hinaus ermöglicht. Im Zuge der sozioökonomischen Krisen in den 1980er und 1990er Jahre wurde dieses verborgene, gleichwohl akzeptierte Strukturprinzip immer problematischer. Es entwickelte sich die bildungspolitische Argumentation, die mehr Chancengerechtigkeit und damit Gleichbehandlung sozial Ungleicher aktiv einfordert. Das Gymnasium als Elitetyp des gegliederten Schulsystems wie auch die sozial selektiven staatlichen Universitäten ließen den Distinktionswilligen bisher kaum eine Chance, sozioökonomisch tragfähige, private Lösungen für ihre Abgrenzungswünsche zu suchen. Obwohl die Mittelschichten bisher von der in Deutschland etablierten Halbtagsschule profitiert haben, versuchen diese nun die öffentliche Bereitstellung von Bildungsleistungen immer mehr durch den privaten Zukauf von privatwirtschaftlich organisierten Bildungsdienstleistungen zu flankieren und damit die Chancen ihrer Kinder zu verbessern.

Im Anschluss daran gehe ich näher auf die konkreten Privatisierungs- und Ökonomisierungstendenzen im deutschen Bildungssystem ein und komme zu folgenden Ergebnissen: Die Bereitstellung von Dienstleistungen und Infrastrukturen im sozioökonomischen Feld der Bildung ist in Deutschland bis heute im Vergleich mit dem liberalen Modell (noch) weitgehend eine Aufgabe des Staates. Jeder Person soll damit ein fairer Zugang zu Bildung ermöglicht werden. Meine These ist, dass die neoliberalen Reformen zu einer Veränderung im Feld der Bildungsproduktion führen. Der durch die *ökonomische* Rationalisierung wachsende Wettbewerbsdruck im Bildungssystem untergräbt die Grundlagen der historisch gewachsenen Strukturen des konservativen Bildungsstaats. Die neoliberalen Reformer propagieren Markt und Wettbewerb als ideale Mechanismen sozialer Koordination im Bildungssystem. Der

Markt ist jedoch nicht der einzige moderne rationale Koordinationsmechanismus. Wie ich zeige, steht der Koordinationsmechanismus Markt/Wettbewerb, wenn es um die Ordnung moderner Gesellschaften geht, mit anderen gesellschaftlichen Koordinationsmechanismen in Konkurrenz. Mit der Ökonomisierung im Sinne der Vermarktlichung der sozialen Koordination vollzieht sich die Zurückdrängung der von mir in Anlehnung an Kirchgässner herausgearbeiteten alternativen Denk-, Handlungs- und Koordinationsformen des sozialen Handelns: der demokratischen, der bürokratisch-hierarchischen und der auf Verhandlungen beruhenden sozialen Koordination.

Die von mir vorgenommene diskursive Verknüpfung des Konzepts der vier gesellschaftlichen Sphären der Bildungsproduktion mit dem Konzept der vier sozialen Koordinationsmechanismen im Bildungssystem eröffnet die Forschungsperspektive auf Tiefenschichten der Ökonomisierungs- und Privatisierungsprozesse im deutschen Bildungswesen. Drei Typen von Ökonomisierung im Bildungssystem lassen sich vor diesem Hintergrund unterscheiden: Die Ökonomisierung der Organisationen im Zuge der Übernahme des „Neuen Steuerungsmodells" bzw. die Ökonomisierung auf der Ebene der Bildungseinrichtungen. Die Ökonomisierung der sozialen Koordination zwischen den am Bildungsprozess beteiligten Akteuren, d.h. die Implementierung von Quasi-Märkten bzw. Ökonomisierung auf der Ebene der sozialen Koordination. Die Auflösung des Sinnsystems Bildung im Sinne der Übernahme eines neuen Begriffs- und Sinnsystems aus dem ökonomischen Subsystem der Gesellschaft und damit die Aufgabe systemimmanenter Zielsetzungen zugunsten der Zielvorstellungen anderer, vor allem privatwirtschaftlicher Akteure. Von Ökonomisierung unterscheide ich drei Privatisierungsprozesse: Die Überführung öffentlicher Bildungsinstitutionen in privatwirtschaftliche Trägerschaft, die Übertragung der Finanzierung des Bildungsprozesses und der Bildungsteilnahme auf die privaten Haushalte und Liberalisierungsmaßnahmen, die auf die Beseitigung von Schranken abzielen, die sowohl profitwirtschaftlichen wie auch weltanschaulich orientierten Anbietern von Bildungsdienstleistungen den Zutritt zu den Bildungsmärkten verwehren.

Mit den Begriffen Ökonomisierung und Privatisierung habe ich zentrale Strategien des Wandels der gesellschaftlichen Organisation der Allgemeinbildung im Rahmen der Interaktionsordnung zwischen Sozial- und Bildungsstaat analysiert. Im Fokus stand dabei die wichtigste Schnittstelle von Sozial- und Bildungsstaat: die privaten Haushalte/Familien. Für die Analyse der Prozesse der Ökonomisierung und Privatisierung, die den Hochschulbereich betreffen, betrachte ich dagegen vor allem die Schnittstellen zwischen Bildungssystem/Wissenschaft und Bildungssystem/Arbeitsmarkt. Noch immer ist das Hochschulsystem des konservative Bildungsstaats vor allem auf das industrielle Produktionsregime und auf traditionelle Familienstrukturen mit niedriger Frauenerwerbstätigkeit hin ausgerichtet. Mit der Flexibilisierung und Differenzierung des Beschäftigungssystems verändern sich nicht nur die quantitativen, sondern, wie ich zeige, auch die hierarchischen Relationen zwischen den Institutionen der beruflichen Bildung und den Institutionen des Hochschulsystems, die traditionell vor allem auf die Bedürfnisse des öffentlichen Dienstes ausgerichtet waren. Die Hochschulen des konservativen Bildungsstaats stehen im Übergang von der Industriegesellschaft zur wissensbasierten Dienstleistungsgesellschaft einer zweifachen Herausforderung gegenüber: Sie sollen vor allem akademische Ausbildung für den wachsenden Bedarf von Beschäftigungsfeldern außerhalb von Staat, Forschung und Wissenschaft, d.h. für die Wirtschaft bereitstellen und sich als Institutionen gleichzeitig zu modernen, von betriebswirtschaftlichem Managementdenken geformten Unternehmen wandeln.

Vor dem Hintergrund sich verfestigender, von Generation zu Generation sozial vererbter Strukturen von Bildungsarmut und Bildungsreichtum muss die Bewertung von Ökonomisierungsstrategien und Ökonomisierungsprozessen differenzierter ausfallen. Die sozialpolitische Perspektive auf die Gegenstände Erziehung, Bildung und Wissenschaft rückt die Platzierungs- bzw. die Auslese- oder Selektionsfunktion des Bildungssystems in den Mittelpunkt meiner Analyse. Der Koordinationsmechanismus Markt im Bildungssystem begünstigt diejenigen, die in der jeweiligen Wettbewerbssituation bereits über ökonomisches, soziales und kulturelles Kapital verfügen. Denn es gibt, wie ich mit Raymond Murphy gezeigt haben, nicht *den* Wettbewerb, dem sich die Individuen stellen sollen, sondern eine *Abfolge von immer neuen Wettbewerben*, die in historischen und vorstrukturierten Kontexten situiert sind. Individuen mit Ressourcen konkurrieren mit Individuen mit weniger Ressourcen und das zunehmend auch in einem Feld der Wohlfahrtsproduktion, welches die für die universalisierte Arbeitsmarktgesellschaft wichtigste Kapitalsorte zur Verfügung stellt: den Zugang zu institutionalisiertem kulturellem Kapital. Selektion durch das Bildungssystem bedeutet deshalb, wie Rainer Geißler und Michael Vester in ihren Untersuchungen zu den sozialen Folgen der Bildungsexpansion deutlich machen, nie ausschließlich Auslese nach Leistung, sondern immer auch soziale Auslese. Soziale, ethnische und regionale Herkunft und das Geschlecht beeinflussen die Bildungskarrieren der Individuen (immer noch) relativ unabhängig von deren Leistung. Dies haben die neueren Elitestudien und die PISA-Studie in den letzten Jahren eindrucksvoll gezeigt. Der Verlauf moderner Bildungskarrieren bleibt in institutionellen Arrangements, die stark auf die Mitarbeit und die Ressourcen der privaten Haushalte/Familien zurückgreifen, wie dies im konservativen Bildungsstaat in besonderer Weise der Fall ist, eng mit den sozialen Merkmalen der Individuen verknüpft.

Eine Verbesserung der Ressourcenausstattung des deutschen Bildungssystems wird nur dann erfolgversprechend sein, wenn gleichzeitig durch institutionelle Reformen der wachsenden Polarisierung der Bildungschancen begegnet wird. Das ständische Schulsystem rechnet nicht mit der Einwanderungsgesellschaft und wirkt nicht als Solidaritätsmaschine. Die Verhinderung von Segregation ist in einem gesamtgesellschaftlichen Sinne ökonomisch, weil die sich vertiefende Segregation zur Vergeudung von individuellen Bildungsreserven und gesellschaftlichen Bildungspotentialen führt. Aus einer ständischen Segregation droht zudem ethnische Segregation zu werden. Vor dem Hintergrund der demographischen Entwicklung wurden in den letzten Jahren - quer zu allen politischen Lagern - die Stimmen immer lauter, die eine sozial-, familien- und bildungspolitische Strategie der Entprivatisierung und damit der Sozialisierung der vorschulischen Erziehungs- und Bildungsfinanzierung fordern. Damit wird ein zentraler Eckpfeiler des dem Subsidiaritätsprinzip verpflichteten konservativen Sozial- und Bildungsstaats radikal in Frage gestellt.

Meine Schlussfolgerung lautet daher: Bildung ist aus verschiedenen Perspektiven immer auch, aber nicht nur eine Ware. Die Ökonomisierung als Teil eines umfassenden Rationalisierungsprozesses hat die materiellen Lebensgrundlagen moderner Gesellschaften verbessert und die Individuen aus materiellen Zwängen und soziokulturell aus tradierten, die Freiheit einengenden Gruppenzugehörigkeiten befreit. Die Ökonomisierung, d.h. die Einführung von Wettbewerb und von Marktstrukturen in die öffentliche Bildungsproduktion trägt - um eine Formulierung Max Webers aufzunehmen – zur Entzauberung der alten staatlichen Bildungswelt bei. Die Entzauberung der Welt schafft aber, so warnt Weber, auch neue Probleme. Die Ökonomisierung der Welt der Bildung unterwirft die Individuen einer spezifischen Logik und klammert elementare Sinn- und Orientierungsfragen aus. Der Individualisierungsprozess, der mehr Freiheit von mehr oder weniger engen (wirtschaftenden) Gemeinschaften ermöglicht, hat einen verborgenen Preis.

Die schleichende Transformation des Bildungssystems hin zu standardisierter Massenschul- und Hochschulbildung für die unteren und mittleren Schichten auf der einen Seite und Eliten*bildung* für die oberen Schichten, so zeige ich, sind nicht nur in ökonomisierten Bildungssystemen Einfallstore für veränderte Strategien sozialer Schließung, wie das Reformgeschehen in der deutschen Bildungslandschaft eindrucksvoll zeigt. Die forcierte Konkurrenz um soziale Positionen steigert das Interesse der „Bildungsinsider", ihren Kindern prestigeträchtigere Bildungsabschlüsse zu eröffnen. Durch die stärkere Privatisierung der Kosten für die Bildungseinrichtungen und den Bildungsprozess im vorschulischen, im schulischen, im berufsbildenden wie im hochschulischen Sektor des Bildungssystems sowie durch die Etablierung von profitorientierten Bildungsinstitutionen soll die hierarchische Binnendifferenzierung des Bildungssystems weiter vorangetrieben werden. Wer genug ökonomisches, kulturelles und soziales Kapital hat, wird damit in die Lage versetzt, seine Kinder in vorschulische, schulische, berufsbildende und hochschulische Einrichtungen zu schicken, die sich von den finanziell und organisatorisch immer mehr vernachlässigen Masseneinrichtungen abheben.

Damit kann ich deutlich machen, dass die Ausdifferenzierung des noch relativ homogenen deutschen Hochschulsystems in ein über unterschiedliches Prestige und Ressourcen hierarchisch bestimmtes mehrgliedriges Hochschulsystem paradoxerweise der Tradition des konservativen Schulsystems folgt und im Interesse derjenigen ist, die bereits über soziales, kulturelles und natürlich ökonomisches Kapital verfügen. Leistung im Bildungssystem wird mit dem Prestige von Bildungsinstitutionen angereichert und damit eine neue erwünschte Form sozialer Auswahl bzw. sozialer Schließung geschaffen. Die Sozialisierung der Leistungserstellung im Bildungswesen und der Finanzierung der Bildungsteilnahme ist kein Garant für ein sozial gerechtes Bildungssystem. Auch die Übertragung bzw. Übernahme von Bildung auf den Non Profit-Sektor schafft nicht per se ein gerechteres und effizienteres Bildungssystem. Der Strukturwandel der Industrie- zu einer wissensbasierten Dienstleistungsgesellschaft macht ein neues Nachdenken über den Umfang und die

Kriterien für die Finanzierung des Bildungssystems durch die öffentlichen Kassen und damit der Gesamtheit der Steuerzahler notwendig.

Die Bewertung von Ökonomisierungsprozessen bleibt vor dem Hintergrund meiner Analysen ambivalent: Einerseits wird die Ausweitung individueller Handlungschancen und das wirtschaftstheoretische Versprechen höherer Produktivität im Bildungssystem durch Markt und Wettbewerb begrüßt, andererseits wird die Ökonomisierung der Bildung aber als Verlust von Werten, kulturellen Standards und gesellschaftlichem Zusammenhalt bedauert. Die Erosion des öffentlichen Bildungssystems weckt Ängste, denn der freie Zugang zu Bildung ist nach wie vor mit der Hoffnung auf Befreiung von Unmündigkeit, Unselbständigkeit und den Fesseln verfestigter sozialer Ungleichheit verknüpft. Ökonomisierungs- und Privatisierungsprozesse im Bildungswesen sind gesellschaftspolitisch danach zu beurteilen, in wie weit sie die für die Entwicklungschancen der Individuen relevanten historisch kumulierten Ungleichheiten verstärken, aufbrechen, oder aber abschwächen. Der formal freie Zugang zu Bildung hat auch im institutionellen Rahmen des konservativen Bildungsstaats nicht verhindern können, dass bestimmte Gruppen dauerhaft als Gewinner und andere Gruppen als Verlierer des Bildungssystems gelten können. Um den Trend zur sozialen Polarisierung durch das öffentliche Bildungssystem bildungspolitisch einzudämmen, müssen Ökonomisierungs- und Privatisierungstendenzen in den besonders sensiblen Teilbereichen des Bildungssystems zurückgedrängt werden, in denen die Zukunftschancen der Kinder und Jugendlichen am nachhaltigsten determiniert werden. Die sozioökonomischen und soziokulturellen Herausforderungen können nur durch massive öffentliche Investitionen in die vorschulische und die schulische Erziehung und Bildung bewältigt werden. Ziel des Bildungsstaats muss es sein, die *bad jobs* der neuen Dienstleistungsökonomie nicht zum Schicksal für die Kinder und Kindeskinder der einmal in diesem Sektor arbeitenden Eltern werden zu lassen.

Literaturverzeichnis

Abelshauser, W. (2001): Markt und Staat. Deutsche Wirtschaftspolitik im ‚langen 20. Jahrhundert', in: R. Spree (Hrsg.), Geschichte der deutschen Wirtschaft im 20. Jahrhundert, München, S. 117-140

AG Bildungsforschung/Bildungsplanung (2004): Das deutsche Schulsystem. Entstehung, Struktur, Steuerung, in: Skriptum zur Einführungsvorlesung in den Studienbereich D, online: http://www.uni-duisburg-essen.de/bfp/lehre/pdf/Skript%20Oktober%2004_05.pdf, abgerufen am 19.06.2008

Ahrens, J.-R. (1993): Gesinnungs- und verantwortungsethische Dimensionen der Bildungspolitik. Zur normativen Struktur einer anhaltenden politischen Kontroverse, in: A. Sterbling (Hrsg.), Zeitgeist und Widerspruch. Soziologische Reflexionen über Gesinnung und Verantwortung: Karlheinz Messelken zum 60. Geburtstag, Hamburg, S. 195-213

Albach, H. (1989): Dienstleistungen in der modernen Industriegesellschaft, München

Alheit, P.; Brandt, P.; Weiss, M. (2004): Bildungsökonomie und Erziehungswissenschaften im Gespräch. Keine Chance für engen Nutzenkalkül, in: DIE Zeitschrift für Erwachsenenbildung, III/2004, S. 26-29

Alemann, U. v. (Hrsg.), (1981): Neokorporatismus, Frankfurt am Main

Allmendinger, J. / Leibfried, S. (2003): Bildungsarmut, in: Aus Politik und Zeitgeschichte. Beilage zur Wochenzeitung Das Parlament, B 21-22/2003, S. 12-18

Allmendinger, J. / Leibfried, S. (2002): Bildungsarmut im Sozialstaat, in: G. Burkart / J. Wolf (Hrsg.), Lebenszeiten. Erkundungen zur Soziologie der Generationen, Opladen, S. 287-316

Allmendinger, J. (1999): Bildungsarmut: Zur Verschränkung von Bildungs- und Sozialpolitik, in: Soziale Welt 50 (1999), Heft 1, S. 35-50

Ambrosius, G. (2003): Das Verhältnis von Staat und Wirtschaft in historischer Perspektive – vornehmlich im Hinblick auf die kommunale Ebene, in: J. Harms / C. Reichard (Hrsg.), Die Ökonomisierung des öffentlichen Sektors: Instrumente und Trends, Baden-Baden, S. 29-46

Ambrosius, G. (2001): Agrarstaat oder Industriestaat – Industriegesellschaft oder Dienstleistungsgesellschaft? Zum sektoralen Strukturwandel im 20. Jahrhundert, in: R. Spee (Hrsg.), Geschichte der deutschen Wirtschaft im 20. Jahrhundert, München, S. 50-69

Anheier, H. K. / Priller, E. / Seibel, W. / Zimmer, A. (Hrsg.), (1997): Der Dritte Sektor in Deutschland. Organisationen zwischen Staat und Markt im gesellschaftlichen Wandel, Berlin

Anheier, H. K. (1997): Der Dritte Sektor in Zahlen: Ein sozial-ökonomisches Portrait, in: H. K. Anheier / E. Priller / W. Seibel / A. Zimmer (Hrsg.), Der Dritte Sektor in Deutschland. Organisationen zwischen Staat und Markt im gesellschaftlichen Wandel, Berlin, S. 29-74

Artelt, C. / Baumert, J. / Klieme, E. / Neubrand, M. / Prenzel, M. / Schieferle, U. / Schneider, W. / Schümer, G. / Stanat, P. / Tillmann, K.-J. / Weiß, M. (Hrsg.), (2001): PISA 2000. Zusammenfassung zentraler Befunde, Max-Planck-Institut für Bildungsforschung, Berlin

Axelrod, R. (1991): Die Evolution der Kooperation, München

Bastian, H. (2002): ‚Markt' und ‚Dienstleistung' in der öffentlichen Weiterbildung – Volkshochschulen im Umbruch, in: I. Lohmann / R. Rilling (Hrsg.), Die verkaufte Bildung. Kritik und Kontroversen zur Kommerzialisierung von Schule, Weiterbildung, Erziehung und Wissenschaft, Opladen, S. 247-260

Baumert, J. et al. (2001): PISA 2000. Basiskompetenzen von Schülerinnen und Schülern im internationalen Vergleich, Opladen

Baumol, W. J. (1967): Macroeconomics of Unbalanced Growth: The Anatomy of Urban Crisis, in: American Economic Review, Vol. 57, Heft 3, S. 415-426

Beck, U. (1986): Risikogesellschaft. Auf dem Weg in eine andere Moderne, Frankfurt am Main

Beck, U. (1983): Jenseits von Stand und Klasse? Soziale Ungleichheiten, gesellschaftliche Individualisierungsprozesse und die Entstehung neuer sozialer Formationen und Identitäten, in: R. Kreckel (Hrsg.), Soziale Ungleichheiten, Soziale Welt, Sonderband 2, Göttingen, S. 35-74

Beck-Gernsheim, E. / Ostner, I. (1978): Frauen verändern – Berufe nicht? Ein theoretischer Ansatz zur Problematik von ‚Frau und Beruf', in: Soziale Welt, 29. Jg., Heft 3, S. 258-287

Becker, G. (1981): Treatise on the Family, Cambridge MA

Becker, G. (1976): The Economic Approach to Human Behavior, Chicago

Becker, G. (1964): Human Capital: A Theoretical and Empirical Analysis, New York

Beckert, J. (2000): Jenseits der Sachzwänge. Plädoyer für eine wirtschaftssoziologisch aufgeklärte Kritik am Marktliberalismus, in: Frankfurter Rundschau vom 21. November 2000, S. 20

Beckert, J. (1997): Grenzen des Marktes. Die sozialen Grundlagen wirtschaftlicher Effizienz, Frankfurt/New York

Beicht,U.; Walden, G.; Herget, H. (2004): Kosten und Nutzen der betrieblichen Berufsausbildung in Deutschland, Bielefeld

Belfield, C. R. (2002): The Privatization and Marketization of US Schooling. Economic Reforms, Theory and Evidence, in: Zeitschrift für Erziehungswissenschaften, Heft 2/2002, S. 222-240

Bellmann, J. (2005): Ökonomische Dimensionen der Bildungsreform. Unbeabsichtigte Folgen, perverse Effekte, Externalitäten, in: Neue Sammlung. Vierteljahres-Zeitschrift für Erziehung und Gesellschaft, 45. Jg. Heft 1, S. 15-31

Bellmann, J. (2002): Sammelrezension: Der Ökonomisierungsdiskurs in der Erziehungswissenschaft, in: Zeitschrift für Erziehungswissenschaft, Heft 2, S. 345-353

Bender, C. (2007): Folgt die Integration der Migranten der Logik der Frauenbewegung?, in: UNIFORSCHUNG. Forschungsmagazin der Helmut-Schmidt-Universität – Universität der Bundeswehr Hamburg, 17. Jg., S. 57-58

Bender, C. / Graßl, H. / Schaal, M. (2007): Der Schweizer Arbeitsmarkt: Sonderfall unter Modernisierungsdruck, in: T. S. Eberle / K. Imhof (Hrsg.), Sonderfall Schweiz, Zürich, S. 172-187

Bender, C. / Graßl, H. (2006): Woher kommen die Jobs? Arbeitsmarktpolitik in Deutschland: Ein Beschäftigungszuwachs ist nur noch im sozialen Dienstleistungssektor zu erwarten, in: Frankfurter Rundschau, 31. Januar 2006, Nr. 26, S. 26

Bender, C. / Graßl, H. (2004): Arbeiten und Leben in der Dienstleistungsgesellschaft, Konstanz

Bennhold, M. (2002): Die Bertelsmann Stiftung, das CHE und die Hochschulreform: Politik der ‚Reformen' als Politik der Unterwerfung, in: I. Lohmann / R. Rilling (Hrsg.), Die verkaufte Bildung. Kritik und Kontroversen zur Kommerzialisierung von Schule, Weiterbildung, Erziehung und Wissenschaft, Opladen, S. 279-299

Berger, J. (1999): Die Wirtschaft der modernen Gesellschaft. Strukturprobleme und Zukunftsperspektiven, Frankfurt/New York

Berger, P. A. (2005): Deutsche Ungleichheiten – eine Skizze, in: Aus Politik und Zeitgeschichte, Beilage zur Wochenzeitung Das Parlament, 37/2005, 12. September 2005, S. 7-16

Berth, F. (2007): Aufschwung in der Provinz, Demographischer Wandel und die Folgen: wieso in entlegenen Regionen Krippenplätze entstehen, in: Süddeutsche Zeitung, 8. August 2007, S. 8

Berufsförderungswerk der Bauindustrie NRW e. V. (2007): ABZ Kerpen bereitet junge Erwachsene in der privaten „Ausbildung 18plus" auf die IHK Prüfung in sechs bauindustriellen und einem kaufmännischen Beruf vor, http://www.abz-kerpen.de/html/ausbildung/externe.htm, abgerufen am 19.06.2008

Birkhölzer, K. / Klein, A. / Priller, E. / Zimmer, A. (2005): Theorie, Funktionswandel und zivilgesellschaftliche Perspektiven des Dritten Sektors/Dritten Systems – eine Einleitung, in: K. Birkhölzer / A. Klein / E. Priller / A. Zimmer (Hrsg.), Dritter Sektor/Drittes System, Wiesbaden, S. 9-15

Bittlingmayer, U. H. (2001): „Spätkapitalismus" oder „Wissensgesellschaft", in: Aus Politik und Zeitgeschichte, B 36/2001, S. 15-22

Boeckh, J. / Huster, E.-U. / Benz, B. (2006): Sozialpolitik in Deutschland. Eine systematische Einführung, Wiesbaden

Bologna-Erklärung (1999): Der Europäische Hochschulraum: Gemeinsame Erklärung der Europäischen Bildungsminister, Bologna, 19. Juni 1999, http://www.bologna-berlin2003.de/pdf/bologna_deu.pdf, abgerufen am 19.06.2008

Bolsenkötter, H. (2003): Rechnungswesen und Rechnungslegung öffentlicher Unternehmen im Schnittpunkt nationaler und internationaler Ökonomisierungstendenzen, in: J. Harms / C. Reichard (Hrsg.), Die Ökonomisierung des öffentlichen Sektors: Instrumente und Trends, Baden-Baden, S. 255-273

Bosch, G. (2001): Bildung und Beruflichkeit in der Dienstleistungsgesellschaft, in: Gewerkschaftliche Monatshefte 1/2001, S. 28-40

Bourdieu, P. (1998): Das ökonomische Feld, in: Bourdieu, P. et al., Der Einzige und sein Eigenheim, Hamburg, S. 162-204

Bourdieu, P. (1983): Ökonomisches Kapital, kulturelles Kapital, soziales Kapital, in: R. Kreckel (Hrsg.), Soziale Ungleichheiten, Göttingen, S. 183-198

Bourdieu, P.; Passeron, J.-C. (1971): Die Illusion der Chancengleichheit, Stuttgart

Braun, D. (2001): Regulierungsmodelle und Machtstrukturen an Universitäten, in: E. Stölting / U. Schimank (Hrsg.), Die Krise der Universität, Leviathan, Sonderheft 20/2001, S. 243-262

Brumlik, M. / Brunkhorst, H. (1993): Vorwort, in: M. Brumlik / H. Brunkhorst (Hrsg.), Gemeinschaft und Gerechtigkeit, Frankfurt am Main, S. 9-16

Buchanan, A. (1985): Ethics, Efficiency and the Market, Oxford

Buchanan, J. (1984): Die Grenzen der Freiheit, Tübingen

Buchanan, J. / Musgrave, R. (2000): Public Finance and Public Choice. Two Contrasting Visions of the State, Cambridge

Bude, H. (2002): Wissen, Macht, Geld. Zur politischen Ökonomie des futuristischen Kapitalismus, in: Merkur, Heft 5, Mai 2002, 56. Jg., S. 393-402

Bundesministerium für Bildung und Forschung (Hrsg.), (2007): Die wirtschaftliche und soziale Lage der Studierenden in der Bundesrepublik Deutschland 2006. 18. Sozialerhebung des Deutschen Studentenwerks durchgeführt durch HIS Hochschul-Informations-System. Ausgewählte Ergebnisse, Berlin, http://www.bmbf.de/pub/wsldsl_2006_kurzfassung.pdf, abgerufen am 19.06.2008

Bundesministerium für Bildung und Forschung / Kultusministerkonferenz (2006): OECD-Veröffentlichung "Bildung auf einen Blick". Wesentliche Aussagen in der Ausgabe 2006, http://www. kmk.org/ aktuell/ EAG%202006%20lang.pdf, abgerufen am 19.06.2008

Bundesverband der Deutschen Volksbanken und Raiffeisenbanken (BVR) (Hrsg.), (2006): Fahrschulen, in: Branchen spezial, Januar 2006, Bericht Nr. 68, S. 1-4

CHE Centrum für Hochschulentwicklung (Hrsg.), (2004): Autonomie und Zukunftssicherung für das Studentenwerk Hamburg – Bericht und Empfehlungen – Arbeitspapier Nr. 56, Gütersloh

Christen, U. B. (2007): Siegeszug der Gemeinschaftsschule, in: Hamburger Abendblatt, 27. Februar 2007

Clark, B. R. (1983): The Higher Education System. Academic Organization in Cross-National Perspective, Berkeley/Los Angeles

Clark, C. (1940): The Conditions of Economic Progress, London

Cooper, B. S. / Randall, E. V. (2001): Vouchers: Still (Largely) Untested and Why, in: H.-D. Meyer / W. L. Boyd (Hrsg.), Education between State, Markets, and Civil Society. Comparative Perspectives, Mahwah, New Jersey/London, S. 137-159

Czerwick, E. (2005): Die Reform des öffentlichen Dienstrechts: Ökonomisierung durch Politisierung, in: Zeitschrift für Beamtenrecht, Heft 1-2/2005, S. 24-32

Dahl, R. A. / Lindblom, C. (1953): Politics, Economics and Welfare. Planning and Politico-Economic Systems Resolved into Basic Social Processes, New York

Dahrendorf, R. (1965a): Gesellschaft und Demokratie in Deutschland, München

Dahrendorf, R. (1965b): Bildung ist Bürgerrecht. Plädoyer für eine aktive Bildungspolitik, Hamburg

Dale, R. (2000): Globalization: A New World for Comparative Education?, in: J. Schriewer (Hrsg.), Discourse Formation in Comparative Education, Frankfurt am Main, S. 87-110

Deiss, R. (2004): „Grundgesetze" der Bildungsfinanzierung. Trends und Gesetzmäßigkeiten am Beispiel von internationalen Schlüsselkennziffern, in: DIE Zeitschrift für Erwachsenenbildung, 2004/2, in: http://www.diezeitschrift.de/22004/deiss04_01.htm, abgerufen am 19.06.2008

Demmer, M. (2007): Kein Grund zum Jubeln. GEW-Informationen zur Pressemeldung des Statistischen Bundesamtes vom 02.04.2007 „Mehr Absolventen mit Hochschul- und Fachhochschulreife", in: www.gew.de/Abiturientenzahlen_-_Kein_Grund_zum_Jubeln.html, abgerufen am 19.06.2008

Deutscher Bundestag (Hrsg.), (2007): Siebzehnter Bericht nach § 35 des Bundesausbildungsförderungsgesetzes zur Überprüfung der Bedarfssätze, Freibeträge sowie Vomhundertsätze und Höchstbeträge nach § 21 Abs. 2, Unterrichtung durch die Bundesregierung, Drucksache 16/4123 vom 18. Januar 2007, Berlin

Dixon, K. (2000): Die Evangelisten des Marktes. Die britischen Intellektuellen und der Thatcherismus, Konstanz

Dobischat, R. (2007): Geschlossene Gesellschaft? Die soziale Selektion an den Hochschulen beschleunigt sich, in: Erziehung und Wissenschaft, Heft 1, S. 22

Döbert, H. / Döbrich, P. / von Kopp, B. / Mitter, W. (2000): Aktuelle Bildungsdiskussionen im europäischen und außereuropäischen Rahmen, in: Forum Bildung, Materialen des Forum Bildung, Deutsches Institut für internationale pädagogische Forschung, Bonn u.a.

Dörries, B. (2007): Pädagogen-Rebellion in Oberschwaben, Baden-württembergische Rektoren wollen die Hauptschule abschaffen: „Sie zerteilt die Gesellschaft und integriert nicht", in: Süddeutsche Zeitung, 29. Mai 2007, S. 6

Dohmen, D. (2004): Finanzierung lebenslangen Lernens von der Kita bis zur Weiterbildung, in: FiBS-Forum Nr. 22, Köln

Drobinski, M. (2006): Der Wandel der Ideale. Von der Daseinsvorsorge zum Rückzug des Staates, in: Süddeutsche Zeitung, 1. November 2006, S.6

Drucker, P. F. (1999): Managing Oneself, in: Harvard Business Review, March-April 1999, S. 65-74

Durkheim, E. (1992): Über soziale Arbeitsteilung. Studie über die Organisation höherer Gesellschaften, Frankfurt am Main

Durkheim, E. (1973): Der Selbstmord, Neuwied am Rhein

Edelstein, W. (2006): Bildung und Armut. Der Beitrag des Bildungssystems zur Vererbung und zur Bekämpfung von Armut, in: Zeitschrift für Soziologie der Erziehung und Sozialisation (ZSE), 26. Jg., Heft 2, S. 120-134

Ehmann, C. (2003): Bildungsfinanzierung und soziale Gerechtigkeit. Vom Kindergarten bis zur Weiterbildung, 2. überarbeitete Auflage, Bielefeld

Enders, J. (2001): Die Wissenschaftlichen Mitarbeiter, Frankfurt am Main

Eppler, E. (2005): Auslaufmodell Staat?, Frankfurt am Main

Esping-Andersen, G. (2003): Aus reichen Kindern werden reiche Eltern. Vorschläge, wie die Politik dem Phänomen der sozialen Vererbung entgegensteuern kann, in: Frankfurter Rundschau vom 20. Dezember 2003, S. 7

Esping-Andersen, G. (1999): The Social Foundations of Postindustrial Economies, Oxford

Esping-Andersen, G. (1998): Die drei Welten des Wohlfahrtskapitalismus. Zur Politischen Ökonomie des Wohlfahrtsstaats, in: S. Lessenich / I. Ostner (Hrsg.), Welten des Wohlfahrtskapitalismus: Der Sozialstaat in vergleichender Perspektive, Frankfurt/New York, S. 19-56

Esping-Andersen, G. (1990): The Three Worlds of Welfare Capitalism, Cambridge

Esping-Andersen, G. / Korpi, W. (1984): Social Policy as Class Politics in Post-War Capitalism: Scandinavia, Austria and Germany, in: J. H. Goldthorpe (Hrsg.), Order and Conflict in Contemporary Capitalism, Oxford, S. 179-208

Evers, A. / Olk, T. (1996): Wohlfahrtspluralismus – Analytische und normativ-politische Dimensionen eines Leitbegriffs, in: A. Evers / T. Olk (Hrsg.), Wohlfahrtspluralismus. Vom Wohlfahrtsstaat zur Wohlfahrtsgesellschaft, Opladen, S. 9-60

Färber, G. (1997): Die gegenwärtige Finanznot als Chance. Wie kann ein leistungsfähiges Bildungssystem finanziert werden? Eine kritische Bestandsaufnahme der Bildungsfinanzierung in Deutschland, in: Der Bürger im Staat, Ausgabe 4/97, in: http://www.buergerimstaat.de/4_97/bis974d.htm, abgerufen am 19.06.2008

Faschingeder, G. (2005): Bildung und Herrschaft. Alternativen zur Ökonomisierung der Bildung, in: Österreichische HochschülerInnenschaft, Paulo Freire Zentrum (Hrsg.), Ökonomisierung der Bildung. Tendenzen, Strategien, Alternativen, Wien, S. 203-220

Fisher, A. G. B. (1939): Production – Primary, Secondary and Tertiary, in: The Economic Record 15, June, S. 24-38

Forsthoff, E. (1965): Stadt und Bürger in der modernen Industriegesellschaft, Göttingen

Forsthoff, E. (1958): Die Daseinsvorsorge und die Kommunen, Stuttgart

Fourastié, J. (1954): Die große Hoffnung des zwanzigsten Jahrhunderts, Köln

Frank, R. H. (2007): Die Mittelklasse leidet unter Konsumdruck, in: Spiegel Online, 14. August 2007, in: http://www.spiegel.de/wirtschaft/0,1518,497810,00.html, abgerufen am 19.06.2008

Friedman, M. (1975): Die Rolle des Staates im Erziehungswesen, in: A. Hegelheimer (Hrsg.), Texte zur Bildungsökonomie, S. 180-206

Friedman, M. (1971): Kapitalismus und Freiheit, Stuttgart

Friedman, M. (1955): The Role of Government in Education, in: R. A. Solo (Hrsg.), Economics and the Public Interest, New Brunswick, NJ, S. 127-134

Frommberger, D. (2005): Modularisierung als Standardisierungsprinzip. Eine Analyse zum >Mainstream< der administrativen Steuerung von Lernprozessen und Lernergebnissen in Bildungs- und Berufsbildungssystemen, in: Schweizerische Zeitschrift für Bildungswissenschaften 27 (2) 2005, S. 193-206

Fuchs, H.-W. (2003): Hochschulentwicklung als Internationalisierung – Zur Einführung, in: H.-W. Fuchs / L. R. Reuter (Hrsg.), Internationalisierung der Hochschulsysteme. Der Bologna-Prozess und das Hochschulwesen der USA, in: Hamburger Beiträge zur Erziehungs- und Sozialwissenschaft, Heft 6, Hamburg, S. 5-7

Fuchs, H.-W. / Reuter, L. R. (Hrsg.), (2003): Internationalisierung der Hochschulsysteme. Der Bologna-Prozess und das Hochschulwesen der USA, in: Hamburger Beiträge zur Erziehungs- und Sozialwissenschaft, Heft 6, Hamburg

Fudalla, M. / Wöste, C. (2005): Doppik schlägt Kameralistik. Fragen und Antworten zur Einführung eines doppischen Haushalts- und Rechnungswesens, 4., vollständig überarbeitete Auflage, Köln

Galbraith, J. K. (1992): Die Herrschaft der Bankrotteure. Der wirtschaftliche Niedergang Amerikas, Hamburg

Galtung, J. (1977): Strukturelle Gewalt, Reinbek bei Hamburg

Garhammer, M. (1997): Familiale und gesellschaftliche Arbeitsteilung – ein europäischer Vergleich, in: Zeitschrift für Familienforschung, Heft 1, S. 28-71

Geißler, R. (2006): Bildungsexpansion und Wandel der Bildungschancen. Veränderungen im Zusammenhang von Bildungssystem und Sozialstruktur, in: R. Geißler, Die Sozialstruktur Deutschlands. Zur gesellschaftlichen Entwicklung mit einer Bilanz zur Vereinigung, 4., überarbeitete und aktualisierte Auflage, Wiesbaden, S. 273-299

Geißler, R. (2005): Die Metamorphose der Arbeitertochter zum Migrantensohn. Zum Wandel der Chancenstruktur im Bildungssystem nach Schicht, Geschlecht, Ethnie und deren Verknüpfung, in: P. A. Berger / H. Kahlert (Hrsg.), Institutionalisierte Ungleichheiten. Wie das Bildungswesen Chancen blockiert, Weinheim und München, S. 71-100

Geißler, R. (2002): Bildungsexpansion und Wandel der Bildungschancen. Veränderungen im Zusammenhang von Bildungssystem und Sozialstruktur, in: R. Geißler, Die Sozialstruktur Deutschlands. Die gesellschaftliche Entwicklung vor und nach der Vereinigung, 3., grundlegend überarbeitete Auflage, Wiesbaden, S. 333-364

Gershuny, J. (1981): Die Ökonomie der nachindustriellen Gesellschaft. Produktion und Verbrauch von Dienstleistungen, Frankfurt am Main

Ghisla, G. (2005): Editorial: Modularisierung der Bildung: Flexibilität, aber zu welchem Preis?, in: Schweizerische Zeitschrift für Bildungswissenschaften 27 (2), S. 157-174

Glennerster, H. (1991): Quasi-Markets for Education?, in: The Economic Journal 101, S. 1268-1276

Glotz, P. (1999): Unis an die Börse, in: Focus, 18. Oktober 1999

Gottschall, K. (2004): Vom Statuserhalt zur Sozialinvestition? Erziehung und Bildung als Sozialstaatstransformation, in: Zeitschrift für Sozialreform 1-2, S. 126-147

Gottschall, K. (2003a): Erziehung und Bildung im deutschen Sozialstaat. Besonderheiten und Reformbedarfe im europäischen Vergleich, in: K. Heinz / B. Thiessen (Hrsg.), Feministische Forschung - Nachhaltige Einsprüche, Opladen, S. 145-169

Gottschall, K. (2003b): Von Picht zu PISA – Zur Dynamik von Bildungsstaatlichkeit, Individualisierung und Vermarktlichung in der Bundesrepublik, in: J. Allmendinger (Hrsg.), Entstaatlichung und soziale Sicherheit. Verhandlungen des 31. Kongresses der Deutschen Gesellschaft für Soziologie in Leipzig, 2. Bd. + CD-ROM, Opladen, S. 888-901

Gottschall, K. / Hagemann, K. (2002): Die Halbtagsschule in Deutschland: Ein Sonderfall in Europa?, in: Aus Politik und Zeitgeschichte, B 41/2002, S. 12-22

Granovetter, M. (1992): Economic Institutions as Social Constructions: A Framework for Analysis, in: Acta Sociologica, Vol. 35, S. 3-11

Granovetter, M. (1985): Economic Action and Social Structure. The Problem of Embeddedness, in: American Journal of Sociology, Vol. 91, S. 481-510

Graßl, H. (2004): Soziokulturelle Leitbilder und asymmetrische Geschlechterordnungen, in: J. Delitz / H. von Gyldenfeldt / J. Rimek (Hrsg.), Institutionen und sozialer Wandel, Hamburg

Graßl, H. (2000): Strukturwandel der Arbeitsteilung. Globalisierung, Tertiarisierung und Feminisierung der Wohlfahrtsproduktion, Konstanz

Grauhan, R. R. / Hickel, R. (Hrsg.), (1978): Krise des Steuerstaats? Widersprüche, Perspektiven, Ausweichstrategien, Leviathan, Sonderheft 1/1978, Opladen

Greuling, H. (2003): Vorbild Schweden?, in: WDR Fernsehen, Quarks & Co, Sendung vom 23. September 2003

Gubitzer, L. (2005): Wir zahlen, wir fordern: Kundschaft StudentInnen. Zur Ökonomisierung von Bildung, in: Österreichische HochschülerInnenschaft, Paulo Freire Zentrum (Hrsg.), Ökonomisierung der Bildung. Tendenzen, Strategien, Alternativen, Wien, S. 27-52

Gundlach, E.; Wößmann, L. (2000): Die sinkende Produktivität der Schulen in OECD-Ländern, in: Weiß, M.; Weishaupt, , H. (Hrsg.), Bildungsökonomie und neue Steuerung. Frankfurt am Main u. a., S.31-52

Häußermann, H.; Siebel, W. (1995): Dienstleistungsgesellschaften, Frankfurt am Main

Haller, M. (1989): Klassenbildung und Schichtung im Wohlfahrtsstaat. Ein Beitrag zur Aktualisierung der klassischen Theorie sozialer Ungleichheit, in: Annali di Sociologia – Soziologisches Jahrbuch 1989 II, S. 125-148

Hansjürgen, B. (2004): Milton Friedmans Wirtschafts- und Gesellschaftstheorie – Ad-hoc-Liberalismus oder konsistente Konzeption?, in: I. Pries / M. Leschke (Hrsg.), Milton Friedmans ökonomischer Liberalismus, Tübingen, S. 219-228

Harms, J. (2003): Reform des öffentlichen Finanzmanagements - Stand und Perspektiven, in: J. Harms / C. Reichard (Hrsg.), Die Ökonomisierung des öffentlichen Sektors: Instrumente und Trends, Baden-Baden, S. 145-162

Harms, J. / Reichard, C. (Hrsg.), (2003): Die Ökonomisierung des öffentlichen Sektors: Instrumente und Trends, Baden-Baden

Harney, K. / Zymek, B. (1994): Allgemeinbildung und Berufsbildung. Zwei konkurrierende Konzepte der Systembildung in der deutschen Bildungsgeschichte und ihre aktuelle Krise, in: Zeitschrift für Pädagogik, 40. Jg., Nr. 3, S. 405-422

Hartmann, M. (2005): Ist das amerikanische Hochschulsystem sozial gerechter als das deutsche?, in: Frankfurter Allgemeine Zeitung, 15. Oktober 2005, Nr. 240, S. 57

Hartmann, M. (2002): Der Mythos von den Leistungseliten. Spitzenkarrieren und soziale Herkunft in Wirtschaft, Politik, Justiz und Wissenschaft, Frankfurt/Main

Heideking, J. / Mauch, C. (2007): Geschichte der USA, 5. Auflage, Stuttgart

Heidenheimer, A. J. (1981): Education and Social Security Entitlements in Europe and America, in: P. Flora / A. J. Heidenheimer (Hrsg.), The Development of Welfare States in Europe and America, New Brunswick, NJ; London, UK, S. 269-306

Herbst, J. (2001): Schools Between State and Civil Society in Germany and the United States: A Historical Perspective, in: H.-D. Meyer / W. L. Boyd (Hrsg.), Education between State, Markets, and Civil Society. Comparative Perspectives, Mahwah, New Jersey/London, S. 101-118

Hering, T. (2005): Universitäten als Unternehmen – Akademische Zerrbilder und ideologische Illusionen einer Anti-Elite, in: F. Keuper / C. Schaefer (Hrsg.), Führung und Steuerung öffentlicher Unternehmen. Probleme, Politiken und Perspektiven entlang des Privatisierungsprozesses, Berlin, S. 83-107

Hillebrand, E. (2003): Bildung für den Geldadel. In Chile sind die Hochschulen ein getreuer Spiegel der Klassengesellschaft, in: der Überblick, 1/2003, S. 32-33

Hochschul-Informations-System (HIS) (2007): Erste Fonds-finanzierte Hochschule Deutschlands startet in Rostock, in: Pressemitteilungen vom 31. Juli 2007

Hochschul-Informations-System (HIS) (2005): Warum sind die amerikanischen Spitzenuniversitäten so erfolgreich?, in: HIS Kurzinformationen, Juni 2005, A 7/2005

Hopf, W. (2003): Soziale Ungleichheit und Bildungskompetenz. Erklärung und Exploration in den PISA-Studien, in: Zeitschrift für Soziologie der Erziehung und Sozialisation, 23. Jg., Heft 1/2003, S. 10-23

Hughes, T. P. (1991): Die Erfindung Amerikas. Der technologische Aufstieg der USA seit 1870, München

Hujer, M. (2005): Ein Volk von Eigentümern, in: Süddeutsche Zeitung vom 20. Januar 2005, S. 5

Hunter, J. D. (1997): Der amerikanische Kulturkrieg, in: P. L. Berger (Hrsg), Die Grenzen der Gemeinschaft: Konflikt und Vermittlung in pluralistischen Gesellschaften. Ein Bericht der Bertelsmann Stiftung an den Club of Rome, Gütersloh, S. 29-84

Hurrelmann, K. (2001): Von der volkseigenen zur bürgerschaftlichen Schule. Bringt die Privatisierung ein modernes Schulsystem?, Pädagogik 7-8/01, S. 44-46

Inglehart, R. (1977): The Silent Revolution. Changing Values and Political Styles among Western Publics, Princeton

Ipsen, J. (2003): Stiftungshochschule und Hochschulstiftung – Rechtsformen der Hochschulen im Wandel, in: RdJB, Recht der Jugend und des Bildungswesens, Zeitschrift für Schule, Berufsbildung und Jugenderziehung, 1/2003, S. 36-43

Jungmann, C. (2004): Eine Schule für alle, Schleswig-Holstein auf dem Weg zur Schulreform, LebensArt vom 29. November 2004, WDR 5

Kant, I. (1784): Beantwortung der Frage: Was ist Aufklärung?, in: Berliner Monatsschrift, Dezember-Heft, S. 481-494

Kaufmann, F.-X. (2005): Schrumpfende Gesellschaft. Vom Bevölkerungsrückgang und seinen Folgen, Frankfurt am Main

Kaufmann, F.-X. (2003): Varianten des Wohlfahrtsstaats. Der deutsche Sozialstaat im internationalen Vergleich, Frankfurt/Main

Keiner, E. (1998): Lehrer, Staat und Öffentlichkeit. Die standesspezifische Formulierung des Bildungssystems in der Revolution von 1848, in: Zeitschrift für Pädagogik, 44. Jg., Heft 6, S. 809-830

Keller, R. (2004): Diskursforschung. Eine Einführung für SozialwissenschaftlerInnen, 2. Auflage, Wiesbaden

Keller, R. / Hirseland, A. / Schneider, W. / Viehöver, W. (Hrsg.), (2003): Handbuch Sozialwissenschaftliche Diskursanalyse, Band 2: Forschungspraxis, Opladen

Keller, R. / Hirseland, A. / Schneider, W. / Viehöver, W. (Hrsg.), (2001): Handbuch Sozialwissenschaftliche Diskursanalyse, Band 1: Theorien und Methoden, Opladen

Kellermann, P. (2006): Von Sorbonne nach Bologna und darüber hinaus. Zur Ideologie derzeitiger europäischer Hochschulpolitik, in: Soziologie, 35. Jg., Heft 1, S. 56-69

Kern, H. (2005): „Organisierte Anarchie". Über die Kunst, eine Universität zu steuern, in: Forschung & Lehre 11/2005, S. 604-607

Kern, H. (2003): Mit Entschiedenheit für die Stiftung, in: uni in form, Georg-August-Universität Göttingen, 2. Jahrgang, Ausgabe 2, Juli 2003

Kirchhof, P. (2003): Universitäten zwischen Freiheit und Steuerung. Ein Plädoyer für Vertrauen in die Wissenschaftsfreiheit, in: Forschung & Lehre, 5/2003, S. 234-240

Kirchgässner, G. (1999): Die zunehmende Ökonomisierung der Gesellschaft. Unbeabsichtigte und unvermeidbare Folgen positiver Entwicklungen, in: NZZ Sonderbeilage: 100 Jahre Universität St. Gallen

Kirchgässner, G. (1997): Auf der Suche nach dem Gespenst des Ökonomismus. Einige Bemerkungen über Tausch, Märkte und die Ökonomisierung der Lebensverhältnisse, in: Analyse & Kritik 19, S. 127-152

Klages, H. (1985): Wertorientierung im Wandel: Rückblick, Gegenwartsanalyse, Prognosen, 2. Aufl., Frankfurt am Main

Klein, N. (2007): Die Schock-Strategie, Frankfurt am Main

Klemm, K. (2005): Bildungsausgaben in Deutschland: Status quo und Perspektiven, Bonn

Klemm, K. (2006): Bildungsfinanzierung, Lerngutscheine für alle, in: Böcklerimpuls 1/2006, S. 3

Klumpp, D. (1996): Verträgliche Infrastrukturen für die Informationsgesellschaft, in: Jahrbuch Arbeit + Technik 1996, Zukunft der Industriegesellschaft, S. 107-121

Knight, J. / Sened, I. (1998): Explaining Social Institutions, Ann Arbor

Kohl, J. (1993): Der Wohlfahrtsstaat in vergleichender Perspektive. Anmerkungen zu Esping-Andersen's „The Three Worlds of Welfare Capitalism", in: Zeitschrift für Sozialreform, 39. Jg., Heft 2, S. 67-82

Kolbe, W. (2002): Elternschaft im Wohlfahrtsstaat. Schweden und die Bundesrepublik im Vergleich 1945-2000, Frankfurt/New York

Kommunale Gemeinschaftsstelle für Verwaltungsvereinfachung (Hrsg.), (1993): Das Neue Steuerungsmodell, Köln

Konsortium Bildungsberichterstattung (2006): Bildung in Deutschland, Ein indikatorengestützter Bericht mit einer Analyse zu Bildung und Migration, Bielefeld, in: http://www.bildungsbericht.de/daten/gesamtbericht.pdf, abgerufen am 19.06.2008

Korpi, W. (1983): The Democratic Class Struggle, London

Korpi, W. (1980): Social Policy as Distributional Conflict in the Capitalist Democracies. A Preliminary Comparative Framework, in: West European Politics, Vol. 3, S. 296-316

Krais, B. (2003): Zur Einführung in den Themenschwerpunkt zu PISA. Einige Fragen aus soziologischer Perspektive, in: Zeitschrift für Soziologie der Erziehung und Sozialisation, 23. Jg., Heft 1/2003, S. 5-9

Kraemer, K. (1997): Der Markt der Gesellschaft. Zu einer soziologischen Theorie der Marktvergesellschaftung, Opladen

Kraemer, K. / Bittlingmayer, U. H. (2001): Soziale Polarisierung durch Wissen. Zum Wandel der Arbeitsmarktchancen in der „Wissensgesellschaft", in: P. A. Berger / D. Konietzka (Hrsg.), Neue Ungleichheiten der Erwerbsgesellschaft, Opladen, S. 225-243

Kratzer, N. (2005): Vermarktlichung und Individualisierung – Zur Produktion von Ungleichheit in der reflexiven Modernisierung, in: Soziale Welt 56, S. 247-266

Krautz, J. (2006): Bildung oder Effizienz? Zur ökonomischen Usurpation von Bildung und Bildungswesen, in: Forschung & Lehre, 7/06, S. 392-393

Krüger, H. (2003): Professionalisierung von Frauenberufen – oder Männer für Frauenberufe interessieren? Das Doppelgesicht des arbeitsmarktlichen Geschlechtersystems, in: K. Heinz / B. Thiessen (Hrsg.), Feministische Forschung – Nachhaltige Einsprüche, Opladen, S. 123-143

Kurbjuweit, D. (2003): Unser effizientes Leben. Die Diktatur der Ökonomie und ihre Folgen, Reinbek bei Hamburg

Langewiesche, D. (2004): Wieviel Geisteswissenschaft braucht die Universität?, in: D. Kimmich / A. Thumfort (Hrsg.), Universität ohne Zukunft?, Frankfurt am Main, S. 36-51

Lege, J. (2005): Der Hochschul-TÜV, in: Frankfurter Allgemeine Zeitung vom 22. August 2005, S. 7

Leibenstein, H. (1966): Mitläufer-, Snob- und Veblen-Effekte in der Theorie der Konsumentennachfrage, in: Streissler, E.; Streissler, M. (Hrsg.), Konsum und Nachfrage, Köln

Leitner, S. / Ostner, I. / Schratzenstaller, M. (Hrsg.), (2004): Wohlfahrtstaat und Geschlechterverhältnis im Umbruch. Was kommt nach dem Ernährermodell?, Wiesbaden

Löffler, E. (2003): Die Ökonomisierung des Staates – Versuch einer Begriffserklärung, in: J. Harms / C. Reichard (Hrsg.), Die Ökonomisierung des öffentlichen Sektors: Instrumente und Trends, Baden-Baden, S. 19-26

Lohmann, I. (2005): Marktorientiertheit versus Chancengleichheit: Widersprüche und Perspektiven moderner Bildungsentwicklung, http://www.erzwiss.uni-hamburg.de/Personal/Lohmann/Publik/Alt-Kolloquium.pdf, abgerufen am 19.06.2008

Lohmann, I. (2001): Steter Tropfen höhlt den Stein. Die öffentlichen Bildungssysteme werden abgeschafft, in: Pädagogik 7-8/01, S. 48-51

Lohmann, I.; Rilling, R. (Hrsg.), (2002): Die verkaufte Bildung. Kritik und Kontroversen zur Kommerzialisierung von Schule, Weiterbildung, Erziehung und Wissenschaft, Opladen

Lordon, F. (2003): „Aktionärsdemokratie" als soziale Utopie? Über das neue Finanzregime und Wirtschaftsdemokratie, Hamburg

Lüthje, J. (2002): Privatisierung des Bildungsbereichs – Reflexion angesichts der Erfahrungen an der Universität Hamburg, in: I. Lohmann / R. Rilling (Hrsg.), Die verkaufte Bildung. Kritik und Kontroversen zur Kommerzialisierung von Schule, Weiterbildung, Erziehung und Wissenschaft, Opladen, S. 273-278

Luhmann, N. (1988): Die Wirtschaft der Gesellschaft, Frankfurt am Main

Lund, J. (2004): „Die Schule der Zukunft zwischen Rechtsfähigkeit und Staatlicher Aufsicht". Bericht über eine Tagung am 25. März in Frankfurt am Main, in: Recht der Jugend und des Bildungswesens, RdJB, Zeitschrift für Schule, Berufsbildung und Jugenderziehung, 2/2004, S. 263-273

Mackert, J. (2004): Die Theorie sozialer Schließung. Das analytische Potenzial einer Theorie mittlerer Reichweite, in: J. Mackert (Hrsg.), Die Theorie sozialer Schließung. Tradition, Analysen, Perspektiven, Wiesbaden, S. 9-24

Madörin, M. (2001): Die Ökonomisierung des Sozialen. Care Economy und die Kostenexplosion im Gesundheitsbereich, in: WOZ Die Wochenzeitung 08/01, http://www.woz.ch/artikel/print_12423.html, abgerufen am 19.06.2008

Maier-Rigaud, F. P. / Maier-Rigaud, G. (2001): Das neoliberale Projekt, Marburg

Marshall, T.H. (1992): Bürgerrechte und soziale Klassen. Zur Soziologie des Wohlfahrtsstaats, Frankfurt am Main/New York

Marx, K. (1955): Das Kapital, Berlin

Massing, P. (2003): Konjunkturen und Institutionen der Bildungspolitik, in: P. Massing (Hrsg.), Bildungspolitik in der Bundesrepublik Deutschland, Schwalbach/Ts., S. 9-55

McNay, I. (1999): Changing Cultures in UK Higher Education: The State as Corporate Market Bureaucracy and the Emergent Academic Enterprise, in: D. Braun / F.-X. Merrien (Hrsg.), Towards a New Model of Governance for Universities? A Comparative View, London, S. 34-58

Merz-Benz, P.-U. (2004): Individualisierung – kapitalistische <Lebensführung> - Individualismus. Zur Konstruktion der modernen Welt aus dem <Geist> der protestantischen Ethik: Max Weber und Ernst Troeltsch, in: Swiss Journal of Sociology, 30 (2), S. 167-198

Meyer, H.-D. / Boyd, W. L. (Hrsg.), (2001): Education between State, Markets, and Civil Society. Comparative Perspectives, Mahwah, New Jersey/London

Meyer, J. W. / Ramirez, F. O. (2005): Die globale Institutionalisierung der Bildung, in: Meyer, J. W., Weltkultur. Wie die westlichen Prinzipien die Welt durchdringen, Frankfurt am Main, S. 212-234

Meyer, P. U. (2004): Berufsschulen bleiben staatlich. Ergebnis: Behörden, Kammern und CDU-Bürgerschaftsfraktion einigen sich gestern auf Modell, in: Hamburger Abendblatt vom 17. November 2004, http://www.abendblatt.de/daten/2004/11/17/365263.html?prx=1, abgerufen am 19.06.2008

Miethe, I. (2007): Die subtile Macht des „Bildungsmonopols". Ein Plädoyer für den Einbezug machtpolitischer Dimensionen in die Analyse sozialer Ungleichheit, in: H. Sünker / I. Miehte (Hrsg.), Bildungspolitik und Bildungsforschung: Herausforderungen und Perspektiven für Gesellschaft und Gewerkschaften in Deutschland, Frankfurt am Main, S, 67-86

Moldaschl, M. (1998): Neue Unternehmensstrategien und qualifizierte Angestellte, in: SOFI/IfS/ISF/INIFES (Hrsg.), 1998: Jahrbuch sozialwissenschaftlicher Technikberichterstattung 1997. Schwerpunkt: Moderne Dienstleistungswelten, Berlin, S. 197-250

Moldaschl, M. / Sauer, D. (1999): Internalisierung des Marktes – Zur neuen Dialektik von Kooperation und Herrschaft, in: Minssen, H. (Hrsg.), Begrenzte Entgrenzung, Berlin, S. 205-224

Müller, H.-P. (1992): Sozialstruktur und Lebensstile. Der neuere theoretische Diskurs über soziale Ungleichheit, Frankfurt am Main

Müller, W. (1998): Erwartete und unerwartete Folgen der Bildungsexpansion, in: J. Friedrichs / M. R. Lepsius / K. U. Mayer (Hrsg.), Die Diagnosefähigkeit der Soziologie, Opladen, S. 81-112

Müller, W. / Steinmann, S. / Schneider, R. (1997): Bildung in Europa, in: S. Hradil / S. Immerfall (Hrsg.), Die westeuropäischen Gesellschaften im Vergleich, Opladen, S. 177-245

Müller-Benedict, V. (2002): Ist der Akademikermangel unvermeidbar? Eine Analyse der Tiefenstruktur des Bildungssystems, in: Zeitschrift für Erziehungswissenschaften, Heft 4/2002, S. 672-691

Münch, R.; Guenther, T. (2005): Der Markt in der Organisation. Von der Hegemonie der Fachspezialisten zur Hegemonie des Finanzmanagements, in: P. Windolf (Hrsg.), Finanzmarkt-Kapitalismus. Analysen zum Wandel von Produktionsregimen, Kölner Zeitschrift für Soziologie und Sozialpsychologie, Sonderheft 45, S. 394-417

Mundy, K.; Murphy, L. (2001): Beyond the Nation-State: Education Contention in Global Civil Society, in: H.-D. Meyer / W. L. Boyd (Hrsg.), Education between State, Markets, and Civil Society. Comparative Perspectives, Mahwah, New Jersey/London, S. 223-242

Murphy, R. (2004): Die Rationalisierung von Exklusion und Monopolisierung, in: J. Mackert (Hrsg.), Die Theorie sozialer Schließung. Tradition, Analysen, Perspektiven, Wiesbaden, S. 111-130

Musgrave, R. A. (1959): The Theory of Public Finance. A Study in Public Economy, New York/Toronto/London

Neubert, N. (1999): Hochschule als Aktiengesellschaft. Zustimmung und Ablehnung für Vordenker der SPD, in: philtrat, Nr. 31 – November/Dezember 1999

North, D. C. (1995): Five Propositions about Institutional Change, in: J. Knight / I. Sened (Hrsg.), Explaining Social Institutions, Ann Arbor, S. 15-26

North, D. C. (1992): Institutionen, institutioneller Wandel und Wirtschaftsleistung, Tübingen

Nullmeier, F. (2001): Was folgt auf den „Sieg des Marktes"? Überlegungen zu einer politischen Soziologie des Wettbewerbs, in: E. Barlösius / H.-P. Müller / S. Sigmund (Hrsg.), Gesellschaftsbilder im Umbruch. Soziologische Perspektiven in Deutschland, Opladen, S. 227-244

Oberdiek, U. (2007): Akademische Nobodies? Zur Vergütung von Lehrbeauftragten und Privatdozenten, in: Forschung & Lehre, 8/2007, S. 470-471

Österreichische HochschülerInnenschaft, Paulo Freire Zentrum (Hrsg.), (2005): Ökonomisierung der Bildung. Tendenzen, Strategien, Alternativen, Wien

Ofner, F. (2001): Die Unsichtbare Hand greift nach den Universitäten, in: Österreichische Zeitschrift für Soziologie, 26. Jg., S. 68-87

Olson, M. (1982): The Rise and Decline of Nations, New Haven/London

Opielka, M. (Hrsg.), (2005): Bildungsreform als Sozialreform. Zum Zusammenhang von Bildungs- und Sozialpolitik, Wiesbaden

Opielka, M. (2005): Bildungsreform und Sozialreform. Der Zusammenhang von Bildungs- und Sozialpolitik, in: M. Opielka (Hrsg.), Bildungsreform als Sozialreform. Zum Zusammenhang von Bildungs- und Sozialpolitik, Wiesbaden, S. 127-155

Osterwalder, K. / Gäbler, U. (2001): Ein neues Gesicht für die europäische Hochschullandschaft. Der Bologna-Prozess und die Studienreform in der Schweiz, in: Neue Züricher Zeitung vom 6. November 2001

Ostner, I. (1995): Arm ohne Ehemann? Sozialpolitische Regulierung von Lebenschancen für Frauen im internationalen Vergleich, in: Aus Politik und Zeitgeschichte, Beilage zur Wochenzeitung Das Parlament, B 36-37/95, S. 3-12

Parkin, F. (2004): Strategien sozialer Schließung und Klassenbildung, in: J. Mackert (Hrsg.), Die Theorie sozialer Schließung. Tradition, Analysen, Perspektiven, S. 27-43

Pasqualoni, P.-P. (2005): Österreichische Universitäten im Spiegel der Geschichte. Fallstricke einer Reform der Reform, in: Österreichische HochschülerInnenschaft, Paulo Freire Zentrum (Hrsg.), Ökonomisierung der Bildung. Tendenzen, Strategien, Alternativen, Wien, S. 103-128

Pechar, H. (2006a): Vom Vertrauensvorschuss zur Rechenschaftspflicht. Der Paradigmenwechsel in der britischen Hochschulpolitik seit 1980, in: Österreichische Zeitschrift für Politikwissenschaft (ÖZP), 35. Jg., Heft 1, S. 57-73

Pechar, H. (2006b): Bildungsökonomie und Bildungspolitik, München

Pelizzari, A. (2005): Marktgerecht studieren. New Public Management an den Universitäten, in: Österreichische HochschülerInnenschaft, Paulo Freire Zentrum (Hrsg.), Ökonomisierung der Bildung. Tendenzen, Strategien, Alternativen, Wien, S. 83-101

Pelizzari, A. (2002): Kommodifizierte Demokratie. Zur politischen Ökonomisierung der >Modernisierung< im öffentlichen Sektor, in: Armutskonferenz et al. (Hrsg.), Was Reichtümer vermögen. Gewinner und VerliererInnen in europäischen Wohlfahrtsstaaten, Wien, S. 96-109

Pelizzari, A. (2001): Die Ökonomisierung des Politischen. New Public Management und der neoliberale Angriff auf die öffentlichen Dienste, Konstanz

Perkin, H. (2001): The Rise of Professional Society: England since 1980, London/New York

Peters, M. A. (2007): Das neuseeländische Bildungsexperiment: Von demokratischer Partizipation zum Selbstmanagement und von der umfassenden Wohlfahrtsberechtigung zur privaten Investitionsinitiative, in: H. Süncker / I. Miethe (Hrsg.), Bildungspolitik und Bildungsforschung: Herausforderungen und Perspektiven für Gesellschaft und Gewerkschaften in Deutschland, Frankfurt am Main u.a., S. 125-151

Pfau-Effinger, B. (2005): Wandel der Geschlechterkultur und Geschlechtpolitik in konservativen Wohlfahrtsstaaten – Deutschland, Österreich und Schweiz, http://web.fu-berlin.de/gpo/pdf/tagungen/wandel_geschl_pfau_effinger.pdf, abgerufen am 19.06.2008

Pfau-Effinger, B. (1998): Arbeitsmarkt- und Familiendynamik in Europa – Theoretische Grundlagen der vergleichenden Analyse, in: B. Geissler / F. Maier / B. Pfau-Effinger (Hrsg.), FrauenArbeitsMarkt. Der Beitrag der Frauenforschung zur sozio-ökonomischen Theorieentwicklung, S. 177-194

Picht, G. (1965): Die deutsche Bildungskatastrophe, München

Plake, K. (2001): Seminar: Erziehungssystem und Gesellschaft, Studienskript der Universität der Bundeswehr Hamburg, Hamburg

Plake, K. (1986): Bildungsinteresse und funktionaler Zwang. Nachträge zur Pädagogischen Soziologie Emile Durkheims und Max Webers, in: A. Elting (Hrsg.), Menschliches Handeln und Sozialstruktur, Opladen, S. 103-125

Plattner, I. E. (2000): Sei faul und guter Dinge. Vom Sinn und Unsinn des Erfolgsstrebens, Erftstadt

Polanyi, K. (1995): The Great Transformation. Politische und ökonomische Ursprünge von Gesellschaften und Wirtschaftssystemen, Frankfurt am Main

Preisert, H. (1967): Soziale Lage und Bildungschancen in Deutschland, München

Prenzel, M. / Baumert, J. / Blum, W. / Lehmann, R. / Leutner, D. / Neubrand, M. / Pekrun, R. / Rolff, H.-G. / Rost, J. / Schieferle, U. (Hrsg.), (2004): PISA 2003. Ergebnisse des zweiten Vergleichs. Zusammenfassung, in: http://pisa.ipn.uni-kiel.de/PISA2003_E_Zusammenfassung.pdf, abgerufen am 19.06.2008

Rammert, W. (1993): Mechanisierung und Mechanisierung des privaten Haushalts. Grenzen ökonomischer Rationalisierung und Tendenzen sozialer Innovation, in: Rammert, W., Technik aus soziologischer Perspektive. Forschungsstand, Theorieansätze, Fallbeispiele. Ein Überblick, Opladen, S. 209-229

Rastätter, R. / Gehring, T. (2003): Individuelles Lernen und anders sein aus Prinzip, in: bildung & wissenschaft, April 2003, S. 34-37

Rebenich, S. (2007): Theodor Mommsen. Eine Biographie, München

Rehbinder, M. (2002): New Public Management – Rückblick, Kritik und Ausblick, in: C.-E. Eberle / M. Ibler / D. Lorenz (Hrsg.), Der Wandel des Staates vor den Herausforderungen der Gegenwart, Festschrift für Winfried Brohm zum 70. Geburtstag, München, S. 727-740

Reich, R. (1996): Die neue Weltwirtschaft. Das Ende der nationalen Ökonomie, Frankfurt am Main

Reichard, C. (2003): >New Public Management< als Auslöser zunehmender Ökonomisierung der Verwaltung, in: J. Harms / C. Reichard (Hrsg.), Die Ökonomisierung des öffentlichen Sektors: Instrumente und Trends, Baden-Baden, S. 119-143

Reinprecht, C. (2005): Die „Illusion der Chancengleichheit". Soziale Selektion im Bildungssystem, in: Österreichische HochschülerInnenschaft, Paulo Freire Zentrum (Hrsg.), Ökonomisierung der Bildung. Tendenzen, Strategien, Alternativen, Wien, S. 129-153

Reitz, T.; Draheim, S. (2006): Die Rationalität der Hochschulreform. Grundzüge eines postautonomen Wissensregimes, in: Soziale Welt 57, S. 373-396

Reuter, L. R. (2001): Privatization of Education and Democratic Empowerment of School Leaders, in: Hamburger Beiträge zur Erziehungs- und Sozialwissenschaft, Heft 2, Hamburg

Ribolits, E. (2003): Wieso sollte eigentlich gerade Bildung nicht zur Ware werden?, in: Streifzüge 2/2003, http://www.streifzuege.org/texte_str/str_03-2_ribolits_ware-bildung..., abgerufen am 16.10.07

Richter, G. (2005): Neue Steuerungsmodelle in der Bundeswehr. Ausgangspunkte, Konzeptionen und Entwicklungen, in: SOWI.NEWS. Newsletter des Sozialwissenschaftlichen Instituts der Bundeswehr, Heft 1/2005, S. 1-5

Ritter, G. A. (1991): Der Sozialstaat. Entstehung und Entwicklung im internationalen Vergleich, 2., überarbeitete und erheblich erweiterte Auflage, München

Ritzer, G. (2005): Die Globalisierung des Nichts, Konstanz

Sachße, C. (1994): Subsidiarität: Zur Karriere eines sozialpolitischen Ordnungsbegriffs, in: Zeitschrift für Sozialreform, 40. Jg., Heft 11, S. 717-738

Sachverständigenrat zur Begutachtung der gesamtgesellschaftlichen Entwicklung; Statistisches Bundesamt (Hrsg.), (2004): Erfolge im Ausland – Herausforderungen im Inland, Wiesbaden

Salamon, L. M. (1996): Third Party Government. Ein Beitrag zu einer Theorie der Beziehungen zwischen Staat und Nonprofit-Sektor im modernen Wohlfahrtsstaat, in: A. Evers / T. Olk (Hrsg.), Wohlfahrtspluralismus. Vom Wohlfahrtsstaat zur Wohlfahrtsgesellschaft, Opladen, S. 79-102

Salamon, L. M. / Anheier, H. K. (1999): Der Dritte Sektor. Aktuelle internationale Trends, Gütersloh

Sandkaulen, B. (2005): Bildung heute – Erfahrungen in Jena. Zur Aktualität des klassischen Bildungsbegriffs, in: M. Opielka (Hrsg.), Bildungsreform als Sozialreform. Zum Zusammenhang von Bildungs- und Sozialpolitik, Wiesbaden, S. 11-21

Sauter, U. (2000): Die Vereinigten Staaten. Daten, Fakten, Dokumente, München

Schade, A. (2005): Paradigmenwechsel bei der Qualitätssicherung in Deutschland: Mehr Autonomie, mehr Vielfalt?, in: S. Schwarz / D. F. Westerheijden / M. Rehburg (Hrsg.), Akkreditierung im Hochschulraum Europa, Bielefeld, S. 53-77

Scharpf, F. W. (2000): Globalisierung und Wohlfahrtsstaat. Beschränkungen, Herausforderungen und Schwachstellen, in: www.issa.int/pdf/helsinki2000/topic0/4scharpf.pdf, abgerufen am 19.06.2008

Schedler, K. (1995): Ansätze einer wirkungsorientierten Verwaltungsführung: Von der Idee des New Public Managements (NPM) zum konkreten Gestaltungsmodell. Fallstudie Schweiz, Bern, Stuttgart, Wien

Schettkat, R. (1999): Soziale Sicherung und Beschäftigung: Wohlfahrtsstaaten im Vergleich, in: W. Schmähl / H. Rische (Hrsg.), Wandel der Arbeitswelt – Folgerungen für die Sozialpolitik, Baden-Baden, S. 107-122

Schieck, M. (2001): Alma mater Viadrina, in: PreußenJahrBuch. Ein Almanach, 2001, Berlin, S. 104-105

Schild, G. (2005): Amerikanische Universitäten und deutsche Vorbilder. Ein Blick in die Universitätsgeschichte der USA, in: Forschung & Lehre 1/2005, S. 28-30

Schild, G. (2003): Zwischen Freiheit des Einzelnen und Wohlfahrtsstaat. Amerikanische Sozialpolitik im 20. Jahrhundert, Paderborn/München/Wien/Zürich

Schimank, U. (2001): Festgefahrene Gemischtwarenläden – Die deutschen Hochschulen als erfolgreich scheiternde Organisationen, in: E. Stölting / U. Schimank (Hrsg.), Die Krise der Universität, Leviathan, Sonderheft 20/2001, S. 223-242

Schluchter, W. (1971): Auf der Suche nach der verlorenen Einheit. Anmerkungen zum Strukturwandel der deutschen Universität, in: H. Albert (Hrsg.), Sozialtheorie und soziale Praxis, Mannheimer sozialwissenschaftliche Studien, Meisenheim am Glan, S. 257-279

Schmid, G. / Dathe, D. (2001): Dynamik der Dienstleistungen und Wandel der Erwerbsformen. Berlin im regionalen Standortvergleich, in: Berliner Statistik, Monatsschrift 5/01, S. 214

Schmidt, H. (2005): Johan Vincent Galtung (*1930), in: W. Bleek / H. J. Lietzmann (Hrsg.), Klassiker der Politikwissenschaft. Von Aristoteles bis David Easton, München, S. 289-301

Schmidt, M. G. (2005): Sozialpolitik in Deutschland. Historische Entwicklung und internationaler Vergleich, 3., vollständig überarbeitete Auflage, Wiesbaden

Schmidt, M. G. (2003): Ausgaben für Bildung im internationalen Vergleich, in: Aus Politik und Zeitgeschichte. Beilage zur Wochenzeitung Das Parlament, B 21-22/2003, S. 6-11

Schmidt, M. G. (2002): Warum Mittelmaß? Deutschlands Bildungsausgaben im internationalen Vergleich, in: Politische Vierteljahresschrift, 43. Jg., Heft 1, S. 3-19

Schmidt, M. G. (1999): Das politische Leistungsprofil der Demokratien, in: M. Th. Greven (Hrsg.), Demokratie – eine Kultur des Westens. 20. Wissenschaftlicher Kongress der Deutschen Vereinigung für politische Wissenschaft, Opladen, S. 181-200

Schmitz, G. (2004): Ärger über Harvards Geldvermehrer, „Nur um das Gehalt dieser Schweine zu bezahlen", in: Spiegel online 24.03.2004, http://www.spiegel.de/unispiegel/studium/0,1518,292066,00.html, abgerufen am 19.06.2008

Scholz, R. (2002): Staatsaufgabenkritik in Berlin, in: C.-E. Eberle / M. Ibler / D. Lorenz (Hrsg.), Der Wandel des Staates vor den Herausforderungen der Gegenwart. Festschrift für Winfried Brohm zum 70. Geburtstag, München, S. 741-753

Schubert, K. / Klein, M. (2006): Das Politiklexikon, 4., aktualisierte Auflage, Bonn

Schultz, T. (2005): Auf der Suche nach dem Pisa-Paradies. Träger von Privatschulen freuen sich über steigende Nachfrage und fordern höhere Zuschüsse, in: Süddeutsche Zeitung Nr. 265, 17. November 2005, S. 6

Schumpeter, J. (1976) (1918): Die Finanzkrise des Steuerstaats, in: R. Hickel (Hrsg.), Die Finanzkrise des Steuerstaats. Beiträge zur politischen Ökonomie der Staatsfinanzen, Frankfurt am Main, S. 329-379

Schwarz, S.; Teichler, U. (2005): Universitäten auf dem Prüfstand, Frankfurt am Main

Schwedisches Institut (Hrsg.), (2002): Die schwedische Grundschule, Göteborg (Klassifizierung: TS 39 s Em)

Sekretariat der Ständigen Konferenz der Kultusminister der Länder der Bundesrepublik Deutschland (Hrsg.), (2005): Das Bildungswesen in der Bundesrepublik Deutschland 2003. Darstellung der Kompetenzen, Strukturen und bildungspolitische Entwicklung für den Informationsaustausch in Europa, Bonn

Simon, D. (2000): Die Krise der Universitäten, in: M. Gräfin Dönhoff (Hrsg.), Wirtschaft und Demokratie. Die Neue Mittwochsgesellschaft, Band 3, S. 11-21

Smith, A. (1776): An Inquiry into the Nature and Causes of the Wealth of Nations, London

Sorbonne-Erklärung (1998): Gemeinsame Erklärung zur Harmonisierung der Architektur der europäischen Hochschulbildung, Paris, 25. Mai 1998

Stadler, R. (2007): Der Klassenkampf, in: Süddeutsche Zeitung Magazin, 15. Juni 2007, Nummer 24, S. 16-23

Stanat, P. / Artelt, C. / Baumert, J. / Klieme, E. / Neubrand, M. / Prenzel, M. / Schieferle, U. / Schneider, W. / Schümer, G. / Tillmann, K.-J. / Weiß, M. (2002): PISA 2000. Die Studie im Überblick, Grundlagen, Methoden und Ergebnisse, Max-Planck-Institut für Bildungsforschung, Berlin, in: http://www.mpib-berlin.mpg.de/pisa/PISA_im_Ueberblick.pdf

Standfest, C. (2005): Erträge von Erziehungs- und Bildungsprozessen an Schulen in evangelischer Trägerschaft in Deutschland, Dissertation, Nürnberg, in: http://www.opus.ub.uni-erlangen.de/opus/ volltexte/2005/155/pdf/Dissertation%20Standfest%2027_04_2005.pdf, abgerufen am 19.06.2008

Statistisches Bundesamt (Hrsg.), (2006): Statistisches Jahrbuch 2006, Wiesbaden

Statistisches Bundesamt (Hrsg.), (2005): Statistisches Jahrbuch 2005, Wiesbaden

Statistisches Bundesamt (Hrsg.), (2005): Datenreport 2004. Zahlen und Fakten über die Bundesrepublik Deutschland, 2., aktualisierte Auflage

Steinbicker, J. (2001): Zur Theorie der Informationsgesellschaft. Ein Vergleich der Ansätze von Peter Drucker, Daniel Bell und Manuel Castells, Opladen

Stichweh, R. (2001): Die moderne Universität in einer globalen Gesellschaft, in: E. Stölting / U. Schimank (Hrsg.), Die Krise der Universität, Leviathan, Sonderheft 20/2001, S. 2346-358

Stichweh, R. (1994): Wissenschaft, Universität, Professionen. Frankfurt am Main

Stölting, E. (2003): Rankings – sportlich gesehen. Eine Analyse aus soziologischer Sicht, in: Forschung & Lehre, 3/2003, S. 131-133

Straubhaar, T. (2005): Ökonomisierung des Bildungswesens, in: Wirtschaftsdienst 2005/2, S.62-63

Straubhaar, T. (2001): Neue Ökonomie – neue Bildungssysteme, in: Wirtschaftsdienst 2001/2, S. 66-67

Straubhaar, T. / Winz, M. (1992): Reform des Bildungswesens. Kontroverse Aspekte aus ökonomischer Sicht, Bern, Stuttgart, Wien

Streeck, W. (1987): Vielfalt und Interdependenz. Überlegungen zur Rolle intermediärer Organisationen in sich verändernden Umwelten, in: Kölner Zeitschrift für Soziologie und Sozialpsychologie, 39. Jg., S. 471-495.

Streeck, W. (1982): Organizational Consequences of Neo-Corporatist Cooperation in West German Labor Unions, in: G. Lehmbruch / P. C. Scmitter (Hrsg.), Patterns of Corporatist Policy-Making, Beverly-Hills, S. 29-81

Stucke, A. (2001): Mythos USA – Die Bedeutung des Arguments „Amerika" im hochschulpolitischen Diskurs der Bundesrepublik, in: E. Stölting / U. Schimank (Hrsg.), Die Krise der Universität, Leviathan, Sonderheft 20/2001, S. 118-136

Tennstedt, F. (1997): Peitsche und Zuckerbrot oder eine Reich mit Zuckerbrot? Der deutsche Weg zum Wohlfahrtsstaat 1871-1881, in: Zeitschrift für Sozialreform (43. Jg.), Heft 2, S. 88-101

Tenorth, H.-E. (2005): Milchmädchenrechnung. Warum der Vorwurf der Ökonomisierung des Bildungswesens falsch ist, in: Die Zeit, Nr. 41, 6. Oktober 2005, S. 89

Timonen, V. (2003): Restructuring the Welfare State. Globalization and Social Policy Reform in Finland and Sweden, Cheltenham, UK/Northampton, MA, USA

Trube, A.; Wohlfahrt, H. (2000): Zur theoretischen Einordnung: Von der Bürokratie zur Merkatokratie? System- und Steuerungsprobleme eines ökonomisierten Sozialsektors, in: K.-H. Boeßenecker / A. Trube / N. Wohlfahrt (Hrsg.), Sozialpolitik und Sozialmanagement, Münster, S. 18-38

Türk, K. (1995): „Die Organisation der Welt". Herrschaft durch Organisation in der modernen Gesellschaft, Opladen

Universität Hildesheim (2002): Festakt zur Errichtung der Stiftungsuniversität Hildesheim, in: http://www.uni-hildesheim.de/aktuell/veranstaltungen/2002/festakt.html, abgerufen am 16.10.2007

USArundbrief.com (2003): Das amerikanische Schulsystem, Rundbrief Nummer 45 vom 1. August 2003, http://usarundbrief.com/45/p7.html, abgerufen am 19.06.2008

Van der Borght, J. (2003): Vergleich der Schulsysteme von Schweden und Deutschland (am Beispiel Baden-Württembergs) unter Einbeziehung der Ergebnisse der PISA-Studie, Heidelberg

van Kersbergen, K. (1995): Social Capitalism. A study of Christian democracy and the welfare state, London/New York van Laak, D. (1999): Der Begriff „Infrastruktur" und was er vor seiner Erfindung besagte, in: Archiv für Begriffsgeschichte, Bd. 41 (1999), S. 280-299

van Laak, D. (2001): Infra-Strukturgeschichte, in: Geschichte und Gesellschaft, 27. Jahrgang 2001, Heft 3, S. 367-393

Vanberg, V. J. (2005): Der Staat in einer liberalen Gesellschaft. Von der Freiheit, sich mittels Regeln zu binden, in: Neue Zürcher Zeitung, 31. Mai 2005

Veblen, T. (1953) (1899): The Theory of the Leisure Class. An Economic Study of Institutions, New York

Verbeet, M. (2006): Der private Staat, in: Spiegel 34/2006, 21.08.2006, S. 40, http://wissen.spiegel.de/wissen/dokument/dokument.html?id=48495922&top=SPIEGEL, abgerufen am 19.06.2008

Verne, J. (2005): Reise zum Mittelpunkt der Erde, Frankfurt am Main

Vester, M. (2007): Die „kanalisierte Bildungsexpansion", in: H. Sünker / I. Miethe (Hrsg.), Bildungspolitik und Bildungsforschung: Herausforderungen und Perspektiven für Gesellschaft und Gewerkschaften in Deutschland, Frankfurt am Main, S. 45-65

Vester, M. (2006): Die ständische Kanalisierung der Bildungschancen. Bildung und soziale Ungleichheit zwischen Boudon und Bourdieu, in: W. Georg (Hrsg.), Soziale Ungleichheit im Bildungssystem. Eine empirisch-theoretische Bestandsaufnahme, Konstanz, S. 13-54

Vester, M. (2005): Die selektive Bildungsexpansion. Die ständische Regulierung der Bildungschancen in Deutschland, in: P. A. Berger / H. Kahlert (Hrsg.), Institutionalisierte Ungleichheiten. Wie das Bildungswesen Chancen blockiert, Weinheim und München, S. 39-70

Vester, M. (2004): Die Illusion der Bildungsexpansion. Bildungsöffnung und soziale Segregation in der Bundesrepublik Deutschland, in: S. Engler / B. Krais (Hrsg.), Das kulturelle Kapital und die Macht der Klassenstrukturen. Sozialstrukturelle Verschiebungen und Wandlungsprozesse des Habitus, Weinheim und München, S. 13-53

Vetter, C. / Lehmann, K. (2005): Evangelische Schulen oft über dem Durchschnitt. Erste Studie zur Qualität der konfessionell gebundenen Schulen, EKD - Pressemitteilung am 1. Juni 2005, http://www.ekd.de/pm105_2005_studie_konfessionelle_schulen.html, abgerufen am 19.06.2008

von Trotha, T. / Nassehi, A. / Reichertz, J. (2007): Email-Debatte: „Lehrprofessuren" und „Lehrkräfte für besondere Aufgaben", in: Soziologie, 36. Jg., Heft 3, S. 280-293

Vogt, F. (2004): Politisches System und New Public Management in Primarschulen im internationalen Vergleich, in: Schweizerische Zeitschrift für Bildungswissenschaften 26 (1), S. 69-83

Wagner, G. G. (2005): Hochschul- und Arbeitsmarktpolitik – Komplexe (In)Kompatibilitäten, in: M. Opielka (Hrsg.), Bildungsreform als Sozialreform. Zum Zusammenhang von Bildungs- und Sozialpolitik, Wiesbaden, S. 113-126

Wagner, G. G. (2004): Kompatibilität von Hochschul- und Arbeitsmarktpolitik, in: Aus Politik und Zeitgeschichte, B 25/2004, S. 34-40

Wagner, W. (2005): Wie Politik funktioniert, München

Walgenbach, P. (2002): Institutionalistische Ansätze in der Organisationstheorie, in: A. Kieser (Hrsg.), Organisationstheorien, 5., unveränderte Auflage, S. 319-353

Weber, M. (2000): Die protestantische Ethik und der „Geist" des Kapitalismus: Textausgabe auf der Grundlage der ersten Fassung von 1904/05 mit einem Verzeichnis der wichtigsten Zusätze und Veränderungen aus der zweiten Fassung von 1920, 3. Auflage, Weinheim

Weber, M. (1995): Der Sozialismus. Rede zur allgemeinen Orientierung von österreichischen Offizieren in Wien 1918, Weinheim

Weber, M. (1984): Soziologische Grundbegriffe, 6., erneuerte durchgesehene Auflage mit einer Einführung von Johannes Winckelmann, Tübingen

Weber, M. (1976): Wirtschaft und Gesellschaft, Tübingen

Weber, M. (1973a): Vorbemerkung zu den Gesammelten Aufsätzen zur Religionssoziologie, in: M. Weber, Soziologie. Universalgeschichtliche Analysen. Politik. Mit einer Einleitung von Eduard Baumgarten. Herausgegeben und erläutert von Johannes Winkelmann, Fünfte, überarbeitete Auflage, Stuttgart, S. 340-356

Weber, M. (1973b): Die „Objektivität" sozialwissenschaftlicher Erkenntnis, in: M. Weber, Soziologie. Universalgeschichtliche Analysen. Politik. Mit einer Einleitung von Eduard Baumgarten. Herausgegeben und erläutert von Johannes Winkelmann, Fünfte, überarbeitete Auflage, Stuttgart, S. 186-262

Weber, M. (1973c): Asketischer Protestantismus und kapitalistischer Geist, in: M. Weber, Soziologie. Universalgeschichtliche Analysen. Politik. Mit einer Einleitung von Eduard Baumgarten. Herausgegeben und erläutert von Johannes Winkelmann, Fünfte, überarbeitete Auflage, Stuttgart, S. 357-381

Weber, M. (1967): Wissenschaft als Beruf, 5. Aufl., Berlin

Weiler, H. N. (2004): Hochschulen in den USA – Modell für Deutschland?, in: Aus Politik und Zeitgeschichte, B 25/2004, S. 26-33

Weiß, M. (2002): Stichwort Bildungsökonomie, in: Zeitschrift für Erziehungswissenschaft, Heft 2/2002, S. 183-200

Weiß, M. (2001a): Quasi-Märkte im Schulbereich. Eine ökonomische Analyse, in: J. Oelkers (Hrsg.), Zukunftsfragen der Bildung, Zeitschrift für Pädagogik, 43. Beiheft, S. 69-85

Weiß, M. (2001b): Expanding the Third Sector in Education? A Critical View, in: H.-D. Meyer / W. L. Boyd (Hrsg.), Education between State, Markets, and Civil Society. Comparative Perspectives, Mahwah, New Jersey/London, S. 161-176

Weiß, M. / Steinert, B. (2001): Privatisierungsstrategien im Schulbereich, in: Pädagogik 7-8/01, S. 40-43

Weiß, M. / Weishaupt, H. (Hrsg.), (2000): Bildungsökonomie und Neue Steuerung, Frankfurt am Main

Wetzel, A. (2005): Das Konzept der Pfadabhängigkeit und seine Anwendungsmöglichkeiten in der Transformationsforschung, in: Arbeitspapiere des Osteuropa-Instituts der Freien Universität Berlin, Arbeitsschwerpunkt Politik, 52/2005, Berlin

Windolf, P. (Hrsg.), (2005): Finanzmarkt-Kapitalismus. Analysen zum Wandel von Produktionsregimen, Sonderheft 45/2005 der Kölner Zeitschrift für Soziologie und Sozialpsychologie, Wiesbaden

Winkel, O. (2006): Neues Steuerungsmodell für die Hochschulen?, in: Aus Politik und Zeitgeschichte, 48/2006, 27. November 2006, S. 28-31

Witte, J. (2006): Die deutsche Umsetzung des Bologna-Prozesses, in: Aus Politik und Zeitgeschichte, 48/2006, 27. November 2006, S. 21-27

Wößmann, L. (2003): Familiärer Hintergrund, Schulsystem und Schülerleistungen im internationalen Vergleich, in: Aus Politik und Zeitgeschichte, B 21-22/2003, S. 33-38

Zehnpfennig, B. (2002): Krämer im Tempel der Wissenschaft. Gegen die Ökonomisierung der deutschen Universität, in: Frankfurter Allgemeine Zeitung, 22. Mai 2002, Nr. 116, S. 8

Zeuner, B. (1999): Das Politische wird immer privater. Zu neoliberaler Privatisierung und linker Hilflosigkeit, in: M. Heinrich / D. Messmer (Hrsg.), Globalisierung und Perspektiven linker Politik, Münster, S. 284-300

Zimmer, A. / Priller, E. (2001): Mehr als Markt und Staat – zur Aktualität des Dritten Sektors, in: E. Barlösius / H.-P. Müller / S. Sigmund (Hrsg.), Gesellschaftsbilder im Umbruch, Opladen, S. 269-288

Zinnecker, J. / Stecher, L. (2006): Gesellschaftliche Ungleichheit im Spiegel hierarchisch geordneter Bildungsgänge. Die Bedeutung ökonomischen, kulturellen und ethnischen Kapitals der Familie für den Schulbesuch der Kinder, in: W. Georg (Hrsg.), Soziale Ungleichheit im Bildungssystem. Eine empirisch-theoretische Bestandsaufnahme, Konstanz, S. 291-310

Zymek, B. (2004): Vom Bürger zum Kunden. Der Strukturwandel des Bildungssystems und der demokratischen Kultur in Deutschland, in: Schweizerische Zeitschrift für Bildungswissenschaften 26 (1), S. 121-139